ÉMILE CHANEL

DICTIONNAIRE

DE

GÉOLOGIE

BOURG

IMPRIMERIE DU « COURRIER DE L'AIN »

Francisque Allombert, propriétaire

1897

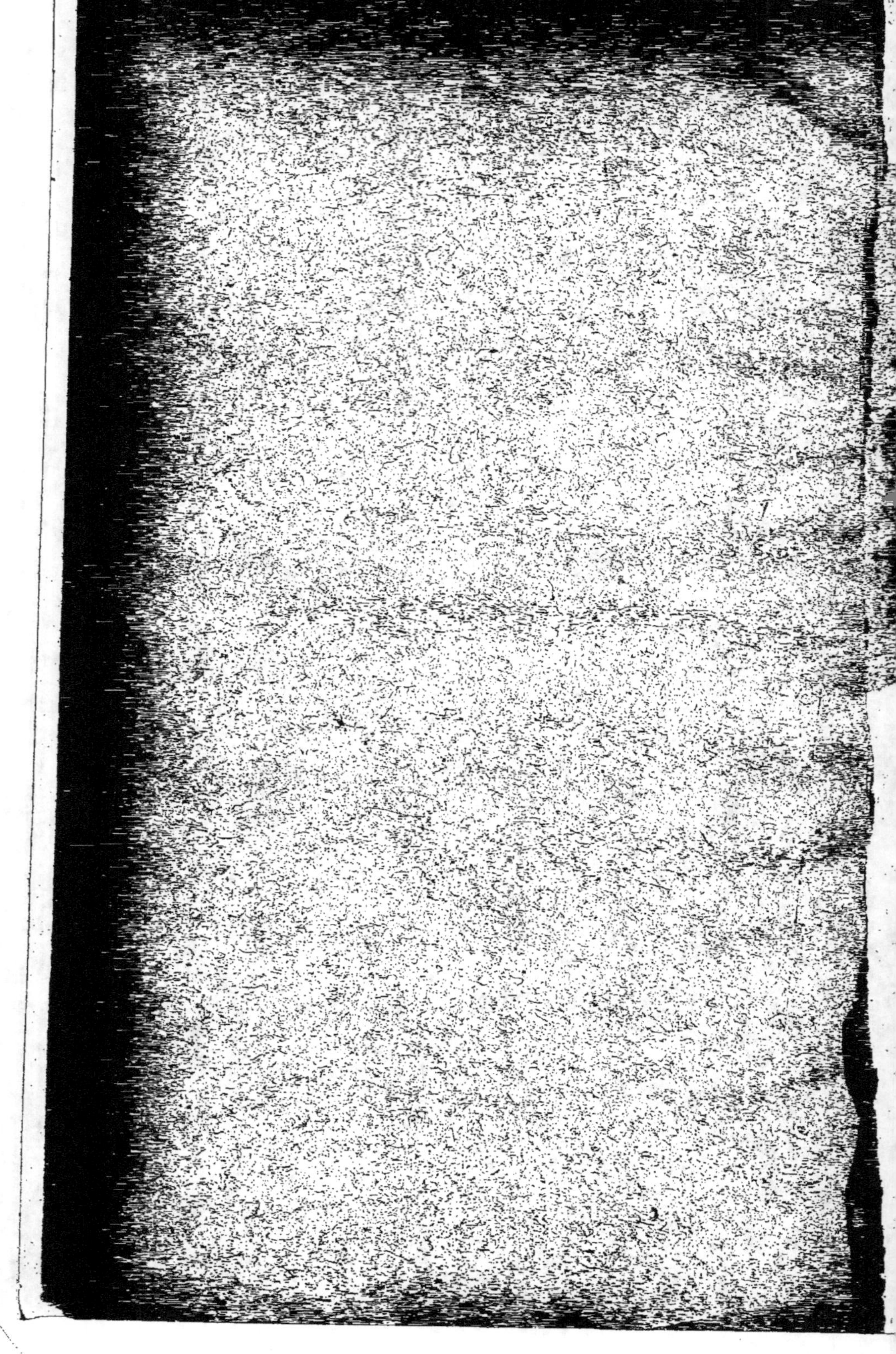

DICTIONNAIRE

DE

GÉOLOGIE

DICTIONNAIRE

DE

GÉOLOGIE

ÉTYMOLOGIE, PALÉONTOLOGIE, MINÉRALOGIE

A L'USAGE

des Élèves des Lycées et Collèges ; des Écoles normales primaires ; des Écoles primaires supérieures ; des Écoles professionnelles et de tous les établissements d'instruction.

PAR

ÉMILE CHANEL

CHARGÉ DE COURS AU LYCÉE LALANDE

OFFICIER D'ACADÉMIE

———

Cet ouvrage a obtenu une médaille d'argent

à l'Exposition nationale et coloniale de Rouen, 1896

———

BOURG

IMPRIMERIE DU « COURRIER DE L'AIN »

Francisque Allombert, propriétaire.

———

1897

PRÉFACE

« Un auteur oublie quelquefois que, faute de définir les savantes locutions qui sont pour lui des lieux communs, il ne présente à son lecteur que des mots vagues ou complètement vides de sens......

« Ces remarques sont applicables à toutes les sciences, mais à la géologie plus peut-être qu'à aucune autre. »

Joseph BERTRAND.

Préface des lettres sur les Révolutions du Globe.

Ce sont ces réflexions et l'expérience qui nous ont donné l'idée de notre modeste travail. Il remplit une lacune et rendra certainement des services aux élèves des Lycées et Collèges, des Ecoles normales primaires, des Ecoles primaires supérieures, etc.; et c'est pourquoi, tout imparfait qu'il est, nous le leur offrons. Nous nous trouverons grandement récompensé de nos peines s'il peut leur plaire, simplifier leurs études et leur faire aimer la Géologie, cette science si intéressante et si belle.

Malgré toute notre bonne volonté, cet ouvrage renferme certainement des omissions et peut-être des erreurs. Qu'on veüille bien nous les signaler, ainsi que les modifications à apporter. N'ayant qu'un seul but, être utile, c'est avec reconnaissance que nous accueillerons les observations qu'on voudra bien nous faire.

Emile CHANEL.

Nous avons maintenant à acquitter une dette de reconnaissance. De tout cœur nous présentons nos remerciements :

A la Société d'Emulation de l'Ain, qui a bien voulu faire paraître ce travail dans ses *Annales ;*

A M. Piette, qui a eu la bonté de lire notre manuscrit, nous a conseillé et encouragé ;

A M. Lecaplain, professeur au Lycée de Rouen ;

A MM. Charles et Frédéric Tardy, de Bourg ;

A M. Brossard, archiviste du département de l'Ain ;

A M. Huteau, professeur à l'Ecole normale de Bourg, qui nous a été d'un grand secours dans la révision finale.

Enfin à nos collègues MM. Buche, Duisit, Jarias, Rocchini, Sommier, Thouverez, pour les renseignements qu'ils nous ont aimablement fournis.

OUVRAGES CONSULTÉS

Traités de Géologie. — De Lapparent, Beudant, Bonnier,
    Vélain, Gosselet, Fabre, d'Orbigny.
Traités de Paléontologie. — Pictet, Hœrnès.
Cours de Minéralogie. — De Lapparent, Leymeril.
Minéralogie micrographique. — Fouqué et Michel Lévy.
Les Roches. — Jeannetaz.
Grand Dictionnaire. — Larousse.
Dictionnaire. — Littré.
Dictionnaire encyclopédique. — Dupiney de Vorepierre.
Dictionnaire populaire des Sciences naturelles. — Pizetta.
Dictionnaire des Sciences. — Privat-Deschanel et Focillon.
Grande Encyclopédie. (En cours de publication).
Dictionnaire-manuel des Sciences. — Bouant.
Animaux fossiles du Mont Léberon. — Gaudry.
La Période Glaciaire. — Falsan.
Les Fossiles. — Tissandier.
Les Premiers Hommes et les Temps Préhistoriques — Mis
    de Nadaillac.
L'Epoque Eburnéenne et les Races humaines. — Piette.
Piani et sotto-piani in Geologia. — Botti.
Les Cévennes et la région des Causses ; Les Abîmes. —
    E.-A. Martel.
Histoire naturelle des Êtres vivants. — E. Aubert.
Les Cavernes et leurs Habitants. — J. Fraipont.
Esquisse géologique de la Bresse. — Tardy (*Annales de la
    Société d'Emulation de l'Ain*).
Etudes géologiques des Terrains secondaires. — Jacquemin
    (*Annales de la Société d'Emulation de l'Ain*).

ERRATA

DICTIONNAIRE

DE

GÉOLOGIE

(ÉTYMOLOGIE, PALÉONTOLOGIE ET MINÉRALOGIE)

———————

A

A, étage A, de Barrande, 1846, pour la Bohême. Correspond au huronien supérieur. On sait que Barrande, dans son étude si remarquable du silurien de Bohême, désignait les étages de la manière suivante : A, B, formation azoïque fondamentale ; C, étage primordial ; D, silurien inférieur ; E, F, G, H, silurien supérieur. V. Silurien.

Aachénien, *d'Aachen, Aix-la-Chapelle*, Dumont, 1848. Dénomination d'un ensemble de sables diversement colorés et d'argiles réfractaires, parfois lignitifères, qui, en de nombreux points de la Belgique, recouvrent directement le calcaire carbonifère. Ces dépôts, qui sont à la base de l'infra crétacé, occupent surtout d'anciennes dépressions dont les plus importantes sont le golfe de Mons et celui de Fourmies (M. Gosselet). Sous le nom de *torrent d'Anzin*, ces sables occasionnent beaucoup de difficultés pour le fonçage des puits de mine. On doit rapporter l'aachénien au wealdien, parce que l'aachénien de Bernissart (Belgique) a fourni dans ses argiles des squelettes d'iguanodon, fossile qui caractérise le wealdien. Le wealdien correspond lui-même à l'hauterivien du Jura, sous-étage du néocomien.

Aalénien, *de Aalen, Wurtemberg*. Mayer, 1864. Succède au toarcien ; c'est la base du jurassique moyen ou *dogger*, zone à *Harpoceras Murchisonæ*, genre d'Ammonites. V. Étages.

Abime ou **abyme**, *gr. a, priv.; bussos, fond.* Un abime est une cavité naturelle à bords verticaux ou très abrupts qui s'ouvre à la surface du sol. Synonyme de gouffre. Ces cavités proviennent du redressement des couches de la croûte terrestre, d'anciens cratères éteints, d'effondrements, mais surtout d'érosions produites par l'action des eaux souterraines. Dans le Jura, on observe beaucoup de ces trous, ou puits, ou abîmes, profonds parfois de 100 mètres et plus, et que les habitants nomment *tombarettes*, pour *tombe à raide*, ou à pic. L'étude des abîmes constitue la *spélæologie*. « Les Abîmes », titre d'un ouvrage intéressant sur ce sujet, par M. E.-A. Martel, 1891. V. Caverne et Causses.

Abyssale, *gr. a, priv. ; bussos, fond*, sans fond ou très profond, opposé à littorale : faune abyssale, faune littorale. V. Fossiles et faune.

Acadien, *de l'Acadie, Massachussets*, Dawson 1867. Schistes et grès à paradoxides et conocéphalites, cambrien inférieur. Cet étage a là une puissance de 600 m. environ. Avec les trilobites cités, il contient des lingulella (brachiopodes) et correspond par suite à la faune primordiale de Bohême.

Acanthoceras, *gr. acantha, épine ; keras, corne*, Neumayr, 1875. Mollusques céphalopodes fossiles, genre d'ammonites. Du néocomien au sénonien. Nombreux dans le gault ou albien et le cénomanien.

Acanthodes, *gr. acantha, épine*. Poissons ganoïdes hétérocerques, avec piquants aux nageoires ; peau chagrinée par suite de la petitesse des écailles, squelette non ossifié. Du dévonien au permien. Le bichir actuel du Nil a des points de ressemblance avec ces poissons. — Le mot acanthodes désigne aussi un genre de polypiers fossiles du silurien, du dévonien et du carbonifère.

Acéphales. V. Mollusques.

Aceratherium, *gr. a, priv ; keras, corne, therion, animal sauvage*, Kaup 1832. Sorte de rhinocéros sans corne. Miocène. Sansan. Il avait quatre doigts aux membres antérieurs, tandis que les rhinocéros actuels ont trois doigts à tous les membres.

Acerdèse. V. Manganèse.

Acerites, *lat. acer, érable*. Feuilles fossiles. Les érables qui ont apparu à la fin du crétacé ont laissé de nombreuses empreintes de feuilles, de fruits et même de fleurs dans les couches tertiaires. Auvergne, Suisse, Hongrie.

Acheul (St). V. Quaternaire.

Acidaspis. V. Mérostomates.

Acide, *lat. acidus*. Les acides sont des corps composés à saveur acide qui rougissent l'infusion de violettes dans l'eau et qui se combinent avec d'autres corps, jouant le rôle de *bases*, pour former des *sels*. Quand on verse un acide sur un morceau de craie, qui est une combinaison de gaz carbonique et de chaux ou carbonate de chaux, on voit se produire une masse de bulles : c'est l'acide carbonique qui se dégage. On dit que cette roche fait *effervescence* avec les acides, et c'est là un des caractères des roches *calcaires*. On dit qu'une roche est *acide* quand elle contient, dans sa pâte fondamentale, de la silice en excès, c'est-à-dire plus que les feldspaths les plus acides, savoir : l'orthose 65 ou 66 °/₀ ou l'albite 68 à 69 °/₀. Elle est dite *basique* quand elle en contient 40 à 55 °/₀ comme les silicates les plus basiques. Enfin elle est dite *neutre* quand elle en renferme de 55 à 66 °/₀. V. Roches.

Acier, *lat. acies, pointu, tranchant.* Fer contenant de 5 à 20 millièmes de carbone. Densité 7, 8. L'acier est très dur et peut prendre un beau poli. On en fait des outils, des instruments tranchants, des armes, les rails, les plaques de blindage des cuirassés, etc. Le fer de Suède est excellent pour fabriquer l'acier.

Acrogènes, *gr. acros, sommet ; genos, croissance.* Végétaux cryptogames qui ont une tige et des feuilles, mais pas de fleurs. Fougères, lycopodiacées, équisétacées. La tige ne s'accroît en longueur que par son extrémité sans jamais grossir graduellement par la suite. Ces végétaux, par leur développement et leur puissance, constituent un des caractères saillants de la première grande période géologique à laquelle quelques auteurs, par ce fait, ont donné le nom de *Règne des acrogènes.* V. Houille.

Actinote, V. Amphibole.

Adulaire (pierre), *de mons adulas.* Genre de feldspath orthose qui est composé de silice, d'alumine et de potasse ; vulgairement *pierre de lune.* Cette pierre vitreuse, limpide, est nommée adulaire, parce que les plus beaux fragments viennent des gneiss du Saint-Gothard, *mons adulas* des anciens. Ces cristaux, de grandes dimensions, sont blancs, transparents, à reflets nacrés, et tapissent les parois des fentes ou des druses dans les roches cristallines. On les utilise en bijouterie. Bourg-d'Oisans (Dauphiné), Barèges (Hautes-Pyrénées), Tyrol.

Æpiornis. V. Epiornis.

Aérolithe, *gr. aer, air ; lithos, pierre.* Pierre tombée du ciel. Actuellement on donne le nom d'*aérolithe* à l'ensemble du phénomène de la chute, le nom de *bolide (gr. bolis, bolidos, jet)* au corps solide devenu incandescent dans les régions élevées de l'atmosphère et, enfin, le nom de *météorite (gr. meteoros, qui se passe en l'air)* au corps lui-même, pierre ou métal tel qu'on le trouve après sa chute. Les météorites sont donc des masses minérales plus ou moins volumineuses qui tombent des régions élevées à la surface du sol. Ce phénomène, observé depuis la plus haute antiquité, fut nié par les savants jusqu'aux travaux du physicien allemand Chladni (1756-1827). Le poids des météorites varie de quelques grammes à des centaines de kilogrammes.

Le plus souvent la chute d'un aérolithe est accompagnée de météores lumineux, *globes de feu* ou *bolides* ; il y a des détonations semblables à des coups de canon ou à des grondements de tonnerre avec sifflements. La vitesse de ces corps est très grande, 30 à 40 kilomètres par seconde, et ils finissent par éclater, ce qui produit parfois une véritable *pluie de pierres.* Une des plus célèbres de ces pluies est celle qui eut lieu à Laigle, dans l'Orne, le 26 avril 1803, et qui couvrit une étendue de 10 kilomètres de long sur 4 de large. Le savant Biot, envoyé sur les lieux par l'Institut, estima le nombre des météorites à 3.000 au moins ; leur poids variait de 8 gr. à 8 kilogr. Thénard analysa une de ces pierres : elle contenait 46 % de *silice, 10 de manganèse, 36 de fer, 2 de nickel et 5 de soufre.* Le rapport de Biot se terminait ainsi : « Je m'estimerai heureux si j'ai réussi à mettre hors de doute un des plus étonnants *phénomènes que les hommes aient jamais observés.* »

Une autre chute de pierres remarquable est celle qui eut lieu à Pultusk (Pologne), le 30 janvier 1868, et qui couvrit une étendue de *16 kilomètres carrés.* Ces pierres appartiennent au type chantonnite, de Chantonnay, petite ville de Vendée aux environs de laquelle se produisit une chute le 5 août 1812 ; ce sont des sporadosidères oligosidères. Le Muséum de Paris possède un météorite tombé à Juvinas (Ardèche), dont le poids est de 42 kilog. et le volume de 6 décim. cubes. En 1810, un météorite de 750 kilogr. tomba à Santa-Rosa (N^{lle} Grenade).

Quelques-uns veulent que les météorites proviennent des volcans de la lune, d'autres les considèrent comme des astéroïdes ou agrégation de matière cosmique qui, en pénétrant dans notre atmosphère, s'échauffent par suite de leur très grande vitesse, deviennent incandescents et finissent par éclater.

Dans les campagnes de la Bresse, on regarde encore comme des pierres à foudre les haches en pierre polie des temps préhistoriques et l'on ne manque pas, si l'on peut, de placer une de ces haches dans le mur d'une construction afin que l'habitation soit préservée de la foudre. Il paraît, du reste, (Mis de Nadaillac, *Les premiers Hommes*), que cette superstition existe partout et remonte à la plus haute antiquité.

Ce qui caractérise les météorites, c'est la proportion plus ou moins grande de fer natif nickelifère qu'ils renferment ; ce qui a conduit M. Daubrée à la classification suivante : 1° les HOLOSIDÈRES, *gr. holos, tout ; sideros, fer,* fers météoriques légèrement nickelifères ; 2° les SYSSIDÈRES, *gr. sun, ensemble ;* fers englobant des grains pierreux ; 3° les SPORADOSIDÈRES ou pierres enveloppant des grains de fer ; 4° les ASIDÈRES, *gr. a, priv.* ou pierres privées de fer.

On doit, en outre, remarquer : 1° que les météorites n'ont pas donné un corps simple non connu ; 2° que les silicates dont ils sont formés sont ceux qui composent certaines roches de notre terre.

Aétite ou pierre d'aigle, *gr. aetos, aigle.* Oxyde de fer hydraté naturel, formé de couches concentriques, lesquelles renferment souvent un noyau mobile qui résonne quand on agite le morceau. Par suite, c'est une géode et une sorte de limonite. Les anciens qui croyaient qu'on trouvait cette pierre dans le nid des aigles lui attribuaient la propriété d'arrêter le sang. V. gemmes. L'aétite donne un bon fer. Il existe des bancs d'aétite à Tréyoux (Ain). On en trouve aussi à Alais. V. Hématite, Limonite, Oligiste, Magnétite.

Affaissement. Les dépôts qui ont formé les couches sédimentaires de la croûte terrestre se sont produits horizontalement, suivant la loi de la pesanteur ; mais, par suite de bouleversements, ces couches ont été pliées, disloquées, brisées. De là des *fractures* et souvent l'un des bords de la fracture s'est affaissé ; ce qui fait que les dépôts de même nature ne sont plus au même niveau et que les couches ne se correspondent plus. C'est ce qu'on appelle une *faille* (V. Lithoclases). Les failles, fréquentes dans le Jura, les Vosges, etc., sont une source de difficultés dans l'exploitation des mines, parce qu'il faut faire des recherches pour retrouver le dépôt ou le *filon*.

Affleurement. C'est l'ensemble des points où une couche vient rencontrer la surface libre du terrain ; de même pour un *filon*.

Agalmatolithe, *gr. agalma, statue ; lithos, pierre. All. bildstein,* pierre à statuettes. C'est la *pagodite*, silicate hydraté d'alumine, avec laquelle les Chinois façonnent des statuettes ou *magots*. Couleur vert pâle à éclat gras ; renferme de 6 à 10 % d'alumine.

Agalysiens. V. Cristallophylliens.

Agate, *gr. agates, nom d'une rivière de la Sicile, le Drillo, suivant Pline, sur les bords duquel on trouvait cette pierre.* Les agates sont formées de quartz translucide à pâte très fine, *calcédoine* ; elles peuvent prendre un beau poli, présentent une grande variété de couleurs et sont attaquables par l'acide fluorhydrique, comme toutes les variétés de silice. Grâce à leur porosité, elles se laissent facilement teindre par les dissolutions colorées ; servent à la fabrication des camées et des mortiers de laboratoire. On distingue : 1º les CORNALINES, couleur uniforme, rouge orange (Japon), très estimées. Elles sont ainsi appelées du latin *cornu, corne, ongle,* parce que leur couleur ressemble à l'ongle rosé du doigt. De là le nom d'*Onyx* qu'elles portaient en grec ; 2º les SARDOINES, *de sardes, sarde et onux, ongle.* Beau jaune orangé (Chine). Sont très anciennement connues. Mithridate avait, -dit-on, ramassé 4,000 échantillons de cette pierre ; 3º les CALCÉDOINES, *de Calcédoine, ville de Bithynie où on les trouvait.* Blanc laiteux bleuâtre ; 4º les PRASES ou CHRYSOPRASES *gr. chrusos, or ; prason poireau),* couleur vert-pomme due à l'oxyde de nickel. Employées comme pierre d'ornement. On les trouve notamment à Kosemitz, Silésie ; 5º les HÉLIOTROPES *gr. helios, soleil ; trepo, je tourne* ou *Jaspes sanguins* ; vert foncé, ponctué de rouge ; 6º les ONYX, *gr. onux, ongle.* bandes concentriques de couleurs différentes ; vases, camées. Allemagne, Ecosse ; 7º les DENDRITES, *gr. dendron, arbre,* présentent dans leur masse des dessins d'arbrisseaux, v. dendrites ; 8º les BOIS AGATISÉS, troncs d'arbres que l'on trouve dans beaucoup de terrains quartzeux et qui ont été transformés en agate ; Saxe, Silésie, Aisne, Oise, Drôme, Puy-de-Dôme. — Certaines agates présentent la particularité singulière de renfermer des cavités en partie remplies d'eau.

Age. On entend par *âges* les durées qui se rapportent à la formation des terrains sédimentaires. Quand plusieurs couches présentent des caractères communs, elles se groupent en une *assise* dont la faune caractérise un *âge* déterminé. Une succession d'âges constitue une *époque ;* plusieurs époques une *période* et un ensemble de *périodes* une *ère.* V. Eres. « On ne connaît et on ne connaîtra jamais, dit M. Ed. Perrier, qu'une partie des formes qui ont vécu dans les âges géologiques antérieurs ; aussi est-il surprenant que ce qu'on en sait cadre si exactement avec l'hypothèse d'une évolution continue des formes vivantes. Il résulte des recherches actuelles que les faunes et les flores fossiles ne se sont jamais brusquement modifiées. Les formes d'une période ont apparu une à une au milieu des formes anciennes qui ont elles-mêmes disparu de la même manière. » V. Fossile.

Ce mot âge se rapporte aussi aux épanchements de roches éruptives. V. Eruption ; à la formation des chaînes de montagnes. V. Soulèvements ; aux périodes préhistoriques se rapportant à l'évolution de l'industrie humaine : âge de la *pierre taillée* ou *paléolithique ;* âge de la *pierre polie* ou *néolithique ;* âge *du bronze,* âge *du fer.* V. Quaternaire.

Agglomérat, *lat. glomus, boule.* Masse produite par l'assemblage de débris d'inégales dimensions et de diverses textures. On réserve actuellement ce nom aux formations dans lesquelles domine le caractère éruptif et celui de *conglomérat* à celles dont les débris constituants offrent l'action sédimentaire.

Agglutination. Action par laquelle des sables et des galets se transforment en roches et poudingues par l'effet d'un ciment. V. Alios et Dépôts.

Agnotus, *gr. a, privatif ; gnotos, déterminé ; indéterminé.* Brongniart 1822. Genre de trilobites chez lesquels le nombre des anneaux du thorax ne croît pas avec l'âge mais reste limité à deux ; en outre ils n'ont pas d'yeux. Cambrien et silurien inférieur ; faune primordiale et faune seconde de Barrande.

Agnotozoïque, *a, priv. ; gnotos, connu ; zoon, animal.* Chamberlin. Groupe intermédiaire entre le paléozoïque et l'archéen, proposé par les géologues américains pour les terrains compris à la base du cambrien. Ce mot signifie donc que si la faune correspondante est encore inconnue, son existence ne doit faire aucun doute. On ne connaît que des traces d'annélides et des apparences de spongiaires.

Agrégat, *lat. grex, troupeau.* Masse composée de fragments cristallins de diverse nature réunis par simple juxtaposition sans ciment intercalé. On observe cette texture dans les roches granitoïdes, granite, granulite, syénite, diorite.

Agustite. V. Apatite.

Aigue-marine, *lat. aqua, eau.* Pierre précieuse ainsi nommée à cause de sa couleur vert-bleuâtre qui se rapproche de celle de l'eau de mer. Composée de silice, d'alumine et de glucine; appartient au genre *corindon.* Deux variétés : 1º AIGUE-MARINE OCCIDENTALE ou *Béryl noble* (Sibérie, monts Altaï). Le plus beau cristal d'aigue-marine connu pesant 1 k. 480 et d'une valeur de 12.500 francs, provient de Mo-Gadt, aux environs d'Ava (Birmanie); 2º AIGUE-MARINE ORIENTALE ou *Emeraude bleue*, désignée habituellement sous le nom de Saphir.

Aiguigeois. V. Caverne.

Aimant, *gr. adamas.* V. Magnétite.

Aimant de Ceylan. V. Tourmaline.

Air, *lat. aer.* Fluide gazeux, compressible, élastique, pesant, qui environne la terre. V. Atmosphère. L'air est composé de 79 % d'azote et de 21 % d'oxygène avec un peu d'acide carbonique, de vapeur d'eau et d'*argon.* Un litre d'air pèse (pression 0^m76) 1 gr. 293. La pression atmosphérique est de 1 kg 033 par centim. carré de surface. L'air était l'un des quatre éléments des anciens : *air, eau, terre, feu.* L'oxygène de l'air est indispensable à la respiration des animaux; l'azote et l'acide carbonique servent à la nutrition des plantes ; la vapeur d'eau est la cause des pluies. ARGON, *gr. inerte.* Deux savants anglais, lord Ragleigh et le professeur Ramsay, viennent de démontrer l'existence d'un troisième élément constitutif de l'air : c'est l'*argon*, qui ne peut entrer en combinaison avec les corps simples. On évalue à 23 kil. la quantité de ce gaz qui pénètre annuellement dans nos poumons. Il est liquéfiable à 121º au-dessous de 0, sous une pression de 50 atmosphères; se solidifie en cristaux blancs à — 189º ; se dissout dans l'eau à raison de 1 litre par 25 litres.

Aiguiser (Pierre à). Ce sont des grès argileux ou des schistes argilo-siliceux à grain plus ou moins fin. Meules, affutage, affilage. V. Huile (pierre à).

Alabastrite, *gr. alabastron ; de a, priv. et labé, anse.* Il existe deux sortes d'albâtre : l'albâtre *calcaire* ou *calcite concrétionnée* qui est un carbonate de chaux et l'albâtre *gypseux*, sulfate de chaux hydraté, qui est une variété de gypse saccharoïde. C'est avec ces deux substances que les Grecs fabriquaient des vases sans anse qu'ils nommaient alabastron. Par albâtre ou alabastrite on entend ordinairement l'albâtre gypseux qui se trouve le plus souvent à la base des couches de pierres à plâtre. On l'emploie pour sculpter de petits objets d'art; il est tantôt blanc, tantôt coloré, peu dur et peut prendre un beau poli; mais a peu de valeur. La variété blanche, granulaire, est la plus recherchée. L'albâtre calcaire est moins blanc, en général, mais plus dur et présente des veines de diverses couleurs. C'est lui qui forme les stalactites et les stalagmites des grottes à l'état de calcite V. Brachiopodes et aragonite.

Albâtre. V. Alabastrite.

Albérèze. V. Calcaire.

Albien, *lat. albus, blanc.* L'étage albien est le 19ᵉ étage de d'Orbigny, entre l'aptien et le cénomanien. Dans la dernière classification, c'est la partie supérieure ou 4ᵉ étage de l'infra-crétacé. Il correspond au Gault des Anglais, parce que son assise argileuse (argile *téguline*), que l'on emploie pour la fabrication des tuiles à couvrir les maisons, est identique à l'assise anglaise de ce nom ; l'autre assise inférieure est sableuse (puissance 10 m.), *sables verts,* parce qu'ils contiennent des grains de glauconie avec nodules de phosphate de chaux, *coquins,* à cause de leur dureté, exploités pour l'amendement des terres. V. Phosphates. Les fossiles sont l'*ammonites mamillaris,* épineuse ; l'*inoceramus sulcatus* et la *belemnites minimus,* la dernière des bélemnites. En Provence, l'albien est représenté par des calcaires grisâtres avec grains de glauconie ; dans les Pyrénées sa puissance atteint 400 à 500 m. et il contient peu de fossiles. V. Gault.

Albion, *lat. albus, blanc.* C'est la Grande-Bretagne, la *blanche Albion,* qui ressemble à un cygne endormi au milieu des eaux. C'est la teinte des bancs crayeux. « Un exhaussement de moins de 70 mètres suffirait pour réunir la Grande-Bretagne à la France. » — De Lapparent.

Albite, *lat. albus, blanc,* V. Feldspath.

Alcyonaires. Semblables à un nid d'alcyon. V. polypiers et anthozoaires.

Alectryonie, *gr. alectruon, coq ; crête de coq.* Sorte d'huître du jurassique moyen et supérieur et actuelle. On la trouve dans l'oxfordien. Les valves contournées et peu larges ont la surface ornée de fortes côtes et les bords ondulés. V. Huîtres.

Alignement. Les alignements ou rangées de pierres de Carnac (Morbihan) et du Crozon (Finistère) forment des lignes parallèles s'étendant à plusieurs kilomètres. Il en existe aussi dans une soixante d'endroits en France. Ces rangées de pierres sont l'œuvre des néolithiques ainsi que les *menhirs,* les *dolmens,* les *allées couvertes.* Quand ces pierres sont placées en cercle, c'est un *cromlech* ou *chromlech.* Par suite des grandes dimensions des blocs employés, ces monuments sont dits MÉGALITHIQUES, *gr. megas, grand ; lithos, pierre.*

Alios, *gr. alios, marin.* Grès quartzeux, d'un brun noirâtre, qui existe à une faible profondeur sous les plaines sableuses (Landes) ou sous les sables caillouteux (Médoc), ou encore sous le sable des dunes ou de la forêt de Fontainebleau. Ce grès est formé de grains de sable agglutinés par des matières organiques noires, entraînées par dissolution, et par un ciment d'oxyde de fer hydraté qui le rend dur et ferrugineux. La végétation est une condition nécessaire à la formation de l'alios et la matière organique contient 60 % de carbone, 5,6 d'hydrogène et 34 d'oxygène. V. Lapidification.

Allaise, *de l'ancien mot lise, sable mouvant*. Amas de sable qui se forme en travers des rivières.

Alluviale (plaine). M. Dausse *(Bull. de la Soc. géol. de France)* a posé ce principe : Toute plaine alluviale résulte d'un barrage, solide ou liquide, qui la terminait lors de sa formation. Ainsi quand un cours d'eau arrive dans un lac, les alluvions qu'il apporte se déposent, constituant un delta lacustre, et la plaine alluviale s'étend aux dépens du lac. Quelle est la conséquence de ces apports pour les niveaux des eaux du lac ? Nous examinerons deux cas : ou le couloir de sortie des eaux du lac, autrement dit *l'émissaire*, est à pente forte ou il ne l'est pas. Dans le premier cas, comme cela existe pour le Rhône à sa sortie du lac de Genève, le couloir se creuse de plus en plus, par suite son débit est plus grand et le niveau des eaux du lac non seulement ne monte pas, mais peut même s'abaisser, comme le montrent parfois les terrasses d'alluvion. Dans le second cas, le résultat dont il vient d'être question ne se produit pas et par suite le niveau du lac s'élève en même temps que les eaux reculent en amont, envahissant la vallée qui devient, par conséquent, marécageuse et malsaine. Le mal est encore accru quand l'émissaire, déjà insuffisant, est encore comblé peu à peu par le cône de déjection d'un cours d'eau torrentiel qu'il reçoit. C'est ce qui se produisait en Suisse pour les lacs de Thoune et de Brienz. On y a remédié en jetant l'affluent, par un canal, dans le lac même : de cette façon, on débarrasse d'abord l'émissaire des matériaux qu'il recevait et ensuite on augmente sa force, puisqu'il y a une plus grande masse d'eau et on lui donne ainsi le moyen de creuser son lit. Cette manière d'opérer est devenue classique : c'est ce qu'on appelle la *correction des rivières*. Loire.

Alluvion, *lat. alluere, baigner*. Les alluvions sont les dépôts formés par les eaux sur les rivages. Une rivière dégrade ses rives concaves et alluvionne sur ses rives convexes. Ces dépôts enrichissent le sol quand ils sont formés principalement de limon (Nil, Seine, Saône) ; ils l'appauvrissent quand ils sont trop chargés de sables. La Hollande est en grande partie de formation alluviale.

Les *terrains d'alluvion* sont formés de débris de roches transportés au loin par les eaux et tantôt meubles, sables et graviers, tantôt ultérieurement durcis par un ciment, grès et poudingues. On les appelle aussi TERRAINS DE TRANSPORT ou encore terrains diluviens *(de diluvium, déluge)*.

On donne le nom d'alluvions *anciennes* aux dépôts successifs de sables et de graviers, puis de limons calcaires (loess, lehm, terre à briques) qui s'échelonnent dans les plaines et sur le flanc des vallées formant les *terrasses*, lesquelles marquent les différentes phases du creusement.

On appelle *alluvions aurifères* celles qui contiennent, disséminées en pépites ou paillettes, de l'or, du platine, de l'argent ; le diamant, la topaze, le saphir, s'y rencontrent aussi. Et cela constitue les placers de la Californie. V. Placers.

Almandine, *al pour el, et Médine, ville*, d'après le Dictionnaire de Trévoux, ou de *Alabandicus*, nom de Pline, tiré d'une ville de l'Asie mineure où l'on polissait le grenat syrien. V. Grenat.

Algue, *de algidus, frais*. Certaines algues ont pullulé à l'époque carbonifère (bactériacées); quelques-unes peuvent digérer la cellulose des tissus organiques et la transforment en glucose. Une espèce attaquait déjà les plantes vasculaires du terrain houiller. D'autres bactériacées transforment le jus sucré des betteraves en glucose dont elles se nourrissent, d'où perte de sucre cristallisable; d'autres transforment l'alcool du vin en vinaigre. V. Characées, diatomées, amendements.

Alquifoux, *étymologie inconnue*. Poudre gris-bleuâtre obtenue en broyant la galène ou sulfure de plomb avec une partie des silicates naturels qui l'accompagnent. Est employée pour la couverte des poteries communes. Pour cela, les potiers mettent cette poudre en suspension dans de l'eau ou mieux dans de la colle de farine et ils en badigeonnent les poteries. Au four, le soufre brûle et se volatilise; le plomb s'oxyde et s'unit partiellement à la silice et au fer de la terre. La couverte ainsi obtenue est brillante et de couleur vert-jaunâtre. Elle est facilement attaquée par les acides et on sait que les oxydes et les sels de plomb sont vénéneux. V. Plomb et engobe.

Altération des roches. — V. Erosion.

Alternance, *lat. alter, autre*. Se dit d'une roche stratifiée dont les feuillets sont alternativement de nature différente.

Alumine, *lat. alumen, alun*. Oxyde d'aluminium. Substance extrêmement répandue dans la nature; forme la base des argiles; constitue, à l'état pur et colorée par des composés métalliques, plusieurs variétés de pierres précieuses. Pure et cristallisée, c'est le corindon qui est la pierre la plus dure après le diamant. L'alumine est blanche, pulvérulente, insipide, inodore; happe à la langue; forme pâte avec l'eau; se combine avec les acides. L'émeri, que l'on emploie pour polir les glaces à cause de sa dureté, est un corindon qui renferme jusqu'à 50 % de magnétite ou fer magnétique.

Aluminite. Sulfate d'alumine hydraté; d'un blanc mat, tendre, terreux, quelquefois oolithique. En nodules ou en veines dans l'argile plastique (Epernay, Angleterre, New-Haven). Ce dernier gisement a été trouvé par Webster dans une argile ferrugineuse superposée à la craie: d'où le nom *Webstérite*, synonyme d'aluminite.

Aluminium, *lat. alumen, alumine*. Métal découvert, en 1839, par le chimiste allemand Wœhler, sous forme de poudre grise; a acquis, par suite des travaux de Deville, en 1854, une grande importance. Il est blanc, possède l'éclat de l'argent et la densité du verre 2,5 (propriété caractéristique); ne s'oxyde ni à l'air sec, ni à l'air humide; très ductile, très malléable; aussi tenace et aussi dur que l'argent. Pour toutes ces raisons va être introduit dans le matériel de campement de l'armée française (février 1896).

Avec le cuivre, l'aluminium forme un bronze de la couleur de l'or.

Alun, Alunite, *lat. alumen*. Sel double hydraté formé par la combinaison du sulfate d'alumine avec le sulfate de potasse ou d'ammoniaque. Les aluns naturels *alunite* ou *pierre d'alun* sont fort rares et résultent de l'altération des roches trachytiques. Voisinage du terrain trachytique au Mont-Doré, à la Tolfa, près Civita-Vecchia, alun de Rome. L'alunite est le seul sulfate capable de rayer le verre. L'alun de Rome était jadis fort recherché, parce qu'il est très pur; mais actuellement on fabrique l'alun de toutes pièces. C'est un produit d'une grande utilité. On l'emploie en teinture comme mordant, dans la fabrication des bougies et des laques, pour empêcher le papier de boire, pour préserver des insectes les peaux et les fourrures. En médecine comme astringent et dans le traitement des maladies saturnines. V. Schistes.

Amalgame, *italien, amalgama.* Alliage de mercure avec un métal quelconque. Il existe dans la nature des amalgames d'argent : *arquérite*, d'Arqueros, Chili, et le *mercure argental* qui accompagne le cinabre à Almaden et au Chili.

On connaît, en Colombie et au Chili, un amalgame d'or et d'argent, l'*auramalgame*, densité 15,47.

Amandes, *gr amygdalon.* On désigne par ce mot des fragments de matière en fusion lancés dans les airs par un volcan en éruption et qui prennent cette forme par l'effet de leur rotation. V. Bombes, larmes.

Amas *gr. ama, ensemble.* Les gîtes en amas forment, à la jonction de deux terrains différents, des masses plus ou moins lenticulaires, sans continuité apparente. Ils sont produits par l'élargissement d'un filon, et cela, surtout quand le filon, quittant des roches siliceuses, pénètre dans des roches calcaires. Tel est le célèbre gisement de calamine de Morestel où le filon de 25 centim. donne un amas de 150 m. de large. L'amas de fer oxydulé ou d'aimant de Traverselle, Piémont, a 500 m. de long, 400 m. de large et 300 m. de haut. L'amas de sel gemme de Saltzbourg, Autriche, est évalué à 1 milliard 950 millions de mètres cubes.

Amazonite. V. Feldspath.

Amblypodes, *gr. amblus, obtus; podes, pieds.* Ordre de mammifères fossiles, créé par Cope; nombreux dans l'éocène de l'Amérique du N. Ces ongulés sont remarquables parce que le pied a cinq doigts à tous les membres et que ces doigts sont terminés par des sabots. Avaient des cornes et d'énormes canines, étaient herbivores et ont dû précéder les autres ongulés. Sont les ancêtres des pachydermes et des ruminants.

Amblypterus, *gr. amblus, obtus; pteron, nageoire.* Agassiz. Poissons fossiles hétérocerques à nageoires très larges; abondants dans le carbonifère et le permien ; avaient le corps fusiforme avec écailles émaillées rhomboïdales. V. Paleoniscus.

Ambre, *lat. ambarum ; arabe, anbar*. L'ambre jaune ou SUCCIN *(lat. succinum, de succus, suc)* ou CARABÉ, KARABÉ, du persan *caharaba*, mot à mot *tire-paille* ou *attire-paille*, est l'ÉLECTRON des anciens. C'est une substance résinoïde, solide, dure, cassante, presque transparente, qui peut recevoir un beau poli. Densité 1,07, fond à 287°, brûle avec une flamme claire en répandant une odeur agréable. Employée pour faire des tuyaux de pipe, des colliers, des chapelets, le musc artificiel. L'ambre se trouve dans les dépôts de combustibles, lignites, des terrains de l'éocène. Il renferme souvent dans sa masse des feuilles et des insectes qui prouvent son état fluide primitif (V. Insectes, inclusions). Provient d'un conifère comme la résine actuelle. *(Pinus succinifer)*. Les insectes venaient se poser sur les branches de ce pin, se collaient par leurs pattes et se trouvaient finalement englobés dans la matière visqueuse qui nous les a conservés intacts. Lignites du Gard, de l'Aisne, des Basses-Alpes. A Samland, près de Kœnigsberg, on trouve de l'ambre en profusion dans une couche de sable glauconieux épaisse de 1ᵐ50 environ qui est au-dessous d'une autre couche de sable de 23 m. de puissance. Au-dessus de cette dernière viennent des argiles et des lignites. Certaines cavernes de la période néolithique ont fourni des objets de parure en ambre. Comme ses noms l'indiquent, les anciens avaient remarqué la propriété que possède l'ambre jaune frotté d'attirer les corps légers. Le plus gros morceau trouvé pesait 10 kilog. et demi.

Il ne faut pas confondre l'ambre jaune avec l'ambre gris qui est une concrétion morbide formée dans les intestins de certains cachalots. Ce dernier se présente en masses pesant ordinairement 500 gr. Ces masses flottent sur les mers au voisinage du Japon, des îles Moluques, de Madagascar. En fondant, l'ambre gris dégage une odeur suave. On le retire aussi directement des intestins de cachalots.

Ambrosine, *R. ambre*. Résine fossile.

Amendement, *lat. amendare, pour emendare, indiquant suppression ; mendum, faute*. Les amendements ont pour but de préparer le sol et de lui restituer les principes que lui enlèvent les récoltes et que l'atmosphère ne peut lui fournir. Les marnes calcaires, qui contiennent beaucoup de carbonate de chaux, conviennent aux sols argileux peu compacts ; les marnes argileuses aux terrains légers et siliceux et les marnes siliceuses aux terrains forts et argileux. Le sable est employé pour ameublir les terres compactes ; la chaux a une influence remarquable sur le développement des végétaux. V. Phosphates. Le plâtre, les cendres, la suie, le sel marin, sont aussi employés. Sur les côtes de l'Océan et de la Manche on utilise la *tangue Allem, tang, fucus, varec*, sorte de vase siliceuse fine, imprégnée de sel marin et qui contient en outre des débris de coquillages et de végétaux. Sur les côtes de Bretagne, on utilise un dépôt nommé *maërl* qui est surtout calcaire parce qu'il contient beaucoup de débris de nullipores (sorte d'algue complètement pierreuse qui forme des incrustations à la surface des coraux), ou encore le *traëz* qui est aussi calcaire par l'abondance des coquillages.

Améthyste, *gr. amethustos, qui n'est pas ivre,* parce que les anciens lui attribuaient la propriété de préserver de l'ivresse. C'est la *pierre d'évêque* parce qu'elle orne l'anneau pastoral des évêques. V. Quartz. Elle perd sa couleur violette à 250°. Elle doit cette coloration à du manganèse ou à un composé de carbone.

Amiante ou Asbeste, *gr. a priv. miantos, qui se souille ; pur, sans souillure ; a priv., sbestos, consumé, qui ne se consume pas.* L'Amiante ou Asbeste est une variété d'amphibole, silicate de chaux et de magnésie. Il se présente en fibres très fines et assez flexibles qui le font ressembler à une belle soie blanche ou colorée ; on l'appelle encore *cuir fossile, papier fossile, liège fossile.* Il résiste à l'action du feu et c'est pourquoi on en fabrique de la toile, des dentelles, du papier, des mèches de lampe. On l'emploie aussi pour la garniture des stuffing-box ou boîte à étoupes des machines à vapeur. En enveloppant les cadavres dans de la toile d'amiante, on peut, après l'incinération, recueillir les cendres ; pour blanchir les dentelles en amiante, on les jette au feu. On pourrait aussi employer des tissus d'amiante pour les représentations théâtrales et éviter ainsi de grandes catastrophes. On fabrique des couleurs d'amiante qui sont pour les métaux un excellent préservatif de l'oxydation et rendent le bois et les tissus incombustibles (P. Charpentier). En Corse, on mêle l'amiante à l'argile pour obtenir des poteries légères. On trouve l'amiante dans une multitude d'endroits ; en Savoie, en Corse, en Hongrie, dans le Tyrol, la Sibérie, l'Oural. Sur la rivière Saint-François (Canada), se trouve un gîte d'amiante de 1.600ᵐ de long, 40ᵐ de large et d'une profondeur inconnue. On pourrait en extraire 100 tonnes par jour pendant plus de 50 ans.

Ammonites, mollusques céphalopodes fossiles dont la coquille, ordinairement enroulée en spirale, est divisée intérieurement en compartiments formés par des cloisons qui toutes sont percées d'un trou vers l'extérieur et font communiquer ces compartiments entre eux, tandis que chez les nautiles cet ensemble de trous, le *syphon,* est au centre des cloisons. Cette disposition en spirale, rappelant les volutes des cornes du bélier, les anciens nommaient ces coquilles *cornes d'Ammon (Ammon, roi de Lybie, avait une tête de bélier sur son casque de guerre) :* d'où le nom d'*ammonites* ou *cornes de bélier* ou encore *serpents pétrifiés.* Les cloisons se soudent à la coquille par des lignes excessivement sinueuses ou en *feuille de persil* ou en *fraises* (collerettes du xviᵉ siècle). La dernière cloison ou chambre est seule occupée par l'animal qui a habité successivement les chambres précédentes.

C'est à Blainville et d'Orbigny que revient l'honneur d'avoir établi la véritable nature de ces fossiles qui ont frappé de tout temps l'imagination des peuples. On leur prêtait, dans l'antiquité, des propriétés merveilleuses et les Hindous leur rendent encore un culte. Cet ordre de mollusques est intermédiaire (Fischer) entre les bélemnites et les nautiles qui les ont précédés et ils descendent probablement de ces derniers par les *goniatites* chez lesquels la cloison est simple, comme celle des nautiles.

On ne connaît pas, avec certitude, la forme de l'animal des ammonites : on suppose qu'il devait avoir des ressemblances avec le *nautilus pompilius* qui vit actuellement, ou encore (Hœrnès) avec l'argonaute.

Les amm. abondent dans les terrains secondaires et leur diamètre varie de quelques millim. jusqu'à 2 m. On n'en trouve plus après le crétacé. Elles prennent fin dans le danien avec les formes droites appelées baculites. V. Maestrichtien.

Parmi les 300 espèces établis nous distinguerons : les SCAPHITES, *gr. scaphê, nacelle*, spéciales à la formation crétacée. A un certain âge, la coquille se redresse et se projette en crosse ; la *scaphite æqualis* est commune dans la craie de Rouen ; les TURRILITES, *lat turris, tour ;* les HAMITES, *gr. hamus, hameçon ;* les BACULITES, *lat. baculus, bâton.* V. Acanthocéras, criocéras, ancylocéras, harpocéras, tirolites.

En résumé, on peut donner la définition suivante : les amm. sont des céphalopodes éteints à coquille multiloculaire, spiralée, enroulée dans un même plan, déroulée en hélice, recourbée en forme de crosse ou étirée en forme de bâton ; dernière chambre, chambre d'habitation, grande et contenant l'animal (Hœrnès). Pas de poche à encre comme les bélemnites. Les autres chambres constituaient, par l'intermédiaire du syphon, des chambres à air qui permettaient à l'animal de plonger ou de s'élever à volonté dans la mer suivant la quantité relative d'eau et de gaz qu'il introduisait dans ces chambres lesquelles ont été successivement habitées.

L'amm. noueuse caractérise le calcaire conchylien ; *l'amm. Bucklandi* appartient au lias ; *l'amm. Brongniarti*, globuleuse, à l'oolithe inférieure ; *l'amm. varians* à la craie tuffeau ; *l'amm. mamillaris* à l'albien ou gault ; *l'amm. rhotomagensis* à la craie de Rouen. V. Aptychus.

Ampélite, *gr. ampelos, vigne.* L'Ampélite, ou *pierre de vigne,* ou *pierre de charpentier,* ou *craie noire,* est le schiste graphique, argileux, tendre, mat, noir, imprégné d'anthracite et de pyrite ou sulfure de fer. Ce soufre s'oxyde et donne un sulfate ; c'est pourquoi on emploie l'ampélite comme amendement pour la vigne, d'où encore son nom de PHARMACITE, du gr. *pharmacon, remède.* On en fabrique aussi les crayons des charpentiers et des menuisiers. Elle se rencontre principalement, dans les terrains primaires, silurien, et présente souvent des graptolithes. Normandie, Yvetot.

Amphibiens, *gr. amphi, des deux côtés ;* bios, vie OU BATRACIENS, *gr. batrachos, grenouille.* Vertébrés à température variable ; squelette interne plus ou moins développé ; formes anciennes revêtues d'une armure dermique, les récentes ordinairement nues, rarement recouvertes de petites écailles ; quatre membres adaptés pour la marche ou pas de membres ; respiration pulmonaire et respiration branchiale provisoire, persistante parfois. Métamorphoses. V. Batraciens et labyrinthodon.

On distingue 4 genres :

1° STÉGOCÉPHALES, *gr. stegê, toit ; kephalê, tête.* V. Archæogosaurus, brachiosaurus, capitosaurus, labyrinthodon, mastodonsaurus, protriton.

2° GYMNOPHIONES, *gr. gumnos, nu ; ophis, serpent.* Cécilies, actuels, vermiformes ; apodes et anoures (sans pied, sans queue) ; pas de fossile.

3° URODÈLES, *gr. urá, queue.* Allongés, longue queue. Salamandre.

4° ANOURES, *gr. a, priv., sans queue.* V. Paleobatrachus. Grenouille.

Il est vraisemblable que les stégocéphales ou batraciens primitifs sont les ancêtres à la fois des batraciens modernes et des reptiles et ces stégocéphales descendent eux-mêmes de certains poissons ganoïdes. A partir de l'éocène, les urodèles se multiplient et les anoures font leur apparition.

Amphibole, *gr. amphibolos, ambigu,* à cause de son analogie avec d'autres minéraux. Silicate de chaux et de magnésie ; au moins autant de magnésie que de chaux. Les amphiboles cristallisent en prismes obliques et on distingue : 1° la TRÉMOLITE, *de Tremola,* vallée du St-Gothard, qui comprend les variétés à couleur claire comme l'Amiante et le Jade de la Chine ; 2° l'ACTINOTE, *gr. aktin, rayon,* parce qu'elle est souvent rayonnée ; verte ; silicate de chaux, de magnésie et d'oxyde de fer ; 3° la HORNBLENDE, *all. horn, corne ; blenden, briller ;* parce qu'elle présente le brillant de la corne. A la composition précédente mais contient en outre de l'alumine. Cristaux fibreux qui ont l'aspect du charbon de bois. Entre comme élément essentiel dans les syénites, les diorites, les andésites et comme élément accidentel dans les basaltes.

Les amphiboles font partie des roches anciennes, micaschistes, ainsi que des roches volcaniques comme les basaltes et les trachytes. On les trouve parfois dans les calcaires saccharoïdes et la dolomie (trémolite). Elles constituent avec les pyroxènes et le péridot les trois grandes familles des roches basiques. V. Roches.

Amphibolite, agrégat cristallin essentiellement composé d'amphibole hornblende avec pyroxène et contenant toujours du fer titané. La texture est compacte ou schisteuse. Se trouve en masses intercalées dans les gneiss, les chloritoschistes des terrains primitifs. Alpes centrales et occidentales où la série de ces gneiss, chloritoschistes, amphibolites et cipolins, prend le nom de *pierres vertes* à cause de leur couleur. En Bretagne, les chloritoschistes alternent avec les amphibolites ; dans le Cantal, les Vosges, les amphibolites sont superposées au gneiss et aux micaschistes.

Amphiboloschiste. L'amphiboloschiste ou schiste amphibolique est un agrégat schisteux de quartz et d'amphibole parfois avec feldspath. Le quartz est toujours visible au microscope entre les prismes de hornblende et la teneur en silice varie de 50 à 52 0/0. Cette roche fait partie du terrain primitif où elle se présente dans les mêmes conditions que les amphibolites.

Amphiceliens, *gr. amphi, des deux côtés ; koilos, creux.* Genre de reptiles dinosauriens fossiles qui ont les vertèbres dorsales bi-concaves; habitaient les rivages des mers crétacées; herbivores. Tronc court, cou et queue très allongés de telle sorte que l'animal pouvait atteindre 60 à 80 pieds de long. Voisins des Camarasaurus. V. Crocodiliens.

Amphicyon, *gr. amphi, près de ; kuòn, chien.* Carnivore fossile qui se rapprochait de l'ours par sa taille et ses extrémités plantigrades, mais qui avait la dentition et le crâne du chien. (Lartet 1837). Terrains tertiaires, miocène moyen ; Gers, Sansan. Forme le passage aux ours.

Amphigène, *gr. amphi, de deux côtés ; génos, origine,* parce qu'on croyait, à tort, qu'il avait deux formes primitives. Silicate double d'alumine et de potasse. Densité 2, 5. C'est la *leucite (gr. leucos, blanc)* ou grenat blanc. Plusieurs laves du Vésuve sont presque entièrement formées de leucite et on les emploie comme meulières. On a trouvé de ces meules à Pompéï.

Amphiope, *gr. amphi, de deux côtés; opes, trou.* Les amphiopes sont des oursins aplatis que l'on trouve associés aux cérithes dans les faluns, miocène. Ils sont ainsi nommés à cause de deux perforations circulaires dans le test.

Amphitherium, *gr. amphi, de deux côtés, therion, animal ;* protothérien fossile ou monotrème (oiseau-mammifère). Bathonien de Stonesfield ; se rapproche du myrmécobie.

Amygdalaire, *gr. amygdalon, amande.* On appelle roches *amygdalaires* ou *amygdaloïdes,* celles qui contiennent dans leur masse des noyaux plus ou moins arrondis en forme d'amandes formés d'une matière différente. Ces noyaux résultent d'un remplissage ultérieur de cavités qui existaient dans la roche et sont des silicates d'alumine hydratés ou *zéolithes.*

Ancylocères, *gr. ankulos, courbe ; keras, corne.* Fossiles criocères, sorte d'ammonites, dont la coquille, après s'être enroulée régulièrement, se projette en forme de corne. Terrains secondaires, crétacé, néocomien. C'est donc une subdivision du genre hamite. (Fischer).

Ancylotherium. V. Macrotherium.

Andalousite, *R. Andalousie.* Silicate d'alumine naturel, D. 7 à 7, 5. V. Mâcle.

Andésine. V. Feldspath.

Andésite. Nom créé par L. de Buch pour caractériser certaines roches volcaniques des *Andes.* Ce sont des trachytes plus ou moins poreux qui ont souvent une texture grenue et qui

diffèrent des trachytes proprement dits par l'absence de sanidine ou orthose adulaire des trachytes. C'est le plagioclase qui
domine.

Andrias, *gr. andros, mâle*. Ossements trouvés, en 1613,
près de Chaumont. Mazurier, chirurgien à Beaurepaire, en fut
le premier possesseur, et, voyant là une source de revenus, les
fit enfouir de nouveau avec une pierre tumulaire et feignit plus
tard de les avoir découverts par hasard. C'étaient les restes de
Teutobochus, roi des Cimbres, vaincu par Marius, et qui avait
25 pieds de haut ! Il les montra pour de l'argent dans différentes
villes. Ces ossements ont été retrouvés, il y a déjà un certain
nombre d'années, au musée de Bordeaux, et Blainville montra
qu'ils appartenaient à un proboscidien (Pictet). V. Homo.

Angiospermes, *gr. aggeion, vase; sperma, semence*. Les
angiospermes apparaissent au jurassique. V. Végétal (Règne).

Anhydrite, *gr. a, priv.; hudor, eau*. L'anhydrite ou *Karsténite* est une roche à base de sulfate de chaux, comme le gypse,
mais ne contenant pas d'eau, tandis que le gypse en contient;
cela rend l'anhydrite impropre à la fabrication du plâtre.
D. 3 à 3,5; 41 °/₀ de chaux; 59 °/₀ d'acide sulfurique; 3 clivages
à angle droit. Très répandue dans les Alpes. Amas irréguliers
avec le sel gemme et le gypse. Une variété d'un gris bleuâtre
est employée en Italie pour faire des tablettes de cheminée :
c'est le *marbre de Bergame*, exploité à Vulpino, Lombardie.
Par hydratation, l'anhydrite se change en gypse et son volume
augmente d'un tiers. Il en résulte par suite des protubérances,
et dans le Hartz, près d'Ellrich, on appelle *trous de nains* les
petites escavations qui se produisent quand le sommet s'effondre (Credner).

Animal de Maëstricht. V. Mosasaure.

Animal (règne). Voici la classification des animaux d'après
G. Bonnier, professeur à la Sorbonne.

(Voir d'autre part.)

EMBRANCHEMENTS

			EMBRANCHEMENTS	
Animaux ayant un squelette intérieur.................... 1 Vertébrés				Chat Poule Lézard Grenouille Carpe

Animaux ayant un squelette intérieur.................... 1 Vertébrés { Chat / Poule / Lézard / Grenouille / Carpe

Animaux sans colonne vertébrale et en général sans squelette interne : INVERTÉBRÉS {

A. ayant des organes distincts {

une droite et une gauche { Corps divisé en anneaux successifs.... 2 Articulés { Mouche / Araignée / Ecrevisse / Millepattes / Ver de terre

Corps non divisé en anneaux......... 3 Mollusques { Huître / Moule / Escargot / Seiche

ni droite, ni gauche .... 4 Rayonnés { Oursin / Etoile de mer / Méduse

A. n'ayant pas d'organes distincts, animaux.... 5 Protozoaires { Infusoires / Rhizopodes.
très simples

Ainsi 5 embranchements : les vertébrés, les articulés, les mollusques, les rayonnés et les protozaires. Chacun de ces embranchements fournit des *classes*.

— EMBRANCHEMENT DES VERTÉBRÉS —   CLASSES :

Animaux ordinairement recouverts de poils; petits allaités par la mère .... 1 Mammifères { Chat / Lapin / Vache. / Chauve-souris / Baleine

Corps couvert de plumes.......... 2 Oiseaux { Poule / Hirondelle / Autruche

A. dont les petits ne sont pas allaités

Animaux respirant toujours dans l'air.......... 3 Reptiles { Lézard / Serpent / Tortue

Corps nu ou couvert d'écailles

A. respirant d'abord dans l'eau puis dans l'air.......... 4 Batraciens ou amphibiens { Grenouille / Crapaud / Salamandre

A. respirant toujours dans l'eau.......... 5 Poissons { Carpe / Anguille / Requin

— EMBRANCHEMENT DES ARTICULÉS —   ÇLASSES :

Peau généralement durcie, pattes composées d'articles : Arthropodes	Respirant dans l'air	Six pattes..........	1 Insectes	Hanneton
		Huit pattes........ ..	2 Arachnides	Araignée
		Pattes nombreuses..	3 Myriapodes	Millepattes
	Respirant dans l'eau............		4 Crustacés	Ecrevisse
Peau molle, pas de pattes articulées			5 Vers	Lombric Sangsue Tœnia

— EMBRANCHEMENT DES MOLLUSQUES —   CLASSES :

Bras munis de ventouses..			1 Céphalopodes	Seiche
Coquille enroulée en spirale, en général........................			2 Gastéropodes	Escargot
Coquille bivalve en général	Valves parallèle au plan de symétrie...........		3 Acéphales ou Lamellibranches	Moule
	Valves perpendiculaires au plan de symétrie....		4 Brachiopodes(1)	Térébratule

(1) On est généralement porté à rapprocher maintenant les brachiopodes des *vers*. Quelques-uns en font un embranchement à part.

<table>
<tr><td>— EMBRANCHEMENT DES RAYONNÉS —</td><td></td><td>CLASSES :</td></tr>
<tr><td>Appareil circulatoire distinct de l'appareil digestif......</td><td>1 Echinodermes</td><td>Holothuries
Oursins
Astéries
Ophiures
Crinoïdes</td></tr>
<tr><td>Pas d'appareil circulatoire distinct de l'appareil diges- tif . . . .</td><td>2 Cœlentérés</td><td>Eponges
Anthozoaires
Hydroméduses</td></tr>
</table>

— EMBRANCHEMENT DES PROTOZOAIRES —

Les subdivisions sont les Infusoires, les Foraminifères, les Radiolaires et les Rhizopodes.

Annélides. V. Arénicolithes.

Annélidien. Sous-étage du cambrien. V. Cambrien.

Annularia, *lat. annulus, anneau.* Végétaux fossiles (terrain houiller), de la famille des annulariées, sous-famille des équisétacées. Ce genre renferme des plantes aquatiques flottantes. Les feuilles verticillées ne sont pas soudées en gaine à la base, mais tout à fait libres ; elles sont allongées, lancéolées et inégales. Les plus anciens annularia ont été observés dans le terrain primordial d'Amérique.

Anoplothérium, *gr. a, priv. ; oplon, arme ; therion, bête fauve.* Animal sans défense à cause de la petitesse des canines. Genre de mammifères ongulés fossiles, probablement aquatiques, créé par Cuvier (1804); pied fourchu, incisives tranchantes. L'anoplothérium appartient à l'éocène supérieur. On trouve ses débris dans le gypse parisien, carrière à plâtre de Montmartre et les phosphorites du Quercy. Le plus grand avait la taille d'un cheval et une énorme queue qui lui servait de gouvernail. Il vivait de racines, de plantes aquatiques. Il y en avait de taille bien moindre, comme le lièvre et le rat. V. Xiphodon. Les anoplothériens ont apparu un peu avant les anthracothériens, et ces fossiles se rapprochent des ruminants.

Anorthite. V. Feldspath.

Anosteira *gr. ano, en haut ; steira, pièce courbée.* Genre de reptiles chéloniens (tortues) fossiles, créé par Leydy (1871) pour des tortues d'eau douce qui habitaient l'Amérique du Nord à l'époque éocène.

Anselmoir. V. Caverne.

Antédiluvien, *gr. ante, avant ; diluvium, déluge.* Qui a existé avant les déluges. Expression bien vague et par suite qui tend à disparaître.

Anthozoaires. *gr. anthos, fleur; zoon, animal.* Cœlentérés ou polypiers, caractérisés par une bouche entourée de tentacules, un tube stomacal et une cavité du corps divisée en chambres radiaires par des cloisons verticales. Se divisent en alcyonaires (corail) et zoanthaires (actiniaires et madrépores). Les coraux fossiles existent depuis le silurien inférieur (rugueux et tabulés).

V. Madrépores, Aulopora, Halysite, Calceola, Atoll.

Aux hydrozoaires se rapportent les graptolithes. Les schistes de Solenhofen et les silex de la craie ont fourni de belles empreintes de méduses fossiles. Les moules internes et les empreintes de ces animaux dans les schistes cambriens de la Suède prouvent que ces êtres remontent à des époques très reculées.

Anthracifère. L'étage anthracifère, de formation marine, est appelé maintenant étage *dinantien*, parce que l'anthracite n'est pas caractéristique de cet étage et que le type existe dans la vallée de la Meuse. Dinant. Le culm est le faciès continental ou côtier de l'étage. (De Lapparent).

Anthracite, *gr. anthrax, charbon.* L'anthracite ou *anthracolithe* ou encore *charbon de pierre* est une substance noire, opaque, d'origine végétale ; est composée de carbone presque pur, 90 %, avec un peu de matière terreuse (silice, alumine, oxyde de fer) ; ne renferme pas de bitume comme la houille, par suite ne répand, en brûlant, ni fumée, ni odeur ; densité 1,3 à 1,75. Est de formation plus ancienne que la houille, mais moins répandue qu'elle (Hautes-Alpes, Gard, Isère, Mayenne, Bohême, Espagne, Angleterre). Les Etats-Unis possèdent les plus puissantes couches. C'est le premier terme de la série des charbons qui se termine par la tourbe fibreuse.

L'anthracite brûle difficilement avec une flamme courte et peu persistante en donnant beaucoup de chaleur. On l'emploie comme combustible dans les fours à chaux et les hauts-fourneaux et cela exige l'influence d'un fort tirage.

Anthracosaurus, *gr. anthrax, charbon ; saurus, lézard.* Huxley, Amphibie de l'époque houillère ; carbonifère de Glascow. Ce stégocéphale avait 2 m. de long, était carnivore, se nourrissait de poissons et vivait dans les marais. L'ossification de la colonne vertébrale était incomplète ; rampait su le ventre, mais essentiellement nageur (Trouessart).

Anthracotherium, *gr. anthrax, charbon ; therion, bête fauve.* Mammifère pachyderme ongulé fossile qui se rapproche des cochons ou *suidiens, gr. sus, cochon,* par ses incisives pointues et dirigées en avant. Est ainsi nommé parce qu'on l'a rencontré pour la première fois dans les argiles à lignite de l'éocène supérieur et miocène. Remarquable par ses fortes canines et ses molaires comprimées comme celles des carnassiers ; devait avoir un régime bien plus carnassier que celui des cochons. Est très répandu dans le miocène inférieur que quelques-uns appelle *Règne des anthracotherium.* Taille du cheval. Vivait en Europe, en Asie et dans l'Amérique du Nord. V. Anoplotherium.

Anthropéien, *gr. anthropos, homme.* Se dit d'un terrain appartenant à la formation dans laquelle a apparu l'homme.

Anthropoïdes, *gr. anthropos, homme*. Les anthropoïdes sont les singes dont l'organisation se rapproche le plus de celle de l'homme et cette famille comprend les genres *gorille, chimpanzé*, Afrique équatoriale, *orang*, et *gibbon*, île de la Sonde. Les genres fossiles trouvés dans le miocène de la France, de la Suisse et de l'Italie prouvent qu'à cette époque les anthropoïdes existaient en Europe où ils ne sont plus. « Il est absurde, dit Trouessart, de prêter aux naturalistes de l'école de Lamark ou de Darwin l'opinion d'après laquelle les singes anthropoïdes seraient *les ancêtres de l'homme*. Jamais aucun naturaliste vraiment digne de ce nom n'a émis cette hypothèse et personne surtout ne l'a présentée sérieusement sous cette forme. Mais si l'on considère les ressemblances que l'organisation de l'homme présente encore avec celle des singes anthropoïdes, il est permis de supposer que l'homme primitif, tel qu'il a dû exister sur quelque point du globe, à une certaine époque de la période tertiaire, devait ressembler beaucoup par ses formes et par ses mœurs aux singes anthropoïdes. Sa dentition indique un animal frugivore et ce genre de nourriture implique des habitudes arboricoles..... On peut donc voir dans les anthropoïdes actuels non pas des *ancêtres*, mais des *descendants*, d'une même souche primitive qui aurait existé au commencement de l'époque tertiaire et qui aurait donné, d'une part l'homme et ses différentes races, de l'autre les grands singes de l'Afrique et de l'Asie. »

Les principales formes fossiles des anthropoïdes sont : le *pliopithecus*, du miocène, qui diffère très peu du gibbon actuel ; le *mesopithecus* (V. ce mot) ; le *dryopithecus* (V. ce mot), et l'*anthropopithecus*, du pliocène de l'Inde, qui est un véritable chimpanzé. V. Homme fossile.

Anthropolithe, *gr. anthropos ; lithos, pierre*. V. Andrias et Homme fossile. Débris fossiles attribués à l'espèce humaine.

Anticlinale (ligne), *gr. ante, opposé ; cline, pente*. La ligne anticlinale est la ligne à partir de laquelle les couches stratifiées d'un pays plongent dans deux directions opposées par suite d'un plissement. Le plus souvent, c'est suivant cette ligne ou axe qu'apparaissent les granites. Anticlinale est donc le contraire de Synclinal, *gr. sun, ensemble ; même direction ;* et c'est pourquoi une vallée synclinale porte le nom de *selle*. Ces dispositions s'observent souvent dans le Jura.

Antimoine. Selon les uns, de *anti, opposé, et monos, seul*, parce qu'on a cru longtemps que ce métal ne se trouvait jamais pur ; selon d'autres, de *anti*, et de *moine*, parce cette substance aurait été funeste à des moines qui en étudiaient les propriétés (peu sérieux). Métal blanc, bleuâtre, solide, cassant. Densité 6,7, fond vers 450°. Son nom latin est *stibium*, c'est pourquoi on le représente par Sb. Il entre dans l'alliage des caractères d'imprimerie, des clichés, des planches de musique et du métal d'Angleterre ou powder ; sert à bronzer les métaux ; est employé en médecine. En Orient, les femmes se teignent les sourcils en noir avec le sulfure d'antimoine (en arabe *kohl*). V. Epanchements. L'antimoine est thermo-électrique surtout avec le bismuth.

Apatite, *gr. apatao, je trompe*, Werner, parce que la transparence de plusieurs variétés peut les faire prendre pour des pierres précieuses. L'apatite ou encore *pierre d'asperge* est une chaux phosphatée avec chlorure et fluorure de calcium (91 à 92 %, de phosphate de chaux) que l'on rencontre à l'état cristallin dans les granites et les gneiss, les trachytes, les basaltes et les laves ; et à l'état terreux, en assez grandes masses, à Truxillo (Espagne), où on l'exploite comme pierre à bâtir ; mais elle ne forme pas, comme on l'a dit, des collines entières. Cristallisée, densité 3,16, et de couleur bleue, c'est l'AGUSTITE ; verte, l'ASPARAGOLITHE. Les variétés bleues sont parfois taillées, mais ces pierres ont peu d'éclat et par suite peu de valeur. L'apatite est surtout employée pour l'amendement des terres et elle se nomme encore PHOSPHORITE, parce qu'elle est parfois très phosphorescente quand on la jette sur des charbons ardents.

Phosphorites du Quercy. Les gisements de phosphate de chaux du Quercy et de Caylux (Tarn-et-Garonne), découverts en 1865, sont très importants. Ils occupent des fentes et des poches dans les calcaires jurassiques et consistent en concrétions mamelonnées fibreuses, en rognons, qui ont l'aspect de meulières, le tout, mélangé d'ossements de mammifères, entassé au milieu d'argiles ferrugineuses. C'est donc une formation qui a beaucoup d'analogie avec les dépôts sidérolithiques (V. ce mot et éocène) ; et elle s'est produite pendant l'époque ludienne de l'éocène supérieur et l'époque tongrienne de l'oligocène inférieur. Les squelettes entiers et les os de ruminants ou autres que l'on trouve dans ces poches à phosphate de chaux ne présentent aucune incision ; d'où l'on peut conclure que ces animaux ont été enfouis après avoir été asphyxiés, alors probablement qu'ils venaient se désaltérer. On y trouve des xiphodon, des cynodon, des paleotherium, anoplotherium, etc. Les poches ont parfois 35 m. de diam. ; les crevasses, longues de 90 m., ont de 3 à 6 m. avec directions dominantes E-N-E et O-N-O. On trouve aussi des phosphorites dans le Nassau.

Les nodules phosphatés du grès vert (V. phosphates) sont un mélange de phosphate et de carbonate de chaux.

Apiocrine. V. Crinoïde.

Aphanite, *gr. aphanès, qui disparaît*, par allusion à l'état imperceptible des grains qui composent cette roche.

L'aphanite ou *cornéenne* est une sorte de pyroxène ; teneur en silice 47 %, environ. On en trouve des filons dans les grès rouges (Vosges).

Aptien (étage), *de la ville d'Apt (Vaucluse)*. D'Orbigny 1843 ; 3e étage de l'infracrétacé entre le barrémien au-dessous et l'albien au dessus, 18e étage de d'Orbigny. Est formé de calcaires et de marnes ; est caractérisé par un mollusque lamellibranche pectinide, voisin des huîtres, la plicatula placunea. *(lat.*

plicatus, plié) ; d'où le nom d'argile à plicatules. On y trouve aussi une grosse huître : l'ostrea aquila et l'ancylocére, sorte d'ammonite.

Aptychus, *gr. a, priv. ; ptuchos, pli ; sans pli*. Corps que l'on trouve ordinairement sous la forme de deux lames subtri-angulaires un peu concaves, distinctes et unies, dont la surface convexe est tantôt lisse, tantôt marquée de gros plis plus ou moins réguliers et parallèles. L'origine de ces corps est très discutée. On les a regardés comme des coquilles d'ana-tifes, des opercules d'ammonites ou des pièces protectrices de certaines parties du corps de ces animaux ; comme des osse-lets et même comme des dents. Les schistes lithographiques de Bavière ont donné des centaines d'ammonites avec des aptychus en place, c'est-à-dire, pour quelques-uns, des pièces qui protégeaient le sac branchial et se développaient dans sa paroi externe. M. de Lapparent dit (fossilisation) : « Pour les céphalopodes cloisonnés, tantôt la coquille, immédiatement après la mort de l'animal, a laissé pénétrer l'eau et la vase, soit par le syphon, soit par toute autre ouverture et a pu être enfouie assez loin du rivage ; tantôt remontée vide à la sur-face, elle a ensuite été rejetée à la côte en perdant ses parties les plus délicates. C'est ainsi que plusieurs dépôts de vases calcaires ne contiennent que des aptychus d'ammonites, tom-bés sur le fond, tandis que les coquilles, après avoir surnagé, étaient brisées ou rejetées sur le rivage, de telle sorte qu'il faut les chercher dans les sédiments littoraux. »

C'est ce qu'on observe dans la série jurassique : les aptychus se présentent dans certaines formations pélagiques où la co-quille des ammonites n'a pas été conservée.

Aquitanien (étage), *d'Aquitaine. Mayer 1857*. Etage supé-rieur de l'oligocène, succède au tongrien. Dans le golfe du Bordelais, la lutte ne cessa d'avoir lieu entre les eaux marines et les eaux saumâtres ou douces pendant la période oligocène. A l'étage tongrien correspondent des marnes, puis la mollasse du Fronsadais, le calcaire lacustre, le calcaire à astéries et enfin la mollasse inférieure de l'Agenais. Ensuite, à l'étage aquitanien se rapportent les marnes du Bordelais, le calcaire lacustre de Saucats, les faluns de Lariey et de Bazas ; un autre calcaire gris lacustre de l'Agenais et enfin une argile à Ostrea. Dans le bassin de Paris, l'Aquitanien est représenté par les marnes d'Etampes, les meulières de Montmorency, le calcaire à limnées de Beauce, la mollasse du Gâtinais et le calcaire à hélix de l'Orléanais. En Provence, les lignites de Manosques et les marnes grises d'Aix à *Helix Ramondi*. En Suisse, mol-lasse rouge et mollasse à lignites. La coloration de la mollasse rouge serait due au remaniement des dépôts sidérolithiques.

Arachnéolithe, *gr. arachné, araignée ; lithos, pierre*. Crabe ou araignée de mer fossile.

Arachnides, 2ᵉ classe des arthropodes. V. Crustacés. Les galles produites par les acariens (groupe d'arachnides), se rencontrent sur les plantes tertiaires, par ex. phytoptus antiquus; sur les feuilles de saules de Salzhausen, miocène. On rencontre déjà des araignées fossiles dans la formation carbonifère, Silésie ; et presque tous les groupes d'araignées actuelles sont représentés dans l'ambre (inclusions).

Aragonite, de *Aragon*. Carbonate de chaux cristallisé dans le système à prismes droits à base rectangulaire, tandis que les cristaux de spath d'Islande sont rhomboédriques ou compris entre 6 losanges. Densité 2, 9, plus *grande que celle du calcaire et de la calcite* ; éclate en petits fragments de calcite à une température peu élevée; se rencontre dans les fentes des dépôts basatiques et les argiles gypseuses des dépôts salifères. Ne se forme qu'à une certaine température ; si la précipitation du carbonate de chaux est faite à froid, les cristaux sont rhomboédriques ; à chaud, ils sont prismatiques. Voilà pourquoi les concrétions calcaires des eaux thermales sont de l'aragonite. Les plus belles cristallisations se trouvent près de Dax, en Bohême et à Molina (Aragon). V. Fossiles. Certains tufs calcaires, eaux de Vichy, par exemple, dit Beudant, sont entièrement à l'état d'aragonite. Les dépôts de la grotte d'Antiparos sont aussi en aragonite, et cela est remarquable, parce que, généralement, les dépôts des grottes sont constitués par de la calcite. Le *calcaire nacré*, du Zechstein allemand est du gypse transformé en aragonite.

Arborisation. *lat. arbor, arbre*. Assemblage de cristaux ayant l'apparence d'un arbre. Les plus belles sont formées par les agates dendrites. V. Agate.

Arbue. V. Erbue.

Arche ou arca, *lat. arca, coffre*. Genre de mollusques lamellibranches qui vivent actuellement et sont comestibles. 500 espèces fossiles depuis le silurien, 150 actuelles ; mers chaudes et tempérées. On les trouve dans tous les terrains : coquille allongée, ovale, inéquilatérale, souvent anguleuse ; crochets très écartés.

Archailurus, *pour archaios et ailouros, chat*. V. Chat fossile.

Archea, *gr. archaios, ancien*. Genre d'araignée fossile découvert dans l'ambre tertiaire de la Baltique et décrit par Koch (1854).

Archéen (étage), *gr. archaios, ancien*. Base de la série paléozoïque ; est constituée de schistes satinés, violacés ou rougeâtres, de schistes bleuâtres chargés de mica et renfermant en grand nombre des cristaux d'andalousite développés par métamorphisme (schistes maclifères), sous l'influence du granite. V. primitif (terrain).

Archéocidaris, *gr. archaios, ancien ; cidaris, tiare*. Genre d'oursins (Echinodermes) fossiles ; calcaire carbonifère. Piquants robustes, longs, avec des épines ; ces piquants avaient la forme d'une tiare. V. Cidaris.

Archégosaurus, *gr. archaios ; ancien ; saurus, lézard.* Amphibien fossile ; type de la famille des stégocéphales dont la colonne vertébrale est incomplétement ossifiée. Crâne allongé, triangulaire, déprimé, avec le museau tronqué comme chez les crocodiles actuels. Animal aquatique dont la taille ne dépassait pas 50 centimètres. Devait avoir les mœurs des tritons actuels. Rothliengende ou grès rouges de la Saxe (permien). M. E. Aubert dit que sa taille atteint 1m50. V. Labyrinthodon.

Archéoniscus, *gr. archaios, ancien ; oniskos, cloporte.* Genre de crustacés arthropodes fossiles. Calcaire oolithique de Purbeck. Menaient une vie vagabonde, nageant et marchant sur le fond de la mer. 1 centimètre de long.

Archéoptéris, *gr. archaios ; pteris, fougère.* Fougères fossiles à fronde bipennée. Se montrent en même temps que les plus anciennes plantes connues pour disparaître dans le Culm. Vieux grès rouge.

Archéoptéryx, *gr. archaios ; pteryx, aile, oiseau.* Oiseau fossile dont les restes ont été trouvés dans les schistes ou pierres lithographiques de Solenhofen (Jurassique). C'est le plus ancien oiseau connu. Il en existe deux exemplaires, l'un au Britisch-Museum, l'autre au musée de Berlin. Les ailes étaient une sorte de patte, terminées par trois doigts munis d'ongles. Les mâchoires étaient pourvues de dents et la queue, de 22 vertèbres, était le prolongement de la colonne vertébrale comme chez les lézards ; il avait des plumes et par suite cet animal, qui se rattache aux sauriens par ses quatre membres, forme le passage des reptiles aux oiseaux.

A rapprocher de l'oiseau à dents qu'on a trouvé dans les argiles tertiaires de Londres : *l'odontopteryx* qui rappelle les oiseaux dentés du crétacé de l'Amérique du Nord (Hesperornis). V. Compsognatus.

Archimedes ou **archimedipora,** *du nom propre Archimède.* Genre de Bryozoaires fossiles ainsi nommés parce l'axe de la colonie a la forme d'une vis d'Archimède. Ces colonies ont souvent 10 à 15 centimètres de longueur. Très communs dans le carbonifère de l'Amérique du Nord.

Archipolypodes, *gr. archaios, ancien ; poly, plusieurs ; pods, pieds ;* ordre de la classe des myriapodes, fondé (1882) pour les débris d'arthropodes fossiles appartenant à l'époque paléozoïque. Ils sont remarquables par les épines que portent leurs téguments, attendu que les myriapodes actuels ont généralement le corps lisse. Sont plus communs dans les couches carbonifères de l'Amérique que dans celles de l'ancien continent.

Arctocyon, *gr. arktos, ours ; kuon, chien.* Genre de mammifères carnivores fossiles, créé par Blainville en 1841. Atteignaient la taille du loup, étaient plantigrades, devaient être aquatiques et avoir les mœurs de la loutre. Gervais a reconnu qu'ils se rapprochaient des marsupiaux ; du reste, il est probable que tous les mammifères de cette époque éocène, et notamment les carnassiers, étaient aplacentaires (Gaudry). On trouve l'arctocyon dans les grès éocènes de la Fère (Aisne) qu'il caractérise.

Ardents (terrains). V. Volcans (Salses).

Ardoise. Etymologie contestée : pour les uns de *ardere*, *brûler*; mais vient probablement de *Ardennes* où l'on en trouve en quantité; pierre ardoise serait donc pour *pierre ardennoise*. Schiste argileux, variété de phyllade, qui se présente sous la forme de feuillets très minces, faciles à séparer (schiste tégulaire, *lat. tegula, tuile*), couleur variable, noire, grise, verdâtre, rougeâtre. Terrains primaires : silurien, Fumay; houiller, Vernosc, Isère; les ardoises du Bourg-d'Oisans sont liasiques. Les couches d'ardoises sont très inclinées, quelquefois verticales, et alternent avec des lits de grès. Les ardoises renferment souvent de nombreux débris fossiles : roseaux, fougères, ammonites, poissons. Sont employées pour couvrir les maisons; on en fait des tablettes pour écrire et dessiner, des dalles pour carrelage. Aussitôt extraites de la carrière, elles doivent être divisées en feuillets. Si le grain est fibreux, on en fait des échalas ou pieux. On appelle *cosse* la partie supérieure des veines d'ardoise qui s'est décomposée sous l'action des agents atmosphériques et est ainsi revenue à l'argile primitive; c'est-à-dire telle qu'elle était avant son métamorphisme et sa compression. La cosse n'est plus bleue, mais a la teinte de la rouille, et son épaisseur peut atteindre jusqu'à 18 mètres. Cela explique pourquoi les Romains n'ont pas connu l'ardoise. Il n'est pas besoin de dire que la cosse rend l'exploitation à ciel ouvert coûteuse et on a imaginé une exploitation souterraine. L'extraction se fait à la poudre, qui élargit les fentes des plans de fissilité, puis on achève le travail avec des coins que l'on enfonce à grands coups de lourds marteaux. De cette façon, on détache des blocs qui ont une épaisseur d'un mètre, 7 à 8 mètres de long et 3 mètres de haut. Dans la Carélie et la Finlande, on a trouvé de nombreux outils en ardoise. V. Schistes, longrain, quaternaire. Les ardoises de Fumay sont violettes et cette coloration caractéristique est due à la présence du fer oligiste.

Un genre de trilobites, les ogygies, est un des fossiles caractéristiques des schistes siluriens et des ardoisières d'Angers.

Areins. V. Avalanche.

Arène, *lat. arena, sable*. Sable très grossier produit par l'altération du granite. Sous l'influence de l'air, de l'eau, de la pluie et des gelées, le feldspath se fendille et se désagrège. L'arène, mélangé avec de la chaux grasse, donne un bon mortier hydraulique (Bourgogne, Morbihan). V. Erosion.

Arénicolites, *R. arena, sable; colo. j'habite*. Trace d'annélide dans les formations arénacées de la base de l'époque silurienne.

Telles sont les *nereites cambrensis* (Murchison), empreintes serpentiformes ou vermiformes plusieurs fois recourbées sur elles-mêmes avec de larges appendices latéraux qu'on trouve dans le silurien inférieur du sud du pays de Galles. Des restes semblables proviennent des schistes dévoniens et du Culm de l'Allemagne et des couches siluriennes de New-York.

La signification de ces restes est très difficile à élucider. Il est impossible de les considérer comme des annélides à cause de leur énorme longueur, du manque de soies et de plaques maxillaires. On est porté à considérer ces empreintes comme des traces et on fait de même pour les scolithes. (V. ce mot).

Argent, *lat. argentum ; gr. argos, blanc*. Métal qui parait blanc en raison de son grand pouvoir réfléchissant mais qui est jaune en réalité.

Densité 10, 47. Après l'or, c'est le plus malléable et le plus ductile de tous les métaux. Avec 5 centig. d'argent on peut faire un fil ayant 130^m de long et par le battage on peut le réduire en feuilles n'ayant qu'une épaisseur de 3 millièmes de millimètre. Fond à 1000 environ ; très peu oxydable à l'air ; noircit au contact des vapeurs sulfhydriques.

Les gangues du minerai d'argent sont le calcaire et le quartz. Pour rendre l'argent plus dur on l'allie avec le cuivre. Norwège, Bolivie, Sibérie, Saxe, Bohème, Vosges (Ste-Marie-aux-Mines). Emanations à l'époque tertiaire. V. Tertiaires.

Sur le plateau du Mexique, à 2 ou 3.000^m d'altitude, on a rencontré plusieurs milliers de filons argentifères dont le plus célèbre, le *Veta madre* a 4^m de puissance sur une énorme étendue.

L'argent forme avec le soufre plusieurs composés dont le seul important est *l'argyrose*. Dans le Hartz on a exploité environ 900 de ces filons en pénétrant dans le sol jusqu'à 1.500^m de profondeur. A Corocoro (Chili), les parties supérieures de ces filons montrent de l'argent natif. A Caracolès, Bolivie, le minerai d'argent (chlorure) s'est moulé exactement sur des coquilles d'ammonites. (Etage corallien). Les filons les plus puissants qu'on ait exploités sont ceux de Crumstock, entre la Sierra-Nevada de Californie et les Montagnes Rocheuses. (Jeannetaz, Les Roches).

Dans l'Amérique du Sud, l'extraction de l'argent se fait en étendant le minerai sur un sol recouvert de dalles ; on l'écrase et on le mêle avec du sel, de l'eau, du minerai de cuivre et du mercure ; on fait piétiner le tout par des mules. Au bout de quelques mois le mercure a agi sur l'argent ; on sépare ce composé de la boue par un courant d'eau et enfin en chauffant cet amalgame le mercure se vaporise et il ne reste plus que l'argent. V. Epanchements.

Argile, *lat. argilla*. Substance formée d'une combinaison de silice, d'alumine et d'eau. Densité 1, 7 à 2, 7. Très avide d'eau, s'y délaie et forme une pâte onctueuse, facile à manier et à mouler. Sous l'action du feu, cette pâte perd son eau, se contracte, prend une dureté considérable et ne peut plus se délayer dans l'eau à nouveau. C'est sur cette propriété de l'argile de se contracter à mesure que la température augmente, que repose la construction des *pyromètres*.

Les argiles sont très répandues à la surface de la terre et leurs usages sont très nombreux. On distingue :

LE KAOLIN, argile blanche produite par l'altération de la pegmatite (Saint-Yrieix, Limoges) ; sert à fabriquer la porcelaine : c'est pourquoi on l'appelle *terre à porcelaine*. Densité 2,5 ; fait difficilement pâte avec l'eau.

L'ARGILE PLASTIQUE, *gr. plasticos, plassein, former*. Sert à fabriquer les poteries fines, les cazettes pour cuire la porcelaine ; fournit *la terre de pipe* employée pour le modelage (Dreux, Montereau). Les argiles anciennes sont les moins plastiques ; elles ne servent pas en céramique. Au contraire, les argiles tertiaires sont employées pour les travaux les plus délicats. Les argiles *réfractaires* se trouvent dans tous les terrains mais surtout dans les terrains anciens ; celles d'Ecosse, les plus réputées, sont à la base du terrain houiller. En France, on en rencontre dans le crétacé mais elles sont moins réfractaires.

Le Kaolin est la variété d'argile réfractaire la plus pure ; les autres variétés moins pures donnent la *terre à creusets*, la *terre à poteries, grès* et *faïences*.

L'Argile FIGULINE OU TÉGULINE *lat. figulus, potier ; tegula, tuile*). C'est la terre glaise, moins compacte et plus friable que la précédente. Est fortement colorée par l'oxyde de fer et devient rouge par la cuisson. (Ces roches très ferrugineuses sont appelées BOLS). Sert à la fabrication des poteries grossières, des briques, des tuiles, des terres cuites. V. Gault.

L'Argile SMECTIQUE, *gr. smectein, nettoyer*. C'est le *savon des montagnes* ou *terre à foulon, fuller's earth* des Anglais ; employée pour le dégraissage des draps à cause de son avidité pour l'huile et les corps gras. Délayée dans l'eau, elle mousse comme le savon. Haute-Vienne, Eifel ; *savon blanc* de Plombières, *sévérite* de Saint-Sever, Landes. Ces diverses argiles sont dites *argiles chimiques* parce qu'elles se présentent en filons et ont été produites par l'action d'eaux minérales ; sont très pures et très fines.

La CYMOLITHE (*île de Cymolis, archipel grec*), est employée en guise de savon pour blanchir le linge.

L'ARGILE LÉGÈRE se délaie facilement dans l'eau ; on en fait des briques légères employées pour les constructions à bord des vaisseaux et celle des fourneaux.

Cette légèreté tient à une quantité considérable de diatomées. A Berlin, par exemple, il existe de ces terrains argileux qui sont tellement mobiles qu'on ne peut pas y élever de constructions.

Les ARGILES OCREUSES, maigres, colorées en rouge ou en jaune par de l'oxyde de fer, *bolus*, du minerai sidérolithique. V. éocène ; ce sont ces argiles qui donnent les OCRES.

L'ARGILE INFLAMMABLE est une roche composée d'argile et de lignite. On l'appelle DYSODILE (*gr. dus, mauvais ; ozein, sentir*), parce qu'elle répand une odeur infecte en brûlant, rappelant celle de l'assa-fœtida. On la trouve près de Syracuse et les Syracusains l'appellent *merda di diavolo*. Les Allemands la nomment *Papierkohle* ou *houille papyracée* parce qu'elle se divise en feuillets minces comme du papier. Ces feuillets renferment parfois des empreintes de poissons et de plantes ; ils ont la sonorité du carton. On en trouve des lits à Vieure, près de Cosne, et aux environs de Narbonne, dans les gisements de lignite. V. Schistes.

La Latérite, *lat. later, brique*, est une argile rougeâtre, ferrugineuse, commune à Ceylan, aux Indes et dans les régions tropicales de l'Amérique du Sud et de l'Afrique. Le sol qu'elle recouvre est infertile et en outre, comme au Sénégal, souvent insalubre, parce que, après les pluies, il se forme des flaques d'eau où les débris organiques, retenus par les interstices de la latérite, se décomposent rapidement en produisant des miasmes pestilentiels.

Le Till, des géologues anglais, argile tenace, sans stratification, qui caractérise le diluvium septentrional ou terrain erratique du nord. Cette formation, dont l'épaisseur est parfois de 200^m., constitue une immense nappe qui comprend l'Irlande, la Suède, la Norwège, s'étend au-dessous de Berlin et à l'ouest de Moscou. Cette argile contient parfois en abondance des pierres polies ou striées, accusant l'origine glaciaire, d'où le nom d'*argile à blocaux*.

Les Schistes argileux ou *argilites*, ou *thonschiefer* des Allemands. Très compacts dans les terrains paléozoïques (graptolithes du silurien) ; plus friables dans les terrains supérieurs, à grains plus grossiers, avec paillettes de mica qui leur donnent un certain éclat ; le silicate d'alumine, qui est la base de l'argile, domine dans ces schistes. Contiennent souvent des matières charbonneuses et des bitumes : Pyrite, blende, galène, rognons de fer carbonaté (houiller) ; empreintes de poissons à écailles remplacées par des sulfures de cuivre (permien). Sont colorés en rouge par l'oxyde de fer dans les grès bigarrés et le Keuper. V. Phyllades.

Les Schistes bitumineux, *All. Brandschiefer*, dont l'argile est imprégnée d'une telle quantité de bitume qu'ils brûlent avec une flamme épaisse et s'enflamment facilement ; sont d'un noir de poix ou bruns et contiennent des fossiles végétaux ; terrain houiller : Decize, Commentry, Vassy ; permien, près d'Autun, à Muse.

On retire des schistes par distillation jusqu'à 35 0/0 d'huile minérale qu'on appelle *huile de pierre* ou de *schiste*. V. Trass.

Les Thermantides, ou Porcelanites, ou Jaspes porcelaines. Résultent de la vitrification des argiles au contact des basaltes et des houillères (Commentry, la Ricamarie).

L'Argile magnésienne. Mélange d'argile ordinaire et de magnésite. Possède au plus haut degré la propriété d'absorber l'eau. Fréquemment en petits lits dans les environs de Paris.

L'argile entre dans la composition du limon ou lehm (terre à pisé) et du terreau. V. Ampélite.

Les Wackes sont des argiles provenant de la décomposition des basaltes.

Au point de vue sédimentaire nous citerons :

Les argiles brunes, tenaces, souvent ferrugineuses de l'Oxfordien à *Amm. macrocephalus* ou amm. à grosse tête.

Les argiles de Dives (Calvados) épaisses de 60 mètres (sous-étage divésien, oxfordien inf.) *Amm. cordatus, ostrea dilatata*.

Les argiles à *ostrea virgula* du Kimeridgien. Argiles noires de Honfleur.

Les argiles du Wealdien (épaisses de 180 mètres formées par des eaux douces à *cypris; Iguanodon*). qui correspond au néocomien); les argiles à *ostrea aquil·* de la Haute-Marne à la base du Gault ou Albien ; l'argile à *plicatules* de l'Aptien ; l'argile plastique de Meudon ; les argiles à lignites du Soissonnais ; les argiles de Londres (odontoptéryx); l'argile de Barton (bartonien), île de Wight.

Argilite, *rad. argile*. Schiste argileux ou argile endurcie ; est formée d'argile combinée à un excès de silice ; se présente en masses compactes ; happe peu à la langue, ne fait pas pâte avec l'eau. Ronchamp, Vosges, Louisiane. C'est la *terre à calumets* des Indiens. V. Argile.

Argilolithe, *rad. argile ; lithos, pierre*. Argile sédimentaire durcie (argile endurcie de Werner) ; a de la ressemblance avec les pétrosilex.

Argon. V. Air.

Argonaute, *gr. Argo, nom du navire de Jason ; nautes, pilote*. Le type des argonautes, mollusques céphalopodes, est tout à fait moderne (mers pliocènes.) D'après Hoernès (traité de paléontologie) les ammonites ressemblaient à l'argonaute.

Argovien (Étage), *de l'Argovie, en Suisse* (Marcou). Établit le passage entre l'oxfordien et le corallien. Zone à spongiaires et à *Amm. canaliculatus*.

Argyrose. V. Argent.

Arkose. Grès à grains de quartz ou de feldspath ; se rencontre dans le terrain houiller de la Bavière rhénane, dans le grès bigarré des Vosges et de la Thuringe. Dans certains cas l'arkose a l'apparence d'un phorphyre granitoïde, mais le facies prédominant est celui du grès. Les arkoses ne sont que des modifications de toute espèce de grès auprès des roches de cristallisation. C'est pourquoi on y reconnait des veines de quartz, de silex, de barytine, des amas métallifères, toutes substances formées sans doute après coup soit par injection, soit par infiltration des eaux thermales qui venaient du sein de la terre à travers les fissures de la roche cristalline (Beudant).

Arquérite. V. Amalgame.

Arsenic, *gr. arsen, homme mâle ; nikao, je dompte*. Métal d'un gris d'acier, très cassant. Densité 5, 8. On le trouve à l'état natif ou à l'état de sulfure : ORPIMENT (*lat. auri pigmen-*

tum, couleur d'or; RÉALGAR, mot des anciens alchimistes. Combiné avec l'oxygène c'est l'acide arsénioux ou *mort aux rats*. L'arsenic est très répandu dans la nature : eaux minérales de la Bourboule, Vichy, Plombières. On prépare l'arsenic en décomposant par la chaleur le *mispickel* ou *pyrite* de fer arsenical. Ce minerai a l'éclat métallique, blanc d'argent, et se trouve dans les mines d'étain et de cuivre.

Artésien (puits). Puits foré ou fontaine jaillissante creusée de main d'homme jusqu'à une profondeur suffisante pour atteindre une nappe d'eau qui remonte à la surface, d'après le principe des vases communiquants, si cette nappe se trouve en forme de cuvette et si elle est comprimée par une couche d'argile imperméable placée au-dessus d'elle.

Les anciens et les Chinois connaissaient ces sortes de puits qui ont été nommés *artésiens* parce que les premiers, chez nous, ont été creusés dans l'ancienne province d'Artois.

Remarque tirée du traité de géologie de M. de Lapparent, 1893 :

« Dans certains cas, il faut aussi qu'il y ait au-dessous de la nappe d'eau une autre couche imperméable qui évite la déperdition. Mais si cette déperdition n'est pas à craindre (ce qui a lieu quand la nappe est bien au-dessous du niveau de la mer) cette seconde couche inférieure imperméable n'est pas indispensable parce qu'il y a saturation d'eau. »

Le puits artésien de Grenelle à Paris a 588 mètres de profondeur et donne 770 mètres cubes d'eau par 24 heures. C'est la couche d'argile du gault qui est au-dessus ; température de l'eau 28°, il est tubé en tôle jusqu'à 538 mètres; orifice supérieur 30 centimètres; orifice inférieur 18. Celui de Passy a 586 mètres. A Rochefort, il en existe un qui a plus de 800 mètres. V. Gault.

Arthropodes, *gr. arthron, articulation ; podes, pieds*. Animaux à symétrie bilatérale, segmentés, avec appendices articulés, pourvus d'un squelette dermique chitineux (la chitine est une substance résultant de la combinaison d'une matière albuminoïde et d'un hydrate de carbone) fréquemment consolidé par l'adjonction de sels calcaires (50 0/0 chez l'écrevisse).

On divise les arthropodes en 4 classes : ° Les CRUSTACÉS qui ont la respiration branchiale ; 2° les ARACHNIDES; 3° les MYRIAPODES ; 4° les HEXAPODES. Ces 3 dernières ont la respiration trachéenne.

Ces quatre classes existaient déjà à l'ère primaire : les trilobites (crustacés) dans les plus anciennes couches paléozoïques; les arachnides (scorpion) dans le silurien, ainsi que des insectes (blattes, éphémères, mantes); les myriapodes (archipolypodes) apparaissent dans le dévonien. Pour que le revêtement chitineux ne s'oppose pas à la croissance des arthropodes ces animaux le rejettent de temps à autre et cela constitue les *mues avec métamorphoses*.

Artinskien. V. Permien.

Artolithe, *gr. artos, pain ; lithos, pierre*. Concrétion pierreuse de forme arrondie : Miche.

Asbeste. V. Amiante.

Asche, *all. asch, cendre*. Couche très mince de dolomie argileuse grisâtre qui renferme du bitume, quelquefois du sable et qui tombe en poussière quand elle est desséchée. Employée comme amendement.

Asidère, *a, priv. ; sideros, fer*. Météorite charbonneuse, entièrement dépourvue de métal à l'état libre. V. Aérolithe.

Asparagolithe, *gr. asparagos, asperge ; lithos, pierre*. V. Apatite.

Asphalte. *gr. asphaltos, bitume*. Substance noire, sorte de bitume (Brongniart), solide, cassure conchoïdale, sans odeur. Densité 1,68 ; formée de carbone, d'oxygène et d'hydrogène. L'asphalte brûle avec une flamme claire mais en donnant beaucoup de fumée ; se dissout dans le naphte (hydrogène carboné) et dans l'éther ; fond au dessus de 100°. L'asphalte est encore nommé *Bitume de Judée*, parce qu'on trouve ce produit sur les bords de la mer Morte ou Lac asphaltique ; *Baume de momie*, parce que les Egyptiens s'en servaient pour embaumer les corps. On le trouve aussi à Coxitambo, près de Cuença, Pérou ; sert à fabriquer une couleur, la momie, des vernis et la cire à cacheter noire. V. Malthe. L'asphalte peut être considéré comme un mélange de carbures d'hydrogène et de substances oxygénées, provenant de l'altération du pétrole.

Assise. V. Série.

Astarte, *de Astarte, déesse mythologique*. Mollusques acéphales, bivalves, qui font leur apparition dans le silurien, atteignent leur plus grand développement dans les mers jurassiques et crétacées, puis décroissent. (*Calcaire à astartes*) du kiméridgien. Coquille ovale ou oblongue, inéquilatérale, épaisse ; crochets médiocres.

Astartien, Thurmann, 1852 ; du calcaire à astartes ; kiméridgien inférieur.

Astérides, *gr. aster, étoile*. Echinodermes aplatis, pentagonaux ou étoilés, ne possédant des ambulacres que sur la face ventrale avec un revêtement dorsal cutané et compact et un squelette ventral interne formé par des pièces mobiles à la façon des vertèbres (Hœrnès). Les fossiles d'astérides sont rares et mal conservés. Dans les grès à *ammonites angulatus* du lias, les étoiles de mer et les ophiures sont fréquentes.

Astéries, *gr. aster, étoile*. Les astéries sont des échinodermes dont le corps forme une étoile régulière ; les bras sont munis sur chaque bord d'un double rang de plaques qui portent en dessous des écailles et en dessus des granules parfois épineux. La surface dorsale comprise entre ces plaques des bords est entièrement couverte de petits appendices avec soies.

Le *calcaire à astéries* se trouve dans l'Aquitaine à la base de l'étage stampien (Etampes) ; c'est un calcaire grossier, jaunâtre, exploité.

Astérolépis, *gr. aster, étoile ; lepis, écaille*. V. Dévonien.

Astérophyllite, *gr. asteron, étoile ; phullon, feuille*. Fossile végétal Etage houiller. Ce sont des rameaux de plantes voisines des calamites, mais cependant très différentes. Grand'Eury les a appelées *Calamophyllites*. N'ont pas dépassé le permien. Les astérophyllites avaient les feuilles égales tandis que chez les annularia elles sont inégales.

Astien, *de la ville d'Asti*, Rouville, 1853, 2° étage du pliocène entre le plaisancien au-dessous et le sicilien au-dessus. Ce sont des sables jaunes superposés aux argiles bleues de l'étage plaisancien. V. Etages. Marnes d'Hauterives (Drôme), tuf de Meximieux, sables de Trévoux (Ain) *à elephas méridionalis et mastodon arvernensis*. Marnes du Val d'Arno à *mastodon arvernensis*. Crag rouge et crag fluvio-marin d'Angleterre.

Atlantide, *rad. Atlas*. Continent qui, dans les temps préhistoriques, reliait les îles Britanniques à l'Amérique du Nord. M. de Lapparent a réuni toutes les preuves géologiques à l'appui de l'existence de cette vaste terre et ces preuves semblent convaincantes. Disloquée dès la fin de l'époque tertiaire elle avait alors formé de grandes îles qui sombrèrent à leur tour et ce cataclysme fut une des causes de l'époque glaciaire. (V. ce mot). « Pendant toute la durée des temps glaciaires, il y eut dans nos contrés des apports humains venus non de l'Orient, comme on l'a prétendu contre toute vraisemblance, mais de ce continent ». (M. Piette). Dans la région du Colorado, connue sous le nom de *mauvaises terres*, le professeur Cope a trouvé des restes innombrables de quadrupèdes notamment de cheval. Or, le cheval n'existait pas en Amérique quand ce continent fut découvert. C'est donc une preuve de la communication antérieure. Le marquis de Nadaillac (*Les premiers hommes et les temps préhistoriques*) dit : L'existence de l'Atlantide durant une partie des temps préhistoriques paraît sortir chaque jour du domaine des hypothèses. Et on lit dans Platon (*Timée*) :

« Nos livres nous apprennent quelle puissante armée Athènes a arrêté dans sa marche insolente lorsqu'elle envahissait l'Europe et l'Asie entière en s'élançant du milieu de la mer Atlantique : car on pouvait alors traverser cette mer puisqu'il se trouvait une île devant cette ouverture que vous appelez les colonnes d'Hercule. Cette île plus grande que la Lybie et l'Asie ensemble, facilitait alors aux navigateurs le passage aux autres îles et de ces îles à tout le continent situé en face qui borde cette véritable mer, car celle qui se trouve en deçà du détroit dont nous parlons, ressemble à un port avec une entrée étroite. Or, dans cette île Atlantide régnèrent des rois avec une grande et merveilleuse puissance. Un jour cette île, réunissant toutes ses forces, entreprit d'asservir votre pays, Solon, le nôtre et toutes les contrées situées en deçà du détroit. Votre République montra alors à tout l'univers sa valeur et sa puissance... elle vainquit ses ennemis, éleva des trophées.

Plus tard il survint des tremblements de terre et des inondations extraordinaires ; dans un seul jour et dans une nuit désastreuse, toute la race des guerriers fut engloutie en masse sous la mer et l'île Atlantide disparut submergée par la mer. »

Tournefort admet qu'elle a été détruite par une irruption de la Méditerranée après la séparation violente de l'Europe et de l'Afrique ; Bory de Saint-Vincent, qu'elle s'est abîmée sous les flots de la mer Saharienne expulsée soudain de son lit primitif. Enfin, M. Berlioux, ne veut plus qu'on cherche l'Atlantide au fond de l'Océan, mais tout simplement dans la région actuelle de l'Atlas.

Atlantosaurus, *r. atlantique et saurus, reptile*. Genre de reptiles fossiles créé par Marsh en 1877. On les trouve dans les couches jurassiques de l'Amérique du N. Ces dinosauriens étaient gigantesques et n'avaient pas moins de 20 à 25^m de long ; 40^m dit E. Aubert, 34^m dit de Lapparent. V. Camarasaurus.

Atmosphère, *gr. atmos, vapeur ; sphaïra, sphère*. Liais a trouvé 380 kilom. pour la hauteur de l'atmosphère ; Biot, 48 kilom. et d'autres auteurs vont jusqu'à 600 et 700 kilom. d'après l'inflammation des bolides. V. Aérolithes.

L'observation directe par les ballons ne peut pas se faire, puisque à la hauteur de 10 kilom. seulement, la respiration devient impossible par suite de la raréfaction de l'air. « L'atmosphère, dit M. de Lapparent, se comporte comme un réservoir de chaleur et un régulateur de température et elle agit sur les parties solides du globe par sa température, sa composition et sa masse ». V. Erosion.

Atoll. Terme emprunté à la langue maldive pour désigner des îles basses. Un atoll est une île madréporique des mers tropicales (Océan pacifique), qui offre l'aspect d'un grand anneau, parfois de plusieurs lieues de diamètre, couvert en partie de verdure et dont le centre est occupé par un lac calme et transparent d'eau salée, nommé *lagune*. Cet anneau est produit par des constructions de coraux, animaux qui ne peuvent vivre qu'au niveau de la mer. V. Polypier. Par suite la forme singulière et constante des atolls prouve, d'après Darwin, que sur certains points du globe, le fond de la mer subit un affaissement graduel qui oblige les polypiers à remonter pour se maintenir à la surface. Cette théorie ingénieuse de Darwin semble devoir être abandonnée et les plateformes nécessaires au travail des coraux seraient dues ou à des accumulations de vases d'origine organique produites par les courants ou à des cônes volcaniques sous-marins.

Les îles madréporiques présentent une particularité curieuse : elles sont entourées d'une boue blanche qui, durcie, ressemble à la craie : cette boue provient de l'altération des polypiers et des déjections des holothuries qui broutent les coraux et rejettent, après digestion, la matière minérale absorbée. V. Polypier.

Aturien (Etage). V. Crétacique (Système).

Augite. V. Pyroxène.

Aulopora, *gr. aulè, habitation ; pora, pores.* Genre de poly-piers fossiles rampants, fixés, composés d'individus cylindri-ques qui se ramifient par bourgeonnement. Silurien, dévonien, carbonifère.

Aurifère, *lat. aurum, or ; fero, je porte.* Se dit des terrains contenant de l'or. V. Epanchements.

Autunien (Etage). de Autun (Roche 1881.) V. Permien.

Auvergne. V. Puys.

Avalanche ou lavange ou challange, *lat. aval, vers (la vallée).* Masse de neige qui se précipite avec fracas du sommet d'une haute montagne au fond de la vallée. Cette masse, gros-sissant au fur et à mesure qu'elle descend, finit par acquérir un volume énorme et une vitesse telle que rien ne résiste sur son passage. Les chemins suivis sont marqués par un large sillon (couloir d'avalanche). Le phénomène des avalanches se produit surtout au printemps par l'action du soleil et c'est souvent la ruine d'une vallée. Les avalanches d'hiver, connues sous le nom d'*areins*, proviennent de la neige gelée pulvérulente : elles sont plus redoutées que les autres à cause de leurs rava-ges directs, des trombes qui les accompagnent et surtout parce qu'on ne peut prévoir, comme pour les précédentes, ni le lieu, ni le moment de l'écroulement. Les avalanches sont bien plus fréquentes dans les montagnes arides que dans les monta-gnes boisées : le reboisement des montagnes est donc utile à plusieurs points de vue.

Les montagnards savent *clouer l'avalanche* en enfonçant profondément en terre, sur son passage prévu, des pieux longs et solides ou bien en taillant, de distance en distance, sur la pente, des gradins en marches d'escalier qui ont pour office de briser les neiges. Ils élèvent aussi des digues transversales en pierres sèches ou en maçonnerie ; d'autres fois, à la sortie du couloir, ils la dirigent par des murs latéraux, comme un fleuve endigué.

Au Saint Bernard la masse de neige tombée par an est de 6 à 12 mètres. On conçoit donc qu'après quelques hivers, l'épaisseur des neiges amoncelées devenant trop considérable, ces masses meubles doivent nécessairement s'écrouler. On a calculé que dans le massif du Saint-Gothard, sur un espace de 32,400 hec-tares, la masse de neige qui s'écroule ainsi chaque année est de 325 millions de mètres cubes.

Le phénomène de l'avalanche détruit donc en quelques secon-des ce que le soleil et le *fœhn* « ce mangeur de neige » ne pour-raient faire en toute une année. (Grande Encyclopédie, Vélain.)

Avellanaire. *lat. avellana, noisette.* Se dit des grains d'une roche grenue. C'est aussi le nom de certains fossiles gastéro-podes fort abondants, du crétacé moyen et supérieur, ainsi nommés à cause de leur forme.

Avens. V. Caverne.

Aventurine. L'aventurine ou quartz aventuriné est une variété de quartz à fond blanc, jaune ou brun qui présente dans sa masse des points brillants dus à des paillettes de mica ou à des cristaux. Elle est bien moins belle que l'aventurine artificielle qu'un ouvrier italien trouva par hasard ou *aventure* en laissant tomber un peu de limaille métallique dans du verre en fusion. L'aventurine de Venise ainsi obtenue fut bientôt très appréciée et la fabrication en resta longtemps secrète. Frémy la trouva après de nombreuses recherches. On chauffe pendant 12 heures un mélange de verre pilé, 200 parties, d'oxyde de cuivre, 40 parties, d'oxyde de fer, 80 parties, puis on laisse refroidir lentement. Pelouze a découvert l'*aventurine de chrome* : c'est un verre jaune d'un grand éclat contenant dans sa masse de petits cristaux d'oxyde de chrome. Composition : sable 100, soude 40, calcaire 20, bichromate de potasse 16.

Avicula, *lat. avicula, petit oiseau*. Genre de mollusques lamellibranches bivalves, avec byssus ou ligament par lequel ils se fixent aux roches ou autres corps plongés dans l'eau. Chez certaines espèces, *jambonneaux*, le byssus est formé de fils fins et brillants comme de la soie mais plus résistants et s'emploie pour fabriquer des étoffes précieuses.

L'avicula existait déjà à l'époque silurienne mais a atteint son plus grand développement dans le crétacé et le tertiaire. L'*avicula socialis* caractérise le muschelkalk ; l'*avicula contorta* est très abondante dans l'infralias. Caractérise une assise du rhétien (le Koessenon). L'avicula contorta a été découverte en 1848 par le général Portlock en Irlande. M. Hébert ne l'a trouvée en France qu'en 1862. L'*avicula inequivalvis* se trouve dans le callovien ou jurassique moyen (Yonne.)

Axinite, *gr. axine, hache*. Substance vitreuse, violette, que l'on rencontre sous la forme de cristaux violacés tranchants, qui coupent comme du verre quand on les saisit sans précaution. En outre ces cristaux sont pyro-électriques. L'axinite est un silicate d'alumine borifère avec chaux, fer, manganèse et magnésie. On la trouve principalement au Bourg-d'Oisans (Dauphiné). V. Tourmaline.

Azoïque (époque), *a priv. ; zoon, animal*. Deuxième période de l'histoire de la terre (périodes : *cosmique, azoïque, paléontozoïque, contemporaine*). Elle est ainsi nommée parce qu'on n'y trouve pas de débris d'êtres organisés. C'est à cette époque que se forment les gneiss, micaschistes, quartzite, calcaire saccharoïde (cipolin), graphite. Aux gneiss et aux micaschistes sont superposés des schistes chloriteux (Bretagne), des schistes amphiboliques (Alpes occidentales). De cette époque sont la macle, la staurotide ; le Plateau central de la France (altitude 750 mètres) ; quelques points en Bretagne, en Vendée, dans les Vosges, les Pyrénées et les Alpes. V. Terre, Eozoon et Primitif (sol).

Azote, *gr. a priv., zôn, vie*. Corps simple, gazeux ; Rutherford, 1772. En 1774, Lavoisier montra que l'azote, appelé aussi *nitrogène* parce qu'il entre dans la composition du nitre, ou salpêtre, azotate de potasse, forme les 0,79 de l'air atmosphérique. V. Air. Ce gaz est incolore, inodore, ni alcalin, ni acide, éteint les corps en ignition, est impropre à la respiration comme l'acide carbonique. Densité 0,972. Se dégage parfois en grande quantité du sein de la terr· dans les éruptions volcaniques et les tremblements de terre. Se rencontre à l'état libre dans la vessie natatoire des poissons (Fourcroy) et dans les eaux sulfureuses des Pyrénées, par exemple à Olette ; et d'une façon plus générale toutes les fois que l'air confiné se trouve en rapport avec des matières très oxydables (sulfures et matières organiques). C'est ce qui explique que l'atmosphère des mines, des caveaux, des fosses d'aisance peut devenir asphyxiante sans cependant renfermer des gaz délétères.

Azurite, *rad. azur*. Carbonate de cuivre hydraté appelé encore *cuivre bleu, cuivre azuré, bleu de montagne, pierre d'Arménie*. Densité 3,80. Le gîte de pyrites de Chessy, près de Lyon, a fourni de magnifiques cristaux d'azurite, d'où son nom de *Chessylite* ; grès bigarrés. On l'exploite pour en fabriquer du sulfate de cuivre.

En poudre l'azurite sert pour la préparation des papiers peints (cendres bleues naturelles). On fabrique en Angleterre des cendres bleues artificielles d'un plus bel effet que les naturelles.

B

B. Étage B de Barrande pour la Bohême. **V.** Silurien et A.

Bacillaire, *lat. bacillus, baguette*. Des cristaux sont dits bacillaires quand ils sont en forme de baguettes, comme cela s'observe dans les microlithes.

Baculites. V. Ammonites. Les baculites appartiennent au crétacé supérieur et s'étendent du néocomien au danien. « Dans le Cotentin existe un calcaire à baculites d'une puissance de 15 à 20 m. à bancs jaunes, durs, compacts, alternant avec des lits sableux plus blanchâtres. Les bancs de ce calcaire sont clairsemés : Fresville, Picauville ». De Lapparent.

Bajocien, *de Bajoccassi, nom latin de Bayeux, Calvados*. Le bajocien est le 10ᵉ étage de d'Orbigny ; il succède au *toarcien*. C'est l'*oolithe inférieure* ; correspond au *dogger* des Anglais et au *Jura brun* ou *gris* des Allemands. Les fossiles sont entre autres : de nombreuses ammonites parmi lesquelles *l'amm. humphriesianus*, qui est globuleuse et à côtes fines ; la bélemnite géante, la trigonia costata ou à côtes, des pleurotomaria ou pleurotomaires, gastéropodes dont la coquille porte en relief des dessins élégants, des oursins et des térébratules. En Normandie, le Bajocien est représenté par l'oolithe ferrugineuse de Bayeux, épaisse d'un mètre environ, surmontée par l'oolithe blanche qui atteint une puissance de 15 à 20 m. à Port-en-Bessin.

Dans le Jura et la Lorraine ce sont des calcaires à entroques et à polypiers ; dans le Lyonnais, le calcaire jaune de Couzon, sur la Saône ; dans les Causses, calcaire jaune et dolomie.

En 1846, M. Mayer a créé le mot d'*aalénien* pour désigner la base du bajocien ; c'est le terme de passage entre le toarcien ou lias supérieur et le bajocien. V. Aalénien.

Ballon. Un ballon est une montagne dont la cime offre un contour remarquable par sa forme arrondie. Il y a 7 ballons dans les Vosges. On n'est pas d'accord sur l'étymologie de ce mot. Pour les uns, il vient du persan *bala*, lieu élevé ou de *Bel*, dieu du soleil chez les Celtes, dont le culte se célébrait particulièrement sur le sommet des montagnes. Pour d'autres, il vient de *belchen*, mot allemand par lequel on désigne, en Bavière, la poule d'eau qui a une tache blanche à la tête. Un belchen ou un ballon serait donc une montagne dont la cime dénudée s'élève au-dessus d'un massif recouvert de sombres forêts ; ce qui est le cas des ballons des Vosges.

Balme ou **Baume.** La dénomination de *balme* ou *baume*, donnée aux grottes et aux cavernes, vient du provençal *baou*, rocher. V. Grotte. Ce nom est généralement usité dans la Provence, le Dauphiné (Grotte de La Balme (Isère), près de Lagnieu (Ain), la Bourgogne, la Franche-Comté et se retrouve en Suisse.

Banc, *bas lat. bancus.* Dans les carrières, on donne le nom de banc au lit de pierre d'épaisseur à peu près uniforme : *Banc à nummulites*, épaisseur de 1 à 12 m.; *Banc royal*, pierre tendre qui s'emploie couramment à Paris pour les ouvrages qui comportent de la sculpture. Son grain est très fin. L'épaisseur du banc ne dépasse pas 0ᵐ80 ; fait partie du calcaire grossier à miliolithes. Poids du m. cube, 2.000 kilog. L'exploitation la plus importante est à Conflans-Sainte-Honorine (Seine-et-Oise). *Banc-franc*, de Paris, variété de calcaire des environs de Paris. Il est moins dur que la roche et remplace avantageusement le liais ; ne renferme pas de parties coquilleuses. Épaisseur du banc, 1 m. à 4 m. Poids du m. cube, 2.200 kilog. Le plus estimé est celui d'Arcueil ; fait partie du calcaire grossier à cérithes. *Banc vert* ; pierre à grain grossier ; grande dureté, épaisseur, 1 m. à 6 m. Saillancourt, près Pontoise. Au-dessus de ces bancs se trouvent les caillasses. V. Pierres.

Banquise. V. Glaces flottantes.

Baranco ou **Barranco.** Ravins produits sur le flanc des montagnes volcaniques par des torrents d'eau et de boue. C'est ainsi que les Espagnols les ont nommés au Mexique, où il en existe ayant plus de 1.000 m. de profondeur et de largeur, par ressemblance à la profonde gorge de l'île de Palma (Baléares). En 1755, une éruption de l'Etna se produisit au moment où la montagne était couverte de neige ; cette neige fondit au contact de la lave et un torrent d'eau et de boue se précipita dans le Val del Bove. Les barrancos sont moins importants que les canons.

Barle, *pour barlong ; bar indiquant obliquité et long. (Littré).*
Dans les exploitations de mines un barle signifie une faille.

Barre, *rad. barrer.* Atterrissement ou haut-fond sous-marin formé par les dépôts du sable et du limon charriés par les eaux d'un fleuve, au point où se produit le contact avec les eaux de la mer ; Rhône, Gironde : sables, galets ; Seine, vase. Se produit quand la largeur du fleuve augmente et que, par suite, sa profondeur diminue. Le plus souvent les navires ne peuvent franchir la barre et leurs chargements doivent être transportés par des barques.

On appelle aussi *barre* le phénomène qui se produit à l'embouchure de certains fleuves au moment de la marée montante. Il consiste en une ondulation particulière de lames successives qui s'amoncellent parfois à une grande hauteur, puis se précipitent dans les eaux du fleuve qui sont refoulées ; les vaisseaux se choquent, leurs ancres sont déplacées, les câbles brisés souvent et le bruit de la barre s'entend à une grande distance. (Gironde 12 kilom.). Sur les côtes de l'Océan, la barre est désignée sous le nom de Mascaret. C'est vers l'embouchure de l'Amazone que ce phénomène de la barre est le plus majestueux.

Barrémien, *de Barrème (Basses-Alpes),* Coquand 1861. 2° étage de l'infracrétacé entre le néocomien au-dessous et l'aptien au-dessus. A la base, calcaire à *requiénies*, puis calcaire à *ptéroceras.* En Provence des calcaires à criocères et ancylocères ; dans la Haute-Marne et l'Argonne des argiles ostréennes, puis le minerai oolithique de Vassy. Remplace l'*Urgonien.*

Bartonien (Etage), *de l'argile de Barton dans l'île de Wight.* Mayer 1857. Sous-étage du parisien de d'Orbigny. Les sables de Beauchamp et le calcaire de Saint-Ouen lui correspondent. C'est actuellement le 5° étage de l'éocène entre le lutétien au-dessous et le ludien au-dessus.

Baryte. Protoxyde de baryum. La baryte est une base très énergique, caustique et vénéneuse.

Barytine. La barytine ou PIERRE DE BOLOGNE OU SPATH PESANT est un sulfate de baryte ; densité 4,49 ; couleur blanc de lait, jaunâtre ou rouge-brun. Le principal gisement est constitué par les filons métallifères. Les beaux cristaux viennent de Bohême, de Hongrie, d'Auvergne. Une variété concrétionnée porte le nom de PIERRE DE TRIPES ; la *pierre de Bologne* est une autre varité globuleuse radiée. Dans l'industrie, on emploie la barytine à la falsification de la céruse, à la fabrication du papier et des sels de baryte.

Baryum, *gr. barus, pesant.* Corps simple métallique, couleur et éclat de l'argent D. 4,97. Décompose l'eau à froid. Découvert en 1807 par Davy, qui l'a retiré de la baryte à l'aide de la pile en suivant la même marche que pour le potassium e le sodium.

Basalte, *lat. basaltes.* Roche ignée de couleur noire ou gris-bleuâtre, plus dure que l'acier, formée de pyroxène augite, de feldspath et de magnétite, c'est pourquoi le basalte possède des propriétés magnétiques. Composition 44 % de silice, 12 d'alumine, 11 de chaux, 7 de magnésie, oxyde de fer, eau, soude. Densité 3. Se trouve en filons, en nappe ou en masse plus ou moins poreuse ; la partie supérieure se présente en scories et la partie inférieure cristallisée en prismes hexagonaux. Ces colonnes prismatiques sont toujours perpendiculaires à la surface refroidissante ; par suite verticales, inclinées ou couchées. On les nomme *Chaussées des géants, orgues des géants* (ressemblance avec les tuyaux d'orgue d'église. Murat, Saint-Flour, coulée pliocène de 15 à 20 kilom. *Colonnade* de Chenevari, près Roquemaure (Ardèche); *chaussée* entre Vals et Entraigues. En Irlande, *chaussée des géants ;* en Écosse, grotte de Fingal, dans l'île de Staffa ; grotte *des fromages* (entre Trèves et Coblentz). V. Grotte.

A l'époque miocène il s'est produit, près d'Aurillac, une coulée de 12 à 15 kilom. Mais c'est au pliocène que ces épanchements ont été le plus abondants ; ils ont produit une véritable inondation basaltique et on constate en certains points 6 coulées superposées donnant une épaisseur de 120 m. C'est ce qu'on appelle le *basalte des plateaux* qui a transformé en *porcelanite* l'argile qu'il a recouverte. L'altération superficielle de ce basalte a donné des prairies fertiles. Les fragments de basalte sont employés comme pierre à bâtir. Mais cette roche est trop dure pour être façonnée en pierre de taille. On en fait des pierres de touche. Les basaltes ont donné un tuf particulier, le *tuf basaltique* ou *pépérite*.

Basaltine. V. hornblende.

Bases, *gr. basis, appui, soutien.* Toute chose sur laquelle une autre est posée, assise. Base d'une montagne, d'un rocher. En chimie, on appelle *bases* les corps qui peuvent se combiner avec les acides pour les saturer et former des *sels*. Bases alcalines, terreuses, métalliques. V. Roches et acide.

Bassin, *celtique bac, creux.* Dans les bassins géologiques les parties centrales les plus basses sont formées généralement par les terrains les plus récents et les bords par les terrains les plus anciens (Seine. Garonne, Rhône); mais l'inverse peut se produire (Loire, entre Blois et Angers); Meuse, entre Verdun et Namur.

Bassins houillers (France). Voici la liste des bassins houillers de la France avec leur production, en chiffre rond.

BASSINS	DÉPARTEMENTS	PRODUCTION (Tonnes)
Valenciennes	Nord et Pas-de-Calais.	10.000.000
Le Boulonnais	Pas-de-Calais	70.000
St-Etienne et Rive-de-G.	Loire, Rhône	3.200.000
Ste-Foy-l'Argentière	Rhône	4.000
Communay	Isère	13.000
Le Roannais	Loire	5.000
Alais	Gard, Ardèche	2.000.000
Aubenas	Ardèche	26.000
Le Vigan	Gard	6.000
Creuzot et Blanzy	Saône-et-Loire	1.300.000
Decize	Nièvre	150.000
Epinal-Aubigny	Saône-et-L., Côte-d'Or	50.000
Bert	Allier	30.000
la Chapelle-sur-Dun	Saône-et-Loire	20.000
Sincay	Côte-d'Or	8.000
Aubin	Aveyron	800.000
Carmaux	Tarn	400.000
Rhodez	Aveyron	18.000
Saint-Pardoux	Lot	2.000
Commentry	Allier	800.000
Saint-Eloi	Puy-de-Dôme	130.000
Buxières-la-Grue	Allier	40.000
La Queune	Allier	700
Brassac	H¹ᵉ-Saône, Puy-de-D.	250.000
Champagnac	Cantal	80.000
Langeac	Haute-Loire	30.000
Graissessac	Hérault	300.000
Ahun	Creuse	200.000
Bourganeuf	id.	8.000
Cublac	Corrèze	5.000
Ronchamps	Haute-Saône	200.000
Le Maine	Mayenne et Sarthe	100.000
Basse-Loire	Loire-Inf. et M.-et-L.	60.000
Vouvant-Chantonnay	Deux-Sèvres, Vendée.	40.000
Saint-Pierre-la-Cour	Mayenne	15.000
Cottantin	Calvados, Manche	10.000
Le Drac, La Mure	Isère	150.000
Maurienne-Briançon	Hautes-Alpes, Savoie.	25.000
Oisans	Isère	700
Chablais-Faucigny	Haute-Savoie	300
Les Maures	Var	450
Ibantelly	Basses-Pyrénées	»

Soit 21 millions de tonnes environ (1888). La production s'est élevée à près de 27 millions de tonnes en 1893. Malgré cette production considérable, la France doit importer plus de 8 millions de tonnes pour suffire à sa consommation annuelle qui s'élève à près de 900 kilog. par habitant.

Bathonien, *de Bath, ville d'Angleterre*. C'est le 11e étage de d'Orbigny, 1849 ; il succède au bajocien qui est *l'oolithe inférieure* et il constitue la *grande oolithe* ; il fait partie du *dogger* des Anglais et du *Jura brun* ou *gris* des Allemands. La grande oolithe est bien développée aux environs de Bath où son épaisseur est de 12 m. ; de couleur jaune ou crème, elle fournit une excellente pierre de taille (nombreux polypiers et gastéropodes). Ce calcaire est surmonté de l'argile de Bradford, *bradford-clay*, puissance 20 m., qui contient un calcaire coquillier exploité sous le nom de marbre dans la forêt de Wichwood : d'où le nom de *Forest-Marble*. L'étage se termine par un calcaire marneux qui se désagrège facilement : c'est le *cornbrash*. Le bathonien d'Angleterre a fourni l'*amphitherium*, monotrème. C'est à la base du bathonien que se trouve le *fuller's earth*, argile bleue, tenace, utilisée comme terre à foulon.

Dans le Jura, la grande oolithe se présente en bancs plus ou moins épais, jaunâtres ou bleuâtres, finement oolithiques. Au-dessus vient un calcaire à encrines, bancs épais, bleuâtres, blanchâtres, miroitants et oolithiques ; puis le *choin*, excellente pierre, offrant une grande résistance à l'écrasement. On l'exploite surtout à Villebois (Ain), dont les carrières ont pris une importance considérable. On en tire des blocs de grandes dimensions avec lesquels on fait les piliers des maisons, les paliers et les marches d'escalier. Ses qualités proviennent de ce que les couches n'ont éprouvé ni flexion, ni rupture. Il y a quelques années on a érigé à Villebois, en souvenir de 1789, un monolithe qui a la forme d'un tronc de pyramide à bases carrées : il ne mesure pas moins de 9 m. de haut et la grande base a 1 m. 70 de côté. Enfin le bathonien se termine par la *dalle nacrée*, ainsi nommée pour les reflets qu'elle doit à de petites huîtres, et des bancs minces d'une pierre exploitée pour bâtir ou pour faire de la chaux grasse.

En Normandie, à la base du bathonien, se trouve le *calcaire de Caen* qui est blanc, très pur, facile à tailler et qui durcit à l'air. Ces carrières sont importantes et ont fourni les matériaux des églises et des monuments normands, de la Tour de Londres et de la cathédrale de Cantorbéry. En Bourgogne, au forest-marble, correspondent les carrières de pierres dures de Comblanchien. V. Jurassique.

En 1848, M. Marcou établit comme sous-étage inférieur du bathonien, le VÉSULIEN, de *Vesulum*, Vesoul, constitué par des calcaires marneux caractérisés par l'*ostrea acuminata*.

Batrachite, *gr. batrachos, grenouille*. Pierre verdâtre que les anciens croyaient formée dans le corps du crapaud.

Batraciens. V. Amphibiens.

Belchen. V. Ballons.

Bélemnite, *gr. belemnon, flèche*. Débris de mollusques céphalopodes analogues aux calmars actuels (*lat. calamus, plume* ;

maris, de la mer). On trouve les bélemnites dans les couches du lias et du jurassique. La coquille de ces céphalopodes était formée de 3 parties : une lame cornée dorsale qui se continuait par un cône creux, partagé en chambres par des cloisons avec siphon et enfin une pointe solide ou *rostre* à structure fibreuse qui entourait plus ou moins le cône. C'est seulement le moule interne des rostres que l'on retrouve ordinairement et ces fossiles, de même que les ammonites, ont de tout temps attiré l'attention. On les a appelés *pierres de foudre* ou *de tonnerre*, *pierres fulminaires*, *pierres de lynx* et on leur attribuait des propriétés merveilleuses. On les employait comme remède contre la colique, la pierre, la diarrhée, les hydropisies. Dans certaines contrées on les nomme *chandelles de spectre* ou *de sorcières*. A Ceyzériat, près Bourg, les paysans les prennent pour les pointes des flèches des soldats romains, parce que le nom Ceyzériat viendrait de César et qu'il y aurait eu là un camp. (Cet endroit, Cuiron, a fourni des silex taillés). On a été longtemps avant de deviner que ces rostres étaient l'extrémité d'une coquille analogue à celle de la seiche actuelle (biscuit de mer); mais les heureuses découvertes, faites dans le lias de Lyme-Regis en Angleterre, ont complètement éclairci la question. Les bélemnites avaient les nageoires situées vers le milieu de leur corps allongé; les tentacules étaient courts et les autres bras étaient armés de crochets cornés. Ces animaux possédaient une poche à encre comme la seiche et on retrouve parfois cette poche conservée; la sépia qu'elle fournit peut même être utilisée. Les bélemnites devaient vivre en troupes nombreuses sur les côtes des anciens océans.

Suivant la forme du rostre, on distingue : la *belemnites acutus* ou aiguë, du lias inférieur; la *b. brevis* ou courte, également du lias; la *b. semihastatus* (*lat. hastatus, javelot*) du Jura brun; la *b. canaliculatus* ou sillonnée; la *b. giganteus* ou géante, toujours du Jura brun; la *b. pistilliforme*, du lias; la *b. massue*, la *b. minimus* du crétacé, la dernière des bélemnites. Dans le néocomien, les bélemnites perdent leur forme régulièrement conique et s'aplatissent; *b. dilatée*. Associées à la *gryphea cymbium* (*coupe en forme de bateau*), la *b. clavatus* ou à sillons latéraux et la *b. niger* ou noire remplissent le calcaire qui commence le lias moyen (charmoutien; entre le sinémurien et le toarcien). Calcaire à bélemnites. « Les bélemnites, dit Pictet, se trouvent au mont Joly (Alpes), à une altitude de 2.560 m. et, en Amérique, les plateaux des Andes en renferment à une hauteur plus grande encore ».

Beauchamp-Pierrelai (Seine-et-Oise). Localité typique des sables de Beauchamp (éocène), qui ont là une puissance de 10 à 15 m. Ces sables quartzeux sont blancs, très purs, entremêlés de grès mamelonnés ou *grès à pavés*, dont le ciment est ordinairement calcaire. Ce sont les sables *moyens*; ceux de Brachéux dans l'Oise et de Cuise, village de la Forêt de Compiègne (Oise), étant dits *inférieurs*, et ceux de Fontainebleau, qui sont de l'oligocène, *supérieurs*.

Béryl, *lat. beryllus*, Pline. Variété d'émeraude incolore ou faiblement colorée en rose, jaune ou bleu de ciel. C'est un silicate d'alumine et de glucine ; densité 2,7. Les anciens travaillaient le béryl au burin, ainsi que l'aigue-marine. Sibérie, Brésil. Dans l'Altaï, on trouve des cristaux de béryl bleu qui ont 1 m. de long sur 15 centim. de diamètre ; et, dans le New-Hampshire, des cristaux de béryl pierreux atteignent des dimensions gigantesques et un poids de 1,500 kilog. (De Lapparent.)

Bibliolithe, *gr. biblion, livre*. Pierre calcaire ou schisteuse, imitant la tranche d'un livre.

Bille de Bourré. V. Tuf.

Bilobite, *lat. bis, deux ; lobe, lobe*. Les bilobites sont de curieuses impressions en demi-relief que l'on observe dans le grès de la Bretagne et de la Normandie, les couches cambriennes de la Scandinavie et dans le silurien, au Canada, en Angleterre, en Espagne (*Eophyton*). Ces restes ont donné lieu à beaucoup d'hypothèses ; les uns les rapportent à des végétaux fossiles d'un ordre inférieur ou à des algues qui n'ont pas d'analogues à l'époque actuelle (hypothèse généralement admise) ; mais d'autres les regardent comme des moulages formés par du sable à l'intérieur des traces laissées par des animaux sur la surface d'une couche de vase. Un tel sédiment n'a pu se déposer que dans des eaux très peu profondes. On donne aussi aux bilobites le nom de *Cruziana*.

Le mot bilobite désigne aussi un brachiopode du silurien supérieur, voisin de l'orthis, dont il se distingue par un profond sillon que présente la coquille, laquelle offre ainsi deux lobes.

Biotite. V. Mica.

Bitume, *lat. bitumen*. Substance liquide ou visqueuse, de couleur noire ou brune, qui résulte d'un mélange de divers hydrocarbures. Densité 0,7 à 1,2. Quelques-uns peuvent donc surnager dans l'eau (Asphalte). Fondent aisément et donnent parfois des huiles qui sont des carbures d'hydrogène. V. malthe, asphalte, pétrole, élatérite, ichthyol. « Les pépérites de la Limagne, au pied de la chaîne des Puys, sont imprégnées de bitume sur de grandes étendues... Il semble donc que les émissions basaltiques du miocène, prélude de la grande activité volcanique en Auvergne, aient été accompagnées par d'abondants épanchements d'hydrocarbures. » De Lapparent.

Blende, *all. blende, trompeur*, parce qu'on confondait autrefois la blende avec la galène. Zinc sulfuré ; minerai de zinc qui se rencontre dans presque tous les terrains avec les sulfures de plomb, de fer ou d'argent. Cristaux brillants, jaunes ou bruns. Densité 3 à 4. Se trouve principalement avec la *galène*. Filons de Cornouailles.

Blocs erratiques, *all. block, tronc ; lat. erraticus, errant*. Fragments anguleux de roches étrangères au pays où on les observe. On en trouve depuis la grosseur d'un caillou jusqu'à un volume de 1,000 m. cubes et d'un poids de 300,000 kilog. Tantôt ils sont dispersés çà et là, tantôt ils forment des bandes. Ce sont des granites, des porphyres, des gneiss, des calcaires, des grès. Les blocs du *Till* (v. Argile) ou terrain erratique du Nord ont tous une origine septentrionale. Ceux du Danemark ou du Hanovre viennent de Suède et de Norvège ; ceux du Brandebourg, de la Suède orientale. Des blocs de Finlande ont été transportés jusqu'à Moscou, d'autres jusqu'en Pologne, où l'épaisseur de l'erratique atteint 200 m. Certains blocs erratiques ont parcouru plus de 1,200 kilomètres. Ils ont été charriés par de grands courants d'eau boueux ou par la marche des glaciers. Ils font donc partie des dépôts meubles. Le piédestal de la statue de Pierre-le-Grand à Saint-Pétersbourg est un bloc de granite erratique qui pèse 1,500 tonnes. Près de Soleure (Suisse) existe un bloc de plus de 2,000 m. cubes, et dans la vallée d'Abkerne s'en trouve un autre en granite de 11,000 m. cubes. La *pierre à bot*, immense bloc de granite venu du Valais, a 16 m. de long, 5 m. de large et 13 m. de haut ; elle apparaît au-dessus de Neufchâtel et repose sur les roches calcaires du Jura. Le Pflugstein, *all. pflüngen, labourer ; stein, pierre*, est venu des Alpes de Glaris jusqu'à Zurich. Il a 20 m. de hauteur. Des blocs de roche de Finlande ont été transportés jusqu'à Moscou, à 600 kilom. de leur lieu d'origine. Un bloc perché, transporté par l'ancien glacier du Rhône, se voit, près du Bourget, sur la route du mont du Chat.

Les habitants des campagnes ont toujours été vivement frappés par la vue de ces blocs énormes, étrangers à leur pays, et ils leur ont donné des noms qui se rapportent soit à leur position, leur couleur ou leur volume, soit à des légendes ou à des superstitions. Dans le Bugey, on les appelle *pierres bises* pour *grises, pierres bleues, pierres à sel, pierres du bon Dieu, pierres du Diable, pierres de Samson, pierres des fées, pierres de mariage.*

En prenant la vitesse moyenne de la marche des glaciers, on a calculé qu'un bloc erratique, parti du fond du Valais, a dû mettre environ 4,000 ans pour arriver jusqu'à Lyon ou à Bourg, soit une distance de 400 kilom. environ ou 100 m. annuellement.

Boghead, *angl. bog, bourbier ; head, tête.* Charbon riche en huiles minérales (40 à 60 %) ; on y observe des algues d'eau douce. Il forme la transition entre les schistes bitumineux et le CANNEL-COAL *(de l'italien cannela, chandelle)* ou houille à gaz, ainsi nommé parce que le gaz qu'il fournit possède une puissance éclairante remarquable.

Boit-tout. V. Caverne.

Bol ou bolus, *gr. bôlos, morceau.* Nom que l'on donne aux argiles qui contiennent beaucoup d'oxyde de fer, ce qui les rend brunes ou rouges. Elles happent fortement à la langue et ne sont pas plastiques. Cette sorte d'argile s'employait autrefois en médecine comme astringente et tonique. Elle se présente en remplissage de *poches* ou de fentes dans les calcaires du Jura, de la Franche-Comté, de l'Alsace, et contient, disséminée dans sa masse, sous forme de nids, un minerai de fer en grains pisolithiques. V. Sidérolithique.

Bolide, *gr. bolis, trait.* V. Aérolithe.

Bolonien ou **Bononien**, de *Bononia*, Boulogne-sur-Mer. Sous-étage inférieur du portlandien. Est constitué par un ensemble de grès et calcaires sableux à huître en virgule, d'argiles bleuâtres, de sables, d'argiles et calcaires noirâtres, et, enfin, d'argiles et calcaires glauconieux (falaises entre la Crèche et Wimereux).

Bombe, *lat. bombus, bruit sourd du tonnerre.* Fragment de matière en fusion lancé dans les airs par un volcan en éruption. Les bombes volcaniques sont arrondies, ovales, plus compactes et plus volumineuses que les scories. Leur mouvement rotatoire leur a donné la forme d'ellipsoïdes allongés et tordus en spirale; sont ordinairement rouges à l'extérieur, pleines ou creuses et riches en péridot, dont le fer est à l'état de sesquioxyde rouge. Ordinairement la grosseur des bombes varie de celle de la tête à celle d'une noisette.

Bone-bed, *angl. bone, os ; bed, lit.* On désigne par ces mots, qui signifient *lit à ossements*, des dépôts d'êtres organisés : poissons, crustacés, lycopodiacées (silurien d'Angleterre), étage dinantien du S.-O. de l'Angleterre (poissons); lias : rhétien de Souabe (lits à coprolithes et ossements); rhétien de Lons-le-Saunier (grès de Boisset, poissons). C'est pourquoi le rhétien est aussi dit *étage des bone-bed.* Ces dépôts prouvent le retour de la mer sur des régions qui émergeaient depuis longtemps, puisque les êtres marins et terrestres y sont mélangés. Le bone-bed rhétien, trias supérieur, contient aussi les débris d'un petit marsupial, premier représentant de la classe des mammifères; c'est le *microlestes antiquus* (*gr. micron, petit; lestes, voleur, pillard*), découvert par Plieninger, en Wurtemberg. Ces débris consistent surtout en une molaire caractéristique du genre marsupial ; de petites dents analogues ont été trouvées dans les couches rhétiennes à Frome (Angleterre); ces mêmes couches ont donné les débris d'un animal kangourourat. Enfin, le trias nord-américain de la Caroline a fourni un genre analogue au genre actuel myrmécobie (*qui vit de fourmis*). Rappelons que les mammifères didelphes ou aplacentaires, ou marsupiaux, ont précédé les mammifères monodelphes ou placentaires.

Bononien, V. Bolonien.

Boracite, *hebreu, borak, blanc.* Minéral contenant de l'acide borique et de la magnésie.

Borax. Ce nom de borax est un vieux mot qui signifiait au moyen-âge *soudure et vernis de verre*, fondant alcalin ; il paraît dériver du mot sémitique *borak*, qui s'appliquait aux cendres et à la lessive que l'on en retire (Berthelot).

Le borax ou *tinkal* est une combinaison d'acide borique et de soude. Ce sel, d'un gris verdâtre, se trouve en dissolution dans les eaux de certains lacs du Thibet, de la Chine, du Pérou, de la Californie. Il se dépose au fond des eaux, d'où on le retire. Le Tinkal est le borax naturel de l'Inde. En Europe, on fabrique le borax au moyen de l'acide borique naturel qui s'exploite dans la Toscane. Il est employé dans un grand nombre d'industries ; en céramique, pour le vernissage de la faïence ; il entre dans la composition de certains verres, entre autres le *strass* ; en métallurgie, on l'emploie comme fondant pour séparer les métaux de leurs minerais. Il sert encore dans l'apprêt des chapeaux de feutre, dans le blanchissage, pour les soudures, dans la fabrication des bougies, pour la conservation du bois, car c'est un antiseptique ; en médecine, comme astringent (Aphtes).

Bos primigenius. Bœuf ancêtre ; *Auroch* ou *bison d'Europe* ; a été la source de plusieurs races de nos bœufs domestiques. Il était de grande taille et armé d'une puissante paire de cornes ; très répandu dans l'Europe à l'époque quaternaire. D'après Grégoire de Tours, il existait encore des bœufs sauvages dans les Vosges, du temps du roi Gontran (561-593), qui s'en réservait la chasse sous peine de mort. L'auroch vit encore en petits troupeaux isolés dans le gouvernement de Grodno, en Russie, protégés par une ordonnance très sévère du tzar.

Boue, *Etym. celtique.* Sorte de limon rejeté par les *salses* ou volcans d'air et de boue : Italie, Sicile, Crimée, mer Caspienne, Amérique du Sud. Le mot boue désigne aussi la terre détrempée, parfois plus ou moins sale et noire. On distingue en géologie : 1° la boue à *globigérines* qui ressemble à la craie ; elle constitue le plus abondant des dépôts marins après l'argile rouge des grands fonds et se rencontre à toutes les profondeurs comprises entre 500 m. et 5,300 m. ; est constituée par l'accumulation de carapaces de foraminifères ; 2° les boues *siliceuses*, comprenant la boue à *radiolaires* et la boue à *diatomées*. La première se rencontre à toutes les profondeurs jusqu'à 8,000 m. ; la seconde forme un dépôt dans le Pacifique (2,500 m. à 3,500 m.)

Bracheux. Les sables de Bracheux, près de Beauvais, appartiennent à l'éocène ; ils sont glauconieux, riches en *Ostrea bellovacina* ou huîtres de Beauvais et ont été déposés par une nouvelle invasion de la mer septentrionale. Un exhaussement survenu ensuite rejeta les eaux vers le nord mais en laissant des lagunes où se produisirent les lignites du Soissonnais.

Brachiopodes, *gr. brachion, bras ; podes, pieds.* Animaux rangés autrefois dans les mollusques mais dont on fait un embranchement à part. Ils ont deux valves perpendiculaires au plan de symétrie du corps, en sorte qu'il y a une valve dorsale et une valve ventrale, tandis que chez les acéphales ce plan de symétrie correspond au plan de séparation des valves de manière qu'il y a une valve droite et une valve gauche. En outre, les brachiopodes ont des muscles pour ouvrir et d'autres pour fermer leur coquille, tandis que chez les mollusques il n'y a que ces derniers. La bouche des brachiopodes est entourée de deux grands bras ciliés qui leur servent à saisir leur nourriture et que quelques-uns pouvaient enrouler en spirale sur des lames ou armatures dans l'intérieur de leur coquille. Cette coquille, toujours inéquivalve, est extraordinairement résistante parce que son carbonate de chaux est de la calcite qui n'est pas aussi facilement soluble que l'aragonite de la plupart des mollusques. Les brachiopodes étaient excessivement abondants en nombre et en espèces à l'époque primaire. Principaux genres : LINGULE, *lat. lingua, langue*, à cause de la forme de la coquille ; en outre les valves se distinguent de la coquille des mollusques par une structure particulière : elles sont formées de couches successives de phosphate de chaux et d'une substance cornée qui donne à la coquille un aspect vernissé. Les lingules existent depuis le cambrien, sont fixées par un long pédoncule, ont les bras longs, charnus, libres et pas d'armature interne. SPIRIFER, *qui porte des spires* ; coquille fibreuse, très allongée transversalement, charnière presque rectiligne ; sont fossiles et caractérisent le dévonien. PRODUCTUS, *qui projette* ; la coquille porte des épines tubuleuses éparses ; *productus horridus* ou *hérissé* ; du dévonien au permien et *productus giganteus*, du calcaire de Visé, avec le genre *orthis*, éteint. RYNCHONELLE, *gr. rynchos, bec*, depuis le silurien inférieur jusqu'à l'époque actuelle ; coquille fibreuse. *Stringocéphale* ou *Strigocéphale, gr. striggos, chouette ; képhale, tête*, ainsi nommé parce que le crochet de la grande valve est recourbé comme un bec de chouette ; ne dépasse pas le dévonien et caractérise le *Givétien*. TÉRÉBRATULE, *lat. terebratus, perforé*, parce que le crochet de la grande valve porte un trou. Les térébratules existent actuellement et sont fossiles depuis le trias ; genre *Waldheimia*, jurassique. Le genre *teretratella* apparaît aussi au jurassique.

Bradfordien, Desor, 1859. *De l'argile de Bradford, en Angleterre.* Sous-étage du Bathonien de d'Orbigny. V. Bathonien.

Branchiosaure, *gr. bragchia, branchie ; saurus, reptile.* Amphibien du permien de la Bohême et de la Saxe. Voisin du protriton.

Braunite, *dédiée à M. Braun, de Gotha.* Sesquioxyde de manganèse anhydre ; poussière d'un noir foncé ; minerai peu abondant et donne moins d'oxygène que la pyrolusite. Cristallise en octaèdres à base carrée.

Brèche, *all. brechen, rompre.* Echancrure ou dépression dans une montagne ; on dit aussi *port* ou *passage*. Ce mot désigne aussi un conglomérat, c'est-à-dire un ensemble de roches détritiques ou fragmentaires, anguleuses, réunies par un ciment quelconque. On distingue les brèches *sédimentaires* et les brèches *éruptives*. Aux premières se rapportent les *brèches osseuses* formées soit dans les fentes des plateaux calcaires, soit dans le fond des grottes et cavernes par la cimentation d'ossements de vertébrés et de mollusques ; elles sont renfermées dans un limon rouge argilo-calcaire. Les marbres *brèches* résultent de la réunion de fragments de diverses couleurs liés par un ciment calcaire; quand les fragments sont de petites dimensions ils prennent le nom de *brocatelles*.

Dans les brèches éruptives le ciment est le plus souvent fourni par des tufs c'est-à-dire par des produits volcaniques cinériformes (cendres) et repris ensuite par les eaux qui les ont rendus cohérents. V. Cargnieule.

Brésil. Lund a exposé des raisons sérieuses qui permettent de croire que le plateau central du Brésil était déjà une terre alors que les autres parties du globe étaient immergées. Le Brésil serait donc le plus ancien continent de notre planète.

Brocatelle, *italien, brocatello, brocart.* V. Brèche.

Brontosaurus. *Dinosaurien,* trouvé dans le jurassique des Montagnes Rocheuses avec l'atlantosaurus; avait 16 mètres de long, une tête excessivement petite, de grandes vertèbres dorsales et une queue très développée.

Brontotherium, *gr. bronte, le tonnerre; therion, animal;* (*animal-tonnerre*). Mammifère ongulé fossile découvert par le professeur Marsh (1873) dans les Montagnes Rocheuses; son crâne, long d'un mètre, est singulièrement plat; il est caractérisé par une énorme paire de cornes; les membres de cet animal étaient plus courts que ceux de l'éléphant et il semble certain qu'il n'avait pas de trompe; devait se rapprocher du rhinocéros. Ces animaux, de très grande taille, sont tous de l'Amérique du N., Miocène.

Bronze, *italien, bronzo.* Alliage de cuivre et d'étain. L'étain donne au cuivre une dureté considérable; c'est pourquoi les anciens, avant de connaître le fer, employaient cet alliage (*calcos, chez les Grecs; œs, chez les Romains*) pour fabriquer leurs armes, leurs ustensiles, des instruments tranchants et des miroirs. On en fabrique actuellement les statues, les canons, les cloches, la monnaie de billon.

Bryozoaires, *gr. bruon, mousse; zoon, animal.* Petits animaux, le plus souvent hermaphrodites, vivant en colonies d'aspects variés. Par leur bourgeonnement ils forment à la surface des rochers qui sont recouverts par la mer une sorte de mousse animale. Les bryozoaires apparaissent dans les formations paléozoïques et deviennent innombrables dans le crétacé supérieur. Un groupe de bryozoaires, les *ptérobranches*, possède des bras et fait la transition aux brachiopodes. (E. Aubert.)

Burdigalien, *lat. Burdigala, Bordeaux;* Depéret 1892. Étage inférieur du miocène marin. Il comprend les sables et les marnes de l'Orléanais, les sables de la Sologne et dans le bassin du Rhône la mollasse marno-calcaire, par exemple de Saint-Paul-Trois-Châteaux, exploitée pour les constructions, laquelle contient le *pecten præscabriusculus* ou peigne tout rugueux (*lat. scabies, rugosité*). En Aquitaine, au burdigalien se rapportent les faluns de Léognan, de Dax, de Saucats.

C

C. Etage C de Barrande pour la Bohême. Faune 1re ou primordiale. Schistes argileux. V. Silurien.

Cacholong, *de Cach, nom de fleuve et du kalmouk, cholon, pierre*. Variété d'opale ou silice hydratée d'un blanc de lait que l'on rencontre en rognons dans les cavités des basaltes des îles Feroë et de diverses autres régions volcaniques ; contient seulement 3,5 % d'eau. (Cette proportion d'eau atteint jusqu'à 13 % chez certaines opales.)

Caillasse, *r. caillou*. Marnes et calcaires grossiers, compacts, d'eau douce ou de lagunes de l'éocène qui se présentent en lits minces et alternatifs avec lits siliceux. Les caillasses sont le dernier terme de la série des calcaires grossiers. Ces couches présentent parfois des cristaux de cristal de roche et des lits de gypse translucide ou albâtre, ce qui indique une évaporation de longue durée, et, par suite, que ces lagunes étaient en voie d'assèchement.

Cailloux, *lat. calculus, petit caillou*. Un caillou est un fragment de roche dure, de forme arrondie. D'après cela, la nature de la roche peut être quelconque ; mais ordinairement, on réserve le nom de cailloux aux fragments siliceux qui ne font pas effervescence avec les acides comme les calcaires. Les cailloux proviennent de blocs charriés par les eaux, et c'est dans ce transport qu'ils ont pris, par suite du frottement, leur forme arrondie. Le volume des cailloux est très variable. Ils font partie des alluvions anciennes et modernes. Les cailloux calcaires ont une forme plate et lenticulaire, parce qu'ils proviennent de bancs à surfaces planes ; les cailloux de granite et de basalte sont de forme arrondie, comme les *galets* qui proviennent des cordons de silex contenus dans les falaises crayeuses. Les cailloux d'Alençon sont de petits cristaux de quartz transparents ; les cailloux du Rhin sont du cristal de roche roulé. On les monte en parures de peu de valeur.

Cailloux impressionnés. Dans certains poudingues, on observe que des galets calcaires engagés portent l'empreinte des galets voisins, comme s'ils avaient été réduits à l'état de pâte molle. (V. Nagelfluhe.) Ce résultat s'explique par le fait d'une dissolution lente de l'un des cailloux sous l'action des eaux chargées d'acide carbonique qui ont circulé longtemps dans la masse du poudingue. C'est pourquoi on trouve du carbonate de chaux cristallisé dans les fissures de la Nagelfluhe, qui est un poudingue tertiaire de la Suisse et du Jura. M. Daubrée a reproduit expérimentalement ces impressions, lesquelles peuvent encore exister avec des cailloux non calcaires. Tels sont les poudingues à galets quartzeux que l'on observe dans les Vosges subordonnés aux grès vosgiens ; de même dans les Pyrénées. V. Eocène.

Cailloux striés. V. Glacier.

Cainopithecus, *gr. kainos, récent; pitex, pitekos, singe.*
Du minerai pisolithique éocène du Jura d'Egerkingen. La forme
de ses dents rappelle celle des lémurs actuels.

Cainotherium, *gr. kainos, récent; therion, bête féroce.*
Mammifère ongulé, de la famille des chevrotains. L'époque
oligocène ou miocène inférieur est caractérisée par la prédominance de ces animaux ainsi que des Anthracotherium.
C'étaient de petits herbivores de la taille du lapin. Phosphorites du Quercy; gypse de Paris; abondent dans le miocène de
l'Allier.

Cairn, *gaël, carn ou cairn, tas de pierres.* Amoncellement
de cailloux qui, souvent, recouvre un dolmen. En Bretagne, les
cairns se nomment *galgal* (*celt. gal, caillou*).

Calamine, *lat. calamina, même sens.* La calamine ou
SMITHSONITE, *du nom propre Smithson,* ou *pierre calaminaire,*
est un carbonate de zinc. C'est le minerai de zinc le plus important par son abondance et la facilité de son extraction. Amas
considérables dans les calcaires du terrain secondaire; Silésie,
Angleterre; Vieille-Montagne, près d'Aix-la-Chapelle. En Belgique et en Allemagne, il sert à préparer le zinc métallique.
La calamine proprement dite est un hydrosilicate de zinc en
nodules ou masses concrétionnées blanches; se trouve constamment associée avec la précédente dans les gisements.

Calamites, *lat. calamus, roseau.* Les calamites sont des
végétaux fossiles (terrain houiller) que l'on a d'abord regardés
comme des roseaux, mais actuellement ils forment un groupe à
part, les *calamariées*, qui se rapprochent beaucoup des equisetum dont le type actuel est la prêle. Les calamites présentaient
une tige en forme de colonne articulée, sans feuilles, s'élevant
au-dessus du fond vaseux des marais, à une hauteur de 10 à
25 m. Elles ont vécu dans toute la période houillère et se sont
éteintes au permien. On en connaît plus de 10 espèces.

Calamodendrées, *calamus, roseau; dendron, arbre.* Végétaux fossiles de l'époque houillère, dont la tige atteignait jusqu'à 20 m. On a reconnu récemment chez eux un genre de fruc-
tification qui en fait un intermédiaire entre les cryptogames
vasculaires et les phanérogames. Les fructifications mâles sont
des verticilles de feuilles portant des sporanges, tandis que les
fructifications femelles sont presque de véritables graines renfermées dans une sorte d'ovaire formé par des feuilles soudées,
ce qui est à peu près la structure d'une graine de gymnosperme.
La grande couche de Decazeville est formée d'écorce de calamodendron.

Calamophyllites, *lat. calamus, roseau; phullon, feuille.*
Les calamophyllites ou *calamodendron* avaient une structure
analogue aux calamites. Leur tige atteignait jusqu'à 20 m. de
hauteur. V. houille et astérophyllites.

Calangues, *italien, calanca.* En Provence, on nomme calangues des baies petites et étroites creusées dans les rochers.

Elles rappellent un peu les fjords de Norvège. La calangue de Port-Miou (baie de Cassis) pénètre à près de 2 kilom. dans la montagne et n'est que le prolongement d'une vallée parcourue par un mince cours d'eau. V. Cañon, Causses.

Calcaire, *lat. calx, chaux.* Le calcaire est du carbonate de chaux. C'est la plus répandue des substances minérales. Densité 2,7; dureté 3. Caractère essentiel : laisse dégager son acide carbonique avec effervescence sous l'influence d'un acide et au chalumeau se transforme en chaux caustique. Origine organique ou chimique. Les marbres sont des calcaires modifiés par l'action de la chaleur. (Expérience de James Hall.) V. Métamorphisme. Certains calcaires produisent, sous le choc du marteau, une odeur bitumineuse qui n'est pas due à la présence de bitume, car M. Spring a montré qu'elle provient d'hydrogène sulfuré mélangé de phosphure de calcium décomposé par l'eau carboniquée. La marne est une combinaison de calcaire et d'argile. (V. plus loin, marne.) Certains grès sont des sables agglutinés par un calcaire. Les sédiments calcaires proviennent des eaux douces ou des eaux marines; les premiers se reconnaissent à ce que les débris organiques qu'ils renferment sont comparables à ceux des animaux qui habitent nos rivières et nos lacs actuels : limnée, planorbe, anodonte, unio; pas de polypier, d'encrinite, d'échinide. Une eau chargée de gaz carbonique a la propriété de dissoudre le calcaire. V. Erosion.

On distingue les variétés suivantes : le calcaire *pur ou cristallisé*, spath d'Islande; cristaux rhomboédriques et biréfringents, c'est-à-dire qu'ils donnent une image double de l'objet regardé; le c. *lamellaire*, cassure en lamelles; le c. *saccharoïde*, *lat. saccharum, sucre*, cassure grenue, comme le sucre; le c. *corné*, calcaire devenu cristallin par métamorphisme et contenant des grenats ou silicates cristallisés; tel est le calcaire silurien de Saint-Jacut (Morbihan); le c. *nacré* du zechstein allemand, qui est du gypse transformé en aragonite; le c. *compact*, cassure écailleuse, comme la pierre lithographique; le c. *oolithique*, grains arrondis comme des œufs de poisson; *gr. oon, œuf*; le c. *pisolithique*; *gr. pison, pois*; dragées de Tivoli; le c. *crayeux*, à texture terreuse comme la craie; le c. *argileux* ou mélangé d'argile, laquelle peut y atteindre 25 à 30 %, limite à laquelle elle devient fortement hydraulique; l'hydraulicité diminue avec la proportion d'argile; lorsque l'argile y dépasse 30 %, le calcaire prend le nom de *marne*; le c. *argilitique* ou *albérèze*, mélange de calcaire et d'argilite, comme le marbre ruiniforme de Florence; le calc. *siliceux*, qui renferme parfois jusqu'à 48 % de silice, ce qui lui donne la cassure conchoïdale : tels sont les calcaires de Saint-Ouen; le c. *glauconieux*, ordinairement argileux ou quartzeux, assez riche en globules de glauconie d'un vert noirâtre ou jaunâtre (nummulitique des Alpes); le c. *fibreux*, albâtre, onyx; le c. *ferrifère* ou *calcaire noduleux*, remarquable par ses nodules ou ovoïdes de carbonate de fer, lias; le c. *lumachelle* ou *dalle nacrée*, à cause des reflets nacrés que donne la présence d'une huître à ses plaquettes; le

c. *carbonifère*, du terrain carbonifère (productus) ; le c. *schis-toïde* ou *calschiste*, très fissile ; on l'exploite aux environs de Vesoul, dans le bathonien, sous le nom de *lave*, pour couvrir les maisons ; le c. *magnésien*. (V. Dolomie, grison, greube) ; les sables nummulitiques du Laonnais (Aisne) renferment des rognons de calcaire magnésien, appelés *têtes de chat*, exploités pour l'empierrement des routes ; l'*aragonite* (V.), qui constitue la coquille de la plupart des mollusques ; la *calcite* (V.), qui constitue la coquille des brachiopodes.

Au point de vue des fossiles dont ils sont pétris, on distingue : le c. *coquillier* ou calcaire *grossier* ou calc. à *cérithes*, moellons, bancs à verrains des carrières de Paris ; le c. à *indusies*, de l'oligocène d'Auvergne ou *calcaire à phryganes*, formé de tubes de larves de phryganes, insectes névroptères, qui volent près des cours d'eau les soirs d'été (porte-bois, charpentiers des pêcheurs) ; ces larves ont constitué là leurs tubes par l'agglomération de petits planorbes et paludines ; le c. à *stromatopores* ou à *productus giganteus*, du dévonien ou calc. de Visé (Belgique) ; le *calc. à productus* ou *calc. carbonifère* ; le c. à *astéries*, étoiles de mer (Bordeaux, Libourne), d'un âge plus récent que le c. grossier auquel il ressemble ; le *calcaire à astartes* du kimeridgien ; le c. à *spatangues*, oursins, du néocomien ; le c. à *requiénies*, aussi du néocomien ; le c. à *encrines* ou c. à *entroques*, jaune, fort épais, qui n'est plus oolithique, cassure brillante (corallien ; revers du Plateau central en Bourgogne) ; le calcaire à *nérinées*, de Thurmann. V. Corallien ; le c. *nummulitique* ou *pierre à liards* de l'éocène ; le c. à *bélemnites* du lias moyen ; le c. à *cardinies* de l'hettangien ; le c. à *miliolithes*, de l'éocène ; le c. à *limnées et planorbes* ou c. *lacustre* de Saint-Ouen, éocène moyen ; le c. de *Rognac* (v. Fuvélien ; le c. *lacustre de Brie*, du miocène ; les *faluns* (V. ce mot) ; le c. *panchina* produit par le mélange, avec des sables et des coquilles, du dépôt calcaire provenant de sources d'eau chaude, chargées de carbonate de chaux, qui se déversent dans la mer.

CALCAIRES D'ORIGINE ORGANIQUE. Bancs d'huîtres, de peignes, etc. Lumachelles : agglomération de coquilles d'ostracées. Vase à globigérines (miliolithes) avec granules ayant appartenu à des algues. Entassement au-dessous des courants chauds, tels que le Gulf-Stream, de dépouilles de mollusques, d'oursins et de polypiers.

CALC. D'ORIGINE CHIMIQUE PAR PRÉCIPITATION. Tufs : terreux, concrétionnés (à l'air libre). Calcaires concrétionnés (évaporation lente dans des cavités souterraines (stalactites, stalagmites, draperies, conduites d'eau. Travertins (eaux qui ruissellent en cascades ; dépôts moins poreux que les tufs). Sources incrustantes. Panchina.

MARNE, *angl. marl ; all. mergel.* Mélange intime et homogène d'argile et de calcaire en masse ou en lits ; tendre, friable, se désagrège par l'action de l'humidité et finit par tomber en miettes, ce qui la rend propre à l'amendement des terres. Densité 2,65. Happe à la langue, fait effervescence avec les acides, se délaie dans l'eau ; colorée en bleu verdâtre par le protoxyde de fer ; en jaune ou en rouge par le sesquioxyde ; en noir par des matières charbonneuses. Une marne à excès de calcaire est propre à l'amendement des sols argileux ; à excès d'argile, elle convient aux sols sablonneux. « C'est dans les marnes oxfordiennes que l'on exploite les calcaires marneux qui servent à fabriquer la chaux hydraulique et le ciment. C'est aussi avec des marnes oxfordiennes qu'on fabriquait les anciennes faïences de Meillonnas (Ain) qui ont eu un certain renom. » (Tardy) V. Glaise.

Calcédoine, *de Calcédoine, ville de Bithynie, près de laquelle on la trouvait.* Elle est constituée par de la silice amorphe avec quartz cristallisé. La calcédoine rouge est la *cornaline ;* brune avec reflet rouge, c'est la *sardoine ;* vert-clair, c'est la *chrysoprase ;* vert-foncé avec points rouges dus à du fer oligiste, c'est l'*héliotrope.* L'agate est aussi une calcédoine. V. Agate.

Calceola sandalina, *lat. calceolus, petit soulier ; sandalina, petite sandale.* Polypier fossile remarquable par sa forme singulière ; la coquille inférieure a la forme d'une pantoufle, la supérieure forme opercule ; caractérise l'assise inférieure du dévonien, dite *schistes à calcéoles.* V. Dévonien.

Calcicoles (plantes). Ce sont celles qui se plaisent dans les terrains calcaires. Ex. la carotte sauvage.

Calcifère, *lat calx, chaux ; fero, je porte.* Qui contient de la chaux.

Calcilithe, *lat. calx, chaux ; lithos, pierre.* Pierre de chaux compacte.

Calcite. *lat. calx, calcis, chaux.* Synonymes : *chaux carbonatée, calcaire spathique, spath d'Islande, kalkspath.* C'est du carbonate de chaux comme l'aragonite mais les cristaux de ces deux produits, calcite et aragonite, appartiennent à des systèmes différents ; autrement dit le calcaire est une des quelques substances qui possèdent la faculté du *dimorphisme ; gr. dis, deux ; morphé, forme.* V. Aragonite. La calcite se distingue en outre de l'aragonite par sa densité moindre et son effervescence plus facile avec les acides ; de plus, elle est infusible, tandis que l'aragonite chauffée décrépite en petits cristaux rhomboédriques de calcite. Toutes les deux possèdent la double réfraction énergique et, sur des plaques minces, cette biréfringence produit de vives couleurs irisées. A l'état concrétionné, la calcite forme les stalactites et les stalagmites des grottes, l'albâtre calcaire et les pisolithes. Les divers marbres statuaires ou compacts sont aussi formés de calcite plus ou moins pure. La calcite a trois directions de clivage également faciles et faisant entre elles un angle de 105°5'. V. Brachiopodes.

Calédonie, *ancien nom de l'Ecosse.* La chaîne calédonienne, Ecosse, s'est produite à la fin de l'époque silurienne et a agrandi le continent précambrien. V. *Epanchements.*

Calcium, *lat. calx, chaux.* Métal, blanc, brillant, obtenu pour la première fois par Davy, en 1807, en décomposant la chaux par la pile. S'altère rapidement à l'air humide, décompose l'eau à froid, ne se trouve pas libre dans la nature. Combiné avec l'oxygène il donne la chaux.

Callipteris, *gr. kallos, beau ; pteris, fougère*. Genre de fougères fossiles des plus caractéristiques du terrain permien. Schistes bitumineux d'Autun ; ardoises de Lodève (Hérault) ; se rapprochent des odontoptéris.

Callodictyon, *gr. kallos, beau ; dictyon, treillis*, Genre d'éponges fossiles dont les parois du corps sont formées d'un treillis régulier à larges mailles et à nœuds de croisements octaédriques. La circulation de l'eau à l'intérieur du corps se faisait directement entre les mailles du treillis du squelette. Tous les représentants de cette famille sont du crétacé.

Callovien, *anglais, Kelloway-rock*. 12ᵉ étage de d'Orbigny, 1844, entre le bathonien (au-dessous), et l'oxfordien. C'est lui qui commence la série jurassique supérieure ou *malm*, ou *Jura blanc*. Réuni à l'oxfordien, il constitue ce qu'on appelle encore le *Jurassique moyen* ou *Jura gris*. En France, le callovien recouvre presque partout le bathonien en stratification concordante. Le début de l'époque callovienne est caractérisé par une extension de la mer sur des domaines immenses en Russie, en Sibérie et dans les Indes ; mais, chez nous, cette invasion ne dépasse pas le bassin anglo-français. En Normandie, le callovien est constitué par des marnes surmontées d'une oolithe ferrugineuse ; puis viennent les marnes et argiles de Dives (Divésien), puissance 60ᵐ, à *gryphea dilatata*, dont la zone supérieure constitue la base de l'oxfordien. Aux marnes de Dives correspondent les argiles de l'Argonne et la gaize des Ardennes. Dans le Jura occidental le callovien est constitué par des calcaires ferrugineux jaunes avec oolithes de la grosseur d'une tête d'épingle (térébratules et rhynchonelles) ; des marnes bleuâtres avec fossiles pyriteux (térébratules, ammonites, pholadomies), et des calcaires marneux à spongiaires.

Calp, sorte de marne noire ou variété de calcaire contenant une forte proportion de silice, d'argile et de fer et en outre du bitume. Se présente en masse compacte d'un gris bleu d'ardoise (Larousse).

Calschiste, *lat. calx, chaux et schiste ; de schistein, fendre*. Les calschistes sont des calcaires cristallins rendus schisteux et par suite veinés par de minces filets de schiste rouge, vert ou noirâtre. Sont abondants dans les Alpes et les Apennins. Une variété fournit des feuillets assez semblables à l'ardoise et que l'on emploie pour couvrir les maisons. V. Calcaires.

Calymènes. *Sorte de trilobites.* V. Mérostomates. Au grès blanc très-uniforme, dit *grès armoricain*, succèdent les *schistes à calymènes* qui deviennent ardoisiers à Angers.

Camarasaurus, *gr. kamara, voûte ; saurus, lézard*. Os du crâne en voûte. V. Atlantosaurus.

Cambrien (Étage), *lat. Cambria*, dénomination romaine du pays de Galles en Angleterre. Sedgwick créa ce mot, 1835, pour désigner l'ensemble des schistes et des grès situés en Angleterre, au-dessous des premières assises fossilifères. Actuellement, c'est le premier étage du système silurien. On donne le nom de cambrien à tout ce qui renferme la faune primordiale : traces d'annélides, lingulella, olenellus, conocéphalites, agnotus, graptolithes, etc. Le cambrien atteint une épaisseur de 7 à 8000^m dans le pays de Galles ; 2000^m dans la péninsule armoricaine où il est remarquable parce qu'il est le plus souvent azoïque : ce qui indique une sédimentation troublée, impropre au développement des organismes. On constate, en outre, par le remarquable développement des roches éruptives, brèches porphyritiques et porphyres pétrosiliceux, que la Sarthe a été le théâtre d'une grande activité éruptive pendant cette période cambrienne. Les phyllades de Saint-Lô sont durs, satinés, d'un gris d'ardoise bleuâtre : empreintes de néréides, arénicolites. Dans les Ardennes le cambrien a un facies schisteux : phyllades ou schistes durs à éléments cristallins donnant les ardoises. Ces schistes résultent des pressions latérales considérables qu'ils ont subies et ont redressé les couches. Autour du Plateau central, le cambrien se présente encore avec ce facies schisteux ; ardoises de Talassac, près de Brives ; il en est de même sur le versant N. des Pyrénées.

Le cambrien d'Amérique comprend les trois étages : *géorgien, acadien* et *postdamien ;* le géorgien succède au huronien de la période précambrienne pendant laquelle s'est formée la chaîne huronienne. En Chine le cambrien présente une épaisseur de 3500^m.

A cette époque, les continents étaient peu étendus et il se produisait encore dans les mers de fortes réactions chimiques. Le *géorgien* ou *annélidien* est caractérisé par les trilobites du genre olenellus ; l'*acadien* ou *paradoxidien* par les paradoxides et le *postdamien* ou *olénidien* par les olenus.

Campan, *des Campani, ancienne peuplade.* Sorte de marbre des Pyrénées ; vallée de Campan, près Bagnères-de-Bigorre (Hautes-Pyrénées). Ce marbre amygdalin tire son caractère de ce fait que les nodules calcaires sont remplis de goniatites et d'orthocères et sont entourés de schistes verts. Quand le schiste est rouge c'est le marbre *griotte.* Ces calcaires sont d'âge dévonien.

Campanien (Étage). V. Crétacique (Système).

Cañon, *mot espagnol signifiant tuyau, tube, canal.* Est usité en géologie pour désigner certaines vallées caractérisées 1° par leur profondeur très-grande eu égard à leur faible largeur ; 2° par l'inclinaison considérable, souvent verticale de leurs parois. Ces entailles, profondes de 500 à 2000^m, qui ne sont guère plus larges au sommet qu'au fond et qui sont en général creusées dans des couches sédimentaires, tirent leur origine des *mouvements de l'écorce terrestre* et des *érosions.*

Au point de vue pittoresque, dit M. Martel, les cañons appartiennent aux sites les plus grandioses de la nature. C'est dans l'Amérique du N. que sont les plus grands cañons du monde (Grand cañon du Colorado). Les *gorges* du Caucase et des Alpes, les *barrancos* du Mexique, des Andes et des Pyrénées, les *cluses* du Jura ne sauraient être comparés aux cañons parce que leurs dimensions sont moindres d'abord et qu'ensuite une seule de leurs parois est taillée en mur, l'autre étant disposée en pente douce. La France possède de véritables cañons dans le Tarn (Causse de Sauveterre, causse de Méjan, causse Noir et Larzac). La belle vallée espagnole d'Arazas est un cañon très-remarquable. V. Causses.

Caoutchouc fossile. V. Elatérite.

Capitosaurus. Amphibien fossile, famille des stégocéphales. Keuper allemand.

Caprine, *lat. capra, chèvre.* Famille de mollusques lamellibranches fossiles qui caractérisent le terrain crétacé supérieur de Sicile et le cénomanien des Charentes et de la Provence. Couvraient le fond des mers de la zone méditerranéenne; étaient rares au Nord de l'Europe. Leur coquille s'enroulait de façon à former deux cornes; la valve inférieure en forme de capuchon. On les nomme maintenant REQUIÉNIES, *du nom propre Requien, naturaliste français (1788-1851).* Le *calcaire à caprotines* ou à *chama* a fourni le type de l'urgonien. Ce calcaire est très-blanc, presque crayeux. On l'observe à Orgon et Cavaillon.

Captage, *du verbe capter.* Action de capter en parlant des sources d'eaux minérales ou autres.

Carabé. V. Ambre.

Carat. Poids équivalent à 4 grains ou 205 millig. et demi environ. Les uns pensent que le mot carat ou *karat* vient de *kouara,* nom que l'on donne en Abyssinie à une petite graine rouge provenant d'un arbre de la famille des légumineuses et qui sert à peser l'or; le carat aurait ensuite servi dans l'Inde à peser les pierres précieuses et les perles. Suivant d'autres, carat vient de *kyrat,* mot arabe désignant un petit poids.

Carbon, *lat. carbo, charbon.* Diamant noir du Brésil.

Carbonado. V. Diamant.

Carbonate, *rac. carbone.* Un carbonate est une combinaison d'acide carbonique avec une base. A une température plus ou moins élevée tous les carbonates, sauf ceux de potasse, de soude, de baryte et de lithine, perdent complètement leur acide carbonique. Tous, sans exception, sont décomposés quand on les chauffe à une haute température avec du charbon. Tous sont décomposés par un acide quelconque et dégagent avec effervescence de l'acide carbonique. Cristallisent dans la forme rhomboédrique. On distingue : le CALCAIRE ou carbonate de chaux; la DOLOMIE ; la GIOBERTITE, *dédiée à Giobert, chimiste italien* (1761-1834), parce qu'il découvrit que cette terre blanche exploitée dans la province d'Ivrée pour faire de la porcelaine est du carbonate

de magnésie et non de l'alumine, comme on le croyait ; l'ARA-
GONITE, la CALCITE, carbonates de chaux ; la SIDÉROSE, carbonate
de fer, minerai important ; la CÉRUSE, carbonate de plomb ;
l'AZURITE, carbonate bleu de cuivre ; le NATRON, *arabe nathroun*,
sous-carbonate de soude hydraté ; la MALACHITE, carbonate vert
de cuivre, etc.

Carbone, *lat. carbo, charbon.* Corps simple, solide, contenu
dans beaucoup de corps organiques et inorganiques. Densité
3,5. Le diamant est du carbone pur. Graphite, anthracite,
houille, lignite, tourbe.

Carbonifère, *lat. carbo, charbon ; fero, je porte.* Se dit d'un
terrain contenant du charbon.

Carboniférien (Système). Le système carboniférien se
compose de dépôts marins et de dépôts *carbonifères* dans lesquels la *houille* prédomine ; c'est pourquoi il est dit aussi système *houiller*. Ces dépôts se sont effectués pendant la période
carboniférienne, 4ᵉ subdivision supérieure de l'ère primaire. La
végétation, pendant cette période, est luxuriante ; l'atmosphère
s'est épurée pendant les périodes précédentes et sous l'influence
d'un climat favorable et uniforme, la flore possède une exubé-
rance qu'elle n'a jamais eue depuis. Les équisétacées, les lycopodiacées, représentées actuellement par les modestes prêles et
lycopodes, étaient alors de grands arbres : *calamites*, de 5ᵐ de
hauteur ; *lepidodendron*, qui avaient plus de 30ᵐ, et *sigillaria*.
Il en était de même des fougères, 15 à 18ᵐ, des *cordaïtes*, des
cycadées (*pterophyllum*), des conifères (*walchia*). Tous ces
végétaux sont des cryptogames acrogènes ou des phanérogames gymnospermes ; il n'y a point encore de monocotylédones,
ni de dicotylédones angiospermes. Remarquons encore qu'au
début de la période, cette flore vigoureuse, mais peu variée, est
la même pour toute la terre : d'où l'on déduit que l'atmosphère
d'alors était lourde et humide, chargée d'acide carbonique et
que le soleil était arrivé dans ses concentrations successives à
une phase pendant laquelle il avait peu d'éclat.

FAUNE. Ce sont les brachiopodes qui dominent avec le genre
productus ; puis viennent les genres *orthis, spirifer, térébratule,
rhynchonelle*. Les poissons sont des sélaciens ou des ganoïdes
(*megalichthys, amblypterus*) ; l'ossification de la colonne vertébrale commence à se produire. Les batraciens ou amphibiens
font leur apparition : ce sont des *stégocéphales* qui seront les
ancêtres des reptiles, lesquels apparaîtront à la période permienne suivante. Les dépôts carboniférics ont donné beaucoup
d'insectes fossiles appartenant aux ordres névroptères et orthop-
tères ; ils avaient des dimensions plus grandes que les représentants actuels de ces ordres.

DIVISIONS. On a divisé pendant longtemps le système carboniférien en deux étages : l'étage *inférieur* ou *anthracifère* et
l'étage *supérieur* ou *houiller* proprement dit. Comme on a
reconnu que l'anthracite n'est pas du tout caractéristique de
l'étage inférieur, on remplace actuellement le mot d'anthracifère par celui de *dinantien*. V. ce mot. En outre, l'étage houil-

ler se subdivise lui-même en deux sous-étages : le *Westphalien* et le *Stéphanien*. La division actuelle du système carboniférien est donc la suivante :

3e phase. *Etage stéphanien* (St-Etienne), facies continental ou côtier ; ou *ouralien*, facies marin. Couches du bois d'Aveize, de Commentry, de Decazeville ; bassin d'Erlenbach, faisceau principal de Saint-Etienne, étage de la Grand'Combe ; bassins d'Armorique ; calcaires de l'Oural ; faisceau de Rive-de-Gier, étage de Bessèges ; bassin de Roppe et de Ronchamp (Rhin et Vosges).

2e phase. *Etage westphalien*, facies continental ou côtier ; ou *moscovien*, facies marin. Bassin franco-belge ; grande bande houillère de l'Angleterre et de la Westphalie (d'où le nom), charbons gras, demi-gras, houilles maigres ; bassins d'Armorique (Chantonnay) ; couches de Sarrebruck et du Rhin, calcaires à spirifers de Moscou.

1re phase. *Etage dinantien* (Dinant), facies marin ou *culm*, facies côtier. Calcaires de Visé, de Dinant ; dolomie de Namur ; calcaire de Tournay ; calcaire à *productus giganteus* de l'Oural ; houilles de Moscou et de l'Oural ; calcaire carbonifère de Westphalie ; grès calcarifère d'Ecosse.

Le calcaire carbonifère du dinantien est noir, ou gris bleu clair, bitumineux, riche en *productus ;* des phtanites ou silex noirs et grisâtres s'y alignent souvent en cordons. En Angleterre, où on le nomme *calcaire de montagne*, il repose sur le vieux grès rouge ; au-dessus de lui vient un grès grossier avec lequel on fabrique des meules, d'où le nom de *grès meulier* ou *millstone grit*, puis une série de schistes et de grès avec bancs de houille exploitables. Comme le grès meulier marque la fin de l'exploitation les mineurs anglais l'appellent *farewell rock* ou *roche d'adieu*.

Dans le bassin franco-belge le calcaire carbonifère comprend trois assises : *calcaire bleu à crinoïdes*, appelé *petit granite* ou *calcaire de Tournay* ; de la dolomie et enfin un calcaire noir ou gris, compact, à productus *(calcaire de Visé)*.

Le faisceau de Saint-Etienne comprend : l'étage de Saint-Chamond, épais de 900^m avec 10 à 12 couches de houille, l'étage de Bérard ou de Saint-Etienne, 350^m ; 8 à 9 couches ; l'étage d'Aveize, 250^m, 10 à 12 couches de houille. Dans ce bassin, comme dans les autres du Plateau central, les lits de houille sont plus épais mais moins étendus que dans le bassin francobelge. Ils sont entremêlés de dépôt d'alluvion indiquant transport par action torrentielle, tandis que dans le bassin francobelge les lits peu épais alternent régulièrement avec les dépôts marins ; ce qui indique une succession d'exhaussements et d'affaissements.

Carborandum. V. Diamant.

Carcharodon, *gr. karkaros, aigu; odous, dent.* Sorte de squale fossile et actuel. Ces poissons étaient nombreux dans les mers tertiaires, surtout au miocène ; les uns avaient une taille de plus de 10^m et on trouve leurs dents dans les faluns et la mollasse. Aristote appelait *Karcharodonta* les onguiculés qui ont des dents aiguës et tranchantes propres à déchirer la chair.

Cardinia, *lat. cardo, cardinis, charnière* ; ligament externe assez allongé. Mollusques acéphales marins fossiles, voisins des *unios* et des *anodontes* avec lesquels on les confondait autrefois ; mais le genre unio est éminemment fluviatile. Les cardinies caractérisent le calcaire d'Osmanville. V. Hettangien.

Cardita, *gr. kardia, cœur*. Lamellibranches; depuis le trias. V. Faluns. Les cardites vivent actuellement à d'assez faibles profondeurs dans la Méditerranée, l'Altantique, et l'Océan Pacifique. Ont de fortes côtes rayonnantes et des crochets prolongés fort en avant ; byssus formé de nombreux filaments fins. Ont une jolie coquille.

Cargnieule, *de Carniole ?*. Nom donné dans les Alpes occidentales aux dolomies caverneuses et cloisonnées. La cargnieule est une roche rude au toucher à aspect scoriacé. Aux environs d'Aix elle domine dans les affleurements du keuper et est accompagnée de gypse et d'anhydrite.

Carnien, *des Alpes carniques*, Mojsisovics, 1869. Sous-étage supérieur du tyrolien, trias alpin. Est constitué, dans le pays de Saltzbourg par la dolomie ; dans la région méditerranéenne par les célèbres couches de Saint-Cassian, Tyrol. Correspond aux marnes gypsifères avec sel et aux marnes irisées de la région des Vosges ; aux cargnieules et gypses de la Maurienne.

Carrade. Les mineurs de Saint-Etienne appellent ainsi une bande de houille séparée d'une couche plus épaisse par un banc de schiste.

Carrare. Marbre blanc de Carrare, Toscane ; à cassure brillante, grenue, offrant l'aspect du sucre, saccharoïde. Le marbre blanc de Paros, une des îles Cyclades, présente au contraire de petites lames cristallines (lamellaire). Depuis bien des siècles, les carrières de Carrare fournissent tous les blocs employés pour la sculpture. C'est pourquoi ce marbre est encore appelé *marbre des statuaires*. Ces marbres appartiennent au trias. La valeur commerciale des marbres exportés est évaluée par les douanes à plus de 23 millions de francs.

Carrière, *bas lat., quadrataria*. La loi française définit ainsi les carrières : les carrières renferment les ardoises, les grès, les pierres à bâtir et autres, les marbres, granites, pierres à chaux, pierres à plâtre, les pouzzolanes, les trapps, les basaltes, les laves, les marnes, craies, sables, pierres à fusil, argiles, kaolin, terre à foulon, terres à poterie, les sables terreux, les cailloux de toute nature, les terres pyriteuses regardées comme engrais, le tout exploité à ciel ouvert ou avec des galeries souterraines.

Cassian (St). Les couches de Saint-Cassian (Tyrol), se rapportent au Trias supérieur ou Keuper, étage carnien, et sont remarquables par la riche faune qu'elles ont fournie. Quelques-uns en ont fait un étage particulier (le *cassianon*). Ce sont des tufs avec marnes calcaires et oolithes. Contiennent des ammonites, des orthocères, des gastéropodes, des brachiopodes et des échinodermes.

Cassitérite, *gr. cassiteros, étain.* Bioxyde d'étain naturel, couleur d'un brun clair ou noir, cristaux parfois translucides; 76 % d'étain et 24 % d'oxygène. Se présente aussi sous forme de concrétions fibreuses, *étain de bois*, Malacca (Australie). Terrains de cristallisation; dans les granulites, amas puissants, rarement en filons. Les mines les plus importantes sont celles de Cornouailles (*îles cassitérites* des anciens). La cassitérite est le seul minerai exploité pour l'extraction de l'étain.

Cassure. On distingue : *la cassure vitreuse* qui donne lieu à des surfaces inégales, la cassure *conchoïde* (gr. *konchulion*, petite coquille), qui présente des surfaces courbes rappelant la surface extérieure des coquilles ; la *cassure esquilleuse* ou *écailleuse*, comme un morceau de bois fendu ; la *cassure plate*, surfaces planes ou à peu près ; la *cassure spathique*, surfaces exactement planes. (Minéral cristallisé, clivage). Et ces faces sont dites *laminaires*, quand elles sont très étendues ; *lamellaires*, quand elles le sont peu.

Castillot. V. Eocène.

Castine, *all. kalkstein, pierre à chaux.* Pierre calcaire qu'on ajoute dans les forges au minerai trop siliceux afin de saturer la silice : ce qui diminue les pertes. Amendements Delille a dit :

> « Pour fournir à vos champs l'aliment qu'ils demandent,
> La castine, la chaux, la marne vous attendent »

Caulinite, *lat. caulis, tige.* Larousse dit : de Caulini, botaniste italien. Or, le savant en question se nommait Collini. (Biog. gén. Hœfer, Firmin-Didot). C'est une empreinte de tige dans le calcaire grossier.

Causses, *lat. calx, chaux,* par l'intermédiaire du patois *caous.* Dans le sud-ouest de la France, ce nom désigne de vastes étendues de terres incultes situées dans les régions montueuses, riches en marnes et des plateaux calcaires sans arbres, sans vie, presque sans habitants. Lozère, Aveyron, Lot, Gard, Hé ault. Quelques parties peuvent être cultivées en seigle : d'où leur nom de *Ségalas.* De nombreux troupeaux y viennent pâturer l'été. On distingue, en allant du N. au S., le causse de *Sauveterre*, le moins stérile de tous ; le c. *Méjan* ou du milieu, le plus aride, qui a 400 kil. carrés avec 3 communes peuplées seulement de 2.000 habitants vivant perdus ; le c. *Noir*, le plus petit et le plus pittoresque. Il est ainsi nommé à cause de ses bois de pins ; c'est lui qui possède *Montpellier-le-Vieux ;* le *Larzac* qui est le plus grand et a 1.400 kilom. carrés; il est couvert de bons pâturages et possède une race estimée de brebis dont le lait donne les fromages de Roquefort. Les causses sont élevés de 800 à 1.200 m.

Que l'on se représente, dit M. Martel, entre Mende, Lodève

et Rodez, une immense table de pierre, dénivelée aujourd'hui par les failles et le ruissellement, tronçonnée par les érosions qui ont circonscrit les fragments entre des escarpements formidables et l'on aura une idée des causses. Ce sont des forteresses aux remparts gigantesques ; leur épaisseur dépasse 5'0 m. et ce sont les dépôts de coquilles et de grains de sable au fond des océans de la période secondaire qui les ont constitués il y a des milliers de siècles. Des fosses étroites, profondes de 400 à 600 m., des cañons, sciés par les eaux du Tarn, de la Jonte, etc., les séparent les uns des autres. Au sommet, c'est une morne sécheresse ; au fond des belles vallées de ces cañons, c'est une douce fraîcheur. D'innombrables grottes sont percées aux flancs de ces falaises, anciens repaires d'animaux quaternaires disparus et stations humaines préhistoriques. La France possède donc dans cette région un véritable *Karst*. V. Lapiez.

Caverne, *lat. caverna, de cavus, creux.* V. Grotte.

Cendre. Dolomie meuble, ordinairement bitumineuse, que l'on observe avec la cargnieule (dolomie caverneuse) dans le Zechstein. On dit aussi Asche.

Cendres, *lat. cinerem.* Résidu solide laissé par les combustibles en brûlant. Les cendres sont composées de différents sels, potasse et soude, et de matières terreuses. Les cendres végétales servent pour la lessive et l'amendement des terres, les cendres minérales ne peuvent servir qu'à ce dernier usage. Avec les cendres animales, on prépare le phosphore. Les cendres volcaniques donnent la cinérite.

Cendres bleues. V. Azurite.

Cénomanien, *des cenomani*, peuplade gallo-romaine, dont la capitale était Le Mans ; d'Orbigny 1843. Le cénomanien est le premier étage du crétacé supérieur ou supracrétacé ; il succède à l'albien. Il est caractérisé par la *craie glauconieuse* ou craie verdâtre qui contient des *scaphites;* on l'appelle encore *craie de Rouen.* Au cénomanien correspond le *tourtia* de Mons et de Tournay. Les affleurements du cénomanien forment autour du bassin de Paris, une ceinture à peu près continue : Eure, Sarthe, Indre-et-Loir, Cher, Yonne, Aube, Ardennes, Aisne, Somme. On le retrouve en Angleterre, puis dans les Charentes et les Pyrénées où il est caractérisé par les *caprines: calcaire à ichthyosarcolithes* ; en Provence où il a donné des dépôts de grès à *acanthoceras rotomagense*, c'est-à-dire de Rouen.

Le cénomanien est considéré comme la fin de l'ère paléophytique où prédominent les cryptogames et les gymnospermes et comme le début de l'ère néophytique où prédomineront les angiospermes.

Céphalaspis, *gr. kephale, tête ; aspis. bouclier.* Ces poissons qui ont régné en maîtres dans les océans dévoniens, avaient une ossification incomplète et pour compenser cette faiblesse le corps était protégé par de grandes plaques dures qui constituaient un véritable bouclier, queue hétérocèrque. Le céphalaspis du vieux grès rouge anglais avait plus de 2^m de long. V. Dévonien.

Céphalopodes, *gr. kephalè, tête; podes, pieds.* Mollusques à tête bien distincte portant deux gros yeux latéraux et autour de la bouche huit ou dix bras disposés en cercle ou de nombreux tentacules. Pied en forme d'entonnoir.

Les céphalopodes se divisent en *dibranches*, deux branchies; *tétrabranches*, quatre branchies et *ammonées*.

Les dibranches ont ou huit bras avec ventouses sessiles (une seule famille fossile depuis le pliocène, *l'argonaute* qui vit actuellement); ou huit bras avec deux longs tentacules à ventouses pédonculées (seiche); genre bélemnite éteint. Les tétrabranches ont fourni beaucoup de genres dont un seul vit actuellement, le *nautilus*, (orthocéras, cyrtocéras, gyrocéras); ce sont les plus anciens des céphalopodes.

La famille des ammonées ou ammonites est éteinte et se divise en plusieurs groupes; cératites, goniatites, etc.

Cératite. *gr. keras, corne.* Céphalopodes disparus; genre d'ammonites. Trias. La soudure des cloisons avec la coquille est bien moins déchiquetée que chez les ammonites.

La *ceratites nodosus* ou noueuse est caractéristique du muschelkalk allemand.

Ceratodus, *gr. keras; odous, dent; dent à cornes.* Poisson qui apparaît au dévonien et atteint son plus grand développement à l'époque triasique; on le trouve fréquemment à l'état fossile en Lorraine, en Wurtemberg, et on le pêche actuellement dans les fleuves de l'Australie. Se nourrit de feuilles. (E. Aubert.) Est très-recherché comme aliment; sa chair a la couleur et le goût de celle du saumon. Il ne mesure pas moins de 1^m20 de long, a l'apparence extérieure de l'anguille, avec de fortes écailles et présente en outre cette particularité remarquable d'avoir les poumons d'un reptile et les ouïes d'un poisson; autrement dit fait partie des *dipnés* (*gr. dis, deux; pneumon, poumon*) groupe de poissons qui fait la transition des poissons aux amphibiens. Au dire des voyageurs, le ceratodus fait entendre une sorte de grognement surtout la nuit. Les dents de ce poisson abondent dans des couches de la lettenkohle de Tübingue, Wurtemberg.

Cerf, *lat. cervus.* Les cerfs étaient très-nombreux en Europe et particulièrement en France à l'époque tertiaire. Les premiers, de petite taille, ont vécu dans le miocène et les véritables cerfs apparaissent au commencement du pliocène. Le MÉGACÉRAS (*gr. megas, grand; keras, corne*), avait des bois gigantesques de 3^m d'envergure. A été trouvé dans les tourbières d'Irlande. Quaternaire. Les cervidés sont répandus dans les forêts du monde entier sauf en Australie et dans le sud de l'Afrique. Etant très timides, ils n'ont jamais été domestiqués, excepté le renne.

Cerin. V. Virgulien et Kimeridgien.

Cérite ou **cérithe**, *gr. kerites, sorte de pierre(Littré)*. Mollusques gastéropodes à coquille spirale, turriculée, en forme de corne d'abondance qui sont les fossiles caractéristiques des terrains tertiaires. On en connaît 300 espèces vivantes et plus de 1000 espèces fossiles. Quelques espèces atteignaient 40 cent. de long ; cérithe gigantesque ; elles ont pullulé dans certaines mers tertiaires, Hauteville (Manche). On croit que la pourpre de Tyr, si recherchée dans l'antiquité, était fournie par un mollusque de ce genre, le *rocher* ou *murex*, long de 10 cent. qui est très commun dans la Méditerranée. Calcaires à cérithes. V. Calcaire.

Cervus megaceras. V. Cerf.

Chaille, *bas-lat chayum, ce qui est renfermé dans un enclos; a donné quai*. Les chailles sont des concrétions siliceuses ou argilo-siliceuses résultant d'un transport moléculaire qui s'est effectué autour d'un corps organisé, souvent un crustacé. Ces rognons sont fréquents dans les assises du Jurassique et parfois leur abondance caractérise certains bancs : tels sont les *calcaires à chailles* du callovien de la Meuse et du Jura. Ce sont elles qui nuisent au calcaire lithographique de Cerin. (V. Kimeridgien.)

Chalcopyrite, *gr. kalkos, cuivre ; all. kupferkies*. Sulfure double de cuivre et de fer ou pyrite cuivreuse, densité 4,2 ; Sain-Bel (Rhône). D'un beau jaune de laiton ; se présente souvent en grandes masses compactes avec pyrite de fer et quartz. C'est le plus répandu des minerais de cuivre ; on l'appelle encore *cuivre pyriteux*. Exploité pour l'extraction du cuivre, mais surtout pour la fabrication de l'acide sulfurique. Les mines les plus riches sont en Angleterre (Cornouailles) et en Saxe. Dans le Hartz, le gisement constitue une lentille de 600^m de long et de 60^m de puissance. Forme des filons ou des amas dans les terrains schisteux cristallins ou à la séparation des schistes et des calcaires. Le gisement de Ducktown, dans le Tennesse, intercalé dans les schistes huroniens, a 500^m de long et 150^m de puissance. A la base, c'est la chalcopyrite ou pyrite cuivreuse, puis vient la pyrite de fer, ensuite du cuivre oxydulé ou cuprite et du cuivre carbonaté ou malachite, et enfin au sommet de la limonite qui constitue le *chapeau de fer* du gisement (de Lapparent, 3e édition).

On connaît trois époques principales d'épanchements cuivreux : la première, éruptions précambriennes (Amérique) ; la deuxième : éruptions de l'époque permienne ; la troisième, subordonnée aux épanchements serpentineux de l'éocène supérieur. V. Pyrite.

Chaleur centrale de la terre ou **géothermique.** « La Terre, a dit Descartes, est un soleil encroûté. » Cette croûte solide s'arrête à une certaine profondeur et au-dessous d'elle tout est en fusion. C'est du moins l'hypothèse généralement admise et que les observations semblent confirmer. A mesure que l'on descend vers le centre de la terre on constate que tous les 31ᵐ environ, à partir de 30ᵐ de profondeur, la température augmente de 1° en moyenne. Ces résulats ont été constatés par des observations jusqu'à une profondeur de 1800ᵐ. Et de toutes les études faites on peut conclure qu'à 71 kilom. au-dessous de la surface doit exister une température de 2000 degrés laquelle suffit pour produire la fusion de toutes les roches. L'existence de cette chaleur centrale est encore prouvée par la température de l'eau des puits artésiens, par les eaux thermales et les laves des volcans (Chaudesaigues, 80°). On nomme *Pyrosphère*, le noyau terrestre en fusion. La densité moyenne de la terre est 6,5 et celle des roches qui constituent la croûte terrestre 3, en moyenne : de là on doit conclure que le noyau interne a pour densité à peu près 7 qui est la densité du fer ; et comme certaines laves contiennent du fer on a été ainsi conduit à supposer que c'est le fer en fusion qui constitue la pyrosphère. V. Écorce terrestre.

Challanches. La montagne de Challanches, dans les Alpes, près d'Allemont (Isère), renferme un gisement d'une richesse exceptionnelle. On y trouve de l'argent natif et en minerai, du cobalt, du nickel, du zinc, du cuivre, du soufre, de l'anthracite, de l'or, du mercure, du fer, du manganèse, de l'antimoine. Un pareil ensemble est probablement unique. V. Avalanche.

Chama, *gr. chême, baillement*. Lamellibranche ; coquille inéquivalve, feuilletée concentriquement et portant souvent des épines ; actuel et fossile depuis le crétacé. La famille des chamidées comprend les genres diceras, requiénie, caprotine et caprine (ichtyosarcolithes). V. Caprotine et Calcaire à caprotines.

Champignons. On trouve des champignons parasites sur les tiges de lépidodendrons du carbonifère et dans les bois fossiles de l'ère tertiaire.

Chaos. V. Clapier.

Chapeau de fer. V. Filon et chalcopyrite.

Chara, *nom latin d'un végétal*. On dit aussi Charagne. Les characées sont des cryptogames aquatiques dont les graines sont recherchées par les poissons. Extrêmement communes au fond des eaux douces, étangs profonds et ruisseaux rapides. Elles forment le passage des thallophytes aux muscinées. Dans le calcaire grossier de l'éocène parisien on remarque, parmi les fossiles, d'abondants corpuscules sphériques avec lignes spirales : ce sont des gyrogonites ou semences de chara.

Charbon de terre. V. Houille.

Charmoutien (Étage), *de Charmouth, Angleterre (Mayer-Eymar, 1864)*. Synonyme du liasien de d'Orbigny. V. Liasique (Série).

Chat fossile. Les véritables chats se montrent déjà dans le miocène mais les grandes espèces n'apparaissent pas avant le pliocène supérieur ou le quaternaire. Le *machairodus* (*gr. machaira, glaive*), avait la taille du jaguar ; il avait de longues canines crénelées et devait surpasser en férocité et en force le tigre et le lion. « Avec ses dents en lames de poignard, il devait, dit Gaudry, enlever des lanières dans le cuir des pachydermes. Des débris de ce grand carnassier ont été recueillis dans plusieurs cavernes du midi de la France. L'*archœlurus* (miocène nord-américain de l'Orégon), est intermédiaire entre felis (chat) et machairodus.

Chatoiement. Le chatoiement est dû à des accidents de texture. Ainsi les belles irisations de l'opale sont produites par des vides capillaires. Le chatoiement de la belle variété de quartz, appelée *œil de chat*, tient à ce que la matière siliceuse est comme imprégnée de fibres parallèles d'asbeste. Le feldspath oligoclase doit les reflets qui l'ont fait nommer *pierre du soleil* ou *orthose aventurine*, à des paillettes de fer oligiste intimement liées à sa masse. Cette pierre est très-estimée et très-rare, elle vient d'Arkangel. V. Aventurine.

Chaudesaigues. Chef-lieu de canton, 1832 habitants. Cantal. La principale curiosité de Chaudesaigues ce sont ses eaux thermales dont quelques-unes dépassent la température de 80°. Elles servent non seulement au traitement des maladies rhumatismales mais encore à tremper la soupe, à préparer les aliments et enfin au chauffage des maisons. Sur 450 maisons agglomérées, 300 environ profitent de cet avantage. V. Sources.

Chaudières, *lat. caldiera ; de caldus, pour calidus, chaud.* Trous cylindriques que l'on observe au pied d'une cascade ou dans le lit des cours d'eau rapides. La roche a été entamée au début par des cailloux roulés tombant avec l'eau ; d'autres cailloux agrandissent ce trou, finissent par y rester et continuent à le creuser par suite du mouvement de rotation qu'ils reçoivent de l'agitation de l'eau (Gorges du Fier, Haute-Savoie, si remarquables).

Les gouffres que l'on observe dans certaines grottes s'appellent parfois *chaudières des géants*.

Chaux. *lat. calx.* Protoxyde de calcium, densité 1,3. Une des substances les plus répandues dans la nature et des plus anciennement connues. Les calcaires purs comme le spath, l'aragonite, le marbre de Carrare, la craie, donnent de la chaux presque chimiquement pure, mais ces substances étant d'un prix trop élevé, on emploie les calcaires impurs ou calcaires grossiers dits *pierres à chaux* qui donnent de la *chaux maigre* au lieu de *chaux grasse*. La chaux maigre s'échauffe lentement et foisonne peu avec l'eau. La chaux anhydre ou sans eau est de la *chaux vive* : quand elle a été réduite en bouillie par l'eau c'est la chaux *éteinte*. Enfin certains calcaires donnent des chaux plus ou moins impures mais possédant la précieuse propriété de durcir sous l'eau : ce sont les *chaux hydrauliques*. Tels sont, par exemple, les calcaires bleus de l'oxfordien.

Pour obtenir la chaux on décompose le carbonate de chaux ou pierre à chaux en la chauffant fortement dans des fours. V. Ciment.

La craie, les marbres, le spath d'Islande et tous les calcaires sont des carbonates de chaux. V. Gypse, Albâtre. Il y a aussi des phosphates et des silicates de chaux.

Cheires ou chères (Beudant), *lat. caris, qui a donné Cher, département ou chère, rivière*. En Auvergne on appelle *cheire* une coulée de lave qui s'étend parfois à de grandes distances. Ces coulées sont peu épaisses, celluleuses, avec surface déchiquetée et cette disposition résulte des déchirures produites dans la croûte des scories par la sortie brusque des gaz emprisonnés. La lave, a dit Élie de Beaumont, se meut en quelque sorte, dans une gaîne de scories qui s'allonge avec le courant.

Parfois, comme Bory de Saint-Vincent l'a observé au piton Bory dans l'île de la Réunion, il se forme, sous l'effort du gaz, dans un courant de lave visqueuse, une saillie conique qui a l'apparence d'une grotte. Ainsi, dans la caverne de Rosemonde, la voûte, élevée de 4 à 5 m., présente des stalactites de lave. C'est ce qu'on appelle une grotte de scories. V. Grotte.

Cheirocrinus, *gr. cheir, main; krinon, lis*. Lis en forme de main. Genre d'échinoderme fossile de la classe des crinoïdes. Le calice, petit et irrégulier, est attaché à une tige courte, de façon que l'opercule et les bras sont dirigés en bas. Silurien supérieur, dévonien et carbonifère de l'Amérique du N.

Cheirotherium, *gr. cheir., main, therion, bête fauve*. Labyrintodon géant dont on retrouve les empreintes sur le grès bigarré du trias, gisement d'Iéna. Ces empreintes à cinq doigts figurent grossièrement une main humaine, d'où leur nom.

Chéloniens, *gr. chelonê, tortue*. C'est seulement dans le trias supérieur ou keuper qu'on trouve des restes appartenant incontestablement à des tortues.

Cheminée, *lat. caminata, de camera, chambre*. Canal qui met en communication le fond du cratère d'un volcan avec les parties profondes du sol. C'est donc par la cheminée qu'arrivent les matières rejetées par le volcan en éruption. On appelle aussi cheminée le conduit vertical qui part de la voûte d'une grotte pour arriver à la surface supérieure. Ce puits, parfois d'une grande hauteur, a été creusé par les eaux, comme la grotte.

Cheminée des fées. — On nomme ainsi une sorte de pilier surmonté d'un bloc; d'où encore le nom de *bloc perché*. C'est ce bloc qui a garanti la portion de terrain placée au-dessous de lui; tout le pourtour a été désagrégé et entraîné par les eaux. Il arrive que ce bloc perd son équilibre et bascule; puis, à sa nouvelle place, le même phénomène peut se reproduire et de cette façon le bloc cheminera. V. *Table des glaciers*. Ces accidents de terrain sont encore appelés *tours, demoiselles* ou *nonnes*. V. Ruissellement. On voit dans une vallée du Tyrol, près de Botzen, des milliers de ces blocs perchés sur des pyramides dont la hauteur varie de 5 à 30 m.

On en observe aussi de remarquables à Saint-Gervais-les-Bains (Savoie).

Chêne, *lat. quercus*. Ce grand genre a dû apparaître pour la première fois dans l'hémisphère boréal, attendu qu'il n'y a pas de chênes dans l'hémisphère austral (200 espèces fossiles). On a rencontré les premiers quercus dans le crétacé de l'Europe centrale et de l'Amérique du N.; d'autres dans le miocène des régions polaires. Ont dû avoir une souche commune avec les castanées (châtaigners) et dérivent probablement du genre dryophyllum, si répandu dans l'éocène inférieur.

Cheval, *lat. equus*. La paléontologie et la phylogénie du cheval sont des mieux connues et des plus instructives au point de vue du transformisme par les genres hyracotherium, coryphodon, lophiodon, paleotherium et hipparion.

Des découvertes récentes ont appelé l'attention sur la robe primitive du cheval. Piette a trouvé dans les cavernes du sud de la France des gravures sur os ou sur ivoire, œuvre de l'homme quaternaire, qui prouvent que les chevaux zébrés étaient connus à cette époque des habitants de l'Europe méridionale. V. Eohippus.

Chevrotain, *rad. chèvre*. Le type chevrotain présente une grande importance en paléontologie, parce qu'il peut être considéré comme l'ancêtre des ruminants à cornes, et on peut dire que les chevrotains sont, de tous les animaux de ce groupe, ceux qui se sont le moins modifiés depuis l'époque tertiaire.

Cheyssilite, V. Azurite.

Chiastolithe *gr. chiastos, croisé ; lithos, pierre*. V. Macle et Andalousite.

Chien, *lat. canis*. Au point de vue paléontologique, les ours, les petits ours et les chiens peuvent être considérés comme ayant eu des ancêtres communs. La plupart des genres des véritables chiens sont représentés dans les couches tertiaires. Les plus anciens, qui sont de l'éocène, paraissent appartenir au type des renards. En Europe, la race la plus ancienne est celle des Kjoekkenmodding (V. ce mot) du Danemark et des palafittes (V.) de la Suisse *(Canis familiaris, palustris)*. Le chien de l'âge de pierre est de plus petite taille et se rapproche du chacal. Le chien de l'âge de bronze est plus grand que le précédent et semble descendre du *canis pallipes* de l'Inde, amené en Europe par des migrations humaines venant de l'Asie ; enfin, le chien de l'âge du fer est plus grand encore et on peut le considérer comme dérivé du *Canis lupus*. (Trouessart.)

Chlorite, *gr. chloros, jaune-verdâtre*. Les chlorites ou micas talqueux sont des substances intermédiaires entre les micas et les talcs ; toucher onctueux; forment des paillettes flexibles, mais non élastiques. La chlorite de Saint-Christophe (Dauphiné) a la composition suivante: silice 27 %; alumine 17, fer oxydulé 29, magnésie 14, eau 11. Des variétés sont moins riches en oxyde de fer et ont une densité moindre. V. Granite et Glauconie.

Chloritoschiste. Schiste chloriteux formé de lamelles et d'écailles de chlorite avec quartz, feldspath, mica, talc et magnétite. Cette dernière est parfois en quantité telle que la roche constitue un minerai de fer. Le chloritoschiste contient aussi généralement des grenats en abondance et parfois très gros et très réguliers. V. Primitif.

Choin, *gr. skoinos, jonc ?* Sorte de calcaire. V. Bathonien.

Choin-bâtard. V. Hettangien.

Chondrite, *gr. chondros, grumeau, cartilage.* Genre de fucoïdes. Dans les Alpes, le calcaire nummulitique est surmonté de grès argileux remplis de chondrites, sorte d'algues. On le nomme *Flysch* ou *grès à fucoïdes.* Le *chondrus crispus* est abondant sur les côtes de la Manche; on le trouve dans le commerce; il donne, dans l'eau bouillante, une gelée très consistante qu'on utilise en pharmacie. Le *gracilaria lichnoïdes* des îles de la Sonde et de Ceylan fournit une gelée utilisée pour donner de la consistance aux confitures.

Chott, *mot arabe.* Nom des marais salants en Algérie et Tunisie. Ces nappes d'eau saumâtre sont ce qui reste de la mer qui occupait peut-être autrefois le Sahara et qui a disparu par suite d'un exhaussement. (V. Atlantide.) Ces lacs sont presque tous à sec pendant l'été. Comme ils recueillent les eaux pluviales et que les terrains des hauts plateaux et du Sahara sont salifères, les eaux des chotts sont ordinairement salées. La boue qui occupe ces lacs pendant l'été se recouvre d'une légère couche de sel qu'on exploite en certains points. Le plus important au point de vue de l'exploitation est la *sebkha* (chott de petite étendue) de Bilma, en plein Sahara. C'est là que s'approvisionnent les caravanes venues du Bornou, du Fezzan, etc. Plusieurs des grands chotts du département de Constantine sont au-dessous du niveau de la mer et on pourrait, en les réunissant, en faire une mer intérieure.

Chromleck. V. Alignement.

Chrysoprase. V. Agate et calcédoine.

Chrysolithe, *gr. chrusos, or ; lithos, pierre.* Péridot cristallisé ; anciennement par chrysolithe on désignait la topaze et divers autres minéraux jaunes et brillants qu'on ne connaissait pas au juste. La chrysolithe est un silicate de magnésie et d'oxyde de fer. Couleur vert jaunâtre ; éclat vitreux. V. Péridot.

Chute, *italien, caduta.* Phénomène qui se produit quand les eaux d'un fleuve tombent par suite d'un changement brusque de niveau du lit. Est un des phénomènes qui modifient la surface de la terre : les terrains supérieurs sont dégradés et les débris entraînés, exhaussant le lit inférieur, la chute devient de moins en moins importante. Une des chutes les plus remarquables est celle du Niagara qui déverse les eaux du lac Erié dans le lac Ontario; 46 m. de haut. La chute recule sans cesse vers le lac Erié et on a calculé qu'il faudra 300 siècles pour qu'elle atteigne ce lac Erié.

Lorsque 100 litres d'eau tombent par seconde de 75 m., c'est la valeur de cent chevaux-vapeur bruts qui se perd.

Cidaris florigemma, *cidaris, tiare ; couronne des rois de Perse ; flos, floris, fleur ; gemma, pierre.* Oursin (échinoderme) dont les piquants, qui ont la forme d'une tiare ou de gros tubercules, forment presqu'entièrement, par leurs débris, le coral-rag ou corallien, maintenant le rauracien, jurassique supérieur. V. Jurassique. Cette roche calcaire est une excellente pierre de construction. On l'exploite à Commercy sous le nom de *pierre de Lorraine*. Le genre cidaris remonte au trias et ne se trouve plus actuellement que dans les mers intertropicales. Plus de 200 espèces fossiles.

Ciment, *lat. cæmentum.* Variété de chaux hydraulique renfermant 25 à 30 % d'argile et qui fait prise presque instantanément, même sous l'eau. C'est donc une variété de chaux hydraulique que l'on obtient soit par la calcination de certains calcaires très riches en argile (mais qui sont assez rares), soit en ajoutant des matières argileuses aux chaux aériennes (c'est-à-dire qui durcissent à l'air). Les Romains connurent la propriété que possède la pouzzolane de donner, par son mélange avec de la chaux, un mortier durcissant sous l'eau. L'ingénieur français Vicat expliqua le premier ce phénomène (1818) ; c'est une hydration analogue à celle du plâtre Portland, Grenoble.

Cinabre, *gr. kinnabaris.* Minerai de mercure, sulfure d'un rouge vif. La mine la plus importante est maintenant celle de New-Almaden, en Californie ; 12 à 22 % de mercure. Le cinabre a pour densité 8 ; se laisse entamer au couteau ; s'électrise par frottement.

Cinérites, *lat. cinis, cinerem, cendre.* Amas de cendres volcaniques dont l'épaisseur atteint 80^m en certains points. Ces cendres, emportées par le vent, ont été agglutinées par l'action de l'eau et sont arrivées à constituer des roches grises plus ou moins compactes dans lesquelles on observe parfois des troncs d'arbres encore debout avec des feuilles éparses à tous les niveaux. C'est par l'examen de ces feuilles qu'on a pu constater que l'explosion, à l'époque pliocène, s'était produite, dans le Cantal, à la fin du printemps. Dans d'autres cas, les cinérites sont des tufs à grains très fins présentant une stratification et par suite se débitant en plaquettes minces. Ce résultat s'est produit quand les cendres ont été accumulées dans des lacs. Ces tufs présentent aussi de nombreuses empreintes végétales.

Les roches grises constituées par les cinérites ont de l'analogie avec le *gore blanc* du terrain houiller. Les roches cambriennes et siluriennes du pays de Galles présentent aussi des cinérites.

Cipolin, *italien cippolino, ciboule.* Espèce de marbre gris-vert, saccharoïde, qui renferme du mica. Il est fort rare ; son nom vient de ce que sa masse foliacée présente de la ressemblance avec la tunique des plantes bulbeuses. Le portique du temple d'Antonin à Rome est formé de 10 grosses colonnes d'un seul bloc de marbre cipolin (Stendhal). Les anciens le tiraient de l'île d'Eubée. On trouve les cipolins au milieu des gneiss en gîtes lenticulaires. La concentration du calcaire s'est donc effectuée en certains points. Vosges, Pyrénées, Alpes, Haute-Vienne, Corrèze, etc. V. Campan.

Cirque, *lat. circus, cercle*. Un cirque est un entonnoir plus ou moins conique, parfois cylindrique, affectant la forme d'un demi-cercle ou même plus, dont les parois sont taillées à pic dans les flancs d'une chaîne de montagne et dont le fond plat est la partie supérieure d'une vallée, d'un ravin ou d'un cañon. Parfois le fond du cirque est occupé par un lac. Les cirques sont le résultat d'érosions produites par les eaux et les glaciers. En Norvège, ils abondent vers les limites des neiges persistantes. Certains cirques constituent le bassin de réception d'un torrent. (Cirque de Gavarnie). Dans les Pyrénées, on dit *oule*, de *olla, marmite ou chaudière*.

Clapier, *du celtique clap, monceau, tas de pierres, trous à lapins*. Dans les Alpes et les Pyrénées on nomme *chaos* ou *clapiers*, des entassements ou traînées de débris provenant de la désagrégation du flanc des montagnes et des éboulements. V. Groise.

Clastiques (Dépôts). V. Détritiques. **Climat**. V. Terre. **Cliquart**. V. Pierres.

Clivage, *allem. klieben, fendre*. Le clivage est une faculté que présentent les corps cristallisés de se diviser sous le choc ou sous l'action du canif, suivant des plans aussi lisses que les surfaces naturelles. On peut aussi produire le clivage en plongeant dans l'eau froide le cristal préalablement chauffé. Abrége la taille, fournit de précieuses indications au minéralogiste. La galène possède trois directions de clivage à angle droit les unes sur les autres ; le gypse en possède aussi trois mais inégalement faciles ; le mica se clive suivant une seule direction en lames dont la finesse n'est limitée que par celle des instruments. On arrive facilement à quelques millièmes de millimètre d'épaisseur. La calcite a trois directions de clivage faisant entre elles des angles de 105°5. V. Feldspath.

Clus. V. Fjord.

Cluse. Grand déchirement produit dans une montagne et transversalement à sa direction ; a pour cause première une fracture et ensuite l'action des eaux. Il en résulte deux escarpements avec talus formés par les éboulis ou groises résultant des désagrégations. On observe beaucoup de cluses dans le Jura ; Thurmann, géologue suisse, en a compté 90.

Les cluses de Nantua, de Tenay et de Saint-Rambert (Ain) ont dû s'ouvrir après le retrait définitif des glaciers et avant *l'elephas primigenius*, attendu que les groises ou éboulis de ces dernières ont fourni des dents de cet animal.

Les *défilés* sont bordés d'escarpements à pic et sont souvent nommés *portes des nations*, ils offrent une défense facile. V. Cañon, Causses, Combe, Ruz.

Coblentzien (Etage), *de la grauwacke de Coblentz*, Dumont,

1848. Série rhénane du dévonien des Ardennes. **V. Dévonien.** Se compose de grès, de grauwackes à spirifers et de poudingues.

Coccolithe, *gr. kokkos, grain; lithos, pierre.* Substance formée de grains de pyroxène arrondis. Calcaires saccharoïdes des Etats-Unis et filons argentifères de Suède et de Norvège. La craie contient aussi des coccolithes. V. Miliolithes.

Coccosteus, *gr. kokkos, grain; osseus, os.* Poisson dévonien qui commence à avoir des vertèbres; la partie postérieure du corps est tout à fait nue, mais la partie antérieure est protégée par une cuirasse solide. Se rapproche du *ptérichthys.*

Cœlentérés, *gr. koilos, cavité; enteros, intestin.* Animaux à symétrie radiaire comme les échinodermes, mais qui n'ont pas le tégument couvert d'épines et surtout qui n'ont pas un tube digestif distinct, seulement un sac pourvu d'une seule ouverture laquelle sert à la fois de bouche et d'anus. L'embranchement des cœlentérés comprend les *éponges*, les *anthozoaires*, les *hydroméduses.*

Coins calcaires. V. Pli.

Col. Echancrure dans une montagne qui permet de passer d'un versant sur l'autre. On dit aussi passage, port, brèche. C'est là naturellement qu'on établit les routes.

Colmatage, *italien, colmare, combler.* Le colmatage ou comblement consiste à faire transporter par des eaux courantes des terres prises sur les endroits plus élevés pour les faire déposer dans les bas-fonds. Pour cela, on arrête les eaux troubles, on laisse le dépôt s'effectuer puis on fait écouler les eaux devenues claires. Le limonement est une opération analogue. Nil, rizières.

Combe, *gr. kumbê, creux, enfoncement.* Petite vallée anticlinale provenant d'un pli qui s'est produit lors de la formation de la chaîne dans le sens de la longueur de cette dernière. Le pli s'est cassé souvent, puis est survenue une dépression par l'action des eaux, produisant les escarpements ou épaulements de telle sorte que les crêtes isoclinales opposées sont les flanquements de la voûte rompue sur lesquels flanquements s'appuient les escarpements. V. Pli.

Les combes sont fréquentes dans le Jura. En général, elles sont fertiles et cultivées; les côtés opposés formés par les éboulis, sont ordinairement boisés ou couverts de pâturages et se terminent par des abrupts intéressants parce qu'ils montrent souvent une longue série de couches sédimentaires, par exemple, depuis les marnes du lias jusqu'aux bancs supérieurs de la série jurassique. V. Cluse et ruz.

Comblement des lacs. Colmatage naturel produit par les cours d'eau rapides qui arrivent dans les lacs; leur courant devient bien plus faible et le dépôt se produit. Ainsi la partie du lac de Genève où arrive le Rhône s'est comblée d'une manière telle que des localités qui étaient autrefois sur les bords du lac en sont maintenant à plusieurs kilomètres. Un phénomène analogue se produit à l'embouchure des fleuves. V. Alluviale (plaine).

Côme (pierre de). V. Ollaire. On exploite aussi des ardoisières à Côme.

Compsognathus, *gr. compsos, fin, élégant; gnathos, mâchoire*. Saurien du Jurassique qui a de nombreux caractères d'oiseau; une tête presque identique portée par un long cou ; le bassin et les membres postérieurs ont de grandes ressemblances avec ceux des oiseaux. La queue était rigide comme celle du kanguroo et lui servait de point d'appui. Taille du chat. Le seul exemplaire que l'on connaisse a été trouvé dans les schistes de Kalheim ou Kelheim (Basse-Bavière), tithonique. V. Archeoptéryx.

Conchylien, *gr. conchos, coquille*. 5e étage de d'Orbigny qui correspondait au muschelkalk ou calcaire coquillier de Franconie et au buntersandstein ou grès bigarré des Vosges. L'étage suivant était le *saliférien* qui correspondait au keuper. D'Orbigny n'avait donc pour le trias que deux étages : conchylien et saliférien, au lieu des trois divisions classiques : *grès bigarré, calcaire coquillier et marnes irisées*. V. Triasique (Série).

Concrétions. *lat. concretus, de concrescere, se condenser*. On désigne ainsi des masses d'origine chimique qui se présentent sous forme de mamelons irréguliers accolés : il n'y pas cristallisation; l'attraction moléculaire qui l'aurait produite a été empêchée par le mouvement des eaux par ex. ou une autre cause. Il y a eu séparation moléculaire et concentration autour de certains points ; ainsi les concrétions de carbonate de fer du terrain houiller de Saarbruck se sont souvent formées autour d'un poisson; dans d'autres cas autour d'une feuille de fougère (sphérosidérites). A ce phénomène, se rapportent les *silex* de la craie, les *phtanites* ou silex noirs du calcaire carbonifère, les *chailles* du jurassique, les *septaria* ou concrétions calcaires des argiles. V. Nodule, Coquins, Miche, Yprésien.

Cônes de débris, *gr. cônos*. Monticule conique tronqué formé autour de l'ouverture du cratère, par les matières solides qui après avoir été lancées par la cheminée du volcan, sont retombées autour de l'orifice pour constituer des masses plus ou moins instables dont la pente est de 40° environ. Ces cônes de débris sont formés par des blocs de lave, des scories, des bombes, des lapilli, des cendres et des tufs; ces derniers résultant de la consolidation des matières boueuses avec pierres et cendres. Le cône volcanique de l'Etna a 160 kil. de circonférence et 3350^m de hauteur. Parfois l'intérieur du cône volcanique s'effondre et un lac succède au volcan. Telle paraît être l'origine du lac de Lach sur les bords du Rhin et du lac Pavin en Auvergne. V. Cratères-lacs. Quelquefois la lave volcanique se fait jour sur les flancs du cône principal et on a ainsi des cônes secondaires ou cônes adventifs.

Cône de déjection. *lat. dejectio*. Talus conique arrondi en forme d'éventail et formé de blocs de pierres, de galets, de sable, de graviers charriés par un torrent et déposés par lui à l'endroit où il débouche dans la vallée.

Congéries, *lat. congeries, de congerere, entasser.* Genre de mytilacées ou moules (*mytilus, moule*), très nombreuses dans les argiles des environs de Vienne (Autriche). Tertiaire et actuel. S'appellent plutôt *dreissensia.* Cette moule d'eau douce vit actuellement dans les fleuves d'Allemagne.

Conglomérat, *lat. cum, avec ; glomerare, entasser.* Un conglomérat est formé par l'assemblage de débris homogènes ou non, adhérant assez fortement entre eux par suite d'une action sédimentaire. Ainsi un dépôt calcaire peut unir des grains de sable ; c'est le *grès* ; s'il unit des cailloux arrondis, c'est un *poudingue,* angl. *pudding, gâteau renfermant des grains de raisin sec ;* s'il unit des pierres à arêtes vives, c'est une *brèche.* Par suite un conglomérat exige pour sa formation le concours de 2 actions : une action mécanique, transport ou trituration, et une action chimique produite par les eaux d'infiltration qui ont déposé les substances agglutinantes. Dans l'agglomérat c'est le caractère éruptif qui domine. Les géologues suédois ont donné le nom de *sparagmite (gr. sparagma, fragment)* à un ensemble varié de ces conglomérats. Le *tourtia* est un poudingue qui représente le cénomanien en Flandre.

Conifères, *gr. cônos, cône ; fero, je porte.* Famille de végétaux phanérogames gymnospermes, ainsi nommés parce que leurs fleurs femelles sont disposées en cône, *pin, mélèze, cèdre, sapin, genévrier,* et que ces arbres ont eux-mêmes la forme conique. Les premiers conifères incontestés apparaissent vers la fin de la période carbonifférienne : *walchia, ullmannia, voltzia.* L'abondance des conifères durant la période tertiaire est attestée par les nombreux dépôts de lignite qui en sont entièrement formés et par la fréquence du *succin* ou ambre jaune produit par le *pinus succinifer.* V. Ambre et lignites.

Conocéphalithes. V. Mérostomates.

Coprolithe, *gr. copros, excrément ; lithos, pierre.* Excréments pétrifiés fossiles. Dans les marnes et les calcaires du lias de Lyme-Regis et les craies marneuses de Lewes on trouve, parfois en grande abondance, des corps pierreux, gros comme une pomme de terre, coniques aux deux bouts et montrant à la surface une rainure spirale. Ces fossiles ont été reconnus pour des excréments d'ichthyosaures. Ils sont composés en grande partie de phosphate de chaux fourni par les ossements de la proie dévorée et contiennent tous les débris non digérés : écailles, dents, osselets, même des vertèbres d'ichthyosaures, ce qui prouve que ces monstres se dévoraient les uns les autres. En outre, la rainure indique que l'intestin de l'ichthyosaure portait une membrane ou cloison en spirale, disposition que l'on retrouve chez les requins actuels. Cette spirale fait donc parcourir dans l'intestin aux produits alimentaires un chemin plus long et l'absorption des éléments nutritifs peut se produire avec une longueur d'intestins relativement faible. Les coprolithes fournissent un engrais précieux à cause du phosphate de chaux qu'ils contiennent. V. Phosphates.

Coquins. Nom que les ouvriers donnent dans les Ardennes à des nodules de phosphate de chaux à cause de leur dureté.

Ils sont exploités pour l'amendement des terres dans toute l'Argonne (*Gault*) et résultent d'une concentration de phosphate de chaux autour de corps organisés, spongiaires, polypiers, mollusques.

Coral-rag, *anglais, coral, corail ; rag, débris*. Le coral-rag, ou corallien, est le 14ᵉ étage de d'Orbigny, jurassique supérieur. Comme on a reconnu que les formations dues à des coraux ne sont pas spéciales à cet étage, mais se trouvent dans toute la série jurassique, le terme de corallien n'a plus sa raison d'être parce qu'il représente un faciès et non une époque ; c'est pourquoi on l'a remplacé par celui de *Rauracien*, la Rauracie, du lat. *Rauraci, peuple de Gaule, vers le Rhin*, étant la région du Jura où l'on constate le changement des ammonites. Le rauracien est le *séquanien* inférieur et l'*astartien* le séquanien supérieur. Le corallien comprend le *calcaires à nérinées* de Thurmann. V. Étages et Séquanien.

Coralliaires. Les coralliaires apparaissent à l'ère primaire : *cyathophyllum*, silurien ; *calceola*, dévonien ; les madrépores se multiplient dans le trias et atteignent un tel développement dans le jurassique et le crétacé qu'ils édifient des récifs coralligènes immenses sur les bordures sous-marines des mers secondaires (bassins de Paris, du Rhône, d'Aquitaine). Actuellement les coralliaires vivent dans les îles d'Océanie, zone torride, parce qu'une température de 20° au moins est nécessaire à leur développement. Les autres conditions indispensables sont : une eau marine pure et agitée ; un soubassement ni marneux ni argileux dont la profondeur ne doit pas dépasser 37 mètres. V. Polypiers.

Coraux. V. Polypiers.

Cordaïtes, *de Corda, botaniste (Larousse)*. Les cordaïtes étaient de grands arbres phanérogames gymnospermes de l'époque primaire, ils avaient de 20 à 30ᵐ de hauteur ; tronc droit, nu, couronne très-ramifiée, moelle abondante ; chaque branche se terminait par un bouquet de feuilles épaisses, charnues, sessiles, à nervures parallèles, longitudinales, laissant, après leur chute des cicatrices en forme de croissant. L'écorce, formée de lames concentriques, était d'une épaisseur considérable. On a trouvé des cordaïtes en abondance dans les gisements silicifiés de Saint-Étienne (Loire). Pour Grand'Eury c'est une tribu de conifères éteinte. V. Houille.

Cordiérite, *dédiée à Cordier, géologue et minéralogiste français* (1777-1861). Silicate d'alumine, de magnésie et de fer ; variété de corindon, vulgairement *saphir d'eau*, nommée encore DICHROÏTE parce qu'elle se montre de deux couleurs différentes et même trois, suivant la direction où on la regarde, ou IOLITHE (*gr. ion, violet*). Le remarquable phénomène du polychroïsme a

été découvert par Cordier et c'est en son honneur que la dichroïte a été nommée cordiérite. Densité 2.6. Se trouve en cailloux roulés dans les sables de l'Inde et les alluvions de Ceylan.
Ce minéral joue un rôle important dans la constitution de certaines roches. Le gneiss à cordiérite occupe de grandes surfaces
en Auvergne, en Bavière, en Suède.

Cordons littoraux. On nomme ainsi des *levées* ou *talus* formés sur les bords des côtes par les galets et les sables charriés,
lorsque les marées n'ont qu'une puissance relativement faible
(Baltique). Ces bourrelets constituent une sorte de barrière entre le domaine maritime proprement dit et la région des anciennes échancrures du littoral. D'où la création de *lagunes* qui
communiquent plus ou moins avec la mer, et dont les eaux peuvent devenir très-salées s'il y a évaporation. Si le flux et le
reflux sont puissants, une pareille barrière ne peut résister à
leurs efforts, à moins que l'action atmosphérique ne se joigne à
celle de la mer, pour entasser les sables ou dunes. Alors les lagunes deviennent des *étangs* comme on en observe à l'ouest de
la France (Arcachon, le seul qui ait conservé une communication
avec la mer). Dans ces étangs la salure disparaît à la longue.

Par suite de ces variations dans le degré de salure les lagunes
ont une faune particulière qu'on appelle *faune saumâtre :* myes,
cyrènes, cérithes, congéries, cardium, paludines, unios, V. Galets.

Corindon, *indien korund, rubis.* Substance la plus dure
après le diamant. Densité 4. Dureté 9. C'est de l'alumine cristallisée. S'électrise par le frottement et peut rester chargé une
heure ou deux. Couleurs diverses ; se trouve dans les terrains
de cristallisation, granites, chloritoschistes, basalte, dolomie,
sables diamantifères. Les plus belles variétés viennent de
l'Inde, de la Chine et du Thibet. Le corindon hyalin, *gr. hua-*
lus, verre, comprend presque toutes les pierres fines employées
en joaillerie : le *saphir oriental* est le c. bleu ; le *rubis oriental*
est le c. rouge ; l'*émeraude orientale* est le c. vert ; la *topaze*
orientale est le c. jaune ; le *saphir blanc* est le c. incolore. Ces
pierres sont toujours d'un prix élevé. Les autres variétés de
corindon sont moins importantes. Le corindon *émeril* ou *ferri-*
fère est noir ou grisâtre. Broyé entre des meules d'acier, il
donne une poudre fine, l'*émeri,* qui sert à polir les métaux et
les glaces. Cette variété constitue une roche intercalée dans les
micaschistes : est exploitée à l'île de Naxos et dans les Massa-
chusets. On distingue encore le c. *girasol* à fond blanc et à
reflets changeants ; le c. *astérie* ou c. étoilé ; le c. *adamantin*
ou *harmophane, gr. harmos, joint ; phanès, apparent.* Le corindon a fait l'objet de nombreuses tentatives de reproduction
artificielle. En 1890, MM. Frémy et Verneuil ont pu obtenir
3 kg. de rubis cristallisés dont quelques-uns pèsent jusqu'à 1/3
de carat et sont susceptibles d'être taillés. Le problème ne
tardera donc pas à être résolu. V. Diamant.

Cornaline. V. Agate et Calcédoine.

Cornbrash, *ang. corn, corne ; brash, brèche.* Assise qui termine le bathonien ; sa puissance en Angleterre est de 5 à 30 m. ; c'est un calcaire marneux, coquillier ou oolithique, produit dans des eaux peu profondes et se désagrégeant à l'air en fragments ou brèches, d'où son nom, qui donnent un sol propre à la culture des céréales. Fossile : *waldheimia digona*.

Corne, *lat. cornu.* Variété de pétrosilex à aspect corné, d'où le nom allemand *hornfels*. Dans le Lyonnais et le Beaujolais, dit M. de Lapparent, on observe des *cornes rouges* et des *cornes vertes* qui résultent du métamorphisme exercé par les diabases sur des schistes anciens. Ces cornes, souvent rubannées, renferment de l'actinote, du pyroxène, du grenat et forment le passage aux *calcaires cornés*.

Corrasion. Usure ou rainures que produisent les grains de sable projetés avec force par le vent contre des roches. Ainsi, dans le Sahara, les calcaires prennent un poli analogue à celui du marbre et la marche des chameaux à leur surface en devient difficile. Les cailloux épars sur le sol s'arrondissent. On a observé dans l'île de Sylt (mer du Nord) que les vitres des habitations finissent par perdre leur transparence à force d'être rayées par les grains de sable. (M. de Richthofen.)

Correction des rivières. V. Alluviale (plaine).

Coryphodon, *gr. coruphê, crète ; odous, odontos, dent.* Mammifère fossile ongulé de grande taille qui vivait à l'époque tertiaire ; formes lourdes comme les hippopotames. Le crâne, large et plat, indique, par la petitesse du cerveau, un type d'intelligence inférieure. Vivait dans les marais de l'époque éocène. On en connaît dans le nord des deux continents. V. Mammifères. « Peut être considéré comme la souche de tous les ongulés ou comme un type se tenant très près de cette souche. Argile de Londres, lignite du Soissonnais qu'il caractérise, éocène inférieur de l'Amérique du Nord » Hoernès.

Cosse. V. Ardoise.

Coticule. V. Novaculite et Huile (pierre à).

Couches, *lat. cubile, lit.* Ce sont les lits superposés et composés d'éléments divers qui forment un terrain. La disposition normale des couches est l'horizontalité ; mais, par suite des pressions ou affaissements, ces couches ont été plus ou moins redressées et plissées. V. Stratification.

Coulée, *lat. colare.* Masse rocheuse, d'abord fluide et pâteuse, qui s'est répandue dans une éruption, puis s'est solidifiée lentement. V. Cheire, Lave, Basalte.

Couloir. Conduit étroit pratiqué dans une roche par les eaux d'un lac auxquelles elles servaient de barrage, laquelle roche était accessible à l'érosion.

Courants marins. Les courants marins ont pour cause: 1° un inégal échauffement des eaux ; 2° les marées ; 3° les vents généraux. On distingue les courants généraux et les courants locaux et dans chacune de ces catégories les courants de surface et les courants sous-marins. Trois éléments caractérisent un courant : sa vitesse, sa direction, sa température. Un des principaux courants d'eau chaude est le *Gulf-Stream,* ang. *courant du golfe,* ou *le père des Tempêtes,* comme l'appellent les Anglais. Il se forme dans le golfe du Mexique et côtoie l'Amérique du N.; arrivé à la hauteur de l'embouchure du Saint-Laurent, il rencontre le courant froid venu du Pôle N. et se divise en trois branches : la première tourne au sud pour revenir aux Antilles (mer des Sargasses, immense accumulation de varechs ou *raisins des tropiques* charriés dont chaque tige se maintient à la surface par l'effet de vésicules pleines d'air). Cette mer des Sargasses n'a pas moins de 4 millions de kilom. carrés et ces algues servent de refuge à des quantités de poissons et des myriades de crabes, de crevettes, de serpules et de coquillages. Grâce à leurs flotteurs, ces algues entraînent parfois des pierres qu'un homme aurait de la peine à soulever. (De Lapparent.)

La deuxième branche se dirige vers les côtes de France et se replie vers l'Irlande. Les vents d'O. et de S.-O. qui passent sur ce courant lui enlèvent une partie de sa chaleur et les vapeurs apportées par ces vents se condensent en arrivant dans les hautes latitudes ; c'est à cela que la *verte Erin* (ancien nom de l'Irlande) doit son climat humide et pluvieux, sa végétation et son surnom d'*Emeraude de l'Océan.* La 3ᵉ branche du Gulf-Stream, la plus importante, se dirige vers le N. entre l'Irlande et la Norvège et va fondre une partie des glaces du pôle.

Si le Gulf-Stream disparaissait, il en résulterait une notable diminution de température sur nos côtes. V. Atlantide.

Crag, ang. *crag, rocher.* Nom par lequel on désigne le dépôt du comté de Suffolk, Angleterre N. et qui correspond au terrain subapennin ou terrain de la Bresse. Ce terrain, qui est le début du pliocène, est composé de dépôts alternatifs de galets plus ou moins volumineux, et de sables et d'argiles grossières (40 à 50 m. au plus). A la base, *crag blanc* qui contient l'*astarte omalii* et la *cyprina islandica* des mers froides ; au-dessus le *crag rouge,* parce qu'il est formé de sables ferrugineux avec *cardium edule* ou comestible, *mytilus edulis,* et, enfin, un *crag fluvio-marin* qui contient, avec des espèces marines, d'eau douce et terrestres, des ossements d'*elephas meridionalis* et de *mastodon arvernensis.* V. Astien.

Crannogs V. Habitations lacustres.

Craie, *lat. creta.* Carbonate de chaux ou calcaire crayeux, roche tendre et traçante qui forme la limite supérieure des terrains secondaires. On distingue : la *craie blanche* qui est la plus pure ; la *craie tuffeau* ou craie marneuse, parfois assez dure pour servir de pierre de construction (Tours est en tuffeau) ; la *craie chloritée,* formée d'une quantité de petits grains verts ou maintenant craie *glauteuse* ou craie de Rouen ; la *craie jaune,* ou craie de Danemark. La craie est *noduleuse* quand elle présente des nodules durs produits par de la magnésie ou de l'acide phosphorique. V. Coquins, Gaize.

« Le fond d'un grand nombre de lacs de la Suisse, dit M. de

Lapparent, est tapissé par une boue blanchâtre qui, séchée à l'air, ressemble tout à fait à de la craie ; c'est pourquoi on l'appelle *craie lacustre* ou *blanc des lacs* et les calcaires de la mollasse d'eau douce, en Suisse offrent, paraît-il, la même composition que la craie lacustre. »

Examinée au microscope, la craie apparaît remplie de fragments calcaires de coraux, d'échinodermes, de coquilles de foraminifères et de parties siliceuses d'éponges, de radiolaires et de diatomées. Un pouce cube de craie peut renfermer jusqu'à 10 millions de ces corpuscules dont chacun a été l'habitacle d'un être vivant. (Fabre). V. Foraminifères et miliolithes.

Cratère, *lat. crater, grand vase.* Cavité conique qui constitue la bouche d'un volcan et qui se continue par la *cheminée*. Cette forme régulière en coupe est rare ; le plus souvent, l'un des bords est échancré et, par suite, le cratère a la forme d'un fer à cheval.

Cratères-lacs. On appelle *cratères-lacs* ou *gours* des cavités en forme de cratères actuellement occupées par des lacs, comme le lac Pavin en Auvergne. Ces cavités ont dû être ouvertes par des explosions violentes, mais de peu de durée. Elles sont abondantes dans l'Eifel où on les nomme *maare*. Le gour de Tazenat, près de Manzat (Puy-de-Dôme), a 800 m. de diamètre et 10 à 12 m. de profondeur. Le lac Pavin est bordé par des escarpements d'une lave basaltique.

Crau, *celt. crag, pierre.* La crau d'Arles renferme d'innombrables galets qui proviennent des alluvions de la Durance et du Rhône. Pour Eschyle et Strabon, ils sont les restes d'une grêle de cailloux lancés par Hercule ou Jupiter lui-même contre un ennemi de ce demi-dieu et le peuple intrépide des Liguriens. (Falsan, Elisée Reclus).

Crêt. V. Faille.

Crétacique (système). Le système crétacique ou crétacé, ainsi nommé à cause des couches de craie, comprend deux séries : l'*infracrétacé*, qui comporte des sédiments analogues à ceux du jurassique, même détritiques au début dans le nord, puis à grain de plus en plus fin ; et le *supracrétacé* qui se rapporte aux dépôts de craie, roche tendre « laquelle attestant, dans l'énergie de l'érosion continentale, un affaiblissement qui a marché de pair avec le progrès continu de l'invasion marine, bientôt portée à son comble. De là résulte la transgression la plus notable que l'histoire géologique ait jamais enregistrée, transgression d'autant plus remarquable qu'elle se fait sentir depuis l'Amérique jusqu'en Asie et que l'hémisphère septentrional n'en garde pas seul le privilège ». (De Lapparent.) Ce qui caractérise cette invasion marine, c'est la tranquillité avec laquelle elle s'accomplit ; les dépôts ne sont plus détritiques : depuis le golfe du Mexique jusqu'aux Balkans et en Asie, ce sont des *calcaires à rudistes* ; au nord de cette zône, c'est la *craie*.

« A l'est de la France, ces dépôts commencent par des calcailes compacts (pierre à bâtir de Neufchâtel et Pontarlier); dans l'ouest, au pays de Bray, ce sont des argiles réfractaires et des sables. Dans plusieurs contrées, entre les deux séries crétacées, on rencontre des sables et des grès contenant des fossiles dont le test ou le moule interne a été remplacé par du phosphate de chaux (Bellegarde) ou des nodules (Argonne). Dans le crétacé supérieur, les roches sont également très différentes dans les diverses régions. En Saxe et en Bohème, ce sont des *grès glauconieux* dits *quadersandstein*, parce qu'ils sont divisibles en parallélipipèdes; au-dessus, des marnes, puis la craie. Dans la Provence, ce sont des *calcaires compacts* surmontés de marnes et d'argiles; dans le Maine et la Touraine, ce sont des sables, puis le *tuffeau* et la craie; dans le bassin de Paris, au dessus du gault, apparaît la *craie friable*, d'abord *glauconieuse*, puis *marneuse*, puis *blanche*; enfin, un calcaire plus résistant, *calcaire de Maestricht*, ou calcaire *pisolithique*. » (Jeannetaz.)

Faune infracrétacée. Invertébrés. Les foraminifères, *globigérines*, deviennent nombreux; peu de polypiers; éponges: *callodictyon*; oursins nombreux: *cidaris, holaster, toxaster*; brachiopodes: térébratules et rhynchonelles; lamellibranches, abondants: *inoceramus, trigonie, huîtres, exogyres; unios* dans les eaux douces; grand développement des *requiénies* et apparition des *rudistes*; peu de gastéropodes; les *bélemnites* s'aplatissent, les *ammonites* se déroulent (*criocères, ancylocères, turrilites, hamites*) ou prennent la forme droite *baculites*, par laquelle elles vont disparaître. Vertébrés. Les poissons téléostéens ou à squelette osseux deviennent de plus en plus nombreux; les lézards apparaissent; les tortues se développent; les grands sauriens, *ichthyosaures* et *plésiosaures* tendent à disparaître; c'est le règne des dinosauriens: *iguanodon*. Pas de mammifères.

Flore infracétacée. Les *dicotylédones* ou plantes à feuillage caduc apparaissent pour la première fois en Amérique. Des conifères: pins, cèdres, sapins; des cycadées.

Faune supracrétacée. Invertébrés. Foraminifères abondants (craie blanche); des crinoïdes; beaucoup d'oursins; les ostracées atteignent leur apogée; les *rudistes*, voisins des chamacés, caractérisent la période avec les genres *radiolite, hippurite, caprine, caprotine*; les brachiopodes de la période précédente persistent ainsi que les ammonites courbées ou droites. Vertébrés. Les poissons ganoïdes s'éteignent presque complètement et sont remplacés par les téléostéens. Il en est de même des ptérosauriens et des dinosauriens. Le *mosasaurus* se montre vers la fin de la période. Les oiseaux dentés *hesperornis, ichthyornis* continuent l'évolution qui a commencé à l'*archeopteryx*. Les marsupiaux existent.

Flore supracrétacée. Epanouissement des dicotylédones angiospermes. Châtaigniers, peupliers, hêtres, platanes, magnolias sont associés aux palmiers et aux lauriers: c'est le début de l'ère néophytique; la lumière du soleil est devenue plus vive et moins diffuse.

. DIVISIONS. L'infracrétacé comporte les étages : *néocomien, barrémien, aptien, albien.* Le supracrétacé les étages : *cénomanien, turonien, emschérien, aturien-maestrichtien* et *danien-garumnien.* Les étages emschérien et aturien correspondent au *sénonien* de d'Orbigny (marnes d'Emscher en Westphalie ; aturien, du *lat. Aturia,* Adour). Cette division a été établie à cause de deux faunes bien distinctes de céphalopodes ; la seconde correspond aux *baculites.*

L'aturien a pour sous-étages le *campanien, lat. Campania, Champagne,* et le *maestrichtien.* Le campanien est ainsi nommé (Coquand, 1857), à cause de la Champagne charentaise. Le maestrichtien a aussi pour équivalent, dans les Charentes, le *dordonien.*

Rem. L'URGONIEN, de *Orgon, Vaucluse,* de d'Orbigny, constitué par des calcaires blancs à requiénies, a été reconnu comme ne constituant qu'un faciès coralligène capable de se produire à divers niveaux ; par suite, il a été remplacé par le barrémien « caractérisé par l'apparition d'une faune nouvelle, inconnue dans le nord de l'Europe, comme si, à ce moment, la communication des contrées septentrionales avec la région méditerranéenne, était devenue particulièrement difficile ». De Lapparent.

Creux. V. Caverne.

Crevasse, *rad. crever.* On doit distinguer : 1° les crevasses des glaciers (V. Glaciers) et 2° les crevasses séismiques, c'est à-dire résultant des secousses ou tremblements de terre. Ces dernières ont, par suite des mouvements vibratoires qui les ont produites, une direction perpendiculaire aux différents rayons partis du centre d'ébranlement. Par conséquent, en les étudiant, on peut approximativement déterminer la position de ce centre. (Méthode R. Mallet). V. Sismographe.

Crinoïdes. *gr. krinon, lis ; eidos, aspect.* Animaux rayonnés de l'embranchement des échinodermes ; corps en forme de coupe ou de calice fixé par une tige articulée. La face supérieure du calice porte la bouche et l'anus avec 2, 4, 6, 5 ou 10 bras articulés. Ce corps est formé de pièces calcaires disposées avec beaucoup de régularité. Chez les *encrines,* fossiles, et les *pentacrines, gr. penta, cinq,* actuellement vivantes, le pédoncule grandit pendant toute la vie de l'animal ; chez les *comatules, gr. coma, chevelure,* le pédoncule n'existe que pendant le jeune âge puis l'animal devient libre.

Les crinoïdes étaient abondants dans les mers primaires. V. Entroques. Sont au nombre des animaux qui ont apparu les premiers à la surface de la terre. Dès le cambrien il y a des *cystidés* dont le nombre s'accroît dans le silurien et diminue au dévonien. Chez quelques-uns de ces animaux, le pédoncule avait plus de 15 m. de long. Le muschelkalk contient l'*encrinus lilliformis.* Dans le jurassique, les articles isolés du pédoncule des pentacrines, tige pentagonale, ou des *apiocrines, gr. apios, lointain,* tige ronde, forment le *calcaire à crinoïdes.* Les apiocrines sont un des fossiles caractéristiques du jurassisique et du crétacé inférieur de l'Angleterre et du N. de la France. Les articles ronds de la tige forment dans le lias rouge des Alpes un marbre très puissant et les têtes ou calices se rencontrent souvent dans le jurassique moyen de la Normandie. Les *eugéniacrines* ont le calice petit, ressemblant à un clou de girofle; la tige courte, articles peu nombreux, cylindriques. Sont fréquents dans le jurassique supérieur, rares dans le moyen et le crétacé.

Crioceras, *gr. krios, bélier ; keras, corne*. Mollusque fossile céphalopode du néocomien. Les tours de spire ne se touchent pas. Sorte d'ammonites provenant des acanthoceras.

Cristal de roche. C'est le quartz hyalin, *gr. hualus, verre*. Limpide, incolore, quand il est pur. Densité, 2,65. Les cristaux sont des prismes hexagonaux réguliers terminés par des pyramides. V. Quartz.

Cristallithes. V. Microlithes.

Cristallographie, *gr. cristallos, cristal ; graphein, décrire*. Science qui étudie les formes cristallines que présentent les minéraux (faces, angles, arêtes, axes).

Cristallophylliens, *gr. cristallos, cristal ; phullon, feuille*. Les terrains cristallophylliens (Omalius d'Halloy) sont constitués par une série de roches à la fois cristallines et feuilletées. Ils servent partout de base à la série sédimentaire ; ont été produits par refroidissement du noyau igné quand la Terre passa de la phase stellaire à la phase planétaire, puis ont été remaniés et métamorphosés par une mer à haute température et le noyau interne encore en fusion. De là sont résultés des massifs importants de *gneiss rubanés*, Bretagne ; des *gneiss feuilletés* avec *micaschistes* et intercalations de *cipolins* : Plateau central, Vosges, Pyrénées, Scandinavie, etc. Brongniart les appelait AGALYSIENS, *gr. aga, très ; luo, dissous*. Ils constituent le *sol primitif* et méritent la qualification de *hiéroglyphes pétrographiques* qu'on leur a donnée. V. Primitif (archéen).

Crocodiliens. L'ordre des crocodiliens a été divisé par R. Owen en 3 sous-ordres : ceux qui ont les vertèbres dorsales concaves en avant ; ceux qui les ont concaves en arrière ; ceux qui les ont biconcaves. Ces derniers sont tous de la période mésozoïque, les plus anciens apparaissent dans le trias ; ils deviennent abondants dans les couches jurassiques, *stencosaurus, teleosaurus* et ont leurs derniers représentants dans le crétacé, spécialement dans le wealdien. Etaient pour la plupart exclusivement marins ; quelques-uns cependant habitaient les eaux douces : tel est le genre *hyposaurus* du crétacé de l'Amérique du N. qui vivait dans les estuaires et rappelle par ses formes les gavials modernes (Trouessart). Des crocodiles marins de petite taille ont été trouvés à Cerin, près Belley. V. Jurassique et *Stencosaurus burgensis*.

Crustacés, *lat. crusta, croûte*. Première classe des arthropodes ; respirent par des branchies, sont aquatiques ; ordinairement métamorphoses compliquées. Leur squelette calcifié les rend les plus importants des arthropodes au point de vue paléontologique parce que les autres articulés ne fournissent que des restes rares et le plus souvent mal conservés.

V. Xiphosures, eurypterus, pterygotus, trilobites, paradoxides, calymène, trinucleus, agnotus.

Cténoïdes. V. Poissons. **Cténophores**. V. Polypes.

Cuivre, *lat. cuprum ; du gr. kupros, île de Chypre*, dont les mines ont été exploitées en premier lieu. Métal rouge plus dur que l'or et l'argent. Densité 8, 9. Le premier métal probablement que les hommes aient su exploiter et travailler. Les émanations de cuivre ont été particulièrement abondantes aux époques permienne et triasique. V. Epanchements.

Culm, *mot anglais*. Couches à anthracite des terrains houillers anglais. « La période permo-carbonifère (de Lapparent), s'ouvre par des mouvements du sol qui creusent dans les continents dévoniens des sillons où pénètre la mer. Autour des massifs anciens tels que la Bretagne, les Vosges, le Nassau, le Hartz, la Bohême, l'Écosse, se forme une frange de dépôts arénacés et schisteux, habituellement compris sous la dénomination générale de *Culm* et où les débris végétaux sont parfois mêlés aux fossiles marins. » Actuellement par culm on entend le facies continental ou côtier de l'étage dinantien. V. Carboniférien.

Cyatophyllum, *gr. kuatos, trou; phullon, feuille*. Genre de polypiers fossiles très abondant dans le silurien et le dévonien.

Cycadées, *gr. kukas, palmier*. Famille de plantes phanérogames gymnospermes qui appartiennent aux régions chaudes et qui tiennent à la fois des palmiers par leur port, des fougères et des conifères. Le *pterophyllum* du carbonifère appartient aux cycadées qui deviennent de plus en plus nombreuses dans les terrains secondaires et même dominantes à l'époque jurassique. Unies aux conifères elles constituaient, comme on le voit à Portland, les forêts d'alors. Leur nombre diminue ensuite et elles disparaissent de l'Europe au commencement de l'ère tertiaire.

Les cordaïtes (V. ce mot) faisaient partie de cette famille et se sont éteintes à l'époque permienne après avoir eu leur maximum de développement à l'époque carboniférienne. Les zamia ou zamites, analogues aux zamies actuelles de l'Amérique tropicale, ont leur apogée dans l'oolithique. Les zamies ont la souche épaisse, rugueuse, de hauteur médiocre ou presque nulle, couverte d'écailles imbriquées. Le fruit est une sorte de noix qui renferme une amande bonne à manger crue ou cuite. On en fait du café. On mange aussi la moelle.

Les nœggerathia, de *Nœggerath, savant allemand*, sont les palmiers des terrains houillers.

Cyclas, *gr. kuklos, cercle*. Mollusques lamellibranches à coquille bivalve. La cyclas ou cyclade des rivières et des marais de l'Asie, de l'Amérique et de l'Océanie atteint 2 centim. de large ; c'est la plus grande ; coquille mince, fragile, bombée.

On trouve les cyclas dans le calcaire des dépôts wealdiens ; ont apparu dans le lias et les espèces sont abondantes dans les terrains tertiaires.

Cycloïdes. V. Poissons. **Cymolithe.** V. Argile.

Cymophane, *gr. kuma, vague, onde ; phaino, je parais,* à cause de l'opalescence que présentent certains cristaux. Pierre jaune appelée encore *Chrysobéryl* ou *Béryl doré ;* fort recherché en joaillerie et d'assez grande valeur ; chatoiement d'un blanc laiteux, mêlé de vert bleuâtre. La variété verte est l'*Alexandrite.* C'est un aluminate de glucine. Gneiss, sable du Brésil ; Ceylan.

Cynodon. Mammifère fossile de l'éocène qui se tient par la forme de ses dents entre le viverra ou civette et le chien. On le trouve en abondance dans les phosphorites du Quercy. V. Apatite.

Cynodontia, *gr. kunos, chien ; odous, dent.* Reptiles fossiles, Owen, 1861, de l'époque secondaire, membres robustes, carnivores. Les mieux connus sont des couches triasiques de Karoo, colonie du Cap et permiennes du Texas, Am. du N. On en trouve aussi en Europe, Bohême, Monts Ourals. Leur taille est souvent comparable à celle des grands carnivores actuels ; remarquables par leur crâne aplati.

Cyrènes, *Cyrena, nom mythologique.* Mollusques lamellibranches bivalves de la famille des Cardiacées qui vivent enfoncés dans le sable ou la vase comme l'anodonte de nos rivières ; n'existent pas en France mais abondent dans les ruisseaux des pays chauds. Les cyrènes fossiles commencent au lias et abondent dans le tertiaire. On nomme *marne à cyrènes* une couche de marne supergypseuse du bassin de Paris. Au-dessus vient une argile verte, appelée *marne verte,* qui est employée pour la fabrication des drains. V. Garumnien (où on les trouve avec des hippurites).

Cystidés, *gr. kystis, vessie.* Famille de crinoïdes pour les uns ; premier groupe et souche de tous les échinodermes pour d'autres. Apparaissent dès le cambrien. Ces animaux sont tous fixés par une tige assez courte, sauf le genre *protocrinus* qui est sans tige et libre. Les bras sont tout à fait rudimentaires. Les cystidés sont limités aux formations paléozoïques excepté un seul genre qu'on trouve au détroit de Torrès dans la mer des Indes.

D

D. Étage D, de Barrande pour la Bohême. Faune 2ᵐᵉ. V. Silurien.

Dacites, *de l'ancienne Dacie, Hongrie-Russie.* Nom donné à des andésites quartzifères. Quelques-unes contiennent 66 0/0 de silice. Texture porphyroïde. Hongrie, Transylvanie, Esterel.

Dalle nacrée. V. Calcaire. La *dalle nacrée*, calcaire gris blanchâtre, violacé, succède au choin ; puissance moyenne 40ᵐ; c'est une lumachelle.

Danien, *du nom propre Danemarck*, Desor, 1850. Etage supérieur du supracrétacé. Représenté à Meudon par la craie jaune ou calcaire pisolithique, rempli de débris de fossiles. En Provence, calcaire de Rognac ; en Provence et Aquitaine, calcaire à micraster. V. Maestrichtien et garumnien.

Dauphin. *gr. delphin ou belphin*; *lat. bellua, grosse bête*, ou *gr. delphas, pourceau, porc de mer*. Mammifère de l'ordre des cétacés. N'est pas connu avant le miocène. Sa taille atteint 2ᵐ à 2ᵐ50; il est très commun dans nos mers où il vit par troupe de 5 à 10 individus; se nourrit de sardines, harengs, maquereaux. Il a plus de 200 dents fines et persistantes.

Débâcle, *bas-lat. debaculare ; de baculus, bâton*, parce qu'on fermait une porte avec un bâton. La débâcle est produite par la rupture subite d'une digue ou d'un barrage occasionnée par un affouillement. Les débâcles ont certainement joué un grand rôle dans le creusement des grottes et des cavernes. En 1841, dit Elisée Reclus, le cours de l'Indus fut arrêté par un éboulement de montagne. Quand la débâcle se produisit, la masse d'eau, de cailloux et de boue, évaluée à 600 millions de mètres cubes rasa plusieurs villages. (Catastrophe de St-Gervais, 1892; de Bouzey. La débâcle peut provenir de la rupture des glaces sur un cours d'eau. V. Glaciers.

Débit, *lat. debitum*. Quantité d'eau fournie dans un temps donné par un cours d'eau, une fontaine, un puits artésien. Source minérale de Cauterets : 392 m. cubes par 24 h.; de Royat, 1296 m. c. Le Mississipi débite, en moyenne, près de son embouchure 17.000 m. c. *par seconde* ; le Saint-Laurent, 10.000 m. c.; le Danube, 9.000 m. c.; la Seine, 130 m. c., à Paris; la Loire, à Orléans, 130 m. c., mais ce débit s'élève à 10.000 m. c. dans les crues. Que sont ces chiffres comparés au débit de l'Amazone qui s'élève à 80.000 m. c. par seconde et du Congo, 50.000 m. c. ?

Défilé. V. Cluse.

Delta, *nom d'une lettre grecque*. Les deltas sont formés par l'accumulation des matériaux charriés par un fleuve, alors que l'estuaire a été comblé. Ce comblement de l'estuaire peut se faire si les marées sont peu importantes et s'il n'existe pas de courant le long des côtes. Il est en outre facilité par l'existence d'un cordon littoral (V. ce mot). L'estuaire étant comblé les dépôts du fleuve forment à la longue des îles ou des groupes d'îles qui divisent le lit du fleuve en plusieurs bras. Le delta du Nil commence à 14 kilomètres au-dessous du Caire. Les deltas du Niger, du Gange, du Mississipi sont très importants. Le delta du Rhône s'est accru de 15 kilomètres depuis l'ère chrétienne. Le delta du Pô s'accroît de 70 m. par année. De plus ce delta et celui de l'Adige communiquent déjà par des bras latéraux et ces deux fleuves travaillent à se constituer un lit commun. Adria, qui fut bâtie sur les bords de la mer Adriatique, en est maintenant à plus de 32 kilomètres.

Déluge, *lat. diluvium*. D'après la Bible, il y aurait eu un déluge général ; ce qu'il y a de certain c'est qu'il y a eu plusieurs déluges partiels.

Demoiselle. V. Cheminée des fées.

Dendrite. *gr. dendron, arbre*. Cristallisation qui offre l'apparence de plantes (lierre, fougères), incrustées dans une roche. Les dendrites sont ordinairement formées par du fer ou du manganèse ; les plus belles se trouvent dans les agates. On en trouve aussi dans des marbres et des pierres (rouge de Terni, jaune de Naples, calcaire de Pise, brèche de Modène, pierre de l'île d'Elbe). Etaient employées par les artistes romains et par ceux du moyen-âge. Les anciens ne pouvant expliquer ces arborescences leur attribuaient un pouvoir magique. Ainsi Pline assure que mise sous un arbre qu'on veut abattre une dendrite empêche la cognée de s'émousser. Une dendrite entrait dans la formule pour guérir les sourds, la lèpre, l'hydropisie ; comme moyen pour ouvrir les portes, briser les chaines, domestiquer les bêtes sauvages. V. Gemmes.

Dénudation, *lat. denudare, mettre à nu*. V. Erosion.

Dépôts. Les dépôts sédimentaires sont de trois sortes : *détritiques* ou *clastiques, chimiques* et *organiques*.

Dépôts détritiques ou clastiques ; *lat. détritus, broyé ; gr. klastos, qui peut se briser.* Sont formés de fragments plus ou moins fins de roches préexistantes qui ont été détruites par l'action des eaux de la mer ou des rivières et les agents atmosphériques. Par suite de l'action de la pesanteur ces dépôts se produisent horizontalement et sont distincts les uns des autres parce que la sédimentation subit des variations. Ils sont *arénacés* quand ils présentent un grain discernable ou *argileux* dans le cas contraire. En outre les dépôts arénacés sont *meubles* comme les *sables*, les *graviers*, les *galets*, les *blocs erratiques* ou *agglutinés* par un ciment qui est du calcaire, de la silice, de l'oxyde de fer, etc. C'est alors un *conglomérat* qui est une brèche si les fragments sont anguleux, un *poudingue* si les fragments sont arrondis pour avoir été roulés. En particulier les sables agglutinés par un ciment quelconque donnent les *grès*. Et on distingue : les *grès quartzeux*, grains fins de sable, ciment siliceux : les *grès psammites*, grains fins de sable, ciment argileux, micacé, par suite fissiles ; les *grauwackes*, les *macignos*, les *grès ferrugineux*, ciment, oxyde de fer ; les *grès verts*, ciment calcaire ou argileux, avec glauconie ; les *grès calcarifères*, ciment, carbonate de chaux ; les *grès lustrés* à cassure luisante ; les *arkoses*. Les dépôts argileux comprennent les *argiles*, les *marnes*, la *gaize*, les *jaspes*, le *lœss*, le *limon* ou *lehm*, les *schistes* (phyllades, ardoises).

Dépôts chimiques. Ils comprennent les *meulières*, la *geysérite*, les *travertins calcaires*, les *tufs*, la *limonite*, le sel *gemme*, l'*anhydrite*, le *gypse*, les *silex de la craie*, les *phtanites*, les *sphérosidérites*, les *ménilites*, les *septaria*, les dépôts des *fossiles*.

Dépôts organiques. C'est à eux que se rapportent les *calcaires* autres que les travertins et les tufs ci-dessus et les *combustibles minéraux*. V. *calcaires, craie, marbres, dolomie, cargnieule, tripoli, tripoléenne*. Les combustibles minéraux comprennent : l'*anthracite*, la *houille*, le *lignite* dont une variété est le *jais*, la *tourbe*, les *huiles minérales*, l'*asphalte*, l'*ambre*.

Dépôts éoliens (Éole, dieu du vent, mythologie) Ce sont les dépôts ou amas produits par les vents. Sur le plateau du Mexique ces dépôts atteignent une épaisseur de 100 m. Selon M. de Richthofen le lœss de la Chine (V. Lœss) ne serait qu'un immense amas de poussière amenée par les vents des déserts voisins. Mais il semble qu'il n'en est rien et que le lœss a une origine aquatique. V. Cinérite.

Dévonien (Système). *Du comté de Devon*, Angleterre, où ces dépôts ont été étudiés et décrits pour la première fois par Murchison et Sedgwick, 1837. Correspondent à la deuxième période de l'ère primaire et se composent de poudingues, de schistes, de grès, en Écosse, *vieux grès rouge* ou *old red sandstone*, de grauwackes et de calcaires. La période dévonienne est caractérisée par l'épanouissement des poissons, premier type de *vertébrés*, V. Animal (règne), et la prédominance des brachiopodes, spirifers, stringocéphales, rhynchonelles.

Faune. Cœlentérés : les *stromatopores* construisent de puissantes assises calcaires, (marbres de Givet, connus sous le nom de Sainte Anne) ; les *polypiers* sont nombreux : *calceola, pleurodictyum* avec tube de serpule au centre, *cyatophyllum*. Echinodermes : les crinoïdes existent en grand nombre dans le voisinage des récifs. Brachiopodes : pullulent et prédominent ; *spirifers, atrypa, rhynchonnelles, stringocéphales*. Lamellibranches : assez nombreux, *cardium*. Gastéropodes : plusieurs genres, *murchisonia*. Céphalopodes : *goniatites* (griotte des Pyrénées) ; *gyroceras*. Arthropodes : les *trilobites* sont en décadence ; quelques névroptères et myriapodes apparaissent. Poissons : étaient en bien petit nombre au silurien et prennent une importance réelle ; ce sont des *placodermes* ou poissons à squelette incomplet dont le corps est protégé par une cuirasse, comme le *cephalaspis* et le *pterichthys* ; des *ganoïdes*, dont le corps est protégé par des écailles osseuses émaillées : *holoptichius, cheirolepis, coccosteus, ostéolepis, acanthodes, asterolepis*, le plus grand des poissons dévoniens ; son bouclier céphalique a 18 centimètres de large sur 50 centimètres de long.

Flore. Est déjà assez riche ; les cryptogames et les phanérogames gymnospermes apparaissent et auront leur maximum de développement dans la période suivante du carbonifère : lépidodendron, cordaïtes, fougères.

Extension. Ardennes, Belgique, Allemagne, Angleterre, Écosse, Bretagne, Pyrénées, Amérique du N. Il existait à cette époque de vastes surfaces continentales dans l'hémisphère boréal ; et un fait à noter c'est que toutes les formations marines dévoniennes présentent, en Europe, un caractère remarquable d'homogénéité comme on l'observe dans les bassins de la Moselle et du Rhin, ce qui indique un climat uniforme.

D'après la dernière classification (1892), le système dévonien comprend les étages suivants (en commençant par le plus ancien) : *gédinnien, coblentzien, eifélien, givétien, frasnien* et *famennien*. Les deux premiers sont les subdivisions du *rhénan* de Dumont ; grès, conglomérats, schistes caverneux décalcifiés, (grauwacke), où dominent les spirifers. Dans l'eifélien on trouve, au milieu de schistes argileux, de puissantes assises calcaires construites par des polypiers (calceola) ; le givétien offre un calcaire caractérisé par l'abondance des stringocéphales ; le frasnien par les stromatopores : calcaire de Frasne et marbre rouge de Flandre. Dans le famennien le calcaire cède la place à des schistes argileux et des sables (sables de Condros). Rhynchonelles et goniatites.

Matières exploitées. Marbres noirs dits *glageon-fleuri*, marbres de *Sainte-Anne* de Givet, taches blanches de stringocéphales ; marbre rouge de Flandre et *griotte* des Pyrénées (goniatites), marbre de Campan ; grès de Belgique pour pavage ; ardoises de Châteaulin ; (on rapporte maintenant ces ardoises au carbonifèrien) ; houille sèche d'Ancenis ; minerai de fer oligiste (Namur) ; amas de pétrole de Pensylvanie ; minerai de zinc et de plomb, Aix-la-Chapelle.

Diallage. V. Pyroxènes.

Diamant, *gr. adamas, indomptable.* Carbone pur cristallisé ; le plus dur de tous les corps ; ne peut être usé que par sa propre poussière ; raye tous les corps et n'est rayé par aucun. Indes (Golconde, gisement à peu près épuisé), Brésil, Monts Oural, Bornéo, Cap, dans les terrains de transport avec galets qui paraissent assez modernes et qui proviennent de la destruction des roches. Clivage octaédrique parfait ; cassure conchoïdale ; éclat spécial, dit *adamantin.* Les diamants sont ordinairement recouverts d'une croûte terreuse. Densité 3, 5. Dureté 10, la plus forte. V. Dureté. La valeur d'un diamant dépend de sa grosseur et de sa pureté ; taillé, il coûte environ 3,500 fr. le gr. ; plus gros, et jusqu'à une certaine grosseur, le prix croît comme le carré du poids. Taille *en rose*, taille *en brillant.*

Avec les diamants défectueux on fait la poudre nommée *égrisée*, qui sert à la taille. Les diamants célèbres par leur grosseur sont nommés *diamants parangons.* Les diamants du Brésil sont plus durs que ceux du Cap. *Diamants noirs :* on appelle ainsi certaines pierres qui n'ont aucun éclat, aucune transparence. La seule propriété qui leur reste est la dureté. On emploie le diamant noir du Brésil, dit *Carbonado*, à la perforation des roches (sondage et forage). En frottant deux diamants l'un contre l'autre, près de l'oreille, on perçoit un bruit strident, très particulier ; ce caractère est utilisé par les marchands de diamants des mines de Bahia, Brésil. *Diamants célèbres :* Le Régent 136 carats 1/4 ; le chah 95 carats ; le Grand Mogol 279 1/2 ; le Koh-i-noor 103 13/16 ; l'Etoile du Sud 125 7/16 ; l'Orlow 193 ; l'Etoile d'Afrique 128 1/2.

Carborandum. Composé de charbon et de sable qui a été découvert par Acheson, un des collaborateurs d'Edison. Ce produit prend une place de plus en plus importante dans toutes les industries qui emploient les pierres dures, soit pour le polissage des métaux, pour le travail des pierres précieuses et les scieries de pierres. 12 fr. le kilog. On l'obtient en soumettant à une température élevée un mélange de coke broyé et de sable avec un peu de sel, 2 0/0 de coke, 25 0/0 de sable. « La carborandum Compagnie » qui exploite le brevet d'Acheson a livré en 1894 plus de 8.000 kilog. de cristaux de carborandum. Les travaux de Moissan (four électrique pour la production artificielle du diamant) nous auraient peut-être donné le carborandum.

Diaphane, *gr. diaphainô, je brille à travers.* Un corps est diaphane quand il laisse passer les rayons lumineux à travers sa masse ; à peu près synonyme de transparent. Les corps diaphanes sont opposés aux corps opaques. La découverte récente des rayons X, par le professeur Rœntgen de Vürtzbourg, prouve que certains rayons peuvent traverser des corps regardés comme opaques.

Diatomées. *gr. dia, en travers ; tomé, section.* Algues microscopiques et unicellulaires munies d'une enveloppe de nature siliceuse nommée *cuirasse* ou *carapace* (valves); se reproduisent par spores ou par scission. Ces êtres forment la limite qui unit le règne animal au règne végétal; ils se putréfient rapidement. On rencontre des diatomées fossiles à cause de leur carapace (eaux douces et marines). La ville de Richmond (États-Unis) est bâtie sur un banc de diatomées fossiles. Ces êtres se multiplient beaucoup ; on en trouve des dépôts énormes en Allemagne, en Bohême, en Toscane : c'est la *farine fossile* ou *tripoléenne* qui sert à polir les métaux. La silice des valves étant poreuse, on utilise les gisements de diatomées pour rendre transportable la nitro-glycérine dont elles absorbent 70 0/0 de leur poids ; la *dynamite* ainsi constituée devient maniable sans crainte d'explosion. Dépôts d'Eger et de Franzensbad (Bohême) ; de Menat en Auvergne.

Dicérate, *gr. dis, deux ; keras, corne.* Mollusques lamellibranches chez lesquels les crochets sont contournés en spirale comme les cornes du bélier, d'où le nom *diceras arietinum.* Coquille épaisse et inéquivalve que l'on trouve dans les calcaires de récifs du rauracien, jurassique. Font partie des *chamacés.* V. Requiénie.

Dicératien, *du fossile diceras arietinum ;* sous-étage du corallien ou actuellement du rauracien.

Dicynodon, *gr. dix, deux ; kunos, chien ; odous, odontos, dent.* Les dicynodons sont les tortues à dents ; le crâne présente deux longues défenses courbées qui rappellent un peu celles des morses. D'après Owen, tiennent des tortues et des lézards. Étaient de grande taille, devaient être amphibies ; avaient au lieu de dents, un bec corné comme les tortues ; vivaient à l'époque triasique (Afrique australe, Indes, Écosse, permien de l'Oural.

Dièves, *de l'angl. deep, profond*. Marnes très argileuses, jusqu'à 70 0/0 d'argile, grises, bleues ou vertes que l'on trouve dans les Ardennes, jusqu'en Flandre, et qui remplacent la marne turonienne ; sont au-dessus du *tourtia*. Les mineurs du Nord leur ont donné ce nom et on les appelle *potiers* ou *potasses* parce qu'on les utilise pour la fabrication des tuiles et des poteries. Entre l'Aisne et les sources de l'Escaut ces dièves supportent de riches pâturages et favorisent l'humidité du sol bonne pour la croissance de l'osier. Pays de vanniers.

Diluvium, (*lat.*), *déluge*. On donne le nom de diluvium aux dépôts résultant d'un immense transport comme le *diluvium septentrional* ou *terrain erratique* du Nord, V. Argile (Till), et aussi aux alluvions pleistocènes produites, après le creusement des vallées, par des cours d'eau plus violents que les cours d'eau actuels assurément, mais qui n'ont rien de *diluviens*. Autrement dit, il n'est pas question en cela de *déluges* ; il s'agit de cours d'eau parfaitement localisés dans les vallées qui avaient été creusées, comme on sait, au miocène et au pliocène. Ces alluvions se composent de graviers et de sables (*diluvium gris*) et de lœss ou limon calcaire surmonté du lehm ou limon proprement dit sans calcaire. Le lœss et le lehm constituent le *diluvium rouge*. V. Lœss. On observe ces alluvions dans les plaines ou en *terrasses* successives qui s'échelonnent à diverses hauteurs depuis le fond de la vallée.

Dimétien, *de Dimétie, ancienne dénomination du Pays de Galles*. Etage gneissique du terrain archéen.

Dimorphisme. V. Calcite.

Dinantien, *de Dinant, Belgique*. Munier-Chalmas et de Lapparent, 1893. Premier étage, de formation marine, du système carbonifèrien. Il comprend le *Culm* qui représente le facies continental ou côtier. Calcaire de Tournay, de Dinant, de Visé ; grauwacke et grès anthracifères du Roannais ; schistes de Châteaulin, Bretagne ; calcaire carbonifère de Westphalie ; houilles de Moscou et de l'Oural, etc. L'étage dinantien remplace l'étage *anthracifère* attendu, dit M. de Lapparent, que l'anthracite n'est nullement caractéristique de l'étage inférieur mais appartient au terrain houiller proprement dit.

Dinocéras, *gr., deinos, terrible ; keras, corne*. Mammifères fossiles de l'éocène de l'Amérique du N. qui vivaient en bandes nombreuses sur les bords des lacs ; avaient les habitudes amphibies des hippopotames. Leurs pattes sont semblables à celles de l'éléphant mais les dimensions de leur corps rappellent les rhinocéros.

Dinornis, *gr. deinos, terrible ; ornis, oiseau*. Le *dinornis giganteus* avait 3 m. de hauteur et a été trouvé dans les alluvions quaternaires de la Nouvelle-Zélande. Les Maoris, chassés des îles Samoa par la famine et la guerre, se réfugièrent, il y a cinq siècles, à la Nouvelle-Zélande qui était inhabitée mais où ils trouvèrent de grands oiseaux voisins de l'autruche qu'ils nommèrent moas et qu'ils finirent par exterminer : les moas étaient des dinornis.

Dinosauriens, *gr. deinos, terrible ; saurus, lézard*. Reptiles fossiles de l'ère secondaire ou mésozoïque « qui rappellent
les pachydermes, dit M. E. Aubert, par leur tronc massif et
puissant, de grosses pattes avec des doigts courts ; la plupart
étaient carnivores. L'iguanodon cependant se nourrissait de
végétaux et possédait des caractères de saurien, d'oiseau et de
mammifère, tout à la fois ». Les uns se tenaient sur leurs jambes de derrière comme les kanguroos et avaient une énorme
queue : tels étaient le *mégalosaure* qui atteignait 6 à 7 m. et le
compsognathus qui avait la taille d'un chat et présentait de
nombreux caractères d'oiseau. Ceux-là étaient carnivores et
devaient être redoutables avec leurs dents tranchantes et den-
ticulées. D'autres, de taille gigantesque, marchaient sur leurs
quatre membres et étaient herbivores. Tels étaient l'*atlantosaurus* qui atteignait 40 m. de long, le *brontosaurus*, 16 m., avec
une tête excessivement petite (Jurassique, Montagnes-Rocheuses). Les premiers dinosauriens font leur apparition dans le
trias, mais c'est dans le Jurassique supérieur et le crétacé qu'ils
prennent leur complet développement. Ils disparaissent au moment où les grands mammifères arrivent. « Que les oiseaux, dit
Hœrnès (paléontologie), tirent leur origine des dinosauriens,
c'est une chose évidente. »

Dinotherium, *gr. deinos, terrible ; thérion, bête féroce*. Mammifère proboscidien, *lat. proboscis, trompe*, fossile du miocène
supérieur ; le plus grand animal qui ait existé : avait les défenses dirigées vers le bas et les pattes conformées comme celles
des mastodontes et des éléphants ; devait vivre dans les lacs et
les grands fleuves se nourrissant de plantes aquatiques. La tête
que l'on a trouvée à Eppelsheim indique que la taille de ces animaux était vraiment colossale : elle mesure 1 m. 10. D'après
Gaudry, ces animaux devaient avoir 4 m. 43 aux épaules et
4 m. 95 au sommet de la tête : une trompe assez développée.
Vivaient dans l'Europe méridionale et centrale et les Indes.

Diopside. V. Pyroxènes.

Diorite, *gr. diorao, distinguer ; pierre formée de parties distinctes*. Le diorite ou *granite orbiculaire, grünstein* des Allemands, est une roche grenue composée d'amphibole noire et
vert-foncé et de feldspath blanc, labrador ou oligoclase. On a
trouvé des haches en diorite. « Les diorites, dit Jeannetaz, (*les
Roches*), forment des amas considérables, à la manière des granites, dans les roches cristallines et dans les terrains de transition. Ceux des Pyrénées (Ophite de Palassou), percent le terrain nummulitique. »

Dislocation, *lat. dis, et locus, lieu ; changer de lieu*. Rupture et dérangement des couches terrestres. Les canaux qui
amènent les eaux à la surface sont les restes de conduits infiniment plus nombreux et plus vastes qui se sont ouverts à chaque époque de dislocation et d'épanchement (Cordier). V. Soulèvements.

Dives. Calvados. V. Oxfordien et argile.

Dodo. Le dodo ou *dronte*, est un pigeon gigantesque qui a disparu vers la fin du xvii° siècle. Il vivait dans les îles de France ou Maurice et de la Réunion ; était plus gros qu'un cygne, ne pouvait voler et se traînait pesamment d'un air gauche. Son corps gros et gras pesait 50 livres, mais sa chair exhalait une odeur désagréable qui le rendait impropre à la nourriture. Les Hollandais l'avaient nommé *dodoors* (*fainéant*), d'où *dodo*, dronten ou walkvogel (oiseau de nausée).

Dogger, *dans le dialecte du Yorkshire, dogger signifie pierre ronde.* Le dogger correspond à la série oolithique et au *Jura brun* des Allemands. Comprend les étages Bathonien, Bajocien, avec les sous-étages Lædonien, Lons-le-Saulnier, et Aalénien.

Dolérite, *gr. doleros, trompeur ; parce que c'est une fausse diorite.* Roche des terrains volcaniques ; constitue des amas considérables. Assez rare dans la formation basaltique de la France. Ce terme est aujourd'hui généralement abandonné.

Dolinas. V. Caverne.

Dolmen ou **Kistvaen.** Un dolmen est constitué par une pierre plate, horizontale, posée sur d'autres pierres verticales. Les dolmens étaient des sépultures. Quelques-uns sont au-dessous du sol ; d'autres sont recouverts de terre et cela constitue un *tumulus.* On trouve des dolmens en Bretagne, en Auvergne, dans le Poitou, les Indes, etc.

Dolomie, *dédiée au géologue Dolomieu,* 1750-1801. Carbonate double de chaux et de magnésie en proportions égales. Densité 2,9. Couleur blanche, grisâtre ou jaunâtre. La dolomie peut être *grenue* ; elle ressemble alors au calcaire saccharoïde ; ou *feuilletée,* Salins, Jura ; ou *oolithique,* perm en d'Angleterre ; ou *compacte,* comme le calcaire, dont elle se distingue parce qu'elle est plus dure, plus lourde et surtout parce qu'elle ne se dissout qu'à chaud avec effervescence. Son reflet nacré lui a valu le nom de *spath perlé.* Souvent la dolomie est *caverneuse,* comme la variété *rauchwacke* à grain fin ; caverneuse et cloisonnée, c'est la *cargnieule* des Alpes. La dolomie grenue se désagrège à l'air et donne une arène cendreuse. Les dolomies massives constituent les Alpes austro-italiennes, *Alpes dolomitiques,* sur les confins du Tyrol et de la Vénétie. Elles résultent de la transformation d'un calcaire, tout d'abord stratifié, par des émanations de magnésie. De là résultent la structure caverneuse et la disparition des fossiles, et ce phénomène porte le nom de *dolomitisation.* Ce sont les dolomies qui donnent aux Causses leur aspect pittoresque, escarpements et découpures ruiniformes.

Dolomitisation. Transformation d'un calcaire en dolomie. Ce phénomène, constaté sur des atolls, se produit quand un calcaire contient une certaine proportion de magnésie : le carbonate de chaux, plus soluble que celui de magnésie, est entraîné par dissolution ; la roche devient caverneuse, plus riche en magnésie et se transforme en dolomie. En même temps les traces de fossiles et de stratification disparaissent.

Dordonien (Etage). V. Crétacique (Système).

Domite, *rad. dôme*. Trachyte rugueux au toucher qui compose la masse rocheuse du Puy-de-Dôme ; contient 61 % de silice, 19 d'alumine, 11 de potasse, 4 d'oxyde de fer, 2 de magnésie et le reste d'eau. V. Trachyte.

Dragées de Tivoli. V. Calcaire.

Dreissensia. V. Congérie.

Dremotherium, *gr. dremo, je cours ; therion, bête fauve*. Mammifère fossile, voisin du Chevrotain. Miocène d'Auvergne et du Puy.

Drift, *angl., objet flottant*. Dépôt produit par l'action des courants. V. Glaces flottantes.

Dromatherium. V. Marsupial. **Dronte**. V. Dodo.

Druse, *all. druse, glande*. Sorte d'inscrustation formée à la surface d'un minéral de nature quelconque par de petits cristaux d'un autre minéral, surtout de calcaire et de quartz. Les cristaux d'améthyste tapissent souvent les druses dans les filons d'agate et de fer oligiste (Val des Roches, près Remiremont). Les *salières* des calcaires sont des sortes de druses.

Dryophyllum, *gr. drus, chêne ; phullon, feuille*. Type fossile très-important qui représente la souche commune des châtaigniers et des chênes. Les dryophyllum sont nombreux dans la craie à partir du cénomanien. Silésie, Moravie, surtout Aix-la-Chapelle : étage sénonien de Westphalie.

Dryopithèque, *gr. drus, chêne ; pitex, pitekos, singe*. Grand singe anthropoïde, voisin du chimpanzé, qui a vécu dans le sud de la France à l'époque du miocène moyen. Sa mâchoire inférieure, le seul débris trouvé et le seul que l'on connaisse (miocène moyen de Saint-Gaudens, Haute-Garonne), indique un animal beaucoup plus voisin de l'homme qu'aucun des singes anthropoïdes actuellement vivants. Comme on ne connaît d'autres vestiges humains à cette époque que les silex taillés trouvés dans les mêmes terrains on a été conduit à regarder ces silex comme l'œuvre de ces dryopithèques qui auraient eu ainsi une industrie et par suite une intelligence supérieure à celle des anthropoïdes actuels. Il est inutile de dire que ce n'est là qu'une hypothèse.

Gaudry a rangé les anthropomorphes ou anthropoïdes, dans l'ordre suivant : chimpanzé, gibbon, gorille, dryopithèque, le dernier étant celui qui se rapproche le plus de l'homme. V. Homme fossile.

Dunes, *lat. dunum, dérivé du celtiq. dun, colline, éminence, nom que l'on retrouve dans beaucoup de noms propres : Verdun, Châteaudun, etc.* — Les dunes sont des collines de sable le long des bords de la mer. Elles se forment sur les plages basses, sont dirigées dans le sens des vents dominants et constituent de petites chaînes séparées par des vallées, nommées *lettes*, souvent humides, à sol meuble et délayé dans lequel on enfonce (sous-sol argileux). Ces collines atteignent parfois 60 m. de hauteur, le plus souvent 12 à 15 m,, et ce qui les rend dangereuses, c'est leur mobilité. Depuis 1666, en Bretagne, aux alentours de Saint-Paul-de-Léon, elles ont *dévoré* plusieurs villages dont seuls les clochers émergent encore. C'est pourquoi on cherche à les fixer. On y arrive, grâce aux travaux de Brémontier, en faisant un semis de graines de pin mélangées à des graines de genêts et d'ajoncs ; sur ce semis on couche des branches d'arbres et les broussailles du sol. Au bout de 4 à 5 ans, le genêt a 1 m. au moins et ses touffes maintiennent le sable; puis le pin prend le dessus et peut résister attendu que ses racines s'enfoncent jusqu'à 5 ou 6 m. Pour les dunes les plus voisines de la mer, on utilise le *gourbet* ou *roseau des sables*, plante des plus robustes. Avec le pin on emploie aussi le chêne-liège. Les terrains ainsi formés deviennent cultivables. Au Cap-Breton, village des Landes, on y cultive la vigne qui y réussit très bien (*vin des sables*). — Sur le littoral de la mer du Nord on fixe les dunes à l'aide de graminées traçantes, nommée vulgairement *hoyats* (Psamma arenaria), qui s'étalent sur le sol et empêchent le sable d'être soulevé par le vent. On estime qu'un pied de hoyat fixe un mètre cube de sable (Gosselet).

Durée des temps géologiques. Évaluer la durée du refroidissement graduel de la terre depuis la fin de l'état stellaire jusqu'à l'époque actuelle est un problème bien difficile parce que les éléments pour une pareille détermination font défaut. Il n'y a guère que l'épaisseur des sédiments qui puisse servir. Les savants qui se sont occupés de cette question fixent une durée comprise entre 20 millions et 100 millions d'années. V. Écorce terrestre.

Dureté des roches Une roche est dite plus dure qu'une autre lorsqu'elle la raye sans en être rayée. Mohs a établi une *échelle de dureté* avec les dix substances suivantes : Talc 1 ; gypse ou sel marin, 2 ; calcite, 3 ; fluorine, 4 ; apatite, 5 ; orthose, 6 ; quartz, 7 ; topaze ou émeraude, 8 ; corindon, 9 ; diamant, 10. Chacun de ces termes raye le précédent et est rayé par le suivant. Dans les deux premiers termes, talc et gypse, rentrent les minéraux qui se rayent à l'ongle ; de 3 à 5, ce sont les minéraux rayés par une pointe d'acier ; le terme 6 représente à peu près la dureté du verre à vitres ; les minéraux, à partir de 7, rayent le verre. Le diamant est donc le plus dur de tous les corps. Toutes les substances rayées par le quartz sont des gemmes demi-dures et, à l'exception de l'opale, elles n'ont qu'une médiocre valeur. V. Cassure

Dyas, *gr. dis, deux, Marcou 1859*, à cause de la superposition d'un étage marin, le *zechstein*, à un étage d'eau douce, le *grès rouge* (Rothliegende). Le dyas est le permien de Saxe. Synonyme de permien.

Dycke, *anglais, mur en saillie.* Mur constitué par une matière éruptive qui s'est infiltrée dans les fentes des couches ou des roches. Il se présente souvent en saillie à la surface, parce qu'il a résisté à l'action des agents atmosphériques qui ont dissous ou désagrégé les parois encaissantes. Le même nom s'applique aussi aux filons dans les profondeurs du sol. Il y a des filons de lave qui présentent cette disposition (Val del Bove, Etna). V. Granite et Euphotide.

Dysodile. V. Argile.

E

E. Étage E de Barrande pour la Bohême, Faune 3ᵉ. Calcaire argileux noir et schiste à concrétions calcaires. C'est l'étage le plus riche en fossiles de toute la Bohême ; plus de 400 espèces de céphalopodes. V. Silurien.

Eau, *lat. aqua.* Les anciens regardaient l'eau comme l'un des quatre éléments : eau, air, terre, feu. En réalité ce produit incolore est composé de 88,888 parties d'oxygène et 11,12 d'hydrogène soit une partie d'hydrogène pour 8 d'oxygène. Formule HO. La densité à $+4°$ c. sert d'unité pour évaluer la densité des autres liquides et des solides. Se solidifie et devient glace à 0°, passe à l'état de vapeur à 100°, sous la pression 0,76. Très peu compressible ; dissout un très grand nombre de corps et se laisse décomposer par un grand nombre de corps simples. N'est jamais absolument pure dans la nature où elle existe toujours sous 3 états physiques : solide, liquide, gazeux. *Eau de mer.* Densité un peu supérieure à 1 ; 1,029 pour la Méditerranée. La composition de l'eau de mer est partout à peu près la même ; sur 1,000 parties de cette eau il y a 35 parties de sels dissous dont 27 parties de chlorure de sodium ; les 8 autres parties sont des chlorures de magnésium et de potassium, des sulfates de magnésie et de chaux, du bromure de magnésium, d'iode et enfin des traces d'argent et de cuivre.

Eau carboniquée. V. Altération des roches.

Eaux thermales, *gr. thermos, chaleur.* On sait que les eaux des puits artésiens proviennent d'une couche perméable comprise entre deux couches imperméables ; il n'en est pas de même des sources thermales ; elles arrivent par les fentes qui existent dans l'écorce terrestre et leur température parfois élevée est une des preuves de l'accroissement continu de la température à mesure qu'on s'enfonce plus profondément dans le sol. Ces eaux acquièrent par suite la propriété de dissoudre certains minéraux, chlorures, soufre, soude, surtout chaux, et elles deviennent des *eaux minérales.* Ainsi les eaux des puits de Paris contiennent du sulfate de chaux parce qu'elles ont filtré à travers les couches de gypse de Belleville ; celles de la Champagne renferment du carbonate de chaux parce que le sol est crayeux. Dans le Jura, la Haute-Saône, les Vosges, plus de la moitié des sources sont chlorurées, parce qu'elles traversent des couches marneuses renfermant du sel gemme. Les eaux des Pyrénées sont chargées d'acide chlorhydrique et d'acide

sulfhydrique qui proviennent d'émanations volcaniques. Une source est ocreuse quand elle a lavé des couches ferrugineuses et s'est chargée d'oxyde de fer (Charbonnières, près Lyon). Ces eaux minérales en s'évaporant laissent déposer les matières qu'elles tenaient en dissolution et c'est ainsi que se sont formés le calcaire, le gypse, le sel gemme, l'oxyde de fer, la silice, etc. Le régime des eaux minérales est constant, c'est-à-dire que leur débit ne varie pas, ni par l'effet des pluies ni par l'effet des sécheresses.

Eaux incrustantes. On nomme ainsi les sources qui, en perdant à l'air libre une partie de leur gaz carbonique, ne peuvent plus contenir en dissolution tout le calcaire dont elles se sont chargées dans leur circulation souterraine et le laissent déposer soit sur leurs parois, soit sur les objets qu'on dépose dans leur masse. La matière constituante de ces objets n'est pas *pétrifiée*, comme on le dit, mais simplement recouverte d'une couche de calcaire. Si des grains de sable sont soulevés par le bouillonnement de la source, ils se recouvrent de couches successives de calcaire jusqu'à devenir gros comme un œuf de poisson ou comme un pois : d'où les noms d'*oolithes* et de *pisolithes*; gr. *pison, pois*, qu'on leur donne; dragées de Tivoli. Quand les grains deviennent trop lourds pour être tenus en suspension, ils vont au fond et finissent par être liés les uns aux autres par le dépôt calcaire : on a ainsi une roche ou calcaire oolithique ou pisolithique. V. Tuf.

Eboulement. Dans les vallées et les cluses des éboulements de roches se produisent lorsque leur base a été usée à la longue par l'action des agents atmosphériques, pluies, gel; dégel; d'autre part les fissures supérieures augmentant, ces roches ne sont plus suffisamment reliées au massif et sous l'action de la pesanteur elles dégringolent vers le bas de la vallée. Et comme c'est en ce point que passent les routes et les voies ferrées on est souvent obligé d'exécuter des travaux protecteurs. Parfois même on fait sauter la masse de rochers dont la chute devient imminente. Il n'est pas besoin de dire que ces éboulis successifs élèvent le fond de la vallée et que les débris fossiles ou préhistoriques se trouvent ainsi enfouis à une profondeur plus ou moins considérable.

Des éboulements plus considérables, et par suite plus désastreux, se produisent quand les eaux souterraines arrivent à délayer une couche placée entre deux autres couches non délayables; par exemple une couche marneuse placée entre deux bancs de calcaire inclinés. Alors toute la masse qui reposait sur cette couche se met en mouvement et c'est ainsi qu'on voit parfois des montagnes *qui glissent*. En 1806, catastrophe du Rossberg, au nord du Righi, qui détruisit les charmantes campagnes de Goldau (la Vallée d'Or). La nagelfluhe, qui servait de base, s'était délayée à la suite de pluies abondantes. L'éboulement n'avait pas moins de 1,500 mètres de long, 320 mètres de large avec une épaisseur moyenne de 32 m., ce qui représente une masse de 15 millions de mètres cubes. Eboulement du Plattenberg, près d'Elm, en Suisse, 1881. En 1811, la plaine de l'Oisans, dans les Alpes du Dauphiné, fut fermée par un gigantesque éboulement ; les eaux des rivières s'accumulèrent en arrière et formèrent un lac de 10 kilomètres de long qui couvrit des bourgades entières et des forêts. Au bout de 38 ans, la digue, cédant sous l'effort des eaux, une inondation épouvantable se produisit. V. Effondrement. Eboulement vers le lac des Hôpitaux, commune de la Burbanche, ligne P.-L.-M., le 18 octobre 1896. On estime à plus de 100 mille mètres cubes la masse qui a glissé à la suite de pluies qui ont délayé les couches d'argile. Le glissement de la montagne du Gouffre près d'Alais, commença le 14 février 1896 et ne s'arrêta que le 26 du même mois.

Eboulis, *rad. boule.* Amas de matériaux résultant d'un éboulement.

Echinides. Classe d'échinodermes sphéroïdaux ou cordiformes. V. Cidaris, diadema, ampliiope, échinolampas, micraster. Les mers crétacées nourrissaient de nombreux oursins. Les cidarides vivent actuellement dans les grandes profondeurs.

Echinodes. V. Poissons.

Echinodermes, *gr. echinos, épine ; derma, peau.* Embranchement des phytozoaires ou animaux-plantes. Ces animaux ont le corps rayonné, le nombre 5 domine, sphérique ou cylindrique, souvent garni de piquants avec squelette dermique calcifié. On divise les échinodermes en cinq classes : *Astérides, Ophiures, Crinoïdes, Echinides, Holothuries.*

Echinolampas. Echinoderme du calcaire grossier des terrains tertiaires : la forme ovale de cet oursin rappelle celle d'une lampe antique ; d'où son nom. Est fréquent dans le tertiaire et vit actuellement.

Echinospatagus cordiformis, *gr. échinos, épiné ; gr. spatagos, hérisson de mer.* Oursin fossile des mers crétacées appelé maintenant *toxaster.* V. Néocomien.

Ecorce terrestre. V. Chaleur centrale. L'écorce solide terrestre (qui a peut-être la forme d'une toupie, V. Soulèvements) n'a, au maximum, que 70 kilomètres d'épaisseur ; ce qui est bien peu de chose relativement au rayon de la Terre. Et comme cette croûte tend évidemment à s'appuyer constamment sur le noyau interne en fusion on s'explique les affaissements qui se sont produits, à différentes époques, suivant les lignes de moindre résistance, lesquels affaissements avaient nécessairement comme conséquence des plissements en sens contraire ou *soulèvements* qui se produisaient en d'autres points. L'action des gaz et de la vapeur d'eau emprisonnés à l'intérieur, d'une part, et d'autre part, la pression énorme exercée en certaines régions par la masse des dépôts sédimentaires ont dû être des facteurs de ces changements de configuration dans le relief continental. Et ainsi on s'explique comment les mers ont pu, à plusieurs reprises, envahir et abandonner tel ou tel pays, la

France, par exemple ; on comprend l'effondrement de terres immenses comme l'Atlantide. Actuellement encore la surface du sol subit constamment des mouvements qui le soulèvent en certains points et l'abaissent en d'autres. Ainsi on a constaté que le nord de la Suède s'élève de 1ᵐ 30 par siècle tandis que le sud du même pays s'abaisse de 1ᵐ 50 dans le même temps. Par suite la Baltique se vide peu à peu. V. Soulèvements et Soulèvements lents. La plus grande partie des continents actuels sont d'anciens fonds de mer et se sont formés de couches successives de natures diverses. En se basant sur l'épaisseur relative des couches sédimentaires on a calculé (M. Dana) que la durée de l'époque secondaire a été trois fois et l'époque primaire 12 fois plus longue que l'époque tertiaire, soit, pour l'Amérique, 36 millions d'années pour l'ère primaire, 9 millions d'années pour l'ère secondaire et 3 millions d'années pour l'ère tertiaire. D'autres auteurs arrivent à un total de 80 millions d'années. V. Érosion.

Ecume de mer. Hydrosilicate de magnésie d'un blanc mat, légèrement rosé, happant à la langue, faisant pâte avec l'eau, et difficilement fusible. C'est une sorte de serpentine.

Effondrement. Les eaux souterraines dissolvant diverses substances il se produit à certaines profondeurs d'importantes cavités, grottes ou cavernes. Parfois les parois, pressées par les assises encaissantes, s'écroulent en donnant naissance à de grands talus d'éboulement. Dans d'autres cas, il survient un *effondrement* de la voûte qui se traduit à la surface par l'apparition d'un gouffre inattendu. Dans le Jura Salinois ces accidents ne sont pas rares par suite de la dissolution des amas de gypse ou de sel gemme. (Roches de Baume, près Lons-le-Saulnier. Ces effondrements entraînent des mouvements du sol qui se traduisent par de petits tremblements de terre. V. Gypse, Grotte, Karst.

Egrisé ou Egrisée, *de l'all. gries? gravier.* Poudre que l'on obtient en usant l'un contre l'autre certains diamants colorés ou tachés, impropres à la taille et qu'on appelle *diamants de nature.* Cette poudre vaut 60,000 francs le kilog. ; elle vient spécialement d'Amsterdam où se pratique beaucoup la taille du diamant, et sert, délayée dans de l'huile, à tailler les diamants ainsi que les pierres précieuses.

Eifélien, *de Eifel, région volcanique de l'Allemagne entre Trèves, Aix-la-Ch., Coblentz.* Dumont A. 1848. Schistes à calcéoles du dévonien moyen. Population rare et pauvre. C'est là que se trouve le lac de Laach entouré de 31 volcans éteints. V. Cratères-lacs, Soulèvements et Dévonien.

Elatérite, *gr. elate, pin.* Substance brune-verdâtre, molle, élastique qui fond à une basse température et brûle avec une fumée noire et une odeur aromatique. Appelée aussi *Bitume élastique* et *Caoutchouc fossile.* Se trouve en Angleterre dans des filons de plomb et dans les veines calcaires des couches de houille à Montrelais (Loire-Inférieure.)

Eléphants, *gr. elephas*. Pendant toute la seconde moitié de l'époque tertiaire, miocène supérieur et pliocène, et pendant le quaternaire les proboscidiens (*lat. proboscis, trompe*), ont été beaucoup plus nombreux que de nos jours et ont peuplé une région beaucoup plus étendue au nord des deux continents. Le genre mastodon, *gr. mastos, mamelon, à cause de ses molaires mamelonnées*, est contemporain du dinotherium. Les mastodons primitifs avaient, au moins, dans leur jeune âge, des incisives inférieures qui persistaient, chez certaines espèces, jusqu'à l'âge adulte; de telle sorte que l'animal avait quatre défenses au lieu de deux. Tel était le *mastodon angustidens, lat. angustus, de courte durée; dens, dent*, parce qu'il perdait vite certaines de ses dents; du miocène moyen du sud de la France, qui devait vivre dans les marais ou au bord des fleuves dont il ne s'éloignait guère et se nourrir de plantes et de racines aquatiques comme le tapir et l'hippopotame.

L'elephas antiquus du quaternaire d'Europe et d'Amérique a été le plus grand de tous les mammifères terrestres; il avait de longues défenses faiblement recourbées. *L'elephas primigenius* ou vulgairement *mammouth* (Etymologie inconnue), a été le contemporain de l'homme primitif qui l'a dessiné sur des plaques d'ivoire. *V. Homme fossile*. Il était plus grand que l'éléphant des Indes et était très répandu en Sibérie à l'époque pleistocène, alors que le climat de ce pays était plus humide et que l'embouchure de l'Yénisei était occupée par un grand golfe marin. Quand l'invasion du froid sec anéantit les végétaux dont ces animaux se nourrissaient, ils disparurent. Quelques-uns, tombés dans des crevasses de glace, nous ont été conservés entiers et intacts, et on en a trouvé ainsi deux en 1799 et 1846. Leur corps était recouvert d'une épaisse fourrure brune qui n'existe pas chez les types actuels, et cette chaude toison permet, peut-être, de conclure que ces animaux vivaient là alors que le froid était déjà vif et qu'ils l'ont acquise pour se protéger de ses atteintes. On trouve le mammouth dans les assises du diluvium; il n'est pas rare dans le lœss avec le rhinocéros, et ne se trouve plus dans les terrains postérieurs. Ses défenses pouvaient atteindre une longueur de 5 m. et un poids de 125 kilogrammes. « Loin d'être le plus ancien des éléphants, dit M. Piette (époque éburnéenne), *lat. ebur, ivoire*, l'elephas primigenius est le dernier parmi les espèces éteintes. Ce nom de primigenius est donc une contre-vérité et pour cette raison il doit être abandonné. On ferait bien mieux d'appeler cet éléphant *penultimus* ou *septentrionalis* par opposition à celui de *meridionalis* qui a été donné à un autre de ces animaux. »

Le commerce de l'ivoire fossile remonte à la plus haute antiquité. Les Sibériens en vendent encore aujourd'hui une immense quantité; il est plus dur et aussi beau que celui des éléphants actuels. Les sables de certaines îles des côtes de Sibérie sont pétris et lardés de défenses et d'ossements de mammouths. V. Dinotherium.

Elvan, *étymologie inconnue*. Porphyre quartzifère des gîtes stannifères de Cornouailles et du Limousin. C'est un granite à mica blanc qui a pris la texture porphyrique (71 % de silice avec 13 à 15 % d'alumine. L'étain apparaît toujours en compagnie d'elvan (de Lapparent).

Emanations thermales. Ce sont les solfatares, les geysers, les soufflards, les salses et les mofettes. V. ces mots.

Embâcle. Obstruction d'un fleuve par des glaçons agglomérés en barrière. Se produit surtout dans les passages étroits, par exemple vers un groupe d'îles. Ce phénomène arrive chaque année dans les rivières du Canada. Il est probable que les embâcles ont modifié la direction des cours d'eau par suite de l'obstacle qu'elles offrent aux eaux d'amont.

Embue. V. Caverne.

Emeraude, *gr. smaragdos.* L'émeraude est une variété de corindon de couleur verte ; silice, alumine, glucine, oxyde de chrome. Si l'oxyde de chrome est remplacé par de l'oxyde de fer on a le béryl et l'aigue-marine. L'émeraude et le béryl abondent dans les pegmatites et les gîtes stannifères. La belle variété d'émeraude de Muso, Nouvelle-Grenade, se trouve disséminée dans un calcaire bitumineux néocomien.

Emeri ou Emeril, *gr. smaris, smiris, racine smar, broyer.* V. Corindon.

Emposieux. V. Grotte.

Empreintes, *lat. imprimere.* Figures de plantes, de poissons, d'insectes, de pas d'animaux, de pieds d'oiseaux, de gouttes de pluie imprimées sur certaines roches. Evidemment, ces roches étaient vaseuses et tendres au moment où ces empreintes se sont produites.

Emschérien, *des marnes d'Emscher.* en Westphalie. De Lapparent, 1893. Correspond au *sénonien* de d'Orbigny (Supracrétacé).

Enaliosauriens, *gr. enalios, marin ; saurus, reptile.* Sous-classe des reptiles de l'époque secondaire ; taille gigantesque, dents nombreuses, préhensibles ; membres transformés en nageoires. Comprend les groupes *ichthyosauriens; nothosauriens,* (*gr. nothos, bâtard*) et *sauroptérygiens.* Les ichthyosauriens, *gr. ichthus, poisson,* avaient des formes lourdes, des yeux énormes, les dents coniques comme les crocodiles (on en compte jusqu'à 180) ; quatre pattes en forme de nageoires ; natation rapide, étaient carnivores et certainement vivipares. Avaient probablement un troisième œil situé derrière la tête et dont on retrouve les traces chez les lézards actuels. Quelques-uns avaient 10 m. de long. Lias et crétacé. V. *Coprolithes,* Les nothosauriens ont une tête offrant des analogies avec celle des tortues, un long cou comme les plésiosaures, taille moins grande que les autres énaliosauriens. Muschelkalk de la Lorraine et du Wurtemberg. V. Reptiles.

Engobe. La terre d'engobe est une argile réfractaire employée, sous forme d'enduit, soit pour la décoration de la poterie suivant les couleurs, soit, quand elle est blanche, pour masquer la couleur sale de la pâte. Le plus souvent cet enduit reçoit une glaçure plombifère. Ces argiles appartiennent au *plaisancien*. On les exploite, dans l'Ain, près de Treffort et de Meillonnas.

Entonnoir. V. Grottes.

Entrite, *lat. tritus, broyé*. Nom générique des roches cristallines qui présentent une pâte renfermant des cristaux. Ex. les porphyres.

Entroques. On appelle entroques les disques ou petits osselets dont est formé le pédicule des crinoïdes fossiles ou les radioles d'oursins. Les entroques de crinoïdes ont ordinairement la forme cylindrique ou pentagonale de quelques millim. de côté et présentent, sur leurs deux faces, l'empreinte d'une étoile parfaitement régulière ou d'un cercle. On en a compté 26 000 environ dans la charpente solide de l'encrine-lis. Chez l'animal vivant, elles sont recouvertes d'une couche gélatineuse. Certains calcaires du jurassique en sont pétris : *calcaires à entroques*. V. Crinoïdes.

Eocène, *gr. eos, aurore ; kainos, récent*. Aurore des espèces nouvelles, 3 à 4 % environ, Lyell, géologue anglais, 1833. Les dépôts éocènes sont les formations tertiaires inférieures ; elles succèdent aux terrains secondaires. Le mouvement d'émersion qui s'est produit à la fin de la période crétacée ne laissera plus la mer revenir aussi loin que précédemment dans les régions du nord, mais il y aura lutte entre les embryons des continents et l'Océan : d'où résulteront des dépôts alternativement marins, saumâtres et lacustres indiquant les oscillations fréquentes du sol. Le contre-coup de cette émersion du N. s'est traduit dans le midi par une vaste dépression qui a produit une mer méditerranéenne quatre à cinq fois plus grande qu'elle ne l'est aujourd'hui. Aussi là les dépôts éocènes sont franchement marins, seulement ils ne seront plus constitués par des dicérates et des rudistes mais par les *nummulites* : d'où le nom de *terrain nummulitique* donné à ces couches : Espagne, Italie, Grèce, Algérie.

Sous l'influence de cette mer chaude parce qu'elle touche au tropique, et où croissent les algues chondrites, l'Europe prend une physionomie africaine : saisons sèches et brûlantes alternant avec des saisons pluvieuses et tempérées. La température est de 25° en moyenne. Aussi une flore remarquable se développe comprenant les palmiers et les cocotiers qui prospèrent jusqu'en Angleterre. Faune. *Invertébrés*, des miliolithes, des nummulites ; des oursins, échinolampas (quelques genres déjà dans le danien qui précède). Lamellibranches : cardita et autres qui vivent actuellement dans le Pacifique ; des *cyrènes* dans les eaux saumâtres. Gastéropodes : des *cérithes* dans la mer ; des *potamides* dans les lagunes et les estuaires ; des *unios*, des *paludines*, des *limnées* dans les eaux douces. Les brachiopodes sont en complète décadence ; il n'y a plus que des *térébratules* ; les *ammonites* sont complètement éteintes. *Vertébrés. Poissons* : encore quelques *ganoïdes*, les *squales* et les *raies* abondent. *Reptiles* : des *tortues* comme dans la craie ; les *salamandres* et les *anoures* se montrent : les crocodiliens (*gavialis*) progressent ; les *ptérosauriens* et les *dinosauriens* sont éteints. *Oiseaux* : grands oiseaux marcheurs : *gastornis. Mammifères.* Les cétacés apparaissent avec le genre *scuglodon* ; encore des marsupiaux ; *arctocyon* ; puis viennent des pachydermes : *coryphodon*. des argiles à lignite, souche des ongulés ; *lophiodon*, ancêtre des tapirs ; *paleotherium, anoplotherium*, les ruminants sont en petit nombre : *xiphodon* ; les solipèdes, précurseurs du cheval, se montrent en Amérique : *eohippus* ; les carnivores apparaissent avec *Cynodon*, et à la fin de l'éocène, les singes avec *cainopithecus*.

Etages de la série éocène. Aux deux étages *Suessonnien* ou *Soissonnien* et *Parisien* de d'Orbigny, correspondent maintenant les étages suivants en allant toujours de bas en haut : *thanétien, sparnacien, yprésien, lutétien, bartonien* et *ludien* ou *priabonien*. THANÉTIEN, *de l'île ou promontoire de Thanet*, à l'embouchure de la Tamise où les dépôts sableux sont franchement marins et se sont produits dans le grand golfe anglo-parisien. Glauconie de la Fère, marne de Meudon, sables de Bracheux, calcaires de Rilly, phosphates d'Algérie et de Tunisie. SPARNACIEN, *de sparnacum, Epernay.* Lignites et argiles plastiques, sables de Cuis et d'Ay qui présentent à leur base des troncs silicifiés. YPRÉSIEN, *de Ypres, en Flandre*, Retour de la mer avec nummulites. Sables de Cuise et d'Aisy (Oise), Soissonnais ; argile et sables en Flandres, argile de Londres, calcaire à miliolithes du Languedoc ; hyracotherium. LUTÉTIEN, *de Lutetia, Paris.* Nouvelle transgression marine, puis assèchement donnant, dans le bassin de Paris, les calcaires à nummulites, à cérithes, à miliolithes, les bancs verts et les caillasses. En Belgique, des sables et des grès ; en Aquitaine, les calcaires de Blaye et le calcaire à nummulites. BARTONIEN, *de Barton, île de Wight*, Angleterre. Formation marine et lacustre. Sables de Beauchamp, calcaire de Saint-Ouen dans le bassin de Paris. Couches à serpula spirulea de Biarritz. En Angleterre des sables et des argiles. LUDIEN OU PRIABONIEN ; *de Ludes dans la montagne de Reims* où l'on observe d'abord des dépôts de gypse lagunaire, puis des dépôts marins passagers ; la mer se retire ensuite. Gypse parisien. Dans les Pyrénées, poudingue de Palassou ; dans les Alpes, le *flysch.* Le priabonien, *de Priabona, dans le Vicentin*, présente les couches équivalentes de la région méditerranéenne : ce sont des calcaires à nummulites et au sommet des marnes à bryozoaires et à *ostrea Brongniarti.* Le ludien est l'ancien *ligurien.* V. ce mot.

Dans l'est de la France, au niveau des gypses de l'éocène supérieur se place le *terrain sidérolithique* qui n'existe pas dans le bassin de Paris. C'est un dépôt abondant de minerai de fer en grains. Ce minerai est à l'état concrétionné et les sources minérales, comme il en existe encore à Charbonnières (Rhône), ont dû jouer un rôle important dans sa formation. Il se rencontre associé à des calcaires lacustres ou à des amas de gypse. Dans le Jura et la Franche-Comté la gangue est une argile rouge, *bolus*, contenant sous forme de *nids* ou *poches* le minerai en grains pisolithiques exploité. Dans le Berri ce minerai est mélangé à de la marne et on donne à la roche résultant de cet ensemble le nom de *castillot* ou *castillard*.

Le sédérolithique n'est représenté dans l'Ain que par des bancs de poudingues à cailloux impressionnés que l'on suit, à 300 m. d'altitude, sur les flancs du Revermont. On le retrouve dans l'Isère, Grives-Saint-Alban.

Les phosphorites du Quercy sont une autre manière d'être de ce terrain ; mais par les mammifères qu'ils contiennent se rapportent à l'oligocène. V. Phosphorites.

Eogène, *gr. eos, aurore ; genos, origine.* Heilprin 1888. Première période de l'ère tertiaire ; elle comprend les deux séries éocène et oligocène. V. Etages.

Eohippus, *gr. eos, aurore; hippos, cheval.* Les couches tertiaires de l'Amérique du N. ont donné des formes qui montrent l'histoire paléontologique du cheval. L'*eohippus* appartient à l'éocène inférieur, puis vient l'*orohippus* qui a 4 doigts comme le tapir ; le *mesohippus*, du miocène, où la prédominance du doigt médian s'accentue ; le *miohippus*, encore du miocène, qui n'a plus que trois doigts ; le *protohippus*, du pliocène, chez lequel les deux doigts de chaque côté du doigt médian sont presque rudimentaires, et enfin, l'*equus*, où l'on ne trouve plus que le doigt médian actuel. V. Cheval.

Eoliens (dépôts). V. Dépôts.

Eophyton, *gr. eos, aurore ; phuton, plante.* Cryptogame vasculaire ; algue, qui a commencé la végétation sur la terre ; a été découvert par Torell, de Stockholm, dans le silurien inférieur de Scandinavie. On observe ces algues en demi-relief sur les plaques de grès à leur contact avec un schiste.

Eosaurus, *gr. eos, aurore ; saurus, reptile.* Marsh. Amphibien du carbonifère américain d'Acadie.

Eozoon, *gr. eos, aurore ; zoon, animal.* Dawson a désigné par ce nom des apparences observées dans les calcaires cipolins du laurentien, Canada, qui seraient le débris organique le plus ancien que l'on connaisse. M. Gumbald a découvert l'*eozoon bavaricum* dans les calcaires primitifs de la Bavière ; M. Hochstetter, l'*eozoon bohemicum*. M. Garrigou, l'*eozoon pyrénéen* dans le calcaire serpentineux des Pyrénées. Actuellement, et d'après Mobius, l'eozoon ne doit pas être regardé comme un foraminifère, mais comme un produit anorganique composé de calcaire et de serpentine.

Epanchements ou **venues métallifères.** Voici comment M. de Launay groupe les venues métalliques :

Phase huronienne : venue aurifère du Dakota ; émission des pyrites aurifères du gneiss norwégien ; de la blende et de la galène d'Ammeberg en Suède ; du cuivre et des hématites du Lac supérieur ; des minerais magnétiques de Scandinavie, de l'argent de Kongsberg.

Phase calédonienne, de *Calédonie*, ancien nom de l'Ecosse. Venues aurifères de Norvège, du Pays de Galles, de Sibérie, du Transvaal et du Brésil ; gîtes d'étain de Cornouailles, de la Bretagne et du Plateau central ; filons de cuivre de Cornouailles ; gîtes de fer de Diélette (Manche).

Phase hercynienne : filons d'antimoine du Plateau central ; gîtes de zinc de la Vieille-Montagne, de la Carinthie ; filons de Pontgibaud (Puy-de-Dôme), du Morvan, de Freiberg ; gîtes de mercure du Palatinat ; émissions cuivreuses de la Russie, de la Prusse rhénane.

Phase alpine : venue aurifère de Californie et des Carpathes ; émission de cuivre et d'étain de la Toscane et de l'île d'Elbe ; émission antimoniale d'Algérie et de Hongrie ; venues plombifères de Vialas (Lozère), du Colorado ; gîtes de zinc de Santander ; filons argentifères de Chemnitz ; gîtes de mercure d'Idria, de Californie, du Mexique.

Epiornis ou **Æpiornis**, *gr. aipus, immense ; ornis, oiseau.* L'épiornis de Madagascar, brévipenne gigantesque, avait au moins 3 mètres de haut, et son œuf, dont on a retrouvé de nombreux exemplaires dans les alluvions récentes, quaternaires, de cette île, a un volume égal à 6 fois celui de l'autruche et 150 fois celui d'un œuf de poule, soit 8 litres de capacité. Il mesure 34 centim. de long et 22 cent. et demi de large. L'épiornis vivait dans des temps peu éloignés de nous et à une époque où l'homme habitait déjà Madagascar. Un oiseau semblable a laissé ses énormes empreintes sur les grès du Connecticut et devait être deux fois aussi grand que l'autruche actuelle.

Eponge, *lat. spongia.* Les spongiaires sont des animaux fixés, de formes très variables, constituant le plus souvent des colonies. Corps composé d'un parenchyme cellulaire. Si le squelette existe, il est fibreux, siliceux ou calcaire (Spicules). V. Callodictyon, Coscinopora.

Les éponges calcaires ont, pour un peu, concouru avec les anthozoaires à l'édification des récifs de coraux. Les éponges siliceuses sont extrêmement abondantes dans certaines formations de mers profondes : calcaire du jurassique supérieur, craie blanche.

Epoque. V. Ere.

Equisétacées, *lat. equus, cheval ; seta, soie, mèche, queue : queue de cheval.* Petites plantes vasculaires avec racines, tige et feuilles, pas de fleurs ; se reproduisant par spores. Elles croissent dans les terrains marécageux ; ont un rhizome souterrain rampant et une tige cylindrique creuse, articulée. A chaque point de jonction se trouve une gaîne dentée qui est le rudiment des feuilles. (Prêles.)

Dans les anciennes époques, les équisétacées avaient des tailles gigantesques, *equisetum columnare* du Jurassique, et étaient très nombreuses ; telles les calamites, du carbonifère et du permien. Perdent de leur importance à partir du trias. On utilise les prêles pour polir à cause de la forte proportion de silice qu'elles renferment.

Equivalence. V. Synchronisme.

Erbue. Les minerais de fer sont toujours mêlés à des matières étrangères pierreuses qu'on nomme *gangue* (argile, silice, chaux). La gangue est stérile et parfois nuisible. On l'élimine d'abord autant que possible par un triage, puis, pour la rendre fusible, on ajoute au minerai une base qui se combine avec elle : c'est la *castine,* qui est un calcaire, lequel peut donner avec les parties siliceuses de la gangue un silicate fusible ; ou l'*erbue,* qui est une argile, quand c'est le calcaire qui domine. Sous l'action de la température élevée nécessaire, le fer, par exemple, se combine avec le carbone et on obtient de la *fonte* qui est cassante et qui doit être ensuite *affinée* pour devenir du fer ductile.

Ere. Une ère est un groupe de *périodes* embrassant plusieurs *époques* pendant lesquelles se sont effectués les dépôts sédimentaires constituant les *terrains.* Les temps géologiques se partagent en quatre ères, savoir : l'*ère primaire* ou *paléozoïque;* l'*ère secondaire* ou *mésozoïque ;* l'*ère tertiaire* ou *néozoïque* ou encore *kainozoïque,* et, enfin, l'*ère quaternaire* ou *moderne.* A chacune de ces ères correspond un *système* de terrains ou *groupe.* A la base de tous ces terrains sédimentaires se trouve le terrain *primitif* ou *archéen* et on a ainsi l'ensemble de la croûte terrestre. V. tous ces mots et série sédimentaire.

Chacune de ces ères est caractérisée par un progrès dans l'évolution vitale ; l'ère primaire est le règne des poissons ganoïdes, des trilobites et des végétaux acrogènes et gymnospermes; l'ère secondaire est le règne des sauriens, des ammonites et des cycadées; l'ère tertiaire est le règne des mammifères, des gastéropodes et acéphales et des végétaux angiospermes ; enfin, l'ère quaternaire est caractérisée par l'apparition de l'homme d'abord et ensuite par ce fait qu'aucune espèce nouvelle n'est apparue.

Erosion, *lat. erosio, de rodere, ronger.* Destruction superficielle des roches par l'action de l'air, de l'eau, des pluies, du gel, du dégel, des variations brusques de température, des décharges électriques ; par l'action des eaux courantes (ruissellement, rivières, fleuves, torrents) ; V. Causses, Delta, Grotte, Lapiez ; par l'action des neiges et des glaciers, V. Glaciers ; par l'action des eaux de la mer sur les côtes et les falaises (V. Fjord, Falaise).

Entrons dans quelques détails. *Atmosphère.* Sous l'action du soleil, l'atmosphère est continuellement agitée ; de là les *vents.* Quand la vitesse varie de 0^m30 à 28^m par seconde, ce sont les *vents ordinaires ;* au-delà, ce sont les *ouragans,* les *cyclones* et les *trombes.* Dans les cyclones, la vitesse du vent peut atteindre 45^m par seconde, soit plus de 160 kilomètres à l'heure. C'est aux vents violents que sont dues les *pluies de sables* et les *pluies de sang*, ces dernières, ainsi nommées, parce que les poussières sont constituées par des organismes microscopiques et des diatomées de couleur rouge. Les grains de sable animés d'une grande vitesse usent les roches. V. Corrasion. Les matériaux charriés par les vents constituent les dépôts *éoliens*. V. Dépôts. Sur les bords de la mer, ce sont les *Dunes*. V. ce mot. Enfin certains vents, comme le *foehn*, accélèrent la fusion des neiges et des glaciers.

Aux actions mécaniques (Gorges du Fier) se joignent les actions chimiques. D'abord l'eau pure a une grande action dissolvante sur certaines roches telles que le gypse et le sel gemme. (V. Gypse) ; son action sur le carbonate de chaux et la silice est très faible puisqu'il faut 50.000 litres d'eau pure pour dissoudre 1 litre de carbonate de chaux et 7.500 litres d'eau pure pour 1 litre de silice à l'état gélatineux. Mais si l'eau est chargée d'oxygène et de gaz carbonique, comme cela arrive pour l'eau de pluie qui en contient 25 centim. cubes par litre, soit 31 % d'oxygène et 2,4 % d'acide carbonique, son pouvoir dissolvant augmente considérablement, 1.000 litres au lieu de 50.000. Elle peut dissoudre le calcaire en le faisant passer à l'état de bicarbonate qui est entraîné et c'est là l'origine des sources calcaires ; elle décompose aussi, à la température ordinaire, beaucoup de sels qui existent en quantité dans les roches non calcaires, tels que les silicates de chaux, de potasse, de soude ; les oxydes ferreux et manganeux. Infiltrée dans le sol, cette eau va céder son oxygène à certaines roches qui ont des éléments oxydables ; elle-même va se combiner avec d'autres telles que l'anhydrite qu'elle transforme en gypse, V. Anhydrite, ou à des minerais de fer qu'elle transforme en limonite. Et ainsi cette eau de pluie agit sur les roches par oxydation, hydratation et dissolution.

Voyons quelle est son action sur les différentes roches : 1° les grès avec ciment calcaire étant poreux, le calcaire est bien vite éliminé, le grès devient friable et se réduit en sable. Si le grès est argileux, l'argile est délayée par l'eau et les masses de grès, comme celles des Vosges, prennent un aspect ruiniforme ; 2° les schistes argileux se réduisent soit en argile plastique, soit en terres meubles. Ainsi les couches d'ardoise exposées à l'air reviennent jusqu'à une assez grande profondeur à leur état d'argile primitive : c'est la *cosse* qui prend la teinte de la rouille, ne laisse plus supposer l'existence de couches d'ardoise inférieures et gêne l'exploitation. V. Ardoise. Si les roches schisteuses sont redressées, ce qui arrive souvent, l'érosion produit dans la masse des entailles profondes qui donnent des crêtes dentelées : d'où les noms de *pics*, *d'aiguilles* ou de *serres*, c'est-à-dire en *dents de scie ;* ces pics sont ensuite brisés par les coups de foudre ; 3° les roches silicatées, c'est-à-dire qui contiennent du feldspath, du pyroxène ou de l'amphibole, sont aussi attaquées par l'eau carboniquée. Les silicates d'alumine et de potasse qui composent le feldspath sont décomposés ; il se produit de l'acide silicique et du carbonate de potasse qui se dissolvent dans l'eau et sont entraînés et il ne reste que du silicate d'alumine qui est insoluble et donne une sorte d'argile ou plutôt de Kaolin. V. Kaolinisation. C'est ainsi que les roches les plus dures, comme le granite, sont désagrégées. On sait que le granite est composé de feldspath, de mica et de quartz. L'action que nous venons de voir exercée sur le feldspath s'applique aussi au mica qui a une composition chimique analogue et alors les grains de quartz, non attaqués, il est vrai, restent isolés et forment un sable grossier, *l'arène*. Les micaschistes et les gneiss, exposés à l'air et aux pluies, sont altérés de la même façon et prennent une texture pourrie et sans consistance. Dans les monts du Lyonnais, les cultivateurs augmentent la couche de terre arable de leurs champs et de leurs vignes en utilisant cette altération du gneiss. Pour cela ils pratiquent des *minés*, c'est-à-dire qu'ils attaquent la roche par la mine et le pic et la réduisent en fragments sur une profondeur variable, 1^m par exemple. Au bout de deux ou trois ans, l'air, l'eau, la gelée ont fait leur œuvre : la masse remuée est désagrégée ; 4° les roches calcaires subissent fortement l'action de l'air et de l'eau carboniquée, d'abord parce qu'elles renferment des matières organiques et ensuite parce que 1.000 litres d'eau carboniquée (au lieu de 50.000 d'eau pure) peuvent dissoudre un litre de carbonate de chaux. En outre, ces roches présentant un très grand nombre de fissures, l'action mécanique de la glace vient s'ajouter au pouvoir dissolvant. L'eau, en passant à l'état de glace, augmente, comme on sait, de volume et par cette puissance énorme de dilatation les fissures sont élargies, des gerçures nouvelles se produisent dans tous les sens et à la longue des blocs volumineux finissent par être émiettés. C'est pour cette raison que les pierres *gélives* ne peuvent être employées dans les constructions. V. Lapiez et Karst. Du reste, que les pierres soient gélives ou non, elles se dégradent avec le temps puisque nous avons vu plus haut qu'il en est ainsi même pour le granite. Tous les anciens monuments, cathédrales ou châteaux, présentent ces altérations ; les sculptures finissent par ne plus être reconnaissables et il faut les remplacer par des copies comme on le fait pour les monuments nationaux.

Les matériaux résultant des érosions de toute nature étant charriés, il se produit un abaissement progressif des continents. On a calculé que les rivières enlèvent chaque année 10 kilom. cubes 43, que les falaises perdent 3 dixièmes de kilom. cube et que les eaux dissolvent environ 5 kilom. cubes. Total, 16 kilom. cubes en chiffre rond. De là résulte le calcul suivant : Combien faudra-t-il d'années pour que la destruction des continents soit accomplie et qu'il y ait aplanissement complet ? La réponse est facile quand on sait que la superficie totale des continents est de 145.000.000 de kilom. carrés, que le relief moyen est de 683 mètres et que l'étendue des mers vaut 2 fois et demie environ celle des continents. En effet le volume d'une tranche continentale de 1 kilom. de hauteur serait de 145.000.000 de kilom. cubes ; par conséquent les 16 kilom. cubes enlevés annuellement représentent une tranche d'une hauteur de 1 kilom. $\times$ 16 : 145.000.000 = 0 millim. 11. Mais en admettant

que ces 16 kilom. cubes soient entraînés dans les mers ils vont
en élever le fond et par suite le niveau d'une hauteur 2 fois et
demie moindre puisque leur étendue est 2 fois et demie plus
forte, c'est-à-dire de 0,11 : 2,5 = 0 millim. 045; donc le relief
des continents perd annuellement 0 mill. 11 + 0 mill. 045 =
145 millièmes de millimètre. Et pour que les 688 m. d'altitude
disparaissent le nombre d'années nécessaire est 688 : 0,000145=
4 millions et demi en chiffre rond. Ce résultat montre que depuis le soulèvement des Alpes, qui s'est produit au miocène, le
relief des continents a dû être considérablement modifié.

Erratiques (blocs). V. Blocs.

Erratique (terrain). V. Glaciaire.

Eruption, *lat. eruptio, de erumpare, sortir brusquement.*
Action d'un volcan qui lance au-dehors de la lave, des scories,
des bombes, des lapilli, des cendres, de l'eau, etc. Souvent l'é-
ruption est précédée de tremblements de terre et d'épouvanta-
bles détonations, puis une immense colonne cylindrique (3.000
m. de hauteur pour le Vésuve, 8.000 m. pour le Cotopaxi) de
fumée noire s'élance vers le ciel et s'étale en panache ; de pro-
digieuses lueurs illuminent toute la contrée ; d'énormes blocs et
des bombes sont lancés à de grandes distances ; la lave, après
avoir rempli le cratère, déborde et coule en torrents de feu sur
les pentes de la montagne. Parfois d'autres bouches s'ouvrent
sur les flancs du cône principal. La reverbération des laves incandescentes éclaire vivement les vapeurs et la poussière pro-
jetées. (Actuellement l'existence des flammes volcaniques ne
parait pas douteuse ; Janssen, Fouqué.)

En 1872, le Scapta-Jockül d'Islande vomit pendant plusieurs
jours des torrents de laves qui couvrirent 80 lieues carrées sur
une épaisseur moyenne de 30 m. après avoir tari et comblé une
large rivière et un vaste lac. En 1807, à Santorin, île volcanique, on vit, après de violentes secousses, surgir une île nouvelle qui a plus de 9 kilomètres de tour. En 1866, ce phénomène
se reproduisit ; une partie de l'île précédente s'affaissa dans la
mer et une île nouvelle apparut (île du roi Georges). En 79 de
notre ère, l'éruption du Vésuve détruisit Herculanum, Pompéi,
Stabie et 6 autres villes par une boue liquide formée de cendres
et de pierres ponces. Il y a actuellement plusieurs centaines de
volcans en activité et ils sont presque tous situés sur le bord de
la mer. V. Volcan.

Eruptives (Roches). Les roches éruptives sont celles qui
sont d'origine interne ; elles ont été injectées ou se sont épan-
chées par grandes masses à certaines époques à la façon des laves et ont donné par suite des *coulées*, des *filons*, des *nappes* ou
des *massifs*. Les gîtes minéraux et métallifères sont aussi d'o-
rigine interne et ont été produits ou par injection directe ou par
sublimation, ou par circulation d'eaux minérales. V. Filon.

L'activité éruptive n'a pas toujours été la même dans les diverses périodes géologiques et cela résulte des considérations suivantes qui permettent de déterminer *l'âge relatif* des

roches éruptives ; 1° Toute roche éruptive est plus jeune que les terrains stratifiés ou non qu'elle traverse en filon ou dans lesquels elle a été injectée en nappe d'intrusion en leur faisant subir des métamorphoses ; 2° Si une brèche ou un conglomérat, dont l'âge est bien connu, contient dans sa masse des fragment d'une roche éruptive, il est évident que cette roche éruptive s'était produite avant le dépôt du conglomérat ou de la brèche ; 3° Si des cinérites (amas de cendres) ou des *tufs* résultant de la consolidation des matériaux qui accompagnent souvent la sortie des roches éruptives contiennent des fossiles d'âge connu, par ex. des feuilles, il est évident que ces roches éruptives sont postérieures à l'existence de ces êtres, animaux ou végétaux. Cette dernière considération a permis à M. de Saporta de rapporter à l'époque du pliocène inférieur les coulées de basalte du Cantal. V. Cinérite. De même, dans les Vosges, la sortie des porphyres pétrosiliceux a donné des tufs boueux qui contiennent des fougères, des conifères et des cordaïtes de l'époque permienne.

« Dans la période primaire, dit M. de Lapparent, l'activité éruptive a été à peu près constante mais avec des modifications décroissantes sous le rapport du pouvoir de cristallisation. Ainsi les granites ont été remplacés par les porphyres quartzifères et ceux-ci par les porphyres pétrosiliceux et les verres naturels dits *Pechstein*. La période secondaire semble avoir joui d'un repos absolu, mais dès le début de l'ère tertiaire les éruptions recommencent et se continuent jusqu'à nos jours sans jamais reproduire des types granitiques et seulement des types vitreux. »

Escarboucle, *lat. carbunculus, petit charbon.* Les anciens appelaient ainsi une pierre précieuse de couleur rouge qui jetait un vif éclat. On ne sait pas au juste qu'elle était cette pierre ; mais, d'après Brongniart, c'est le grenat. V. Gemme.

Esker. V. Œsar. »

Essai. L'essai par la pierre de touche ou *Lydienne, jaspe noir* ou *quartz lydien*, ainsi nommée parce que les anciens la tiraient de la Lydie en Asie mineure, consiste à frotter sur cette pierre l'alliage que l'on veut essayer ; on mouille ensuite la tache produite avec une eau composée de 78,4 parties d'acide azotique à 37° Baumé, de 1,6 d'acide chlorhydrique à 21° Baumé et 20 parties d'eau. Il se forme un azotate de cuivre dont la couleur verte plus ou moins foncée permet déjà à un essayeur habile de connaître approximativement la proportion de cuivre. Pour être plus sûr on compare la couleur obtenue avec celles que donnent des alliages dont la composition est connue. Cette sorte d'essai ne donne pas les résultats précis de l'analyse chimique. La lydienne est assez dure et a un grain très fin ; on se sert maintenant de pierres de touche qui viennent de Saxe, de Bohême et de Silésie. D'Arcet en a préparé d'artificielles qui possèdent les mêmes propriétés.

Etages, *du lat. stare, être debout.* Ce sont les couches de terrains différents qui composent la croûte terrestre et qui sont superposées les unes aux autres. D'Orbigny, Hébert et M. Munier-Chalmas ont montré que les étages doivent être considérés comme l'expression des oscillations du niveau des mers. Autrement dit le début de l'étage correspond à l'époque d'une invasion nouvelle de la mer ou transgression et la fin de l'étage à l'époque de retrait plus ou moins considérable des eaux ou régression. Ces invasions nouvelles de la mer correspondent presque toujours à des modifications dans la faune ; d'où les *zones paléontologiques*. Gaudry estime ces zones au nombre de 110. « Si élevés, dit-il, que soient ces chiffres, ils ne nous donnent qu'une idée imparfaite du nombre de fois où les espèces nouvelles ont apparu. »

Nous donnons ci-après la classification des terrains et des étages d'après d'Orbigny et la classification adoptée en dernier lieu (1892). V. page 114.

Etain, *lat. stannum. Sn.* Métal solide ; un des plus anciens connus ; blanc comme l'argent ; plus dur et plus brillant que le plomb. Densité 7,3. Acquiert une odeur spéciale quand on le frotte ; préserve les autres métaux de l'oxydation. Étamage du fer et du cuivre, étamage des glaces avec le mercure. Cristallise en prismes droits à base carrée. Ne se rencontre pas à l'état natif, mais assez abondant à l'état d'oxyde, *cassitérite*. Filons dans les roches granitiques ou en paillettes dans les sables. Ces filons ont toujours accompagné la sortie des granulites à mica blanc et tourmaline et se sont produits par l'action d'un puissant agent de minéralisation, le fluor, vers la fin du dévonien. Angleterre, Allemagne, Hongrie, Bohême, Chili, Pérou, Mexique.

Etang. V. Cordons littoraux.

Eugéniacrines. V. Crinoïdes.

Euphotide, *gr. eu, bien ; phos, lumière* (bien partagé en lumière, parce que les cristaux constituants présentent des contrastes agréables). Roche pyroxénique grenue, très cristalline, dépourvue de quartz et constituée par une association de cristaux de feldspath tricliniques verdâtres et de diallage vert foncé à reflets métalliques éclatants. C'est un *Gabbro*. On la nomme *Granitone* en Toscane. Dans les Apennins de Bologne les terrains nummulitiques sont percés de distance en distance par des dykes d'euphotide. Epanchement à Saint-Véran, le village le plus haut perché de notre sol français 2009ᵐ. Pic de la crête de Maurin. Le mont Genèvre, dans les Hautes-Alpes, offre un dyke puissant de 5 kilom. de long sur 2 à 3 kilom. de large. Corse, Hartz.

Euritine. V. Pierre carrée.

Euryptérides. V. Mérostomates.

Evolution. En étudiant la succession des êtres vivants sur la terre, on constate un progrès continu dans l'organisation. Cette évolution s'est accomplie graduellement et était régie par les deux facteurs suivants : *l'adaptation* aux conditions variables de milieu et l'*hérédité*. Du premier facteur résultent les divergences de formes qui sont fixées par le second dans la descendance jusqu'à ce que le milieu change. V. Mimétisme.

Exogyre, *gr. exo, en dehors ; guros, cercle*, parce que les crochets saillants s'infléchissent latéralement. Genre d'huîtres qui apparaît au jurassique moyen et disparaît au tertiaire. *Exogyra virgula* ou huître en virgule du kimeridgien ; grande *exogyra sinuata* du grès vert ; *exogyra columba* du crétacé.

F

F. Etage F de Barrande pour la Bohême. Calcaires noir et blanc. V. Silurien.

Facies. Mot latin employé pour désigner les formes et les caractères extérieurs qui s'observent à première vue. Ainsi dans les Pyrénées l'étage danien se présente avec un facies mixte caractérisé par une succession de couches alternativement *saumâtres, lacustres* puis *marines* qui donnent naissance au *Garumnien*, sous-étage ainsi nommé parce qu'il se montre dans toutes les petites montagnes qui bordent les Pyrénées au voisinage de la Garonne.

Des dépôts synchroniques ou de la même époque peuvent avoir des facies très différents. Ainsi certaines falaises attaquées par la mer fourniront des sables, lesquels, agglutinés par un ciment donneront des grès. Les falaises crayeuses, comme celles de la Manche, contiennent des bancs de gros blocs de silex lesquels, brisés et roulés par les flots, deviennent les galets. Ces galets peuvent donner des poudingues. Une falaise argileuse fournit des vases qui, en s'entassant, se consolident et donnent naissance à de nouvelles roches argileuses.

« En donnant à une zone paléontologique le nom d'une espèce on entend dire, non que cette espèce y est toujours exclusivement cantonnée, mais qu'elle atteint dans cette zone le maximum de son développement. Un même étage peut avoir ainsi un *facies* corallien, indiqué tantôt par des coraux en place et tantôt par des oolithes, un *facies* marneux à pholadomyes ou à spongiaires, ou encore un *facies* pélagique à céphalopodes, sans compter le *facies* côtier, représenté par des sédiments argileux ou sableux. » De Lapparent.

Fagnes. Terrains tourbeux ou marécageux que l'on observe sur le plateau de l'Ardenne. Sont constitués par une sorte de limon dont l'épaisseur est parfois de 10^m et qui provient de l'altération des schistes sous-jacents par les agents atmosphériques. Forêts, bruyères, marécages.

Faille, *du verbe faillir* ; c'est l'endroit où la roche faut, c'est-à-dire manque. L'écorce terrestre présente une infinité de fentes provenant de fractures. Quand les parois sont restées en contact on a une *fissure* ou *faille fermée*, mais quand l'une des masses séparées s'est affaissée on a une *faille*. Les failles se

(*Suite page 16.*)

Classification de d'Orbigny **Classification établie en 1892**

Terrains	ÉTAGES	Nos	ÈRES	Périodes-Systèmes	ÉPOQUES-ÉTAGES
				Primitive	Archéen Gneiss-Micaschistes
				Précambrienne	Huronien
Paléozoïques	Silurien	1	Primaire ou paléozoïque	Silurienne	Cambrien Ordovicien Gothlandien
	Dévonien	2		Dévonienne	Gédinnien Coblentzien Eifélien Givétien Frasnien Famennien
	Carbonifèrien	3		Carbonifèrienne	Dinantien, Culm Wesphalien-Moscovien Stéphanien-Ouralien
	Permien	4		Permienne	Autunien-Artinskien Saxonien-Penjabien Thuringien
Triasiques	Conchylien Saliférien	5 6	Secondaire ou mésozoïque	Triasique	Werfénien-Vosgien Virglorien Tyrolien Juvavien
Jurassiques	Sinémurien Liasien Toarcien	7 8 9		Jurassique — Série liasique	Rhétien Hettangien Sinémurien Charmouthien Toarcien
	Bajocien Bathonien	10 11		Jurassique — Médiojur.	Bajocien Bathonien
	Callovien Oxfordien Corallien Kimeridgien Portlandien	12 13 14 15 16		Jurassique — Supra-jurassique	Callovien Oxfordien Rauracien-Séquanien Kimeridgien Portlandien
Crétacés	Néocomien Aptien Albien	17 18 19		Crétacique — Série infracrétacée	Néocomien Barrémien Aptien Albien
	Cénomanien Turonien Sénonien Danien	20 21 22 23		Crétacique — Série supracrétacée	Cénomanien Turonien Emschérien Aturien Danien

Par MM. Michel Lévy, Marcel Bertrand, Munier-Chalmas, de Lapparent, etc.

PÉRIODES	FAUNE		FLORE	ÉMISSIONS DISLOCATIONS
	INVERTÉBRÉS	VERTÉBRÉS		
Primitive	»	»	»	Granites
Précambrienne	Radiolaires Annélides	»	»	Chaines huroniennes Emissions cuivreuses
Silurienne	*Règne des trilobites* — Paradoxides Graptolithes	Premiers poissons	Apparition des végétaux	Granites Chaines calédoniennes. Diorites
Dévonienne	*Règne des trilobites* — Spirifers Calceola Stringocéphales Goniatites	Règne des poissons ganoïdes hétérocerques	Règne des acrogènes et des gymnospermes	Granulites Porphyrites Filons stannifères
Carbonifèrienne	Goniatites Productus	Règne des Labyrinthodontes		Formation des chaînes hercyniennes
Permienne	Premières ammonées	Règne des Labyrinthodontes		Formation des chaînes hercyniennes
Triasique	Cératites	Règne des Labyrinthodontes		Ophites, filons de quartz Emissions cuivreuses
Jurassique	Règne des Ammonites et des Bélemnites	Règne des Sauriens — Apparition des mammifères, Enaliosauriens, Squales, Marsupiaux, Téléosaures, Mégalosaures, Archéoptéryx, Ptérosausiens	Règne des Cycadées	Invasion marine en Europe Filons quartzeux et plombifères Emersion progressive de l'Europe septentrionale
Crétacique	Céphalopodes déroulés et Rudistes	Règne des Dinosauriens Iguanodon / Oiseaux-reptiliens Ichthyornis Hesperornis	Apparition des angiospermes / Invasion des angiospermes en Europe centrale	Nouvelle invasion marine du bassin anglo-français / Maximum d'invasion Emersion finale

Classification de D'Orbigny **Classification établie en 1892**

Terrains	ÉTAGES	Nᵒˢ	ÈRES	Périodes–Systèmes		ÉPOQUES – ÉTAGES
Tertiaires	Soissonnien	24	Tertiaire ou Néozoïque	Eogène	Série Eocène	Thanétien Sparnacien Yprésien Lutétien Bartonien Ludien-Priabonien
	Parisien	25			Série Oligocène	Tongrien Aquitanien
	Miocène inf.	26		Néogène	Série Miocène	Burdigalien Helvétien Tortonien Sarmatien Pontien
	Miocène sup.	27				
	Pliocène	28			Série Pliocène	Plaisancien Astien Sicilien
Quat.	Contemporain		Quat.	Pleistocène		Paléolithique Néolithique

présentent dans tous les terrains et leur longueur varie de quelques centaines de mètres à des centaines de kilomètres ; quant à leur profondeur, elle est inconnue. Les bords des failles se nomment *lèvres*. Parfois les failles, par suite de dénudations, ne s'accusent par un aucun relief, *faille rasée*, mais dans d'autres cas elles s'accusent par de puissants *rejets*, *faille orographique*. Et ce rejet qui met en présence des couches d'âge différent peut atteindre une valeur considérable comme dans les grandes failles des Montagnes Rocheuses par plus d'un millier de mètres de différence entre la *tête de faille* ou *crêt* ou *lèvre supérieure* et le *pied de faille* ou *lèvre inférieure*. Il y en a de 400ᵐ dans le Jura. Quand la paroi demeurée en saillie ou *lèvre soulevée* est formée de roches assez dures pour résister à l'érosion la direction que regarde l'escarpement est le *regard de la faille*. Ainsi, sur le versant alsacien, les Vosges ont le regard rhénan, tandis que dans le Jura les failles ont le regard français dominant.

Ordinairement le plan de faille est incliné sur la verticale et alors la lèvre qui s'appuie sur l'autre porte le nom de *toit* et la seconde s'appelle *mur*. Si l'effondrement résulte de l'action de la par MM. Michel Lévy, Marcel Bertrand, Munier-Chalmas, De Lapparent, etc.

| PÉRIODES | FAUNE | | FLORE | ÉMISSIONS |
	INVERTÉBRÉS	VERTÉBRÉS		DISLOCATIONS
Eocène	Règne des Gastéropodes et des Acéphales — Nummulites Cérithes	Pachydermes	Règne des Angiospermes — Quercinées Laurinées Palmiers	Ophites Serpentines Euphotides Mernummulitique Soulèvement dans les Pyrénées et les Apennins
Oligocène	Natices	Pachydermes et Ruminants	Maximum de la richesse végétale	Invasion marine septentrionale Grands lacs
Miocène		Ruminants Cétacés Squales		Invasion de la mer mollassique Soulèvement des Alpes et des chaînes d'Asie
Pliocène		Proboscidiens	Déclin de la Flore	Eruptions d'Auvergne Effondrement atlantique et méditerranéen
Quaternaire	Faune actuelle	Homme	Flore glaciaire Flore actuelle	Glaciers Loess Tourbe

pesanteur seule c'est le toit qui glisse sur le mur, faille *normale*
ou *directe;* mais s'il y a eu compression latérale, laquelle a
amené un *pli,* il peut arriver que le toit remonte sur le mur et
qu'il se produise alors un chevauchement de couches plus anciennes sur des couches plus récentes. C'est le *pli-faille.* Ainsi,
en Suisse on observe des terrains permiens qui se présentent au
milieu de terrains éocènes; en Provence, les ilots triasiques du
Beausset (Var), sont demeurés en saillie au milieu d'assises
crétacées.

Dans les pays de plaine et les grands plateaux, les failles
normales présentent souvent la disposition en *gradins* ou en
escaliers, c'est-à-dire que les couches de même âge sont successivement à des niveaux de moins en moins élevés à mesure
qu'on descend vers la vallée. Dans d'autres cas elles sont à
répétition: on observe plusieurs fois à la surface la même série
de couches.

Une faille est dite *ouverte* quand les deux lèvres laissent
entre elles un espace assez grand qui d'ailleurs ne reste jamais
vide et se remplit, soit de débris, *brèches de friction;* soit de
substances minérales injectées, *failles injectées.* Si le travail

d'érosion a considérablement agrandi l'espace entre les deux lèvres, on a une *cluse*. La Cluse, St-Rambert, Tenay, etc.

Quand les couches sont composées de roches alternativement dures et tendres, par exemple grès et schistes, on observe les failles *en échelons :* le toit glisse, la partie schisteuse reste appuyée sur le mur mais non le grès et il se produit ainsi entre les deux lèvres des espaces vides disposés en échelons. V. Lithoclases.

Les fractures opérées dans la croûte extérieure du globe, dit Elie de Beaumont, ont déterminé l'élévation et le redressement des couches dont cette croûte se compose et les arêtes de ces couches brisées et redressées sont devenues les crêtes de ces aspérités de la surface du globe qu'on nomme *chaînes de montagnes*.

Falaises, *haut–allem. feliza, rocher.* Terres ou rochers escarpés le long de la mer. « Les falaises de la mer en Normandie sont composées de couches horizontales de craie si régulièrement coupées à plomb qu'on les prendrait de loin pour des murs de fortification ». (Buffon). Constamment attaquée par les vagues, les galets et les lames furieuses, la base des falaises se creuse peu à peu ; les masses qui surplombent et forment corniche cèdent à la pesanteur et s'écroulent. Ce résultat est encore activé par les érosions ou fentes produites dans les couches par les eaux fluviales. Les débris sont entraînés par les flots et la falaise redevient accessible au travail destructeur. Vers la fin de 1862, pendant l'une des plus terribles tempêtes du siècle, les falaises du cap de la Hève, près du Hâvre, s'écroulèrent sur une longueur de 400^m et une largeur de 15^m. Des chalets, des phares, des tours, des villages même ont été détruits par des phénomènes analogues. On a calculé que toutes les falaises perdent annuellement de cette manière 3 dixièmes de kilom. cubes. V. Erosion. Si la mer détruit d'un côté, elle reconstruit de l'autre, car ces matériaux arrachés forment des dépôts sur les plages, remplissent les baies et accroissent ainsi les continents.

Les falaises présentent parfois des grottes ; leur creusement est dû à l'action mécanique des vagues et des galets, à l'action érosive des eaux marines et des eaux d'infiltration et aux perforations des oursins. V. Fjord, Calangue, Rias.

Faluns. Origine inconnue : *all. fahl, gris cendré* ou *falaise?* Calcaire sableux très friable, très riche en débris de coquilles, de polypiers, de bryozoaires et d'oursins (amphiope), mélangé de sable blanc ou jaune et exploité pour l'amendement des terres argileuses. Ces dépôts marins se sont formés à l'époque tertiaire, alors que la mer arrivait jusqu'à Blois et que l'Armorique était une île. On distingue les faluns des sables de Fontainebleau, oligocène ; les faluns célèbres de la Touraine, miocène ; Manthelan et Pontlevoy (Loir-et-Cher); coquilles abondantes et bien conservées avec ossements de mammifères ; l'ensemble des couches a parfois 20^m d'épaisseur ; ceux de l'Anjou, des Côtes-du-Nord, d'Ile-et-Vilaine, de la Mayenne. En

Aquitaine les faluns bleus de Gaas, dans les Landes, avec grosses natices et nummulites, sont contemporains des sables de Fontainebleau (oligocène, étage tongrien). Les faluns du Bordelais, Saucats, Léognan, Cestas, etc., bleus ou roses, sont très riches, avec ossements broyés de grands proboscidiens, dinotherium et mastodon (miocène, étages helvétien et burdigalien).

Famennien, *de Famenne, Belgique*. Terme employé par M. Gosselet, 1880, pour désigner la partie supérieure du système dévonien, composée d'une masse puissante de schistes argileux à spirifers dépourvus de calcaire lesquels constituent au-delà de Givet la région stérile de Famenne. Plus loin jusqu'à la Sambre, ces schistes argileux se transforment en grès micacés ou *psammites* contenant des empreintes de fougères (Psammites de Condros). Griottes de Cabrières et des Pyrénées.

Faune. Pour avoir une vue d'ensemble de la répartition et de la prédominance des animaux dans le temps, voir Étages.

Faune sédentaire des espèces aquatiques. Les animaux fixés ou sédentaires des mers actuelles sont compris dans les 5 zones suivantes :

1° La *zone littorale* que la mer couvre et découvre à chaque marée ; 2° la *zone des laminaires* de 0 à 28 m. de profondeur. (Les laminaires sont des algues brunes qui vivent en abondance sur les côtes rocheuses formant des forêts en miniature où se réfugient les seiches et des mollusques) ; c'est à cette zone qu'appartiennent les bancs d'huîtres ; 3° la *zone des algues calcaires* de 28 à 72 m. où se tiennent les grands gastéropodes ; 4° la *zone des brachiopodes et de certains coraux* de 72 à 500 m. Coralliaires, oursins ; 5° la *zone abyssale*, qui s'étend au-delà de 500 m. et jusqu'à 4,000 et 4,500 m. La faune abyssale est remarquable par son uniformité qui résulte de l'égalité de température.

À la première de ces zones appartiennent les lamellibranches perforants : pholade, taret ; la patelle, etc., les mollusques fixés par un byssus ou par une des valves, moule, huître, plicatule. Ces derniers peuvent aussi descendre plus bas et vivre avec les oursins et les brachiopodes. Alors, la faune côtière comprend, jusqu'à 400 m., des éponges calcaires, des polypes, des échinodermes (comatule, cidaris), des bryozoaires, des mollusques (huîtres) et de nombreux gastéropodes. De 400 à 1,500 m., on rencontre des polypes, des étoiles de mer. Les hydrocoralliaires et les alcyonaires ne dépassent pas 1,000 m. De 1,500 à 3,000 m. disparaissent les éponges vitreuses, les polypiers simples. Les pentacrines et les holothuries y subsistent.

Faune pélagique des espèces aquatiques. Les animaux pélagiques sont ceux qui nagent, passivement ou activement, à la surface de la mer ou dans la profondeur des eaux. Ces animaux ont un caractère commun, la transparence de leur tissu qui les rend presque invisibles (V. Mimétisme) ; nombre d'espèces, comme les noctiluques, sont photogènes. Presque tous voyagent par grandes bandes : noctiluques, globigérines, radiolaires, couvrant parfois la surface de la mer par milliards. *Influence de la nature des eaux*. Suivant la quantité plus ou moins grande de matières en suspension, les espèces varient : ainsi les moules se tiennent sur les côtes baignées par des eaux vaseuses ; les polypes, au contraire, n'édifient leurs récifs madréporiques qu'en eau marine pure et agitée. Il leur faut les conditions suivantes : un fond dépourvu de dépôts marneux ou argileux, une profondeur maximum de 40 m., une température moyenne qui ne doit jamais s'abaisser au-dessous de 20°. Par suite, les récifs madréporiques dans les couches géologiques, indiquent les conditions d'existence et la limite des mers dans la région étudiée.

Faune saumâtre. Elle est constituée par les espèces qui peuvent vivre dans l'eau plus ou moins salée, formée par le mélange des eaux douces et de l'eau de mer : embouchure des fleuves, lagunes, marais au bord de la mer. Telles sont les myes, les cyrènes, les cérithes, les congéries, les paludines, les unios.

Faune d'eau douce. Mollusques gastéropodes (physe, limnée, planorbe, paludine) ; lamellibranches (anodonte, unio) ; vers, crustacés (écrevisse) ; insectes (hydrophile, gyrin) ; poissons ; amphibies.

Faune terrestre. Elle dépend du climat, des milieux (plaines, plateaux, montagnes, voisinage ou éloignement de la mer), et surtout de la répartition des animaux aux époques géologiques antérieures et des modifications qu'ont subies les contrées habitées. La comparaison de la faune actuelle avec la faune quaternaire montre que ces faunes sont étroitement liées, qu'en un mot la faune actuelle dérive de celle qui l'a immédiatement précédée en chaque point du globe. E. Aubert.

Feldspath, *all. feld, champ ou rocher ; spath, pierre clivable*. La famille des feldspaths est très importante par les propriétés des différents types et le rôle considérable qu'ils jouent dans la composition des roches. Ce sont des silicates d'alumine et d'une base (potasse, soude, chaux, baryte) ; faisant feu au briquet, plus durs que l'acier, mais rayés par le quartz ; tous fusibles plus ou moins facilement en émail blanc. Une propriété caractéristique réside dans l'existence d'au moins deux clivages faciles faisant entre eux un angle de 90° (felds. *monocliniques*) ou voisin de 90° (felds. *triclinique* ou *plagioclases*) ; les premiers sont *potassiques*, comme l'*orthose* ou *barytiques*, comme le *hyalophane*. Les potassiques ont une grande tendance à se décomposer et donnent naissance à des produits micacés ou au *kaolin*. V. Kaolinisation Les tricliniques présentent en outre le caractère d'offrir sur une face de fines cannelures ou stries (albite, oligoclase, anorthite, labrador, andésine, qui constituent le groupe des PLAGIOCLASES, *gr. plagios, oblique ; clasis, fracture*. On distingue 6 feldspaths à caractères bien déterminés : l'*orthose*, où domine la potasse ; l'*albite*, à base de soude ; l'*anorthite*, à base de chaux ; l'*oligoclase*, à base de soude et de chaux ; le *labrador*, à base de chaux et de soude.

1. **Orthose** ou feldspath potassique, *gr. orthos, droit,* parce que deux plans de clivage sont perpendiculaires ou à 90°. Silicate double d'alumine et de potasse ; cristaux, prisme oblique à base rhombe, modifié ; couleur blanche, blanc-rouge, rouge de chair, verte, jaune. Dureté 6. Densité 2,56 en moyenne. Composition 64, 6 % de silice, 18,5 d'alumine, 16,9 de potasse. Cette richesse en potasse rend l'orthose important pour les amendements. Variétés : *adulaire,* tout à fait hyaline ; *sanidine,* éclat vitreux et nombreuses craquelures. Cette dernière variété existe dans les trachytes et les phonolithes. Suivant la structure : o. *lamellaire* ou *pétunzé* des Chinois ; o. *compact* avec mélange de silex : *pétrosilex ;* o. *grenu : leptynite ;* o. *vitreux : obsidienne ;* o. *chatoyant : pierre de lune ;* o. *vert : amazonite ;* o. *aventuriné : pierre du soleil.* Tous ces minéraux sont inattaquables par les acides. L'orthose présente, au point de vue du clivage, une variété qui est le *microcline* où l'angle des deux plans est de 90°16. L'orthose et le microcline se rencontrent dans les gneiss, les granulites, les pegmatites, soit en cristaux, soit en masse. L'orthose seul domine dans les granites, les syénites, les microgranulites, les porphyres et les trachytes.

2. **Albite,** *lat. albus, blanc.* Silicate double de soude et d'alumine ; cristaux à prisme doublement oblique ; est un peu plus dur que l'orthose ; densité 2,6 ; couleur, du blanc de lait au vert ou au rouge ; généralement blanche dans les roches. Joue rarement dans ces dernières le rôle d'élément essentiel, mais forme souvent des filons ou des veines dans d'autres feldspaths. Composition : 68,57 % de silice ; 19,62 d'alumine ; 11,81 de soude *(feldspath sodique).* L'albite est moins répandue que l'orthose.

3. **Anorthite,** *a priv. orthos, droit.* Silicate double de chaux et d'alumine, cristaux à prisme doublement oblique ; incolores, transparents, éclat vif. *Feldspath basique et calcaire.* 43 % de silice, jusqu'à 19 % de chaux.

4. **Oligoclase,** *gr. oligos, peu ; clasis, cassure.* Silicate double d'alumine, de soude, de chaux, de potasse. *Feldspath sodico-calcique.* Cassure esquilleuse en dehors du clivage. Couleur, blanc grisâtre, verdâtre, rougeâtre. De tous les feldspaths c'est le seul qui soit associé à l'orthose dans les roches granitiques (syénites). Il est associé à l'albite dans les diorites ; au labrador dans les mélaphyres. Composition moyenne : 60 % de silice, 23 d'alumine, 9 de soude, 2 de chaux et de potasse.

5. **Andésine,** *de la chaîne des Andes.* Forme les feldspaths des Andes. Ce sont des trachytes plus ou moins poreux qui diffèrent des trachytes proprement dits par l'absence de sanidine. Comme eux, les andésites sont des roches jeunes, au plus tertiaires ; elles affectent les mêmes manières d'être ; se divisent parfois en énormes piliers et forment ces cônes si élevés des Andes qui dominent tous les alentours. Variété feldspathique intermédiaire entre l'oligoclase et le labrador.

6. **Labrador** ou **labradorite,** *de la côte du Labrador.* Silicate d'alumine, de chaux et de soude ; cristaux à prisme doublement oblique ; *feldspath basique ;* couleur, du gris ou blanc grisâtre (laves) et au gris verdâtre ; offre souvent des reflets

splendides, bleus, verts, jaune d'or. C'est le plus dense de tous les feldspaths, 2,7. La silice n'entre plus que pour 53 %; chaux, de 6 à 13 %; soude, 5 % au plus. Le labrador abonde dans les roches basiques.

Les espèces voisines des feldspaths sont la néphéline, l'amphigène ou leucite ou grenat blanc. V. Roches.

Fer, *lat. ferrum, gr. sideros*. Le premier des métaux; à l'état natif dans les météorites et aussi en masses car, en 1870, Nordenskiold en a trouvé de 20 tonnes sur les côtes du Groenland; V. Aérolithes; à l'état d'oxyde dans ses minerais : *magnétite, oligiste* ou *hématite, limonite;* à l'état de sulfure : *pyrite* ou *marcasite;* combiné avec l'acide carbonique : la *sidérose*. La densité du fer varie de 7,7 à 7,9 : c'est le plus malléable le plus ductile, le plus tenace de tous les métaux. Vers 950° c. il se ramollit assez pour pouvoir se souder à lui-même. Pour M. de Morgan, c'est en Cappadoce et en Arménie que la métallurgie du fer se serait d'abord développée. Les Assyriens l'employaient 10 siècles avant J.-C. et en Asie on le connaissait 30 siècles avant notre ère. D'après M. Chantre le fer, comme le bronze, nous serait venu de l'Orient par le Caucase, la mer Noire et le Danube.

L'acier est une combinaison de fer pur et de carbone, autrement dit un carbure de fer.

Feu. L'homme est le seul animal qui sache faire du feu et l'entretenir. V. Pyrite.

Fil. V. Schiste.

Filon, *rad. fil*. Un filon est une fente ou fracture des couches terrestres remplie après coup par des matières venues, soit par le bas à l'état incandescent : *filons d'injection ou d'épanchement ;* soit par dépôt: on a alors un *gîte*. Les gîtes sont dits *métallifères* quand les substances qu'ils renferment, enveloppées dans la *gangue* ou matière terreuse, peuvent fournir des métaux usuels soit à l'état natif, soit à l'état de *minerais*. Les gîtes sont dits *minéraux* quand ils renferment des substances utiles (phosphorite, émeri, etc.), mais jamais de minerais. Les gîtes minéraux présentent les formes suivantes : 1° *gîtes stratifiés* quand ils sont intercalés entre des couches encaissantes de même époque ; 2° Les *gîtes en amas*, massifs lenticulaires, à la jonction de deux terrains différents. V. Amas ; 3° Les *gîtes en filons* qui occupent des fentes de l'écorce terrestre. Quand les métaux ne sont pas à l'état natif, ils sont combinés, pour former le minerai avec d'autres corps qu'on nomme *minéralisateurs* et dont les principaux sont avec l'oxygène, le soufre, le sélénium, le tellure, l'arsenic, l'antimoine. V. Minéralisables.

La tête du filon qui affleure est constituée par de la limonite et des carbonates hydratés. C'est le *chapeau de fer* : il résulte de l'oxydation des minéraux sous l'action de l'eau chargée d'air et d'acide carbonique. V. Chalcopyrite.

Quand le filon n'arrive pas jusqu'à la surface du sol il se termine en *coin*. Le filon est dit *concrétionné* quand le remplissage s'est fait par circulation d'eaux minérales.

Firn. V. Glacier. **Firth**, V. Fjord. **Fissure**. V. Faille.

Fjord, *mot suédois*, signifiant *baie escarpée*. Profondes échancrures creusées dans les montagnes du littoral des contrées du Nord. Ce sont d'énormes fossés parfois excessivement ramifiés, *fjords branchus*. qui amènent les eaux de la mer jusqu'à 50 kil. dans l'intérieur du continent. Ces découpures ont une hauteur telle que les rayons du soleil n'arrivent pas au bas et, en outre, la profondeur de l'eau qu'ils contiennent est souvent supérieure à celle de la mer voisine.

Les fjords abondent en Ecosse et on les nomme *firths* : ce sont des golfes toujours étroits et profondément encaissés entre deux parois qui les dominent de plusieurs centaines de mètres et qui se terminent par des bassins allongés d'eau douce, ou peu salée qu'on appelle *loch*.

L'origine des fjords a été beaucoup discutée. On les regarde actuellement comme de magnifiques exemples d'érosion glaciaire. Au point de leur réunion avec la mer se trouve un barrage immergé qui est l'ancienne moraine frontale du glacier : c'est le *pont de mer* des marins scandinaves. Il y aurait eu d'abord creusement des vallées par l'action des eaux courantes et avant l'arrivée des glaciers ; ensuite action des glaciers qui approfondissent ces vallées, puis affaissement produit par la contraction imposée aux couches solides par l'immense calotte de glace et envahissement des échancrures par les eaux de la mer, enfin retrait des glaciers non suivi de modifications physiques dans les échancrures mais du relèvement partiel du sol par suite de la dilatation résultant de l'élévation de la température.

Aux fjords se rattachent les *rias*, nom par lequel M. de Richthofen désigne des échancrures ou découpures dentelées des côtes (Brétagne, Irlande, pays de Galles). Ils diffèrent des fjords par le peu de profondeur de l'eau et résultent de l'érosion des eaux marines par les courants de marées.

Flore. Tous les végétaux se répartissent en quatre grands embranchements : les *thallophytes*, les *muscinées*, les *cryptogames vasculaires* et les *phanérogames*. V. Végétal (Règne). Voici les renseignements généraux que fournit la paléophytologie sur chacun de ces grands groupes. *Thallophytes*. Ne possédant pas de parties résistantes, à part les diatomées, ils ont donné peu de restes fossiles. Ont existé cependant très anciennement car on a trouvé des *champignons* parasites, par exemple, dans les tiges de lépidodendron du carbonifère. Les algues ont aussi pullulé à la même époque. Les *characées* étaient nombreuses aux époques secondaire et tertiaire. Les *diatomées*, en raison de leur enveloppe siliceuse, ont formé des dépôts considérables de *tripoli* à Berlin, Kœnigsberg, Randan (Puy-de-Dôme), Oran. *Muscinées*. Restes bien imparfaits. C'est l'ambre qui a fourni les fossiles les mieux conservés (Sphaigne). *Cryptogames vasculaires*. Importance considérable à l'époque houillère ; certaines fougères, comme les *pecopteris*, gr. *peco*, peigne, *pteris*, fougère, étaient arborescentes et de grande taille ; d'autres, comme les *nevrop-*

teris, *gr. neuron, nervure*, étaient herbacées, mais avaient des feuilles immenses atteignant jusqu'à 10 m. Les *équisétacées* avaient une taille gigantesque auprès desquelles nos modestes prêles ne sont rien ; de même les calamites. Les *lepidodendron* apparaissent dans le dévonien sous des formes modestes ; prennent à l'époque carbonifère des proportions considérables avec des tiges de plus de 20 m. de haut et de 3 à 4 m. de circonférence et s'éteignent dans le permien. Les *stigmaria* étaient les gros rhizomes qui portaient ces tiges. V, Calamodendron.

Phanérogames. V. Gymnospermes, Cordaïtes, Cycadées, Conifères. Les angiospermes font leur apparition au jurassique et s'épanouissent au crétacé, de sorte que le cénomanien est la fin de l'ère *paléophytique* et le début de l'ère *néophytique* où prédomineront les angiospermes.

Flysch, *all. fliessen, fluer, couler*. Escher de la Lynth, géologue suisse. Le flysch est un ensemble de schistes et de grès fissiles, ne renfermant d'autres empreintes que des traces de fucoïdes, *gr. phucos, algue*, chondrites. Quelques savants ont proposé de regarder le flysch comme une sorte de tuf, produit d'éruption boueuse. On trouve le flysch d'un bout à l'autre de la grande chaîne des Alpes ; superposé aux couches nummulitiques et c'est alors l'étage *ligurien* ; il est surtout tertiaire éocène, mais da s la Suisse orientale il devient crétacé. On le retrouve depuis Vienne jusqu'à Saltzbourg en Autriche : grès de Vienne.

Fœhn ou **Gletscherfresser**. On prononce fenn ; *all. gletscher, glacier ; fresser, goulu*. Vent du S. O. très violent et très chaud ; *le mangeur de neige* ou *mangeur de glacier*, ainsi nommé en Suisse parce qu'il provoque une fonte extrêmement rapide des neiges et des glaces. Ce n'est pas un vent venant du Sahara comme on l'a cru longtemps, mais un vent atlantique ; et les considérations thermodynamiques suivantes permettent de se rendre compte de son action. Considérons une chaîne de 3,000^m d'altitude. Quand un courant d'air sec franchit cette chaîne il se refroidit de 1° environ par 100 m. par suite de sa dilatation. S'il était à +10° au pied il est donc à —20° au sommet ; mais pour un courant humide la dilatation et le refroidissement sont accompagnés de précipitation, et la vapeur d'eau, ainsi condensée, restitue la chaleur latente qu'elle avait emmagasinée et il arrive au sommet à —7° au lieu de —20°. De telle sorte que l'obstacle franchi le courant sec reprenant par le travail inverse de descente la chaleur employée pour monter revient à +10°, tandis que le courant humide reprenant aussi 30° revient à 30° —7° ou 23·. Il est donc plus chaud de l'autre côté et peut ainsi fondre la neige et la glace. De Lapparent.

Foie de veau. V. Hettangien.

Fontaines ardentes. V. Volcans (Salses.)

Foraminifères, *lat. foramen, trou ; fero, je porte*. Protozoaires, classe des rhizopodes, animaux microscopiques, 1/6 de millim., pourvus d'un test *calcaire* avec, chez les perforés, une multitude de trous par lesquels passent des filaments locomoteurs ; (chez les radiolaires le test est siliceux). La coquille présente la plus grande variété de formes. Pullulent encore dans les mers : le sable de la mer en est à moitié composé. D'Orbigny en a compté 160 mille dans un gramme de sable des Antilles ; Max Schulze a évalué à 50 mille le nombre des coquilles de foraminifères que l'on peut compter dans un gramme de sable pris au môle de Gaëte.

Une espèce, les *fusulines*, lat. *fusus*, *fuseau*, abonde dans la période permo-carbonifère ; une autre, les *lagénidés*, lat. *lagena*, *fiole*, dans le jurassique ; la craie blanche renferme en immense quantité des *globigérines ;* le calcaire grossier du bassin de Paris est pétri de foraminifères, 3 milliards par mètre cube. On peut donc dire que la capitale de la France est bâtie avec ces animaux microscopiques et ajouter, qu'ils sont des *faiseurs de villes.* Les foraminifères étaient aussi abondants dans les anciennes mers que dans les océans actuels et les espèces étaient plus nombreuses. Les miliolithes appartiennent à la classe des *imperforés.* V. Nummulites.

Fossiles, lat. *fossum, enfoui.* Un fossile est constitué par les débris d'un être organisé, animal ou végétal, qui a été enfoui dans la terre à une époque antérieure à l'époque actuelle, qui y a été conservé ou y a laissé des traces non équivoques de son existence. D'après cette définition on ne doit considérer comme fossiles que les débris trouvés dans les couches géologiques antérieures à l'époque actuelle : ainsi les feuilles et les os incrustés des tufs calcaires ne sont pas de véritables fossiles.

Jusqu'au siècle dernier, les coquillages fossiles étaient regardés comme des *pierres figurées* et des *jeux de la nature.* Bernard Palissy, le grand potier, soutint à Paris, à la face des docteurs, que les coquilles fossiles étaient de véritables coquilles déposées autrefois par la mer dans les lieux où elle se trouvait alors, que des animaux et surtout des poissons avaient donné aux pierres figurées toutes leurs différentes figures. Cependant il ne fut point écouté. Un siècle plus tard, les affirmations analogues de Buffon soulevèrent d'innombrables protestations et Voltaire lui-même fut un de ses adversaires les plus ardents. Un naturaliste disait que les singes s'amusent à transporter des coquilles des rivages de la mer au sommet des montagnes et les poissons fossiles d'Italie ne sont pour lui que des poissons rares rejetés jadis de la table des Romains parce qu'ils n'étaient pas assez frais. Un autre, l'anglais Robinson, affirme qu'il y a eu des coquilles de mer dispersées çà et là sur la terre par les armées et les habitants des villes et des villages. Ces pauvres et misérables arguments font sourire maintenant et cependant, à l'heure qu'il est, après toutes les découvertes accomplies, que de superstitions subsistent ! Ne regarde-t-on pas, dans certains pays, les bélemnites comme les pointes des flèches des soldats romains ? les haches en pierre polie comme des pierres à foudre ? les haches taillées comme des pierres à fusil ?

Les roches d'origine ignée ne contiennent point de fossiles ; mais les roches sédimentaires ou d'origine aqueuse en fournissent en quantité. Parfois les fossiles sont réunis en grand nombre sur un même point. Cette accumulation se comprend très bien pour les animaux fouisseurs ou fixés : d'où les bancs d'huîtres, de rudistes, etc.; pour les autres elle peut provenir d'émanations méphitiques, d'entassements par chutes, de courants ; voir Phosphorites ; ou encore de tremblements de terre ou de mouvements dans l'écorce terrestre qui changeaient les régions marines. V. Poissons fossiles de Puteaux. Plus le corps organisé renferme dans sa masse propre d'éléments minéralisés, mieux il se conserve étant enfoui à l'abri de l'air et de l'eau ; mais, en général, tout corps organisé enfoui, subit une transformation par suite de l'action des liquides qui circulent dans la matière encaissante ou par suite des modifications moléculaires qui se produisent. Les dents se rencontrent souvent parce qu'elles contiennent une grande quantité de phosphate de chaux. Dans quelques cas exceptionnels la chair même s'est conservée transformée en une matière cireuse grasse. Mais généralement la peau, les muscles, le parenchyme des feuilles ne se sont pas conservés. Une exception a lieu pour les cadavres de mammouths conservés intacts dans les glaces de la Sibérie. Parfois, après la destruction de la matière organique, les molécules calcaires ou siliceuses se groupent entre elles suivant les lois de la cristallisation. D'autres fois, une substance minérale étrangère se substitue molécule à molécule, à la matière du fossile ; silice, bois silicifiés, pyrite blanche ou marcasite, limonite, calamine, malachite, baryte. La masse du sédiment qui s'est introduite et déposée à l'intérieur de la coquille s'appelle le *moule interne* ; s'il n'y a pas eu pénétration mais dépôt autour de la coquille on a le *moule externe*. Les deux actions peuvent se produire en même temps et il peut arriver que la dissolution complète du test se produise ensuite laissant un vide entre les deux moules (calcaire à cérithes). Dans d'autres cas, les fossiles ont servi de centres d'attraction pour les molécules de la roche pâteuse encaissante : nodules, concrétions, rognons, miches. V. Coquins, phosphates. Enfin des actions physiques ou mécaniques ont souvent modifié considérablement la forme des fossiles soit en les allongeant, soit en les aplatissant. V. Aptychus.

On peut rattacher aux fossiles les empreintes de pas ou les pistes que les animaux ont laissées sur une surface boueuse et qui ont été remplies ultérieurement par d'autres sédiments. De même pour les traces des gouttes de pluie ; les traces des plumes d'oiseaux-reptiles ou les empreintes des corps d'animaux mous (méduses, schistes lithographiques de Solenhofen).

Quand l'être est enfoui à l'abri de l'air il ne se produit pas de putréfaction mais une désoxydation lente ou carbonisation incomplète. Les végétaux se sont ainsi fossilisés et la tourbe, le lignite, la houille sont les stades de cette carbonisation. La chlorophylle est toujours détruite. Les animaux peuvent aussi subir la carbonisation : tels sont les insectes de l'ambre. Dans les schistes bitumineux du Tyrol autrichien on trouve une grande quantité d'*inclusions* de poissons : c'est-à-dire que les parties molles se sont carbonisées lentement en laissant leur empreinte dans la roche qui les renferme et le bitume ou goudron particulier qui en résulte est exploité sous le nom d'*ichthyol* ou huile de poisson.

Souvent les os incrustés dans une roche très dure sont extrêmement friables : on est donc obligé, pour les séparer de la gangue ou enveloppe minérale, de leur faire subir une préparation qui a pour but de les imprégner de gélatine afin de leur rendre la consistance dure et élastique des os de l'animal.

Les fossiles sont de la plus grande utilité pour l'histoire de la terre, car ils constituent, suivant une heureuse expression, les *médailles* de cette histoire. Leur étude fait l'objet de la *paléontologie* qui se subdivise en *paléozoologie* pour les animaux et en *paléophytologie* pour les végétaux. La géologie et la paléontologie sont deux sciences qui doivent se prêter aide et secours.

Nous avons dit plus haut que certaines pièces du squelette d'un même être sont toujours conservées alors que d'autres sont constamment détruites. Ainsi les os et les dents des vertébrés, les coquilles des huîtres et des peignes, celles des brachiopodes, le squelette des bryozoaires et des crustacés, les piquants et les tests des oursins, les pièces calcaires des autres échinodermes, les charpentes de beaucoup d'algues sont ordinairement fort bien conservés à l'intérieur des couches dans lesquelles les coquilles des lamellibranches et des gastéropodes, à l'exception de celles citées plus haut, ainsi que les coraux n'ont laissé que des empreintes et des moules internes. Cela tient à ce que les os des vertébrés sont constitués, pour une bonne part, par du phosphate de chaux et que les premières coquilles citées, sont composées de calcite, tandis que le calcaire des secondes est de l'aragonite laquelle est moins résistante que la calcite. Or, étant donné qu'on ne trouve ordinairement que des débris des êtres, la question qui se pose est celle-ci : comment peut-on arriver à reconstituer l'animal ou le végétal et ses conditions de vie ? Ce problème est parfois difficile. Pour le résoudre, il faut faire appel aux lumières de la zoologie et de la botanique et aux principes de l'anatomie comparée. Il faut savoir, comme l'a établi Lyell, que les phénomènes géologiques et biologiques suivent, sur la terre, un cours lent mais régulier ; par suite que la population des continents et des mers a eu des vicissitudes parfaitement ordonnées de telle sorte que chaque étape est *caractérisée* par des fossiles spéciaux. D'après cela, et surtout pour les sédiments marins, chaque sédiment comporte une population qui lui est propre et qui permettra au naturaliste de dire si ce dépôt provient d'eaux douces ou d'eaux salées, s'il s'agit d'une faune littorale ou d'une faune abyssale, s'il s'agit d'un climat glacial, tempéré ou tropical. En résumé on applique les principes suivants : 1º *Dans tous les pays observés jusqu'à présent, les faunes géologiques se sont succédé dans le même ordre ; 2º les dépôts ou terrains synchroniques renferment des fossiles identiques ; 3° réciproquement, les dépôts ou terrains qui contiennent des fossiles identiques sont synchroniques.*

Remarquons que les vicissitudes vitales ont été moins brusques dans les mers, *à cause de leur continuité*, que sur les continents ; voilà pourquoi la faune et la flore marines ont toujours finalement gain de cause et pourquoi le géologue, dans ses études des couches stratifiées, doit tenir compte des indications que lui fournit la paléontologie. Il arrive ainsi à classer toutes les couches dans leur ordre et à établir non-seulement le *synchronisme* des couches mais leur *âge relatif.*

Revenons maintenant à la reconstitution de l'être. On y arrive par la grande loi de *la corrélation des formes* établie et appliquée par Cuvier : *les divers organes d'un être sont dans une dépendance telle qu'ils assurent l'harmonie de l'ensemble ; l'examen d'un seul organe suffit parfois pour reconstituer l'aspect général de l'être auquel appartenait cet organe.* Par exemple, la forme d'une dent indique si l'animal était carnivore ou herbivore. S'il était carnivore il avait des griffes au bout des doigts pour saisir et retenir sa proie ; il avait une forte mâchoire, de grandes canines, des molaires tranchantes, un tube digestif court. Au contraire, si l'animal était herbivore, il avait des lèvres développées et très mobiles, des molaires larges et aplaties, un vaste estomac, un long intestin. En outre, contraint à errer toujours pour chercher sa nourriture et trop faible pour se défendre contre les carnivores, il doit avoir les extrémités entourées de sabots, être haut monté sur jambes, etc. V. Coprolithes, ichnite, ornithichnite, arénicolithes, scolithes.

Fougères, *gr. pteris.* Végétaux cryptogames à tige souterraine, à fronde ou feuilles portant les organes de reproduction. Les fougères fossiles offrent près de 20 fois plus d'espèces qu'actuellement. Les *odontopteris (gr. odontos, dents; pteris, fougère)* appartiennent à la formation houillère. Les plus anciennes ont fait leur apparition dans le dévonien. Suivant la forme des feuilles on distingue : les *sphenopteris, gr. sphèn, coin ;* lobées comme les feuilles de chêne (culm) ; les *nevropteris ;* les *pecopteris (gr. neuron, nervure ; pecos, peigne).*

Foulon (terre à). V. Argile.

Fournétite *dédiée à Fournet, minéralogiste (1801-1869)*, qui signala la Vaugnérite (V. Granite). La fournétite est une variété de sulfure de cuivre avec arsenic et antimoine.

Fracture. V. Faille.

France. En examinant la carte géologique de la France, on constate que notre pays possède la série à peu près complète de toutes les roches d'origine interne ou sédimentaire qui constituent l'écorce terrestre.

Frasnien (Étage), *de Frasne, près Tournay (Gosselet 1880).* V. Dévonien.

Fulgurite, *lat. fulgur, foudre*. Vitrification produite par la foudre qui traverse des couches de sable; c'est surtout dans les dunes qu'on les observe. Les fulgurites sont presque toujours creux, ce qui les fait appeler *tubes de foudre*. Ces tubes peuvent avoir plusieurs décimètres de long. On en observe beaucoup en Silésie, mais surtout au Petit-Ararat. On en trouve aussi au sommet du Mont-Blanc, sur des dômes trachitiques au Mexique et sur les hautes cîmes des Pyrénées. Parfois la foudre brise de gros blocs de rochers.

Fuller's earth. V. Argile et Bathonien.

Fumerolles *lat. fumariolum, petite cheminée*. Les fumerolles ou fumaroles sont des jets de vapeur qui s'échappent soit des cratères des volcans au repos, soit des solfatares, soit des fissures dans la lave qui se refroidit et qui produisent un petit nuage blanc. Ces fumerolles contiennent toujours différents acides : sulfureux, sulfhydrique, sulfurique, chlorhydrique ou borique. Les mofettes sont des émanations d'acide carbonique : ce sont elles qui marquent la fin de l'éruption. Elles forment une couche plus ou moins épaisse à la surface du sol parce que l'acide carbonique est plus lourd que l'air.

Fuvélien. Matheron 1878. Sous-étage du sénonien, supra-crétacé, pour désigner les lignites de Fuveau, Bouches-du-Rhône ou de la Bégude, près Fuveau (*bégudien*). La mer avait abandonné la Provence par suite d'un exhaussement et laissé de vastes marais où se sont accumulés de puissants dépôts tourbeux recouverts d'un calcaire lacustre rempli de lychnus et d'unios, *calcaire de Rognac*. Ces lignites sont presque de la houille ; ils sont intercalés au milieu de calcaires marneux propres à la fabrication du ciment. Puissance 4' 0^m. Le fuvélien correspond au maestrichtien ou dordonien.

G

G. Etage G de Barrande pour la Bohême. V. Silurien.

Gabbro. Ce terme, dit Vélain, appliqué tout d'abord en Italie à des roches serpentineuses métamorphiques (Gabbro-rosso) qui prennent un grand développement dans les Apennins, est maintenant réservé à toutes les roches éruptives grenues à pyroxène qui se présentent essentiellement composées de feldspath triclinique et de diallage. Ce sont des roches lourdes, très denses, franchement cristallines. Toutes sont marquées de colorations sombres, noires ou d'un gris très foncé. Silice 52 %; alcali 2 % ; chaux 15 %. L'euphotide est un gabbro franc.

Gaize. La gaize ou *pierre-morte* est une roche légère, poreuse qui résulte d'argiles agglomérées par de la silice gélatineuse, c'est-à-dire soluble dans les alcalis. Cette silice provient de diatomées, de radiolaires et de spicules d'éponges qu'on y trouve en grand nombre. Cette formation exceptionnelle et particulière s'est produite dans les dépôts marneux en certains points, pays de Bray (Normandie), Yonne, Cher, mais surtout dans les Ardennes ; elle se présente sous forme de massifs lenticulaires avec grès poreux, et se traduit, en raison de sa dureté, par des crêtes escarpées et une ligne de relief bien marquée, d'un jaune clair. La gaize forme les collines boisées de l'Argonne où elle atteint, au-dessus du gault, l'épaisseur maximum de 100ᵐ. Aux environs de Réthel, les *coquins riches* qui contiennent 25 % d'acide phosphorique lui donnent une couleur verdâtre. On retrouve aussi la gaize à la base de la craie en Angleterre. Dans le bassin de Mons, la *meule* de Bracquegnies et de Bernissart est une sorte de gaize constituée par un grès glauconieux fortement consolidé par de la silice gélatineuse : il en résulte une roche dure, très résistante, employée pour faire les meules des moulins.

Galène, *galena*, Pline. Sulfure de plomb naturel ; minerai exploité ; cristaux : cube et octaèdre avec trois clivages rectangulaires. D. 7,59. Couleur gris d'acier bleuâtre. En filons dans les terrains primaires et secondaires, trias et jurassique inférieur ; en veines dans les argiles ; en grains dans les sables. Sainte-Marie-aux-Mines, (Haut-Rhin) ; Poullaouen (Finistère). Les mines du Laurium, exploitées déjà du temps de Périclès, donnent de la galène argentifère. Pour obtenir le plomb ou grille la galène.

Galets, *celt. gal, caillou*. Cailloux polis et ronds ; ils proviennent des fragments de roches ou de falaises qui ont été roulés par les fleuves ou les flots de la mer, V. Crau. On utilise les galets pour la construction des murs et pour la fabrication de la faïence dite *terre de fer*. On a calculé que les falaises crayeuses comprises entre Fécamp et le cap d'Antifer (Seine-inférieure), fournissent annuellement 5.000ᵐ cubes de galets par leurs cordons de silex.

Les *levées de galets* sont des terrasses ou digues étagées en lignes droites ou courbes le long des côtes plates et dont l'ensemble constitue un *cordon littoral*. A la longue, ces levées finissent parfois par relier une île au continent comme cela s'est produit pour Portland. V. Cordon littoral.

Gallinace. Basalte vitreux d'un noir de poix ou bleuâtre.

Gangue. V. Erbue. **Ganoïde**. V. Poissons.

Garumnien, *lat. Garumna, Garonne*. Leymerie 1862. Sous-étage supérieur du danien, supracrétacé. Est constitué par un ensemble de marnes glauconieuses, de calcaires lithographiques lacustres et de calcaires et marnes avec faune saumâtre dans les Pyrénées (Haute-Garonne). Correspond au calcaire de Rognac et aux lignites de Fuveau (Provence).

Gastéropodes ou **Gastropodes**, *gr. gaster, ventre ; podes, pieds*. Mollusques pourvus d'une tête avec des yeux et des tentacules, qui rampent ou nagent à l'aide d'un pied en forme de large semelle placé sous le ventre ; sont pourvus le plus souvent d'une coquille. Les espèces aquatiques respirent par des branchies : *pleurotomaire*, *turbo* ou *sabot*, *patelle* (comestible), *conus* ou *cône*, *natice*, *paludine*, *trochus* ou *toupie*, *cérithe*, etc. ; les espèces terrestres et quelques espèces d'eau douce sont pulmonées : *escargot* ou *helix*, *limace*, *pupa*, *limnée*, *planorbe*, *physe*. Les gastéropodes apparaissent dès le cambrien, *pleurotomaria* et *murchisonia* qui jouent un grand rôle dans les faunes silurienne et dévonienne ; les *pupas* se montrent dans le carbonifère ; dans le trias, les *cérithes*, les *natices* ; dans le lias, les *turbos*, les *trochus* ; dans le jurassique, les *nérinées* ; dans l'oolithe, les *planorbes*, les *limnées*, les *paludines* des eaux douces ; dans le crétacé, les strombidés, *pteroceras*. A l'époque tertiaire, les gastéropodes prédominent sur les autres groupes de mollusques comme à l'époque actuelle et leurs représentants sont disséminés dans toutes les mers chaudes.

Gastornis, *gr. gaster, estomac ; ornis, oiseau.* Grand oiseau coureur qu'on a trouvé à l'état fossile dans les couches inférieures de l'éocène, argile plastique de Meudon. A été étudié par Prévost. Une autre espèce se rapproche des plongeons actuels. « Lemoine, de Reims, possède des ailes assez développées qui servaient vraisemblablement surtout à la natation. » Hœrnes.

Gault, *mot patois anglais.* Ce mot a d'abord désigné les argiles noirâtres du comté de Cambridge, puis il a été étendu aux argiles bleues très tenaces de Folkelstone, riches en fossiles et nodules phosphatés et pyriteux et dont l'épaisseur est parfois de 100^m en Angleterre. C'est cette argile tenace et imperméable qui forme la cuvette supérieure des puits artésiens du bassin de Paris ; elle est superposée à la couche aquifère des *sables verts* et au-dessus d'elle sont les dépôts crayeux. Le gault correspond à *l'albien*.

Gédinnien, *de Gédinne*, Belgique. Premier étage du système dévonien. V. Dévonien.

Gélif ou **gelis**, *rad. gel.* Les pierres gélives sont des pierres poreuses qui absorbent l'humidité, et cette eau, en passant à l'état de glace, et par suite augmentant de volume, les fait écailler (gélivité). Ce sont donc de mauvaises pierres de construction. V. Erosion.

Gemme, *lat. gemma, pierre précieuse.* De tout temps, on a attribué aux pierres précieuses ou gemmes des idées symboliques ou des propriétés merveilleuses. Chez les Juifs, les douze tribus d'Israël sont représentées par douze pierres précieuses fixées au rational, morceau d'étoffe carrée que met le grand prêtre. Au moyen-âge, elles représentent les douze mois de l'année. Chez les Indous, les 7 planètes sont symbolisées par 7 pierres précieuses que porte Bouddha. L'agate étanche le sang, rend éloquent et invisible ; l'améthyste préserve de l'ivresse, la chrysolithe du diable, le diamant des mauvais rêves ; il empêche aussi de se casser les membres ; le rubis-balai défend contre les ennemis et les bêtes malfaisantes ; le roi Jean fut fait prisonnier, malgré son escarboucle, raconte Pétrarque ; le béryl guérit les échauffements du foie ; la calcédoine rend vigoureux, éloquent et fait gagner les procès; le corail préserve de la grêle et de la foudre; l'émeraude de la goutte; le jais est excellent pour les bosses, pour les dents, pour les maux de ventre; le rubis pour les yeux et le cœur; il combat la paralysie et l'hydropisie. V. Dendrite.

Géode, gr. *géodès, terrestre; de gê, terre*. Rognon creux plus ou moins sphérique formé par la réunion de cristaux qui peuvent présenter à l'intérieur des substances amorphes adhérentes aux cristaux ou même isolées. La plupart des géodes sont constituées par du silex, quartz blanc cristallin, améthyste, calcédoine, agate. On en trouve de belles dans l'Oberstein. Les galets roulés par la mer en offrent aussi des spécimens. V. Aétite.

Géologie, gr. *gê, terre; logos, science*. La géologie traite de la constitution physique de la terre. Elle a pour objet, dit M. de Lapparent, l'étude de l'ordre suivant lequel les matériaux du globe terrestre se sont déposés dans le temps et dans l'espace. Elle comprend la *géogénie (genos, origine)* qui s'occupe de l'origine de la terre et la *géognosie (gnosis, connaissance)* qui, toute d'observation, recueille les faits et les compare. La géognosie comprend elle-même : la *lithologie (lithos, pierre)* ou *pétrographie (lat. petra, pierre)* qui étudie les roches; la *minéralogie* qui étudie les éléments de ces roches; la *stratigraphie (lat. stratus, couché)* qui examine les rapports de superposition et de juxtaposition des roches sédimentaires et aussi, par extension, des roches massives ou éruptives; la *paléontologie (gr. palaios, ancien; ontos, être)* qui s'occupe des animaux fossiles; la *paléophytologie (gr. phuton, végétal)* qui étudie les végétaux fossiles. Pour arriver à ses fins, la géologie met à contribution l'*astronomie* pour connaître la position et les mouvements de la terre dans l'espace, V. Terre; la *géodésie* pour connaître la distribution des trois éléments : solide, liquide et gazeux; la *géographie* pour connaître les reliefs des continents et du fond des océans; la *zoologie* et la *botanique* pour étudier les manifestations de la *vie* sur la terre; l'*hydrologie*, la *météorologie* pour étudier l'action des eaux et de l'atmosphère, action qui, jointe à celle qu'exerce, d'autre part, le noyau central en fusion, *volcanisme*, modifie constamment la forme du globe terrestre. La géologie est donc une science pleine d'attraits; elle répond à bien des questions que se pose tout homme ici-bas; elle est salutaire par l'exercice qui résulte des excursions; elle égaie les promenades, et, enfin, elle est utile par ses nombreuses applications : recherche des filons, d'un gisement (houille, sel, gypse, etc.), d'une source minérale; creusement de puits artésiens, construction de routes, de chemins de fer; percement de tunnels en montagnes ou sous-marins; amendements des terres, défense du territoire, etc.

Géorgien (Etage), *de Géorgie*, *Amérique du N.* Pour les phyllades et les calcaires à olenellus de Vermont (Etats-Unis). Système cambrien. Correspond aux ardoises de Llanberis du

Pays de Galles, aux poudingues pourprés de Normandie. V. Cambrien.

Géosaure, *gr. gê, terre ; saurus, reptile*. Reptile fossile, voisin des crocodiles ; a été trouvé dans les terrains liasiques de l'Allemagne.

Geyser, mot islandais signifiant *furieux*. Un geyser est un volcan d'eau chaude. L'Islande en compte une centaine sur un espace de 2 km. carrés, près de Skalhot. Le grand Geyser lance, à une hauteur d'une trentaine de mètres, une gerbe d'eau bouillante, évasée au sommet, couronnée par de gros flocons de vapeurs, et qui retombe en une pluie dense et serrée que les rayons du soleil croisent de divers arcs-en-ciel. Plusieurs gerbes se succèdent ainsi rapidement et l'éruption se termine par un splendide et dernier jet de 50ᵐ qui est comme le bouquet d'un feu d'artifice. Ces éruptions étaient fréquentes autrefois, mais actuellement le grand Geyser se fait désirer pendant des semaines. Son voisin, le Strokrr, *baratte*, est plus complaisant et il entre volontiers en jeu quand on jette des mottes de gazon dans sa cheminée. Il y a entre eux une relation attendu que le Strokir se vide quand le grand Geyser fonctionne.

Voici l'explication du phénomène. La cheminée, profonde et verticale, est très inégalement chauffée, et ce n'est qu'à un certain niveau, comme on le constate, que la vaporisation subite de l'eau se produit. Ce n'est donc que quand une tranche d'eau est amenée au contact de cette paroi surchauffée que l'éruption se produit. Le physicien anglais Tyndall a imaginé l'expérience suivante qui vérifie cette explication. Un tube de fer galvanisé, assez long, étant chauffé à sa base d'une part et vers sa partie moyenne d'autre part, on voit, à des distances très rapprochées, un jet d'eau bouillante s'élancer du tube. On fait aussi l'expérience avec une pipe en terre que l'on remplit d'eau et dont on chauffe le tuyau en un point en l'inclinant.

Les cratères des geysers sont constitués par d'abondants dépôts de silice concrétionnée, hydratée, qu'on appelle *geysérite*. Ces dépôts forment un cône tronqué dont la partie supérieure est le bassin au centre duquel débouche la cheminée. La hauteur du cône augmentant continuellement, il arrive que la masse d'eau empêche l'explosion et le geyser s'éteint. Il devient une citerne tranquille.

Les plus remarquables manifestations geysériennes s'observent en Amérique, dans la merveilleuse région du Yellowstone ou de *la pierre jaune*, maintenant Parc national. Cette région de 9,000 km. carrés est dans les Montagnes Rocheuses, à une altitude de 2,500 m. Le sol est calciné, il tremble et sonne creux et montre, dans les diverses vallées, des milliers de bassins qui sont autant de geysers. Les éruptions sont régulières, mais à des intervalles variables pour chacun. Le plus grandiose est l'*Excelsior ;* l'éruption ne se produit que tous les 3 ans, mais elle est terrible : avant sa projection d'eau, ce geyser lance à des centaines de mètres dans les airs des blocs de pierre qui pèsent jusqu'à une tonne. Les affleurements de soufre et d'alun se montrent partout sur le sol ; mais, en outre, quelques-unes de ces sources d'eau chaude, ayant traversé des massifs calcaires, déposent du carbonate de chaux. Ce sont donc des *geysers calcaires*. Ces eaux calcaires descendent les pentes et produisent sur les terrasses étagées des vasques où dort une eau limpide et dont les parois, tapissées de cristaux de calcite, scintillent au soleil comme des milliers de diamants.

La Nouvelle-Zélande présente 76 de ces sources dans une seule vallée et sur un espace de 2 km. Il en résulte une véritable rivière d'eau bouillante, 80°, avec les célèbres cascades de Tetarata.

Giobertite, *dédiée à Giobert, chimiste italien* (1761-1824). Carbonate de magnésie. Densité 3 ; incolore ; double réfraction énergique ; se rencontre dans les schistes chloriteux, la serpentine et autres roches magnésiennes. Quand la giobertite contient du fer c'est la *breunnérite*.

Givétien (Etage), *du calcaire de Givet, Ardennes* (*Gosselet*, 1879). Dévonien moyen. Calcaire caractérisé par l'abondance des *stringocéphales*.

Gisement ou gîte. V. Filon.

Glaces flottantes. Dans les régions voisines du Pôle les glaciers ne sont pas localisés, comme chez nous, mais recouvrent tout et on ne distingue, à perte de vue, qu'une immense plaine blanche, *champ de glace*. De là les *icebergs*, glaces flottantes qui résultent de la rupture du front du glacier quand il parvient jusqu'à la mer, et dont on évalue le volume annuel, pour l'hémisphère boréal seul, au chiffre énorme de 32 kilom. cubes ; les *banquises* ou *glaces salées* qui se forment contre les rivages par la congélation de l'eau de mer laquelle se produit à — 2°5. L'épaisseur de ces glaces côtières ne dépasse jamais 30ᵐ. Elles sont souvent chargées de cailloux et de terre provenant de la dégradation par les neiges des côtes escarpées, et les banquises qui proviennent de ces glaces côtières étant charriées par les courants abandonnent ces matériaux au fur et à mesure que s'accomplit leur fusion. Les *icefield* sont des îles flottantes qui se forment au large quand la mer se prend en glaces sur de grandes étendues. Elles donnent lieu, lors des débâcles, à de grands convois de *glaces de dérive* qu'on désigne spécialement sous le nom de *drift, angl. qui flotte*. On trouve sur les rivages de l'Ecosse et de l'Angleterre des blocs de granite venant des Alpes scandinaves et qui ont été charriés par des banquises. Le grand banc de Terre-Neuve est un bas-fond de 200 m., couvrant une superficie de 125.000 kil. carrés et s'élevant du sein d'une mer de 2.600 m. de profondeur moyenne. Il est entièrement formé de débris charriés par les glaces flottantes qui viennent des régions arctiques.

Glaciaire (Epoque). Après le soulèvement des Alpes qui mit fin à l'époque tertiaire, la température continuant à décroître depuis l'éocène, les glaciers apparurent et prirent une extension considérable aussi bien en Europe qu'en Amérique. Il faut en chercher la cause non pas dans un froid intense mais dans les modifications géographiques qui, en donnant aux chaines de montagnes leur principal relief, ont créé d'immenses condenseurs. L'eau des pluies pour les faibles altitudes est devenue neige sur ces montagnes et c'est ainsi que se sont créés les glaciers. De telle sorte que la période glaciaire pourrait s'appeler aussi période *pluviaire*, car il est prouvé qu'une région où l'air est sec peut ne pas avoir de glacier alors que sa température moyenne est cependant plus basse que celle de telle autre région qui en possèdera. Pour qu'un glacier existe il faut de la vapeur d'eau et cette vapeur d'eau se produit par l'action du soleil. En un mot c'est le soleil qui crée le glacier par l'intermédiaire des hauts sommets. La formation des glaciers a eu pour conséquence la création d'immenses cours d'eau et c'est alors qu'a eu lieu le creusement des vallées et les dépôts d'alluvions préglaciaires.

Chez nous, à l'E, un grand glacier débouchait par la vallée du Rhône, s'étendait jusqu'à Berne, Soleure, venait buter contre le Jura (*Pierre à bot*, bloc de granite amené par ce glacier sur les roches calcaires du Jura, en face de Neufchâtel, à 600 m. d'altitude), couvrait toute la plaine bressane et des Dombes jusqu'à Lyon, Vienne, Grenoble et Chambéry où il se réunissait à d'autres glaciers venant également des Alpes. Les Vosges, l'Auvergne, les Pyrénées avaient aussi leurs glaciers.

On estime que la température moyenne était à cette époque de 6 à 9 degrés, par conséquent peu inférieure à la température moyenne actuelle de Paris qui est de 10°7, mais les étés étaient moins chauds. L'Europe d'alors pouvait être comparée à la Nouvelle-Zélande qui a un climat maritime et un climat de montagne. Ce n'étaient que pluies et brumes et l'homme, en raison de ce climat si triste, dut chercher des abris dans les grottes ; il dut aussi devenir plus industrieux, se vêtir, se fabriquer des outils.

Le recul de ces glaciers fut déterminé surtout par l'exhaussement de tout le sol du N. de l'Europe; la diminution des pluies, la sécheresse de l'air et peut-être aussi par la formation du Gulf-Stream, conséquence de l'effondrement de l'Atlantide. V. Atlantide, Courants, Œsar.

Ce sont les anciens glaciers du Nord qui ont créé le *terrain erratique du nord*, immense bande de matériaux de transport ou *drift* qui s'étend depuis l'ouest de l'Irlande jusqu'à l'est de Moscou en largeur et qui descend au sud entre Berlin et Vienne. C'est une argile tenace nommée *till* par les géologues écossais, contenant parfois des pierres en abondance, *argile à blocaux*, lesquelles accusent leur origine glaciaire par leur surface polie et striée.

Le terrain erratique est constitué par une boue fine plus ou moins compacte, sorte d'argile, dans laquelle sont entassés pêle-mêle des fragments de roches de diverses natures et de volumes très différents. Ces fragments sont anguleux ou polis, parfois striés ; le tout a été charrié en même temps et aucun triage ne s'est produit. La couleur de ce dépôt dépend de celle des roches qui en ont fourni les éléments. En Suisse, en Savoie, dans le Haut-Rhône, le terrain erratique est noirâtre à cause des schistes noirs du lias alpin ; mais plus bas, dans le Bugey, la Grande-Chartreuse et jusqu'à Lyon (Croix-Rousse et Fourvière) l'aspect est jaunâtre à cause des calcaires jurassiques qui ont fourni la plus grande partie des matériaux.

Dans les Vosges, l'erratique prend un aspect arénacé parce qu'il contient en quantité des grains siliceux provenant des grès. En Ecosse, il est rougeâtre à cause des grès rouges.

Chez nous, un changement de climat amena le retrait, à un moment donné, des glaciers alpins et, ce qui le prouve, ce sont les formations que l'on trouve, dans la région des Alpes, intercalées entre deux moraines : lignites de Durnten, couche alluviale à empreintes végétales du Tyrol, etc. Les graviers pliocènes de la Dombes sont, jusqu'à Bourg, essentiellement composés de matériaux alpins. Par conséquent, il y aurait eu au pliocène supérieur, une première extension glaciaire. Les glaciers reprirent plus tard une nouvelle extension. V. Lignites. Il y eut donc, au moins pour la Suisse, une phase interglaciaire à climat plus doux, faune mélangée d'espèces arctiques et d'espèces de pays chauds. L'arrivée de l'homme en Gaule daterait de cette époque et d'après M. Arcelin, l'homme de Saint-Acheul vivait à Charbonnières (près Màcon) après le retrait des glaciers. V. Quaternaire.

Glacier. En laissant de côté les amas de glace dans les grandes dépressions ou *glaciers suspendus* on peut dire qu'un glacier est une sorte de fleuve *gelé* qui *coule* ou s'allonge sur les pentes d'une montagne bien plus bas que la limite des neiges persistantes, s'élargissant ou se rétrécissant suivant la largeur de la vallée, recevant des affluents qui sont d'autres petits glaciers et enfin se terminant dans la plaine, quand la fusion vient arrêter sa marche, par un escarpement à pic qui est son *front*. Cette marche lente des glaciers avait été remarquée depuis longtemps par les montagnards ; une échelle, abandonnée en 1788 par Saussure dans le massif du Mont-Blanc, fut retrouvée, 57 ans plus tard, à 4 kil. et demi plus bas. On mesure la vitesse de cette marche en plantant sur la surface du glacier une série de piquets en ligne droite et entre deux points de repère fixes marqués sur les rives. Au bout de quelques mois on constate que les piquets sont descendus, mais de longueurs inégales ; c'est celui du milieu qui s'est le plus déplacé ; donc la vitesse est plus grande vers le centre que sur les bords et cela tient au frottement exercé contre les parois encaissantes. Il en est de même pour la partie inférieure du glacier à cause du frottement contre les roches du fond. La vitesse d'un glacier est toujours très faible ; elle s'élève avec la température, s'accentue dans les étranglements et diminue quand la largeur du glacier augmente; dans les gorges il y a accélération et gonflement vertical et ralentissement en amont ; dans les tournants la vitesse est plus grande vers la rive concave et le glacier s'élève vers la rive convexe. En résumé, on voit que, sauf la vitesse, ce sont les mêmes conditions de mouvement que pour l'eau d'un fleuve. La ressemblance est complétée par les phénomènes de *transport* et *d'érosion*. Un glacier charrie des blocs plus ou moins volumineux qui se sont détachés des pentes et ont roulé jusqu'à lui ou qui proviennent d'avalanches. Ces blocs et ces débris forment sur les deux bords deux traînées qu'on appelle *moraines latérales*, du *bas-latin morena*, *digue de pieux* ou *de l'italien mora, tas de pierres*. Lorsque deux glaciers se rencontrent et se soudent la moraine droite de l'un s'accole à la moraine gauche de l'autre et cette réunion constitue une *moraine médiane* dans le glacier unique. Il résulte de là que le nombre des moraines médianes peut faire connaître le nombre des *affluents* du glacier. Arrivés au *front* tous ces blocs sont successivement abandonnés par le glacier et leur entassement constitue la *moraine frontale* ou *terminale*. V. Blocs erratiques. Les phénomènes d'érosion résultent du mouvement du fleuve de glace qui affouille ses rives et son lit ; les blocs arrachés et enchâssés dans la glace agissent comme des burins qui usent, rabotent et dégradent les roches des bords et du fond. Les stries ou cannelures ainsi produites ont parfois plusieurs mètres de longueur. Les cailloux et les sables polissent ensuite les saillies tournées vers l'amont qui s'opposent à leur marche et de là résultent les *roches moutonnées* ainsi appelées par Saussure parce qu'elles donnent de loin au lit du glacier l'aspect d'un troupeau de moutons endormis. On reconnait, dans le Bugey, le lit des anciens glaciers par ces roches moutonnées. Il est bien évident que les blocs-burins s'usent aussi et reçoivent parfois des roches dures des entailles profondes. De là proviennent les cailloux *polis* et *striés* si caractéristiques des formations glaciaires. Dolfus-Ausset raconte qu'en parcourant le plateau de la Croix-Rousse à Lyon, où l'on venait d'ouvrir une tranchée de fort dans le terrain erratique, son guide, qui était des Alpes, eut une émotion profonde en reconnaissant des blocs et des fragments anguleux de ses montagnes et s'écria : Tonnerre oui ! les glaciers des Alpes sont donc venus jusqu'à Lyon ! Les cailloux polis et striés et la boue ou argile glaciaire constituent la *moraine profonde*. Ainsi on doit considérer les glaciers comme de puissants agents de démolition et de transport et on appelle *terrain glaciaire* le terrain façonné et abandonné par les glaciers actuels et *terrain glaciaire ancien* ou *terrain erratique* le terrain produit par la grande extension des glaciers anciens. V. Argile, till.

Nous devons nous demander maintenant comment se forme un glacier. A une certaine altitude, variable suivant les lieux (5,000 m. sous les tropiques ; 4,000 m. au Caucase ; 2,800 m. en Suisse), les neiges sont *persistantes* ou, comme on le dit encore improprement, *éternelles*. Ces neiges sont à l'état pulvérulent et, sous l'action des vents, forment parfois sur les hautes cimes des panaches blancs. « Le mont Blanc fume sa pipe. » disent les guides. En raison de cette mobilité, ces neiges forment des dunes ou *gonfles* dans les endroits bien abrités et s'accumulent dans les dépressions en forme de cirque que l'on peut comparer au bassin de réception d'un torrent. Là, ces masses se tassent ; l'action du soleil et le fœhn (V.) provoquent une légère fusion et les gouttelettes d'eau qui en résultent pénètrent dans la masse d'eau qu'elles ciment par leur congélation ; de cette façon le *champ de neige* se transforme en un amas peu cohérent parsemé de bulles d'air : c'est le *névé* dans la Suisse française ou le *firn* dans la Suisse allemande. Par suite de la pression résultant des couches successives de névés, l'air est chassé, la masse inférieure devient de plus en plus cohérente : c'est la *glace bulleuse* ou *firneiss* qui est opaque et laiteuse. Le glacier est né ; il commence à descendre, produisant, à l'endroit où il se sépare du champ de névé, une profonde crevasse, dite *rimaye*, laquelle laisse apercevoir les couches successives de névés. A mesure qu'elle descend la glace devient plus compacte et plus homogène ; elle ne contient plus de bulles d'air et prend une couleur bleuâtre. A ce moment c'est la *mer de glace* ou le *glacier* proprement dit.

Voyons à présent quelles sont les causes du mouvement des glaciers. Ce mouvement résulte du *poids* de la glace, de sa *plasticité* et du *regel*. La glace est plastique, c'est-à-dire qu'on peut, sans la rompre, arriver à changer sa forme. Ainsi un barreau de glace, long, mince et droit, reposant par ses extrémités sur deux supports, s'infléchit sous son propre poids sans se briser et, en le retournant, on constate qu'il se redresse puis qu'il se courbe en sens contraire. Cette plasticité de la glace fut observée par Bordier, de Genève, en 1773, Il comparait la glace à de la cire molle, flexible et ductile jusqu'à un certain point.

Le regel est la propriété que possèdent des morceaux de glace de se souder entre eux et cela, même dans une eau chaude au point de n'y pouvoir tenir la main. De là résulte qu'on peut donner par compression à des morceaux de glace la forme quelconque d'un tout compact et transparent ; ou encore qu'on peut couper un bloc de glace avec un fil de laiton qui l'entoure et qui est tiré par un poids sans qu'il reste rien de la section parce que les deux moitiés se ressoudent à mesure que le fil descend.

Le plasticité et le regel expliquent comment un glacier peut se mouler sur les parois de son lit et en suivre tous les contours. Cependant, quand la pente devient trop forte, le mouvement amène dans la masse du glacier des *crevasses* dont les mieux marquées sont les crevasses *transversales* : mais il y en a aussi sur les bords par suite du frottement : ce sont les *crevasses latérales* ou *marginales* qui sont disposées obliquement parce que nous savons que la vitesse du glacier a son maximum au milieu. Enfin il y a les *crevasses longitudinales* qui s'observent quand le glacier a franchi un espace resserré ou encore sur le front où elles présentent la disposition en éventail.

Il nous reste à parler de la fusion qui s'accomplit dans un glacier, laquelle compense les apports successifs qui lui viennent des névés. Cette fusion se produit à la fois : à la surface du glacier, sous l'action des rayons solaires et du fœhn, ce mangeur de neige et de glaciers ; dans la masse par l'infiltration de l'eau sur les bords par la chaleur provenant des parois encaissantes, action assez grande pour faire prendre au glacier une forme convexe, et enfin sur le front qui limite le glacier. Cette eau de fusion donne lieu, dans le glacier proprement dit, à un grand nombre de ruisseaux qui serpentent jusqu'à ce qu'ils rencontrent des crevasses qu'ils élargissent ; il en résulte des puits circulaires ou *moulins*, immenses *poches à eau* ou véritables lacs intraglaciaires de grande profondeur dont la débâcle peut amener des désastres effroyables comme celui de Saint-Gervais (12 juillet 1892). Heureusement, le plus souvent, ces ruisseaux se frayent un chemin sur le fond du glacier et c'est par leur réunion qu'ils constituent le torrent qui est la source où d'une grande rivière ou d'un fleuve. Cette masse d'eau sort, sur le front, d'une espèce de voûte qui est la *porte du glacier* ou la *grotte*. Cette source agit, quand elle est importante, sur la moraine frontale qu'elle perce en rejetant les débris à droite et à gauche et elle arrive ainsi à constituer deux grandes digues.

Parfois le torrent sous-glaciaire agit sur les roches du fond et, avec l'aide des cailloux, y creuse des *chaudières* ou *marmites de géants* analogues à celles que creusent les torrents ordinaires.

Glaciers polaires. Dans les régions voisines du pôle le phénomène glaciaire prend une importance considérable et des continents entiers, comme le Groenland, sont recouverts par une *calotte glaciaire* ou *champ de glace* qu'on appelle là *inlandsis*. Cette calotte ne laisse sur le rivage qu'une bande étroite de terre habitable (25 km.) entrecoupée de glaciers.

Glaise, *lat. glus, gluant.* C'est la *terra glutonisa*, terre grasse et compacte que l'eau ne pénètre point ; variété d'argile chargée de fer et de sable et contenant en outre du calcaire ; couleur brune ou verte, ou marbrée de rouge. Quand la proportion de calcaire varie de 15 à 50 0/0 elle passe à la *marne*. La glaise se délaie facilement dans l'eau ; elle est sèche et aride pendant les grandes chaleurs ; d'une culture difficile et d'un mauvais rapport. C'est elle qui constitue les *terres froides* que l'on amende avec de la marne riche en calcaire. Le carbonate de chaux rend la glaise fusible, par suite elle n'est pas réfractaire comme l'argile plastique ; elle peut cependant donner des briques et des tuiles. C'est la glaise qu'on emploie pour le modelage parce qu'en séchant elle a peu de retrait. (Figulines de Bernard Palissy).

Glaubérite, *dédiée au chimiste all. Glauber (1604-1668)*. Sulfate naturel double de soude et de chaux appelé aussi *brongniartine*. Cassure brillante, éclat vitreux. Se trouve dans les mêmes gisements que le sel gemme. Aux environs de Madrid existe une masse de glaubérite de 14 m. de puissance sur plusieurs lieues carrées. Il ne faut pas confondre la glaubérite avec la *mirabilite* ou sel admirable de Glauber, qui est un sulfate de soude hydraté.

Glauconie, *gr. glaucos, vert.* Silicate hydraté d'oxyde de fer et de potasse (5 à 15 0/0 d'alcali), avec alumine. Certaines craies en renferment. C'est un précieux amendement. La glauconie était confondue autrefois avec la chlorite, c'est pourquoi on dit *craie chloritée* pour *craie glauconieuse*.

Glissement. V. Eboulement.

Globigérines. V. Foraminifères.

Glossopètre, *gr. glossa, langue ; lat. petra, pierre*. Nom ancien des dents fossiles de squale, parce qu'on les regardait comme des langues de serpents pétrifiées. On leur attribuait des propriétés curatives.

Glucine, *gr. glukus, doux*. Oxyde de glucinium ; substance blanche qui a été obtenue en 1797 par Vauquelin. On extrait généralement la glucine de l'émeraude de Limoges qui en contient environ les 12 centièmes de son poids. Cet oxyde a été ainsi nommé à cause de la saveur sucrée de ses sels.

Le glucinium est un métal, corps simple, obtenu jusqu'ici sous la forme de poudre grise pulvérulente par Wohler en 1827.

Glypticien, *gr. gluptos, sculpté*. Sous-étage du corallien de d'Orbigny. Est ainsi nommé à cause de l'échinide *glypticus hieroglyphicus* qu'on trouve dans le calcaire. « Petit, plat, à bord arrondi. Les sculptures en hiéroglyphes proviennent de ce que les têtes des tubercules se sont réduites en éminences isolées et de ce que de petites granulations les réunissent. Jurassique ». Hœrnès.

Glyptodon, *gr. gluptos, sculpté ; odous, dent*. Mammifère édenté, grand tatou fossile de forme étrange dont on a retrouvé les restes dans les pampas argileux quaternaires de la Plata et du Mexique. Il avait 1 m. 75 de long, 1 m. de large, une carapace immobile comme celle d'une tortue et formée en dessus de plaquettes hexagonales ornementées. La tête et la queue étaient également revêtues d'une armure. Les molaires, au nombre de 8, portent deux profonds sillons latéraux et présentent, par suite, trois surfaces d'usure. V. Megatherium.

Gnathosaure, *gr. gnathos, mâchoire ; saurus, reptile*. Reptile saurien fossile, voisin des gavials et des téléosaures. 40 dents subuliformes, c'est-à-dire très-pointues (*lat. subula, alène*) Schistes de Solenhofen.

Gneiss, *m. allemand*. Roche cristalline formée, comme le granite, de feldspath, de quartz et de mica, mais qui s'en distingue en ce que les cristaux de ces trois éléments au lieu d'être groupés sans ordre sont arrangés par lits superposés. C'est pourquoi le gneiss présente un aspect rubanné et une texture schisteuse. Les lamelles de mica sont réunies, empilées les unes sur les autres et forment des bandes successives séparées par d'autres bandes grisâtres que constituent les deux autres éléments, feldspath et quartz. Ces diverses bandes sont horizontales ou plus ou moins plissées, contournées, ondulées. On retrouve cette allure dans le micaschiste, seulement le feldspath manque. Cette apparence de stratification et cette structure feuilletée font que le gneiss et le micaschiste sont des *roches cristallophylliennes, gr. phullon, feuille*. Les différentes variétés de gneiss se groupent en deux séries : les *gneiss acides* avec le mica noir comme élément ferrugineux dominant ou *gneiss micacés* et les *gneiss basiques* où l'amphibole ou le pyroxène joue ce rôle de base.

Le gneiss n'est pas un granite schisteux attendu que quand ces deux roches se trouvent en contact, ce qui est assez fréquent, elles se séparent nettement l'une de l'autre : le granite s'est injecté dans le gneiss ; il en a arraché des morceaux que l'on trouve emprisonné dans sa masse. Le gneiss se distingue des roches sédimentaires proprement dites en ce qu'il ne contient aucun reste de corps organisé, ni débris roulés, sables ou cailloux. Il représente la première croûte consolidée à la surface du globe par refroidissement. Le gneiss ne se distingue du granite que par le parallélisme des parcelles de mica et aussi par l'allongement des grains de quartz qui affectent une forme lenticulaire. Au microscope il paraît entièrement cristallin et ne montre rien qui permette de le considérer comme *clastique* ou *détritique*. Densité 2,6 à 2,7. La composition moyenne du gneiss est la suivante, d'après M. Von Lasaulx : silice, 70,80 ; alumine 14,20 ; oxyde ferreux, 6,10 ; chaux, 2,6) : potasse, 3 ; soude, 2,10 ; eau, 1,20. Comme le gneiss est parfois très difficile à distinguer du granite il en résulte une variété mixte : le *gneiss-granitoïde* ou *gneiss-granite*. Par suite de la variabilité de sa composition on a proposé d'appeler le gneiss *protéolithe* (du dieu devin Protée qui pouvait changer de forme quand il ne voulait pas répondre, et *lithos*, pierre).

Gonfle. V. Glacier.

Goniatite, *gr. gonia, angle*. Genre de mollusques céphalopodes fossiles du groupe des ammonites, ordinairement enroulés en spirale. Les goniatites diffèrent des ammonites en ce que les lignes suturales des cloisons sont simples, seulement sinueuses. Elles abondent dans le dévonien, remplissent les calcaires amygdalins qui constituent les marbres *griotte* et *campan*. On les trouve du silurien supérieur au carbonifère.

Gore blanc. Sorte de grès schisteux, argilo-feldspathique, blanc, jaune ou gris-verdâtre du terrain houiller de St-Etienne. Dans l'ouest lyonnais on appelle *gore* une sorte de sable plus ou moins grossier ou *arène*.

Gorge. V. Cañon.

Gothlandien (Etage), *de l'île de Gothland, Scandinavie*. (Munier-Chalmas et de Lapparent, 1892). Etage sup. du système silurien bien développé dans l'île de Gothland. Il se compose, en Normandie, d'ampélites à graptolithes et de calcaires. En Armorique et Anjou de phtanites à graptolithes, d'ampélites, et de calcaires ; dans les Pyrénées et le massif Ardennais de schistes.

Gouffre, Goule. V. Grotte. **Gour**. V. Cratères-Lacs. **Gourbet**. V. Dunes.

Granite ou **Granit**, *ital. granito, grenu*. Roche grenue, essentiellement cristalline, dure et résistante, composée de feldspath, de quartz et de mica. Les cristaux sont solidement agrégés, bien définis, adhérents entre eux par simple juxtaposition ; il n'y a pas de ciment et c'est le feldspath (variété orthose) qui domine et se présente en grands cristaux rectangulaires, puis vient le quartz et en dernier lieu le mica.

D'après cette texture, cette composition et cette allure, le granite franc diffère complètement des roches volcaniques et on explique sa formation de la manière suivante : le noyau central en fusion a soulevé en certains points la croûte terrestre par suite de compressions latérales résultant d'affaissements produits par de puissantes couches sédimentaires et, grâce à l'abri de cette puissante voûte, la température et la pression considérables ont pu se conserver et s'opposer à tout changement brusque dans les conditions de consolidation de la masse granitique, laquelle a pu, par suite, prendre cet état cristallin particulier. En un mot, le granite est une roche de *profondeur* qui n'est jamais arrivée au jour à l'état fluide et il doit se relier par la base à la masse centrale en fusion. S'il se montre actuellement en certains points, c'est que des érosions, continuées pendant des milliers de siècles, ont fini par faire disparaître en ces points la voûte protectrice.

La densité du granite varie de 2,59 à 2,73 ; il contient en moyenne 68 °/₀ de silice. Quand les trois éléments sont fins, d'égale dimension et à peu près en égale proportion, le granite est dit à *grain fin* : c'est la variété commune, celle qui est la plus recherchée ; elle peut prendre un beau poli et on l'emploie comme pierre de décoration, peu dans les constructions parce que sa dureté en rend la taille difficile et coûteuse Limoges, Saint-Brieuc, Autun, Cherbourg, sont construites en granite à grain fin. Le granite de Vire, Calvados, fournit les dalles des trottoirs de Paris. Les granites à pavés sont ceux de Limoges, de Guéret, des Vosges, près de Remiremont, de Manzat dans le Puy-de-Dôme. Quand la dimension des trois éléments est grande, le granite est dit à *grandes parties* : c'est le cas des granites de Bretagne et des Vosges Souvent les cristaux d'orthose sont à grande dimension : le granite est dit alors *porphyroïde*. (Morvan, Bretagne, Pyrénées). Les cristaux d'orthose ont parfois jusqu'à 10 cent. Au contraire, quand les éléments ont une petitesse telle que la loupe est nécessaire pour les discerner, on a les *microgranites* ou *granites euritiques* et les *microgranulites*. L'ensemble des petits cristaux forme la pâte cristalline où sont englobés des cristaux plus grands. De là résulte une texture porphyrique, d'où le nom de *porphyre quartzifère*. On trouve la microgranulite en abondance entre Le Mans et Laval à Sillé-le-Guillaume. Une autre variété de granite est celle où une grande partie du mica noir est remplacée par du mica blanc (muscovite). On a ainsi le granite à deux micas ou simplement à mica blanc qui est remarquable par sa teinte claire, son peu de cohésion et sa kaolinisation facile. On l'observe dans la Creuse, la Haute-Vienne, le Limousin ; près d'Autun, d'Avallon ; c'est lui qui constitue le massif du mont Saint-Michel.

Le granite contient des cristaux de tourmaline, de béryl, d'émeraude, de corindon, de grenat, etc.; des métaux : fer, étain, bismuth, plomb, cuivre, argent. Certains granites, comme la *pegmatite*, sont susceptibles de désagrégation et de décomposition sous l'action des agents extérieurs sur le feldspath : il se produit alors des crêtes escarpées ou des pics élancés et un sable très grossier, l'*arène*. Par action chimique, la potasse ou la soude passe à l'état de carbonate qui se dissout dans l'eau et il ne reste que du silicate d'alumine ou argile généralement impure. Quand elle est pure, c'est le *kaolin*. V. Kaolinisation. Dans les plaines du Brésil, on voit des blocs de granite arrondis ainsi par l'action des eaux.

Roches granitoïdes. Sous ce nom, on réunit toutes les roches cristallines qui offrent la même structure que le granite à savoir, entièrement formées de cristaux visibles à l'œil nu sans avoir la même composition chimique. Nous citerons la syénite, *de la ville de Syène* (Egypte), dans laquelle le mica est remplacé par l'amphibole. Cette roche, de coloration rouge, forme en Egypte de puissants massifs d'où les Egyptiens ont extrait leurs monolithes. L'obélisque de Louqsor, qui est maintenant sur la place de la Concorde, à Paris, en provient. C'est aussi la syénite qui forme les *ballons* des Vosges. Au granite à amphibole se rapporte la vaugnérite, *de Vaugneray*, chef-lieu de canton, à l'ouest de Lyon. Cette roche constitue là, au travers du gneiss, un large dyke d'environ 400ᵐ de puissance sur une longueur de 1500ᵐ. L'église de Vaugneray est construite avec cette roche.

La granulite est une variété de granite à mica blanc, à grain généralement plus fin que ce dernier ; la couleur dominante est rose-chair.

La pegmatite, *gr. pegma, concrétion*, est une autre variété de granite à mica blanc ; elle est à *grandes parties*, à grands cristaux, et de couleur très claire. Cette roche se présente plutôt en filons ou en nids dans les gneiss et les granites qu'en massifs et elle contient beaucoup de cavités ou druses. Parfois le quartz paraît moulé sur le feldspath et se présente, sur les tranches de la roche, sous la forme de petits coins alignés qui simulent l'écriture cunéiforme ou les caractères hébraïques. C'est alors la pegmatite graphique ou hébraïque.

La protogine, *gr. protos, premier, genea, femme, formation*, est une variété de granulite verdâtre dans laquelle le mica noir est remplacé par du mica chloriteux qui est onctueux et a le toucher du savon quand on l'écrase sous le doigt. Le savant qui a créé ce mot a fait une confusion avec *protogène* ou roche de *première formation*, parce qu'on la regardait comme la plus ancienne des roches éruptives. En réalité, cette roche est relativement récente puisqu'elle a apparu dans le 15ᵉ soulèvement, celui des Alpes occidentales, entre le calcaire parisien et la mollasse. C'est elle qui forme les plus hauts sommets des Alpes, mont Blanc, mont Rose, avec la structure en éventail.

Granite (petit). Calcaire à *crinoïdes* qui est à la base du calcaire carbonifère dans la Meuse. Il est surmonté de calcaires blancs ou gris avec dolomie ; puis au-dessus, vient le calcaire à *productus* ou calcaire de Visé. Le petit granite contient parfois des géodes tapissées de cristaux de calcite et quelquefois remplies d'un liquide inflammable ; on y trouve aussi de petits cristaux libres de quartz bipyramidés. (Gosselet).

Granitophyre, *de granite et de phyre, pour porphyre*. Porphyre granitoïde. Boen, Urfé, dans la Loire.

Granulite. V. Granite.

Graphite, *gr. graphein, écrire*. C'est la *plombagine* ou *mine de plomb*. Charbon très pur qui accompagne souvent le marbre saccharoïde ; solide, gris, à éclat métallique, salissant les doigts, cristaux hexagonaux ou en écailles et paillettes. Densité **1.9** à **2.29**. Sert à faire des crayons, à noircir la tôle et la fonte et à rendre les corps conducteurs en galvanoplastie ; mélangé avec de l'huile, c'est le cambouis. Les gisements de Sibérie sont les plus importants que l'on connaisse ; les Etats-Unis en fournissent aussi beaucoup. France, Corse, Allemagne, Russie, Espagne.

Graptolithe, *gr. graptos, écrit ; lithos, pierre ; pierre couverte d'écriture*. Genre de polypes hydrozoaires fossiles qui se présentent sous la forme d'une tige creuse, droite ou enroulée en spirale, dentelée sur un des côtés ; chaque dent est elle-même creuse et représente un petit godet qui communique avec la tige. Autres dispositions : la colonie est formée de deux branches distinctes, ou soudées à leur origine, ou soudées suivant leur longueur ce qui donne une sorte de feuille de palmier (Bohême, silurien E. Barrande) ; ou de quatre branches formant deux feuilles opposées, etc. Le plus souvent les graptolithes se trouvent comprimés et aplatis par milliers sur les feuillets des roches schisteuses : l'étui qui devait être flexible pendant la vie est remplacé par une couche de bitume, de pyrite ou de silicate soyeux. N'ont pas dépassé le silurien. Formaient des colonies libres, non fixées.

Grauwacke, *all. grau, gris ; wacke, nom d'une roche*. Schistes grossiers, tout d'abord siliceux et calcarifères, mais qui ont perdu leurs parties calcaires par l'action des eaux d'infiltration. En un mot, ce sont des schistes décalcifiés qui se présentent, par suite, remplis de cavités. La dissolution du test calcaire des fossiles s'est aussi produite et il ne reste que les moules internes et externes. Les grauwackes sont ordinairement de couleur brune et cela tient à l'oxydation de leurs éléments ferrugineux.

Grenat, *lat. granatum, grenade*, parce que la couleur ordinaire de cette pierre a le rouge de la grenade. Les grenats se trouvent disséminés dans une foule de roches, micaschistes, gneiss, calcaires voisins des roches cristallines, terrains volcaniques. Les variétés employées en bijouterie sont : le G. GROSSULAIRE ; *grossularia, groseille à maquereau*. Silicate alumino-calcaire, incolore ou vert-clair. On le rencontre dans des

calcaires ou des schistes chloriteux. Le G. CHROMIFÈRE ou OUWA-
ROWITE, silicate chromo-calcareux, belle couleur vert-éme-
raude ; associé au fer chromé dans l'Oural. Dédié au ministre
Ouwarow. Le G. MÉLANITE ; *gr. melas, noir,* à cause de sa couleur noir de velours. Silicate ferrico-calcaire. Dans les roches
métamorphiques où il forme des amas associés à des minerais de
fer magnétique (Norvège). Le G. PYROPE, *gr. purôpos, enflammé ;*
silicate alumino-magnésien, couleur rouge foncé ; se rencontre
dans la serpentine d'un assez grand nombre de roches ; doit son
nom à son éclat analogue à celui du feu. Le G. ALAMANDIN ou
el mandin, ou *almandin* (V.), ou *grenat indien ;* silicate alu-
mino-ferreux, rouge vermeil plus ou moins foncé. Escarboucle
des anciens. Est le plus répandu (gneiss, micaschistes, chloritoschistes). C'est lui que l'on emploie en joaillerie sous le nom
de *grenat.* Ceylan, Inde, Brésil. Le G. MANGANÉSIEN, silicate
alumino-manganésien ou SPESSARTINE (*granite du Spessart,* en
Bavière), jaune ou rouge ; on le trouve dans les pegmatites et
dans le coticule ardennais.

La densité des grenats varie de 3,5 à 4,3. Leur dureté est à
peu près celle du quartz ; ils cristallisent dans le système cubique, dodécaèdres rhomboïdaux. Quand ils sont suffisamment
transparents, les grenats peuvent être taillés en cabochons,
mais ils n'ont jamais qu'une valeur commerciale peu considérable.

Grenatite, *rad. grenat.* Agrégat cristallin de grenat calca-
réo-ferreux et d'amphibole hornblende. Ce grenat, qui domine,
est jaunâtre, rougeâtre ou brun, grenu ou compact. On dit aussi
à tort *granatite.* La grenatite s'observe en amas stratiformes
dans les schistes cristallisés (Jeannetaz).

Grès, *celtique craig, roche.* Roche formée de petits grains
de quartz, plus ou moins volumineux, réunis par un ciment.
Dans les grès *quartzeux,* les grains de quartz, de faible dimension, sont reliés par un ciment siliceux. Dans les grès *calcarifères,* le ciment est du carbonate de chaux. Et si ce carbonate
de chaux contient du carbonate de magnésie, on a le *grès
dolomitique.* Dans les grès *argileux,* le ciment est de l'argile,
jaune, verte, rouge, plus ou moins ferrifère. Exemple : le *grès
rouge* à ciment argilo-ferrugineux, à grain grossier ; le *quadersandstein* de la Suisse saxonne, ainsi nommé, parce qu'il se
décompose en blocs de forme cubique ; le *vieux grès rouge,*
d'Angleterre, certains bancs des *grès bigarrés.* Le vieux grès
rouge ou grès *pourpré* est antérieur aux plus anciens combustibles.

Quand les grains de quartz sont accompagnés de paillettes
de mica et de grains de feldspath, les grès argileux deviennent
les *psammites* (psammites du Condros) ; grès *houiller,* parce
qu'il accompagne les couches de houille. Le ciment argileux
est coloré en jaune ou en rouge par des oxydes de fer ; en vert
ou en bleu par des carbonates de cuivre : d'où le nom de *grès
bigarré* ou de *grès vosgien,* parce qu'il est bien représenté dans
les Vosges. Il est encore appelé *grès à voltzia,* parce qu'il est

fossilifère (Étage vosgien, trias). Le grès bigarré de Voivres peut être débité en plaques minces employées pour la toiture : on l'appelle *lave* dans les Vosges. A cette variété se rattache le *grès flexible* du Brésil, ainsi nommé parce que les dalles minces, micacées, peuvent se ployer sans se rompre. Les grès bigarrés existent dans les Alpes d'où les glaciers les ont descendus sur le plateau des Dombes, par exemple, où ils forment la plus grande partie des cailloux roulés d'aspect gris-jaunâtre. Les *grès verts* ou grès *glauconieux* sont ainsi appelés à cause des grains de glauconie qu'ils renferment ; sont ferrugineux et assez fréquents dans le dévonien de la Russie, le *tourtia* du nord de la France et dans le golfe anglo-parisien de l'éocène inférieur. Ce sont eux qui constituent le grès de la Fère (Aisne), grès tendre renfermant une grosse natice, *natica crassatina* ; a fourni l'arctocyon. Ces sables verts sont très répandus dans les assises du gault. Une autre variété de grès est le *grès macigno* dans lequel les grains de quartz sont cimentés par une marne siliceuse, grise, verdâtre ou noirâtre qui le rend schisteux et parfois assez solide pour qu'on l'appelle *pietra forte*, en Italie, où il caractérise l'éocène. Enfin, la *mollasse* est encore une sorte de grès des Alpes, mélangé de calcaire et de mica qui le rendent friable.

Les grès offrant peu de prise au mortier ne sont guère employés pour les constructions ; on les utilise pour les pavages comme les grès de Fontainebleau qui sont purs et presque cristallins. Les grès forment parfois des montagnes qui sont arrondies en dôme avec crevasses profondes résultant de la désagrégation des ciments friables. Ils donnent les pierres et les meules à aiguiser. Les mines abandonnées de l'Altaï ont fourni de lourds marteaux en grès.

Grésil, *haut all. krisilon, tomber par petites gouttes serrées.* Variété de neige formée non de flocons étoilés, mais de granules fins comme de la poussière et de fines aiguilles de glace.

Greube. Calcaire jaune, friable, poreux, de la Suisse. On l'emploie à Genève pour frotter les boiseries de sapin.

Griotte. *Cerise à courte queue.* Sorte de marbre des Pyrénées. V. Campan.

Grison. Sorte de grès calcaire exploité aux environs de Rennes et de Nantes. Miocène ; contient des ossements de mammifères.

Groise. Littré dit : Nom donné dans la Lorraine aux dépôts de débris incohérents qui forment des talus plus ou moins inclinés sur les pentes et au pied des escarpements des terrains jurassiques. Em. Benoît : dans les montagnes du Jura et du Bugey on nomme encore *groise* ou *grévois* les éboulis des montagnes calcaires qui s'accumulent au pied des escarpements sous un angle de 45°.

Grotte, *du bas-lat, crupta, grupta*, dérivé de *grypta*. Chapelle souterraine destinée à servir de sépulture aux saints et aux martyrs.

Une grotte se compose d'une série de grandes cavités naturelles qui divisent irrégulièrement, en tous sens, certaines roches de l'écorce terrestre. Au point de vue de leur origine, les grottes ou cavernes se rangent en deux catégories : celles qui ont été creusées par les eaux et celles qui proviennent d'éruption. Les premières sont de beaucoup les plus nombreuses et se présentent surtout dans les roches calcaires, dolomitiques, crétacées ou tertiaires. Crevassées et fissurées en tous sens, ces roches sont traversées par les eaux qui agissent sur elles par une double action, mécanique et chimique. Les crevasses et les fissures s'agrandissent et, à la longue, il se crée de véritables canaux ou rivières souterraines ; les galets et les fragments de roche charriés augmentent le travail d'érosion occasionné par le gaz carbonique dont les eaux se sont chargées en traversant les couches superficielles, parce que ces couches renferment de nombreux débris végétaux en voie de décomposition. En outre, ces eaux s'accumulant en certains points dans des poches ou réservoirs naturels, les petites colonnes d'infiltration produites par ces masses acquièrent une forte pression qui augmente leur action mécanique. Ces réservoirs deviennent, de cette façon, la source de rivières importantes. Mais souvent, avant de déboucher à la surface, les eaux se sont creusées des puisards, gouffres ou abîmes, parfois insondables, disposés en forme d'entonnoirs verticaux et auxquels on donne les noms les plus divers : *avens, creux, pots, emposieux, tombarettes* (pour tombe à raide ou à pic) dans le Jura ; *mares* ou *mortes*, dans la Lorraine ; *bétoires* en Normandie ; *aiguigeois*, dans la Belgique ; *embucs, abîmes, goulcs, boit-tout, anselmoirs, ragagés*, dans le midi de la France ; *dolinas*, en Carinthie ; *katavrothres*, en Grèce ; *inglutidos*, dans le Frioul ; *sinks*, aux Etats-Unis ; *marmites des géants, chaudrons du diable*. Entre l'entrée et la sortie, le parcours souterrain est parfois très long. Ainsi, en Belgique, la Lesse, après s'être précipitée dans le gouffre de Belvaux, met un jour pour reparaître près de Han, à 1.100 m. seulement en ligne droite : c'est le temps qu'il faut aux eaux, troubles à l'entrée par suite d'un orage, pour apparaître jaunes à la sortie. Parfois la sortie de rivières souterraines se fait sous la mer, comme cela se voit dans la Méditerranée, entre Nice et Gênes.

Dans certains cas, une grotte peut avoir été déterminée par une pression latérale puissante produisant une voussure dans les couches horizontales avec vide en dessous. Telles sont les grottes de l'Herm (Ariège) et de Tilff (Belgique). Parfois ce sont les eaux thermales qui ont agi. La mer produit aussi des grottes le long de certaines falaises : Etretat ; Bonifacio.

Dans l'est et le midi de la France, les grottes sont nommées *baume, balme, baoume*, du mot provençal *baou, rocher* (Littré), d'où le nom de *Baoussé-Rousse* ou *Baussi-Rossi, rochers rouges* donné aux grottes de Menton. (En réalité, ces grottes sont près de Vintimille, en Italie). Elles sont au nombre de 9, dans le crétacé inférieur, ont fourni des squelettes et des silex en 1871 (Rivière) et en 1892. Dans l'Ain et dans Saône-et-Loire, on

dit aussi *borne* et *beurne* pour désigner de petites grottes.
(*Borne à l'ours* près du mont Nivigne, le plus haut sommet du
Revermont ; *beurne des Sarrasins*, près de Cluny.)

Les grottes ou cavernes se présentent souvent comme une
succession de chambres larges et hautes, voûtées, obscures, à
direction très variée, communiquant entre elles par d'étroits
couloirs ou des galeries ; le plus souvent, ces salles sont étagées à différents niveaux et c'est au milieu d'elles que s'ouvrent
parfois perpendiculairement, dans les planchers et dans les
voûtes, les gouffres ou cheminées. Les entrées ou issues sont
ordinairement cintrées et de toutes dimensions, très étroites ou
porches immenses, et on les trouve soit sur le flanc de la montagne, soit à la surface du plateau, sur la paroi verticale de la
falaise et même dans le lit des rivières. Certaines grottes sont
réduites à un simple surplomb de la voûte du rocher ; ce sont
alors les *abris sous roche*.

En arrivant dans les grottes, les eaux chargées de calcaire
perdent leur gaz carbonique et s'évaporent partiellement ; par
suite, le dépôt de calcaire, qui est de la calcite, se produit soit
sous forme de draperies le long des parois, soit sous forme de
stalactites qui pendent aux voûtes ou de stalagmites qui s'élèvent du sol. A la longue, ces deux cônes, situés sur la même
verticale, se soudent et donnent des colonnes. Toutes ces concrétions cristallines sont du plus bel effet et provoquent l'admi-
ration. Dans la grotte d'Antiparos, ces dépôts sont de l'aragonite. Parfois, mais rarement, ces dépôts contiennent de la
pyrite, de la blende, de la galène.

Les terrains calcaires sont les plus riches en grottes ; elles
sont assez communes dans le gypse (Kostritz en Saxe ; Inderski
en Russie) ; rares dans les grès (caverne de Corbeil) ; dans les
phyllades (grottes de Port-Vendres, Pyrénées-Orientales).

Les plus belles grottes ou cavernes sont celles de Han-sur-
Lesse (Belgique), d'Antiparos (archipel grec) ; les grottes des
Demoiselles (Hérault) ; d'Arcy-sur-Cure (Yonne) ; d'Osselles, à
20 km. de Besançon ; de la Balme (Isère), près de Lagnieu
(Ain) ; d'Adelsberg en Carniole. Les grottes du Mammouth, les
plus vastes et les plus célèbres, sont près de Louisville (Etats-
Unis) ; elles offrent 57 salles, 126 couloirs, 7 rivières, 8 cata-
ractes, 11 lacs, 32 abimes. Il faut 6 jours pour les visiter.

Les grottes d'origine éruptive s'observent dans les laves ;
elles se sont produites lors de puissantes coulées, par suite de
la consolidation de la partie extérieure, laquelle formait ainsi
manchon. Ce manchon, la coulée cessant, s'est vidé et a donné
une sorte de tunnel de plusieurs centaines de mètres de longueur
avec excavation plus ou moins grande (10 m. de large jusqu'à
20 m. de haut). L'ile de la Réunion offre de beaux exemples de
ces sortes de grottes ; en Islande, il y en a de grandes dimensions. La grotte de Graciosa, dans les Açores, a 200 m. de
long, 100 à 120 m. de large avec une voûte d'une seule portée
qui a 30 m. de hauteur au milieu. V. Cheire.

La contraction des laves basaltiques donne naissance à
des prismes hexagonaux. V. Basalte. La *grotte des fromages*,

entre Trèves et Coblentz, est ainsi nommée parce que les prismes basaltiques altérés qu'elle présente ont l'aspect de masses de fromages empilés les uns sur les autres.

Remplissage. La plupart des grottes sont plus ou moins remplies de dépôts meubles formés d'argile, de sables, de cailloux roulés, de graviers, de dépôts calcaires. Ces dépôts contiennent des ossements d'animaux, souvent des restes humains et des débris de l'industrie de l'homme. Dans certains cas, la stratification est nette avec colorations diverses et ces couches proviennent de l'altération sur place des roches encaissantes. A plusieurs reprises, beaucoup de grottes furent certainement envahies par les eaux qui remuèrent les dépôts existants et en apportèrent de nouveaux. L'examen méthodique des couches superposées d'une même caverne, dit M. Fraipont, permet de reconnaître qu'elle a été successivement un repaire d'ours, une antre d'hyène, une habitation de l'homme fossile, une nécropole de l'homme de la pierre polie, un refuge à l'âge du bronze, du fer ou même dans les temps modernes. Les débris d'animaux sont d'âge très différents, mais ne remontent jamais à une plus haute antiquité que le début de la période quaternaire. V. Quaternaire. Au point de vue des matériaux préhistoriques qu'elles ont fournis, nous citerons les grottes de la Madelaine, Cro-Magnon, les Eyzies dans la Dordogne ; l'Homme-mort, Lozère ; Bruniquel, Tarn-et-Garonne ; Mas-d'Azil Ariège ; Bize, Aude. La Vienne, la Charente, la Mayenne, l'Ain, etc., en ont aussi. Citons encore les grottes de Spy (Namur), de Kent, en Angleterre. L'Allemagne, l'Autriche, la Pologne, l'Italie, l'Espagne, ont des grottes connues sous ce rapport.

Grotte de scories. V. Cheires.

Grottologie. Néologisme qui traduit la Hœlenkunde (*all. hœlen, caverne ; kunde, recherche*), société organisée en Autriche. Il en résulte le *grottisme*, côté sportif de la grottologie. On emploie maintenant le nom de spélœologie (*gr. spelaion, grotte*).

Gryphée, *gr. gruphê, courbure.* Les gryphées constituent un sous-genre d'huîtres qui se distingue par son crochet saillant, recourbé sur la ligne médiane, la valve inférieure convexe, la valve supérieure déprimée, operculiforme. La plupart des espèces connues sont fossiles et on les trouve dans les terrains calcaires, oolithique, grès vert. La *gryphea arcuata* ou gryphée arquée, que l'on trouve partout en Europe, caractérise par son abondance certaines couches du lias. La *gryphea cymbium* (coupe en forme de bateau) caractérise le charmouthien. La *gryphea dilatata* caractérise les argiles de l'oxfordien. Enfin la *gryphea angulata* est l'huître portugaise actuelle, comestible.

Gymnospermes, *gr. gumnos, nu ; sperma, semence.* Végétaux phanérogames, chez lesquels les ovules sont nus, non renfermés dans un ovaire ; ils sont simplement fixés à la surface d'écailles spéciales. La plupart des gymnospermes sont des arbres ou des arbustes à feuilles persistantes et par suite toujours verts : conifères, cycadées. Ont apparu sur la terre avant les angiospermes.

Gypse, *lat. gypsum ; gr. gupsos*. Sulfate de chaux hydraté ; cristallisé , il possède trois directions de clivage mais inégalement faciles. Le gypse est la *pierre à plâtre* qu'il ne faut pas confondre avec l'albâtre calcaire. Ne produit pas d'effervescence avec les acides. Est très répandu dans les terrains stratifiés soit en masses grenues et translucides, *gypse saccharoïde, albâtre ;* soit en masses compactes et calcarifères, *pierre à plâtre* de Paris ; soit en masses cristallines et jaunâtres, *grignard* et *pieds d'alouette* de Montmartre ; soit en lentilles en *fer de lance* ; ou encore en filons fibreux ou soyeux ou enfin, sous forme d'efflorescences sur les tas d'argiles calcarifères et pyriteuses. Les beaux cristaux viennent des mines de soufre de Sicile et des mines de sel de Bex en Suisse.

On sait que le sel gemme et le gypse sont les seules roches directement attaquables par l'eau, c'est-à-dire sans l'action d'autres agents. Or, 460 parties d'eau pouvant dissoudre une partie de gypse, on doit se demander comment il se fait que tous les amas de gypse n'aient pas été détruits par l'action des eaux qui circulent dans l'intérieur du sol. La réponse est facile. Ces amas ont été protégés contre cette action dissolvante par les couches imperméables d'argile au milieu desquelles ils existent. Mais cela ne veut pas dire que quelques-uns de ces amas moins bien protégés, n'ont pas été dissous à la longue. Et alors, il a pu se produire en ces points des effondrements venant combler la cavité précédemment occupée par le gypse. Même observation pour le sel gemme. Ces effondrements peuvent même donner lieu à des tremblements de terre. C'est ainsi qu'on explique les nombreux tremblements de terre ressentis en Suisse (plus de 1000 en un siècle et demi, 1700 à 1854) parce qu'il existe dans le Valais plus de 20 sources séléniteuses enlevant ensemble 4000 mètres cubes de gypse dans une année.

On attribue la formation du gypse à l'évaporation de lacs salés ou lagunes laissés par la mer dans son mouvement de retrait à différentes époques géologiques (sel gemme, gypse ou dolomie, toujours associés dans le triasique) ; le dépôt de l'un ou de l'autre de ces éléments dépendait des sources qui alimentaient ces lacs.

Les variétés de gypse cristallisé en fer de lance portent les noms de *pierre à Jésus, miroir d'âne, glace de Marie*, parce qu'on le divise en feuillets pour couvrir de petites images. Une variété lamelleuse dont l'éclat nacré rappelle assez l'éclat de la lune a été nommée *sélénite* ou *pierre de lune* (*gr. selêne, lune*). D'où le nom de séléniteuses donné aux eaux contenant du gypse en dissolution. V. Eocène et Ophite.

Gyrocères, *gr. guros, cercle ; keras, corne*. Mollusques céphalopodes fossiles du terrain silurien. Les tours de spire de la coquille sont dans un même plan et ne se touchent pas. Cloisons simples, légèrement arquées. La chambre d'habitation était petite. Du silurien au carbonifère.

Gyrogonite, *gr. guros, cercle, gonos, côté*. V. Chara.

H

H. Etage H de Barrande pour la Bohême. V. Silurien.

Habitations lacustres, *lat. lacus, lac.* Cabanes formées de branches d'arbres tressées et tapissées d'argile que les hommes se construisaient sur pilotis au bord des lacs et qui communiquaient avec le rivage par un pont mobile en bois. Les plus anciennes de ces stations remontent à l'époque néolithique ou de la pierre polie ; elles ont été habitées durant tout l'âge du bronze, quelques-unes pendant l'âge du fer et jusqu'aux temps historiques. Ces constructions sont de deux sortes : les *pfahlbauten*, *all. pfahl. pieu ; baute, construction ;* ou *palafittes*, *italien, pallafiti*, pieux enfoncés dans la vase ; et les *packwerbauten*, *all. pack, objets attachés ensemble* ou *steinberg, all. stein, pierre ; berg, amas*, pilotis assujettis avec des blocs de pierre et de la terre glaise. Le souvenir de ces stations était depuis longtemps perdu, lorsqu'en 1853-1854, à la suite d'une longue sécheresse qui désola la Suisse, la baisse extraordinaire des lacs fit apercevoir, non loin des bords, de nombreux pilotis encore debout. La drague ramena au jour des milliers de débris : pierres polies, hameçons en métal, marteaux, pilons, fragments de poteries, morceaux d'étoffe tressée, blé, fruits, etc. On a reconnu 20 stations sur le lac de Bienne, 24 sur le lac de Genève, 32 sur le lac de Constance, 49 sur le lac de Neufchâtel. On en a trouvé aussi en Savoie, dans le Jura, en Autriche, en Hongrie, en Angleterre, en Italie. Dans ce dernier pays on a retrouvé des palafittes, élevés dans des lacs artificiels (Fraipont.)

En Irlande, on a signalé pour la première fois, en 1839, des îlots artificiels construits en terre et en pierres sur des poutres horizontales que supportaient des poutres verticales. Ils paraissent d'une époque plus récente que les habitations lacustres, se rapprochent des steinbergs et ont été appelés *crannogs*.

Halitherium, *gr. hals, mer ; therion ; bête fauve.* Mammifère marin fossile voisin des lamentins et ancêtre des siréniens. Les siréniens étaient confondus avec les cétacés, mais ils s'en distinguent par leurs os massifs et non caverneux, les articulations légèrement mobiles de leurs membres antérieurs et leurs mamelles pectorales. Ces animaux habitent les régions tropicales, sont herbivores et ont une taille de 3 mètres environ. Deux genres actuels : dugong et lamentin.

Halysite, *gr. halusis, chaîne.* Polypier fossile du silurien qui est composé de tubes cloisonnés et juxtaposés en ligne courbe. Cette disposition singulière lui donne, vu en dessus, l'apparence d'une chaîne. Ces polypiers ont de l'analogie avec les *orgues de mer* de l'époque actuelle. A rapprocher des HÉLIOLITHES (*gr. helios, soleil*) chez lesquels le polypier présente deux sortes de tubes, les uns petits et nombreux, les autres plus grands qui offrent douze cloisons de telle sorte que la section perpendiculaire donne un *soleil*.

Hamite, *lat. hamus, hameçon.* Mollusques céphalopodes fossiles, genre d'ammonites, de l'époque crétacée. Leur coquille forme une spire irrégulière, très elliptique. Il est rare de trouver la coquille entière et par suite d'avoir les deux crosses qui existaient aux extrémités du grand axe de l'ellipse.

Hauterive Jura. A donné son nom à un sous-étage du néocomien, l'*hauterivien*, Renevier, 1874, caractérisé par des marnes bleues, parfois grises ou jaunâtres, souvent sableuses, toujours riches en fossiles et où apparaissent pour la première fois en abondance les céphalopodes déroulés comme *crioceras Duvali*. Ces marnes qui ont 12 m. à Neufchâtel contiennent aussi des *hoplites*, des *belemnites pistilliformis, pleurotomaria, ostrea Couloni, toxaster complanatus,* etc. Au-dessus vient le calcaire jaune de Neufchâtel. L'hauterivien correspond aux argiles du wealdien.

Hauterives, commune de la Drôme, entre Saint-Marcelin et Saint-Rambert d'Albon. A donné son nom à des marnes lacustres blanchâtres renfermant deux ou trois couches de lignite et de tourbe. Sont caractérisées par des helix et des planorbes. Viennent au-dessus de l'étage plaisancien et font partie de l'étage astien (pliocène). V. Pliocène.

Haüyne, *dédiée au minéralogiste Haüy (1742-1822),* qui créa la *minéralogie cristallographique.* Sorte de feldspath basique, ou silicate double d'alumine et de potasse avec sulfate de chaux et de soude. On la trouve en cristaux ou en grains cristallins dans beaucoup de roches volcaniques. Couleur bleu de ciel foncé ou grise, brune. Densité 2,5. Dureté 5,5. Le *lapis lazuli* ou *lazulite* ou *outremer* est une variété d'haüyne qui contient du chlore.

Hédenbergite. V. Pyroxènes.

Héliolithe, *gr. helios, soleil ; lithos. pierre.* C'est l'*aventurine orientale* ou *pierre du soleil* ou *feldspath aventuriné.* Ce mot désigne aussi un polypier. V. Halysite.

Héliotrope, *gr. tropé. tour.* Variété de jaspe d'un vert foncé, taché de rouge. Désigne aussi un quartz translucide, calcédoine ou agate, parsemé de points roses. Les plus belles héliotropes viennent de l'Inde. V. Agate.

Helix, *gr. helix, circonvolution.* Mollusque terrestre gastéropode pulmoné tertiaire, depuis l'éocène inférieur ; sorte de colimaçon. Les helix ou escargots sont actuellement très nombreux. Certains helix caractérisent les marnes d'Hauterives (Drôme).

Helladotherium, *gr. Hellas, Grèce ; therion, bête fauve.* Espèce de girafe ; le plus majestueux des ruminants qui ont habité l'Europe. Terrain tertiaire. Ainsi nommé par Gaudry qui a recueilli en Grèce un grand nombre d'ossements fossiles, entre autres des quadrumanes. « Dans le département de Vaucluse, au pied du mont Léberon, on voit un gisement de vertébrés fossiles qui rappelle celui de Pikermi en Grèce. Il m'a paru intéressant de retrouver dans notre pays des *machairodus*, des *helladotherium*, d'énormes sangliers, des troupeaux de gazelles et d'hipparions semblables ou presque semblables à ceux qui ont animé les vallées de la Grèce. Ce motif m'a engagé à faire des fouilles dans le mont Léberon ». (Gaudry, Animaux fossiles du mont Léberon). Ces fouilles furent faites méthodiquement en 1866 et Gaudry recueillit 1200 ossements qu'il a donnés au Muséum de Paris.

Helvétien (Etage), *de Helvétie, Suisse*. Mayer, 1857. C'est le 2e étage du miocène entre le burdigalien au-dessous et le tortonien au-dessus. Il correspond au maximum de transgression qui amena la réunion des eaux de la mer du bassin du Rhône avec celles de la mer qui couvrait l'Autriche. Par suite la Suisse d'alors était une mer qui forma les dépôts de mollasse de Saint-Gall, Berne, Fribourg, Lausanne, avec bancs ou conglomérats de nagelfluhe, V. Mollasse. C'est à la même époque que se produisent les faluns de l'ouest de la France et le calcaire de Sansan. Dans le bassin du Rhône, l'helvétien est représenté par un ensemble puissant de sables et de grès à *ostrea crassissima* ou très-épaisse, *cardita* et *pecten*; près de Turin (colline de la Superga), par un conglomérat contenant de nombreux cailloux de serpentine et les mêmes fossiles que les faluns de la Touraine : *cardita et pleurotoma Jouanneti*.

Hématite, *gr, haima, haimatos, sang*. Sesquioxyde de fer de couleur rouge ; variété de *fer oligiste* ou *oligiste* dont les cristaux présentent une couleur rouge-sang en lames minces. L'hématite rouge de la Nouvelle-Galles du sud (Australie), est un minerai qui contient 70 °/₀ de fer et qui se trouve presque à la surface du sol; la couche a 9 m. d'épaisseur. (Le même sol contient cinq couches de houille grasse et d'anthracite). V. Aétite, oligiste, limonite, magnétite.

Hémicidaris, *gr. hemi, moitié; cidaris, tiare*. Echinoderme, oursin, fossile qui a une forme circulaire un peu aplatie en dessous. Trias (couches de Saint-Cassian), jurassique et crétacé. V. Cidaris.

Hercynien, *des monts hercyniens* ; la forêt hercynienne de César était la Forêt-Noire. Le gneiss hercynien est une subdivision du terrain archéen en Bavière. Ce gneiss, qui a là une puissance de 10,000 m., se présente avec de nombreuses intercalations d'amphiboloschistes et de calcaires cipolins avec mica, serpentine et graphite. Ce sont ces calcaires qui ont donné l'*Eozoön bavaricum*. V, Eozoön. Au-dessus viennent des micaschistes.

Par étage hercynien on entend aussi, d'après les géologues allemands, les schistes et les grauwackes du Hartz caractérisés par des intercalations de calcaires, mais se rapportant au dévonien inférieur. Les fossiles sont des trilobites, entre autres *acidaspis* et le polypier *pleurodictyum*.

Hesperornis, *gr. esperos, couchant; ornis, oiseau*. Oiseau fossile ainsi nommé parce qu'il a été trouvé à l'ouest de l'Amérique dans les terrains crétacés du Kansas. Il est remarquable en ce qu'il constitue un des types de passage des reptiles aux oiseaux. En effet, il avait des mâchoires munies de dents coniques; une queue longue composée de vertèbres biconcaves comme celle des reptiles, mais ces vertèbres portaient des plumes; son crâne long et grêle ressemblait aussi à celui des reptiles. Ses ailes étaient encore rudimentaires et avaient des doigts armés de griffes. Ce reptile-oiseau était donc incapable de voler et devait poursuivre à la nage et en plongeant les poissons dont il se nourrissait. Sa taille atteignait 1 m. de hauteur.

Hettangien (Étage). V. Liasique (Système).

Hexapodes. V. Insectes.

Hiéroglyphes pétrographiques. V. Primitif (archéen).

Himalaya, *de hima, neige, blancheur*. Les Ariens ont ainsi nommé cette colossale chaîne de montagnes qui renferme les cimes les plus élevées de la Terre (8500 m.); c'est donc le même mot que Mont-Blanc. Le Mont-Blanc est aussi appelé le Mont-Maudit à cause de la crainte superstitieuse qu'inspirait la vue des glaciers et c'est là un souvenir de l'époque glaciaire dont l'homme fut le contemporain.

Hipparion ou Hippotherium, *gr. petit cheval*. Sorte de cheval fossile de petite taille à trois doigts inégaux, le moyen bien développé. Dentition rappelant celle du cheval auquel il ressemblait beaucoup. Pikermi, Eppelsheim. Il caractérise, avec d'autres fossiles, *mastodon, rhinocéros*, etc., le pliocène.

Hippopotame, *gr. hippos, cheval; potamos fleuve*. Aux époques pliocène et quaternaire les hippopotames ont été beaucoup plus répandus sur l'ancien continent qu'à l'époque actuelle. Outre l'Afrique, ce genre habitait l'Europe et l'Asie. Les molaires usées ont une surface trifoliacée.

Hippurite, *gr. hippos, cheval; oura, queue*. Genre de mollusques lamellibranches fossiles, famille des *rudistes*. Sont remarquables par l'absence de ligament et l'épaisseur des valves de la coquille. En outre la valve supérieure operculiforme portait des dents qui ne permettaient qu'une ouverture très restreinte. Ces bivalves se rapprochent du genre vivant *chama*. Ils sont tous du crétacé. Leurs coquilles forment des bancs dans les couches calcaires ou marneuses. Ces fossiles sont très répandus dans le sud de la France. Les hippurites devaient vivre dans les eaux peu profondes, près des côtes, où ils formaient des récifs analogues aux récifs coralliens. L'hippurite *corne de vache* a 1 m. de haut. Ces rudistes se présentent en saillie dans les escarpements que forment les calcaires marneux et figurent des orgues gigantesques : d'où le nom d'*hipp. organisans* qu'on leur donne. Les genres *radiolite* et *sphérulite* appartiennent à cette famille et à la même époque. Le genre sphérulite est le plus ancien; il date de l'urgonien ou maintenant barrémien, entre le néocomien et l'aptien.

Holaster, *gr. holos, tout ; astron, étoile*. Oursin fossile des mers crétacées; famille voisine des spatangues. Test cordiforme bombé en dessus, plat en dessous. On croyait ces animaux complètement disparus, mais récemment on en a découvert dans les grandes profondeurs de l'Océan.

Holòptychius, *gr. holos, tout ; ptuchos, plissé*. Genre de poissons fossiles, ganoïdes, écailles très grandes à contour circulaire. Leurs nageoires pectorales présentent un axe osseux à partir duquel divergent de part et d'autre les rayons de la nageoire. Terrain dévonien. Angleterre, Russie.

Holosidére, *gr. holos, tout ; sideros, fer*. Météorite entièrement formé de fer natif. V. Aérolithe.

Holothuries, *gr. holos, tout ; tureos, bouclier*. Classe d'échinodermes qui n'ont pas de squelette calcaire cohérent mais seulement dans leur peau des corpuscules calcaires isolés (spicules). Par suite se sont mal conservés à l'état fossile. On en aurait trouvé dans le calcaire carbonifère d'Ecosse, le Jura blanc et le Jura brun.

Homme-mort (grotte de l'). Cette grotte de Saint-Pierre-Tripiez (Lozère), fouillée par M. Prunières de Marvéjols, est célèbre par les restes humains qu'elle a fournis, 18 crânes dont Broca fit l'étude. (1872-73). C'était une sépulture néolithique moins ancienne que celle de Cro-Magnon (Dordogne) et dont les individus appartenaient à une race moins grande et moins robuste. Ils forment la transition entre ceux de Cro-Magnon d'une part et les Ibères, les Basques et les Berbères d'autre part.

Homme fossile. Cuvier croyait que les restes de l'homme antédiluvien étaient engloutis au fond des mers actuelles et qu'on n'en retrouverait aucune trace sur notre continent actuel. Cependant Buckland, de Christol, Schmerling, Lund, Agassiz avaient trouvé dans des cavernes des ossements humains associés à ceux de l'hyène, de l'ours, etc. Dès 1826, Boucher de Perthes, ayant fouillé les couches du diluvium de la vallée de la Somme, avait recueilli des quantités de silex taillés : d'où il concluait que l'homme fossile avait existé. On ne voulut pas prendre ses recherches au sérieux et ce ne fut qu'en 1863, par sa découverte de la célèbre mâchoire de la sablière du Moulin-Quignon, près d'Abbeville, qu'il put convaincre ses contradicteurs en les forçant de se rendre à l'évidence. La lame d'ivoire fossile, trouvée à la Madelaine (Périgord), par Lartet, et qui présente le dessin d'un mammouth à longue crinière, d'autres pièces semblables, des bâtons de commandement avec sculpture, trouvés en différents points, établissent d'une façon incontestable que l'homme fut le contemporain de ces animaux dont plusieurs appartiennent à des espèces aujourd'hui perdues. L'homme quaternaire a donc existé. D'autres savants même, l'abbé Bourgeois, l'abbé Delaunay, le colonel Laussedat, soutiennent l'existence de l'homme tertiaire et le premier fonde ses preuves sur des silex qu'il a recueillis, à la base du miocène, à Thenay (Loir-et-Cher), et qui offrent des traces de taille intentionnelle. D'autres découvertes favorables à cette affirmation ont été faites : ce sont les os entaillés d'*halitherium* du miocène de Pouancé (Maine-et-Loire) ; d'autres os incisés du pliocène de Toscane ; des dessins gravés sur des os miocènes des Dardanelles, etc. Peut être que ces incisions sont l'œuvre d'animaux. Les deux squelettes trouvés dans les tufs volcaniques en Auvergne ne sont vraisemblablement pas tertiaires mais quaternaires. On voit que la question n'est pas encore tranchée ; cependant, en considérant le degré relativement élevé de civilisation que montre l'homme à l'époque quaternaire, on peut lui supposer une longue série d'ancêtres et il est probable qu'un jour on trouvera, dans les couches tertiaires, les restes de l'homme primitif. Une autre découverte importante qui se rapporte aux idées émises par les évolutionnistes et les transformistes est celle que vient de faire M. Dubois, médecin militaire chargé par le gouverneur des Indes néerlandaises de recueillir des documents paléontologiques dans l'archipel Malais. Il a trouvé dans l'île de Java, les débris d'un mammifère assez voisin de l'homme. La société d'anthropologie de Paris estime (3 janvier 1895), que c'était un être supérieur intellectuellement aux singes anthropoïdes connus et inférieur aux races humaines actuelles les moins élevées. V. Anthropoïdes et Dryopithèque.

Musée préhistorique de St-Germain-en Laye (Seine-et-Oise). M. G. de Mortillet.

Homo. *Homo diluvii testis*, homme témoin du déluge. Restes trouvés sur une plaque de schiste calcaire, à Œningen en 1726 et que l'on prit d'abord pour des débris humains. Il fut prouvé plus tard (1773, Gruner), que c'était une salamandre gigantesque, qu'on a appelée *palcotriton*, voisine du Sieboldia maxima qui vit encore dans les lacs de la Mongolie.

Honfleur. V. Kimeridgien. **Horizon.** V. sédimentaire.

Hornblende, *all. horn. corne ; blenden, briller, aspect de la corne lustrée.* Amphibole; silicate à base de chaux, de magnésie et de fer. Densité 3 à 3,4. Deux variétés : LA HORNBLENDE COMMUNE, verte ou brune, que l'on trouve dans les roches basiques anciennes et les schistes cristallins ; et LA HORNBLENDE BASALTIQUE OU BASALTINE, cristaux noirs, qui est fréquente dans les basaltes et les tufs qui en proviennent.

Hornfels. V. Corne.

Houille, *bas-lat. hullœ ; ang. coal ; all. steinkohle.* Vulgairement charbon de terre. Roche d'un noir plus ou moins foncé et luisant qui brûle avec flamme, fumée et odeur bitumineuse, quelquefois sulfureuse quand elle renferme de la pyrite. Souvent à la houille sont associés des lentilles ou rognons de carbonate de fer argileux qui contiennent des restes organiques : plantes, poissons, reptiles (bassin de Sarrebruck), et qui sont parfois assez nombreux pour former des lits parallèles aux bancs de houille. C'est ce qu'on a appelé le *zoocarbonit, zoon, animal*. La houille est lamelleuse, fragile, donne le gaz d'éclairage par distillation, un charbon dur, le *coke* ; un autre charbon, dit *charbon de cornue*, utilisé en électricité, et un goudron qui est un liquide provenant de la condensation d'une partie des produits volatils. De ce goudron, on retire une foule de produits : benzine, acide phénique, naphtaline, etc. ; et la benzine, traitée à son tour, donne un grand nombre de matières colorantes d'un éclat incomparable et d'un grand bon marché (rosaniline, fuchsine, etc.). Quand le goudron a abandonné ces produits, il reste un corps visqueux, appelé *brai*, lequel, mélangé à la poussière de houille et comprimé, donne les *charbons agglomérés* ou *charbons de Paris*. Additionné de sable et de pierres concassées, le brai compose l'asphalte artificiel pour trottoir.

La houille est le produit de la décomposition partielle des végétaux charriés par flottage et accumulés par dépôt dans des estuaires ou des lacs durant la seconde époque géologique alors que la terre était couverte d'une multitude de lacs et de dépressions marécageuses dans lesquels croissaient des végétaux d'une longueur prodigieuse par suite de la température élevée et d'une atmosphère épaisse chargée de vapeur d'eau et de gaz carbonique. On a reconnu trois flores successives : 1° Lépidodendrons et fougères herbacées ; 2° Sigillaires, calamites, calamodendrons (Decazeville), fougères arborescentes ; 3° Fougères, cordaïtes (plusieurs couches de Saint-Etienne), walchia. Les dépôts de houille sont constitués par des couches régulières formées de résidus végétaux *posés à plat* et superposés : fragments de troncs, écorces, tiges, rameaux, feuilles. Ces couches sont intercalées entre des sédiments détritiques de schistes et de grès. Donc, les dépôts se sont formés successivement par voie d'inondation et non pas, comme on l'a cru et soutenu longtemps, par accumulation sur place d'une végétation de lagunes ou de marais tourbeux périodiquement enfouie et renouvelée. Les travaux de M. Fayol, à Commentry, et de M. Grand'Eury, à Saint-Etienne, ne laissent plus aucun doute à cet égard. En outre, la houille doit, d'après les observations de M. Renault, être considérée comme s'étant formée tout de suite, telle qu'elle s'offre à nos yeux ; sa composition chimique a été acquise dès le début, et depuis, elle n'a guère subi de modifications, si ce n'est pour prendre une densité plus forte par suite de la pression des terrains de recouvrement. Pour que la transformation des matières végétales en charbon s'accomplisse, il suffit que la cellulose perde 30 équivalents d'acide carbonique, 14 équiv. d'hydrogène protocarboné et prenne un équivalent d'eau. Or, c'est précisément cette réaction qui s'accomplit dans la vase des marais où la cellulose des débris végétaux se décompose en dégageant de l'acide carbonique et du gaz des marais. Les végétaux constituants de la houille auraient donc subi, au sein de l'eau, une macération analogue à celle de la tourbe avant d'être entraînés et enfouis dans des lacs ou des estuaires et le *grisou* ne serait que le gaz des marais emprisonné.

Rarement, les tiges sont dressées dans les houillères : les

troncs sont debout, inclinés, couchés, presque toujours sans racines. Quand il y en a, on observe que ces racines sont souvent en l'air, ce qui prouve qu'il y a eu flottage. De plus, on remarque au contact des troncs droits que les sédiments de grès et de schistes sont relevés en bourrelets : donc, il n'y a pas eu sédimentatton tranquille, mais dépôt dans une eau agitée autour d'un corps charrié lui-même. Les troncs couchés sont cent fois plus nombreux que les troncs debout. En résumé, la houille des bassins maritimes, comme celle des gisements lacustres, est un produit d'*alluvion végétale.*

La production annuelle de la houille dans le monde entier surpasse actuellement 500 millions de tonnes ; l'Angleterre entre, dans ce nombre, pour presque la moitié et la France pour un quinzième. Notre production ne suffit pas à notre consommation. V. Bassins houillers.

Généralement, chaque couche de houille se trouve entre deux couches de schistes ou de grès : le *mur* (inférieure) et le *toit* (supérieure). En outre, on a remarqué que les couches de houille sont formées de lits alternatifs peu épais, d'un charbon *brillant* qui laisse voir le tissu ligneux et d'un charbon *mat* constitué par des écorces, des tissus de feuilles, le tout mélangé d'argile et de morceaux de *fusain*. A mesure que se fait l'extraction, on comble en arrière (bois et matériaux divers) et cela pour éviter les éboulements et effondrements.

On distingue les variétés de houille suivantes :

Houille maigre anthraciteuse d'un noir éclatant, brûlant avec une flamme courte, blanche ; elle contient 92 % de carbone, 4,28 d'hydrogène et 3,2 d'oxygène et d'azote. *Houille demigrasse, charbon de grilles,* 90 % de carbone, dont les fragments brûlent avec une flamme courte et blanche en prenant la forme de choux-fleur et en s'agglutinant. *Houille grasse* 89 % de carbone. *Houille grasse maréchale* ou charbon de forge, 85 % de carbone, fragile, dont les fragments se collent au feu ; flamme longue, jaunâtre, fuligineuse quand le tirage n'est pas assez vif. *Houille à gaz,* 82 % de carbone. *Houille maigre à longue flamme claire,* 78 %, donne un coke friable et léger et contient 16 % d'oxygène et d'azote

Les charbons fossiles forment une série continue depuis l'anthracite qui est du carbone presque pur, jusqu'à la tourbe qui a presque la composition des végétaux. Les termes intermédiaires sont la *houille* et les *lignites.*

Houiller. V. Carbonifèrien (Système). **Hoyat.** V. Dunes.

Huile (pierre à). C'est la NOVACULITE (*lat. novacula, rasoir*), ou le COTICULE , *lat. coticula, pierre de touche* ou *pierre à rasoir,* schiste argileux, micacé, jaune à grain très fin ou phyllade que l'on emploie, en l'humectant d'huile, pour aiguiser les rasoirs. Est imprégnée de silice qui en augmente la dureté. On trouve la novaculite aux environs de Vieil-Sam (Ardennes) disposée en veines blanches compactes épaisses de 5 à 45 mill. au milieu des phyllades violets et verts.

Huîtres, *gr. ostreon ; lat. ostrea.* Mollusques lamellibranches à deux valves inégales, de forme irrégulière, qui vivent fixés. Une huître pond de 5J à 60 mille œufs. Les espèces fossiles sont plus nombreuses que les espèces vivantes et on les trouve principalement dans les terrains jurassiques Les formes les plus anciennes se montrent dans le calcaire carbonifère, *ostrea nobilissima*, et, depuis cette époque, le genre est représenté jusqu'à nos jours par plus de 5u0 espèces. Nous citerons : les *gryphées* du lias, crochets saillants recourbés sur la ligne médiane ; les *exogyres* du kimeridgien et du cénomanien où les crochets saillants et recourbés s'infléchissent latéralement ; les *alectryonies* de l'oxfordien du Calvados qui font partie des huîtres proprement dites où les crochets sont presque nuls. Dans certaines régions de l'O. et du N.-O. de la France, ces deux dernières espèces sont si abondantes qu'on en trouve en quantité dans les tas de pierres disposés le long des routes pour l'entretien de la chaussée.(Trouessart). V. Gryphées, Exogyres.

Ostréiculture : Cancale, Marennes, Arcachon. Ostende. (Zone des laminaires de 0 à 28 m. de profondeur. V. Faune.)

Humus, *lat. humus, terre*. Matière de couleur brune formée en grande partie par la décomposition des matières organiques et surtout végétales sous l'influence de l'air humide (fumier, feuilles, tiges, racines). L'humus forme une partie importante de la terre végétale. Le *terreau* est de l'humus mélangé à des matières argileuses, calcaires ou siliceuses. Sans humus, une terre est stérile. Placé dans le sol, l'humus s'échauffe, absorbe l'eau, s'approprie les éléments de l'air et des engrais et produit de l'acide carbonique dont les plantes ont besoin et qu'elles ne trouveraient pas en assez grande quantité dans l'air. En outre, cet acide carbonique dissout les phosphates, rend solubles les carbonates de chaux et de magnésie. Une bonne terre arable ne doit pas contenir moins de 3 à 6 % d'humus.

Huronien (Etage), *du lac Huron*, Amérique du N. Le précambrien de l'Amérique du N. comprend les deux étages *huronien* et *keweenawien*. Le huronien se compose de quartzites, de grès, de schistes ferrugineux avec schistes micacés et charbonneux dont l'ensemble peut atteindre 6.0 0 m. Le keweenawien, de *la pointe Keweenaw*, entre les lacs Supérieur et Michigan, surmonte le précédent en discordance. Il est constitué par des sédiments détritiques, grès et conglomérats rouges avec nappes de roches éruptives et a une puissance de 13,000 à 14,000 m. Il renferme des dépôts de cuivre en filons et en nids et surtout à l'état natif.

Hyalite. V. Opale. **Hyalophane.** V. Feldspath.

Hydroboracite, *gr. hudor, eau et borax*. Borate de magnésie naturel, calcifère, hydraté. Dens. 2,59. Se présente en petites masses fibrolamellaires d'un blanc nacré. Caucase. A une grande ressemblance avec le gypse. Contient 47 % de son poids d'acide borique et sert pour la préparation de ce corps et celle du borax.

Hydroméduse. V. Anthozoaires.

Hylœosaure, *gr. ule, bois ; saurus, lézard ; lézard des bois.* Grand reptile, voisin des iguanes, du wealdien anglais ; avait les dents en forme de palettes et une armure dermique développée avec plaques ayant l'aspect de piquants. Ses restes, dit Fabre, annoncent une longueur de 8 m.

Hypersthène, *gr. huper, au-'essus ; stenos, force ;* à cause de sa dureté. Variété de pyroxène riche en fer et en magnésie, 21 à 34 % ; nuance mordorée. Existe en masses considérables et en gros cristaux.

Hyracotherium, *gr. hyracos, souris, rat ; therion, bête sauvage.* Mammifère fossile de la même famille que l'anthracotherium ; taille du renard. Eocène inférieur, argile de Londres ; caractérise l'*yprésien.* Avait les membres courts et massifs ; quatre doigts en avant. Est très voisin de l'*Eohippus* et par suite est un ancêtre du cheval.

I

Ice-berg, Ice-field. V. Glaces flottantes.

Ichnite, *gr. ichnos, trace, vestige.* Empreinte ou trace de pas appartenant à des oiseaux ou à des reptiles. On en a observé sur le grès rouge du Massachussetts et du Connecticut ; sur le grès bigarré d'Ecosse, etc. Ce sont souvent des formes bizarres et variées et la longueur des enjambées indiquent des animaux de grande taille. Les ornitichnites sont des empreintes de pieds d'oiseaux. V. Cheirotherium, Epiornis.

Ichthyodonte, *gr. ichthus, poisson ; odontos, dent.* Dent fossile de poisson. V. Glossopètre.

Ichthyodorulithes. Dents ou piquants de nageoires de requins ou de raies. Ces restes représentent les plus anciens vertébrés. Silurien et séries supérieures.

Ichthyol. V. Fossiles.

Ichthyornis, *gr. ichthus, poisson ; ornis, oiseau.* Oiseau à dents implantées dans des alvéoles distinctes ; avait la taille du pigeon, les ailes bien développées et devait bien voler. A des caractères communs avec les reptiles. Crétacé de l'Amérique du N.

Ichthyosarcolithe, *gr. sarco, chair ; lithos, pierre, pierre à chair de poisson.* On désigne par ce mot la *caprina adversa* que l'on trouve dans les rochers calcaires du cénomanien de la Rochelle et des Charentes. La coquille enroulée portait à l'intérieur des cloisons dont le nombre augmentait avec la croissance de l'animal ; par suite, le moule interne figure grossièrement la chair de poisson. Calcaire à ichtyosarcolithes.

Ichthyosauriens. V. Enaliosauriens.

Iguanodon, *caraïbe yuana ; gr. odous, dent ; dent d'iguane.*

L'iguanodon est un dinosaurien fossile qui a été ainsi nommé parce que sa dentition ressemble à celle de l'iguane actuel des tropiques. Ces dents ont la forme d'une spatule et sont façonnées en scie sur les bords avec plis longitudinaux. Les iguanodons étaient de grande taille ; ils furent trouvés dans le wealdien anglais par Mantell, en 1822. Le wealdien de Bernissart, près de Mons, fournit, en 1874, 21 squelettes d'iguanodons. Ces animaux avaient 9^m,50 du bout du museau à l'extrémité de la queue et une hauteur de 4^m,40 ; ils devaient vivre dans les marécages ; nageaient avec leurs quatre membres et marchaient à terre, avec leurs membres postérieurs à la façon de l'homme, sans sauter comme les kangourous. Ils caractérisent le wealdien parce qu'on ne les a trouvés que là.

Ignées (Roches), *lat. igneus ; de ignis, feu*. V. Roches.

Inclusions, *lat. inclusum , de includere, enfermer*. L'étude des minéraux à l'aide du microscope permet de constater, au sein des cristaux bien individualisés, la présence de substances étrangères incluses soit à l'état gazeux, liquide, vitreux ou cristallin. Pour faire cette étude on se sert de plaques de roches extrêmement minces et limitées par des faces exactement parallèles. On arrive à produire ces lames par polissage sur une meule horizontale à émeri, d'abord sur une face puis sur sa parallèle. La plaque terminée n'a pas plus de 2 à 3 centièmes de millimètre d'épaisseur ; on la place, pour l'examiner, entre 2 lames de verre.

La coloration des inclusions vitreuses est plus vive dans les roches modernes que dans les roches anciennes ; souvent c'est l'acide carbonique liquide qui constitue les inclusions liquides et enfin c'est ordinairement l'azote avec un peu d'oxygène et d'acide carbonique que l'on trouve dans les inclusions gazeuses. V. Fossiles et Ambre.

Indusie. V. Calcaire.

Infra, *lat. au-dessous*. Employé dans les expressions *infra-jurassique, infracrétacé*, etc., signifie *à la base de*.

Inglutidos. V. Grottes. **Inlandsis.** V. Glacier.

Inoceramus sulcatus, *gr. is, inos, fibre ; keras, corne ; lat. sulcare, sillonner*. Mollusque lamellibranche de la famille des aviculidés. Coq. inéquivalve, ovoïde, à crochet saillant. Abonde dans le gault. Du trias au crétacé où le genre s'éteint.

Inondations, *lat. inundatio ; de inundare, inonder*. Il y a inondation quand les eaux sortent du lit qui doit les contenir, en dépassent les rives et s'étendent au loin. C'est un des plus terribles fléaux. Il peut avoir pour cause : la fonte rapide des neiges, des pluies persistantes, l'accumulation des glaces, les tremblements de terre, les éruptions volcaniques, la rupture des digues naturelles ou artificielles Certains fleuves occasionnent des inondations périodiques : Gange, Mississipi, Niger, Nil. etc. Le reboisement des montagnes est un des moyens préventifs des inondations.

Insectes. Comme peu de dépôts sont favorables à la conservation des restes d'arachnides et d'insectes, on s'explique les grandes lacunes qui existent dans les documents paléontologiques. Le carbonifèrien a fourni un grand nombre d'arachnides et des scorpions, des phasmes, des blattes, des criquets. Le *titanophasma Fayoli* des houillères de Commentry avait 50 centim., l'ambre a fourni des restes nombreux et bien conservés de myriapodes et d'insectes. On a trouvé des forficules (perce-oreille) dans les couches d'eau douce miocènes d'Œningen et d'Aix et dans l'ambre. Les termites sont déjà représentés dans les couches paléozoïques : on en trouve aussi dans les lignites et dans l'ambre. Il en est de même des éphémères. Les demoiselles sont déjà représentées dans le lias. Les phryganes et les cochenilles existent dans l'ambre ; des pucerons dans le wealdien. On trouve des cigales dans le lias et les schistes de Solenhofen. Ces schistes ont encore donné des mouches, des mantes, des sauterelles, des grillons. Les lépidoptères (papillons) ont fourni des fossiles très rares et mal conservés. Les fourmis sont très communes dans les couches tertiaires d'eau douce et dans l'ambre. Il en est de même des abeilles et des bourdons.

Le plus ancien des insectes connus, dit M. E. Aubert, est le *palœoblattina*, qui est représenté par une seule aile dont la nervation est très-simple ; il date du silurien.

Iolithe. V. Cordiérite. **Iris** (pierre d'). V. Quartz.

Isoclinal. V. Combe.

J

Jade, *étym. inconnue* (*Littré*). Le jade est composé d'alumine, de magnésie, de chaux, d'oxyde de fer; c'est donc une amphibole; il est très compact, très dur, 6 à 7, et ne fond qu'à une haute température. Densité 3,3. Poli onctueux, couleur blanc-verdâtre. Les Chinois, qui l'appellent *ju*, en font des amulettes, des manches de couteaux, des poignées de sabre. On lui attribue le pouvoir de calmer les douleurs néphrétiques ou des reins ; d'où son nom de *jade néphrétique* ou *néphrite*.

Il ne faut pas confondre les jades précédents avec la *jadéite*, qui est un silicate d'alumine sodifère, sorte de pyroxène ; elle s'en distingue par une fusibilité bien plus grande. Les Chinois en fabriquent aussi des objets d'ornement. Le jade de Saussure ou *saussurite* est vert ou bleuâtre ; près de Genève, Turin ; il résulte de l'altération du feldspath. Le jade de Corse ou *vert de Corse* est l'*euphotide*, de couleur vert d'herbe chatoyante. La pierre tombale de Tamerlan, à Samarcande, est, dit-on, en jade.

Jais ou **Jayet**, *lat. gagatès, à cause du fleuve Gagis, en Lycie* (*Asie mineure*). Variété de lignite d'un noir luisant, compact, homogène où l'on n'aperçoit plus le tissu organique. Peut prendre un beau poli ; être taillé ou tourné (parure). Densité : 1,26. On le trouve en Saxe, en Espagne, près de Marseille et surtout dans l'Aude, à Sainte-Colombe-sur-l'Hers, où il a été longtemps travaillé pour bijoux de deuil. Argile bleue du toarcien). On imite le jais avec une sorte de verre qui ne brûle pas tandis que le vrai jais, étant un lignite, brûle. V. Lignite.

Jalle, *ancien mot qui signifie caillou.* Une jalle est une couche de cailloux agglomérés qu'on rencontre au-dessous de la terre végétale dans certaines landes. La Jalle est un ancien petit pays de France dans le Bordelais, Gironde.

Jaspe, *gr. iaspis ; espag. jaspe.* Argile endurcie par des épanchements basaltiques, par ex. et saturée de silice ou silex impur argileux, d'un usage courant dans l'art décoratif. Pâte fine colorée en jaune, rouge, vert ou noir par des matières argileuses. Peut prendre un beau poli. Etait très apprécié des Romains. Mosaïques, marqueteries, vases, coffrets, cachets. On distingue : le j. *égyptien*, alluvions du Nil ; le j. *rouge*, de Mulheim en Brisgau ; le j *gris* de Sibérie ; le j. *noir* ou *quartz lydien* ou *lydienne* ; V. Essai ; le j. *commun.*

Joint. V. Lithoclases.

Jurassique (Système), *A. de Humboldt,* 1823. Partie des terrains secondaires qui fait suite au trias et précède le crétacé. Ce nom vient des montagnes du Jura qui sont presque entièrement formées par ces terrains lesquels constituent autour du bassin de Paris sauf au nord, une grande ceinture dont les couches les plus récentes occupent le centre tandis que les plus anciennes sont vers l'extérieur et reposent sur le trias, ou, en discordance transgressive, sur des terrains plus anciens.

On divise actuellement le système jurassique en trois grandes séries : la série inférieure ou *liasique*, la série moyenne ou *médiojurassique* et la série supérieure ou *suprajurasssique*, auxquelles correspondent les noms de *lias, dogger* et *malm*, ou encore, à cause de la couleur des sédiments, les noms de *Jura noir, Jura brun* ou *gris* et *Jura blanc.*

Cette nouvelle et grande invasion marine de l'Europe occidentale a dû être provoquée par l'émersion de deux immenses continents, l'un à l'ouest sur l'emplacement de l'Atlantique (V. Atlantide), l'autre à l'est en Orient. De là une très grande mer méditerranéenne. Cette transgression marine s'accomplit d'abord par saccades avec courants violents, à l'époque liasique, comme le prouvent les dépôts détritiques, brèches et arkoses. Elle met fin au régime des lagunes saumâtres où s'effectuaient les dépôts de sel et de gypse. Trois grandes îles seulement représentent la France : l'Armorique, le Plateau central et les Ardennes. Ensuite une ère de tranquillité s'établit, les eaux deviennent calmes et limpides, et c'est alors, pendant la période médiojurassique, que l'activité des coraux deviendra excessive et que les dépôts oolithiques se produiront. Comme on retrouve ces récifs de coraux jusqu'au centre de l'Angleterre, cela indique une répartition très uniforme de la chaleur et de la lumière. V. Polypiers. Enfin à la série suprajurassique correspond la submersion des régions boréales de l'Europe et de l'Asie. Il en résulte deux provinces maritimes ; l'une boréale, l'autre méditerranéenne, entre lesquelles se trouvent des îles qui constituent, à cette époque, l'Europe occidentale. Les formations coralligènes se localisent dans la mer méditerranéenne et les climats différents commencent à s'établir.

FAUNE ET FLORE. Les crinoïdes abondent et on retrouve leurs débris dans les *calcaires à entroques*, Nevers, Jura, St-Amour, etc.; de même pour les huîtres et les pleurotomaires; les ammonites atteignent leur maximum de développement; les bélemnites apparaissent et deviendront importantes. Les insectes sont déjà nombreux; les poissons présentent une très grande variété de formes; les reptiles vont atteindre leur maximum de développement et prédominer; c'est pourquoi la période jurassique est dite *règne des reptiles* (V. Énaliosauriens). Quelques-uns de ces reptiles subiront des transformations et formeront le passage aux oiseaux actuels. V. Archeopteryx. Les premiers mammifères vont aussi apparaître dès le début de la série liasique : ce sont de petits marsupiaux, *microlestes*, qui se continueront par les *phascolotherium*, gr. *phascolon*, *bourse*, à la série médiojurassique.

La flore comprend des fougères, des conifères, cyprès, if, sapin, mais surtout des cycadées, nilssonia, zamites (*Règne des cycadées*).

ÉTAGES. Le système jurassique comprend les étages suivants; série liasique : *rhétien, hettangien, sinémurien, charmouthien, toarcien;* série médiojurassique : *bajocien* ou oolithe inférieure, et *bathonien* ou grande oolithe; série suprajurassique : *callovien, oxfordien, séquanien, kimeridgien, portlandien.* Le bajocien a pour sous-étage l'*aalénien* et le *lædonien;* le callovien comprend à sa partie supérieure le *divésien;* le séquanien se subdivise en *rauracien* et *astartien;* le kimeridgien en *ptérocérien* et *virgulien;* le portlandien en *bononien* et *purbeckien.*

Juvavique (province), *de Juvavo, Saltzbourg.* M. de Mojsisovics a distingué dans la mer triasique des Alpes deux provinces : la province *juvavique* ou du nord et la province *méditerranéenne* qui comprend le Tyrol, etc. La succession des types organiques a été moins rapide dans la seconde que dans la première, mais toutes deux sont franchement marines. Les fossiles caractéristiques sont des ammonites : *goniatites* et *cératites.*

K

Kame ou **Esker**. V. Œsar.

Kaolin, par corruption du mot Kauling, nom d'une localité de Chine où cette substance est exploitée. Le kaolin ou *terre à porcelaine* est un silicate d'alumine hydraté ; 47 °/₀ de silice, 39 d'alumine, 14 d'eau. Densité 2,5. Il a l'état nacré ou terreux, happe légèrement à la langue ; réfractaire. Se présente en masses importantes avec mélange de quartz, de mica et d'oxydes de fer. Les plus beaux gisements de kaolin accompagnent les pegmatites et les granites à mica blanc. Après ceux de la

Chine et du Japon, les principaux gîtes sont ceux de St-Yrieix, de Cherbourg, de Bayonne, de l'Allier, immenses carrières dès Echassières, de la Saxe, Italie, Etats-Unis. Le kaolin semble résulter de la décomposition de la matière feldspathique au moment de sa formation.

Kaolinisation. V. Granite. **Karabé.** V. Ambre.

Karrenfelder. V. Lapiez.

Karst, *croate kras ; italien carso ; lat. carusavius.* Région qui s'étend au sud de l'Autriche, au N.-E. de la mer Adriatique (Carniole). C'est un plateau calcaire de 82 km. de long, de 24 km. de large et d'une altitude de 400 à 500 m. ; il est remarquable par les innombrables entonnoirs que présente sa surface. Ces gouffres résultent de dissolution, puis d'actions mécaniques et se continuent par un réseau compliqué de canaux souterrains et de grottes. De là souvent des effondrements. Le climat est rude, le vent dominant est le *bora*, vent froid du N.-E. V. Causse. Les résidus de la dissolution du calcaire donnent la *terre rouge*, *terra rosa*, parce que les calcaires, en apparence les plus blancs, comme le marbre et la craie, produisent, traités par un acide, un résidu argileux jaunâtre.

Karsténite. V. Anhydrite. **Katavothre.** V. Caverne.

Kersantite ou **Kersanton**, *du nom propre Kersanton, dans la rade de Brest.* Roche d'épanchement très tenace, granitique, résultant de l'association de l'oligoclase avec le mica noir. On l'a appelée *kersantite*, parce que le meilleur type s'observe dans la rade de Brest, à Kersanton. Ce porphyre micacé sert aux constructions et a la propriété de durcir à l'air ; il contient de la calcite prise par lui aux roches qu'il traverse en filons. C'est une pierre d'un vert sombre que les agents atmosphériques n'attaquent presque pas. C'est pourquoi les calvaires bretons sont en *kersanton*. Les carrières de Kersanton sont abandonnées et sont remplacées par celles de Faou. On retrouve cette roche dans les Vosges (émissions carbonifères), Sainte-Marie-aux-Mines, dans la Saxe, le Hartz, la Haute-Autriche, les Asturies.

Keuper. V. Triasique (Série. **Keweenawien.** V. Huronien.

Kimeridgien, *de Kimeridge*, baie et ville d'Angleterre, d'Orbigny, 1849. Le kimeridgien forme actuellement le 5ᵉ étage supérieur de la série suprajurassique entre le séquanien au-dessous et le portlandien au-dessus, avec les deux sous-étages *ptérocérien* et *virgulien* (à cause des fossiles *pteroceras* et *ostrea virgula*). En Angleterre, le *kimeridge-clay* est un puissant dépôt d'argile bleue, sableuse à la base et qui devient schisteuse avec bancs de pierre à ciment et couches de lignite. La puissance est de 200 m. en certains points. C'est dans cette baie de Kimeridge qu'on a trouvé les grands sauriens plésiosaures et téléosaures. En Normandie, les falaises de la Hève présentent des marnes à ptérocères recouvertes d'argiles ; vers Octeville, ce sont des lumachelles et des argiles à huîtres en virgule avec un riche gisement d'ammonites pourvues de leurs aptychus. Dans le Jura, ce sont encore des calcaires marneux à ptérocères et dicéras, puis les calcaires lithographiques qui se présentent sous forme de plaquettes (Cerin, commune de Marchamp, près de Belley) ou de schistes calcaires très minces, souvent imprégnés de bitume et très riches en fossiles : poissons, reptiles, zamites. Le musée de Lyon possède de nombreux et magnifiques échantillons de ces fossiles. Les calcaires de Cerin ont été exploités pour pierres lithographiques ; malheureusement, on ne peut pas en tirer de grand format et cela tient, non pas à ce que les bancs sont brisés, mais aux veines carbonatées et aux chailles qu'ils renferment.

Kjœkkenmoddings, *mot danois qui signifie débris de cuisine.* Sur un grand nombre de points de la côte de Danemarck, Cattégat et Baltique, en Angleterre et même en Portugal (embouchure du Tage), on rencontre des accumulations d'os brisés (cerf, chevreuil, sanglier, chien), de coquilles d'huîtres, *ostrea edulis* ou comestible et autres mollusques mêlés à des cendres et des pierres taillées. Ces amas ont parfois 300 m. de long, 60 m. de large, sur une épaisseur de 3 m. ; ils sont disposés en cercle autour d'un centre vide où était le lieu d'habitation. On les a regardés longtemps comme des dépôts naturels, mais des observations récentes ont démontré que l'homme seul avait pu les produire et que ce sont les débris de sa nourriture. C'étaient des stations de néolithiques. On en a signalé en France, Pas-de-Calais, Somme, Var. On y a trouvé des couteaux, des haches et des instruments en pierre, silex taillés, des fragments de poterie, des outils en os et en corne, *cervus, canis,* du bois carbonisé avec cendres. Pas d'ossements de renne ; il avait déjà émigré vers le nord. V. Terramare et Quaternaire.

Kupferschiefer, *all. kupfer, cuivre ; schiefer, schiste.* En Thuringe, on trouve au-dessus du grès rouge du pénéen ces schistes bitumineux très remarquables par les minerais de cuivre qu'ils renferment.

L

Labrador. V. Feldspath. **Labyrinthodon.** V. Stégocéphales.

Laccolithe, *gr. lakkos, lac ; lithos, pierre.* Nappe, en forme de culot hémisphérique ou de dôme, constituée par une roche éruptive qui a soulevé les couches sédimentaires en un point sans pouvoir arriver à les percer. Par suite, l'épanchement ne s'est pas fait à l'extérieur et la masse a pris une forme lenticulaire. Quelque chose d'analogue s'est produit pour l'arrivée du granite. V. Granite. On observe actuellement le même phénomène dans des épanchements de lave peu fluide. Les laccolithes ont été observées par M. Gibert, dans l'Utah, Etats-Unis.

Lacune, *lat. lacuna, vide.* Une lacune, en géologie, est l'absence, dans une coupe d'une région, de couches sédimentaires que l'on observe ailleurs : ou bien le dépôt ne s'est pas effectué, parce que le point en question était émergé, ou bien, s'il s'est produit, il y a eu érosion complète postérieure. Il est bon de rappeler, à ce propos, d'abord que des sédiments synchroniques, autrement dit de la même époque, peuvent avoir des faciès très différents ; en second lieu que, par suite des transports, les dépôts sous-marins forment des bandes autour des continents et sont peu importants à une certaine distance de ces continents (300 km. environ), en dehors des courants marins. On doit conclure de là que la question des lacunes peut être parfois très délicate L'étude des fossiles, qui caractérisent les diverses assises, est d'un puissant secours. Une lacune qui correspond à une émersion se constate souvent par l'*état des surfaces*. On sait que les agents atmosphériques corrodent et usent les roches calcaires. De plus, si les eaux marines reviennent, les mollusques perforants, comme les pholades et les lithodomes qu'elles ramènent, creuseront des trous dans ces roches ; les moules et les huîtres s'y installeront aussi. De sorte que si la région considérée est de nouveau immergée et qu'un nouveau dépôt se produise sur la roche calcaire en question, la surface de cette dernière montrera, par les caractères indiqués, qu'il y a eu une *lacune* se rapportant à la période d'émersion.

Au point de vue paléontologique, l'extinction de beaucoup d'espèces crée d'énormes *lacunes* dans la généalogie des êtres. Cependant les fossiles connus suffisent pour établir d'une façon certaine qu'il y a eu *évolution progressive*.

Lacustres (cités). V. Habitations lacustres.

Lædonien, *de Lædo, Lons-le-Saunier*. Marcou. C'est le nom du bajocien en Franche-Comté.

Lagone, lagoni, *italien lago, lac*. Nom que l'on donne en Toscane aux bassins dans lesquels se déverse l'eau résultant de la condensation des vapeurs des *suffioni* ou *soufflards*. Ces soufflards existent par groupes de 10 à 20 dans la région au sud de Volterra, à Monte-Cerbero, ou montagne de Cerbère, parce que c'était, pour les anciens, l'entrée de l'enfer. La vapeur d'eau, de 105° à 120°, arrive par des crevasses avec un bruit plus ou moins fort et produit des jets de 10 à 30 m. de hauteur ; elle est chargée d'acide carbonique, d'acide borique, d'hydrogène sulfuré et d'hydrogène libre. Le sol environnant est blanchâtre, détrempé et imprégné d'acide sulfurique Depuis 1815, les lagoni sont exploités pour le borax (plus de 700 tonnes actuellement) Leur eau est sans cesse agitée et il s'y forme des gerbes d'eau bouillante produites par d'énormes ampoules qui crèvent. Le soufre et le gypse (albâtre de Volterra) se déposent aussi dans les lagoni.

Lagune. V. Cordons littoraux.

Lamellibranches, *lat. lamellæ, petites lames et branchies*. Mollusques qui n'ont pas de tête distincte ni d'appareil masticatoire ; manteau formé de deux lobes ; coquille à deux valves réunies par un ligament dorsal ; pourvus ordinairement, de chaque côté, de deux feuillets branchiaux. On les appelle aussi *acéphales* ou sans tête. Ces mollusques apparaissent déjà dans la faune silurienne avec une grande richesse de formes : *avicula*, etc. ; à l'époque carbonifère, ce sont les *mytilidées*, dont la coquille allongée ou ovale est recouverte extérieurement d'un épiderme corné et qui est nacrée intérieurement. A l'époque secondaire, ce sont les *pectens* et le genre *ostrea*, entre autres, qui se répandent à profusion. A l'époque tertiaire, les genres *unio*, *anadonte*, *cyrène*, *vénus*, *mye*, *pholas*, *taret*, etc., prennent les formes multiples qui les caractérisent de nos jours. V. Mollusques.

Lapidification. Durcissement des sables des dunes par un ciment ferrugineux. Dans certaines localités des côtes anglaises, le sable ainsi consolidé a pu fournir des matériaux de construction. De Lapparent. C'est donc un phénomène analogue à celui de l'*alios*. V. ce mot.

Lapiez, *lat. lapis, pierre ?* Ravinements ou crevasses allongées, tortueuses, profondes de plusieurs mètres, larges de $0^m,50$ à 2 m., plus ou moins enchevêtrées ou rapprochées que l'on observe, à la surface de certains calcaires, dans les grandes altitudes. Elles résultent de la dissolution et de la désagrégation de ces calcaires par les eaux, les gelées et le ruissellement. (Parmelan, près d'Annecy ; près de 2,000 m. d'altitude.) Ces ravinements sont nommés *lapiez* ou *lapiaz* dans la Suisse française ; *karrenfelder* dans la Suisse allemande et *rascles* dans le massif du Ventoux, Provence. V. Erosion.

Montpellier-le-Vieux. « A 12 km. de Millau, l'action dissolvante des eaux saumâtres a édifié, sculpté et suspendu une véritable ville sur le rebord du causse Noir, au-dessus de la vallée de la Dourbie. En rochers pour tous matériaux, cette cité bizarre... n'est pas une ville humaine, ni moderne, ni antique, ni préhistorique, mais bien un simulacre de ruines gigantesques dont la nature seule fut successivement l'architecte, puis le démolisseur... » E. A. Martel.

« Tout cet enchevêtrement de rues, de voûtes, de cheminements, de saillies sur corniches, tantôt se croisant à angle droit comme une ville tirée au cordeau, tantôt formant un vrai labyrinthe où l'on erre quelquefois avec un grand embarras, tout cet ensemble, comme ces détails, ne peuvent se décrire. Que l'on s'imagine le fruit d'un songe vagabond, un décor d'opéra fantastique créé par l'imagination de Gustave Doré, se prolongeant pendant 2 ou 3 km. avec des rocs isolés de 100 m. de haut et des rues profondes de 50 à 60 m. » L. de Malafosse.

Lapilli ou **rapilli,** *lat. petites pierres.* Cendres volcaniques en fragments plus gros que la poussière provenant de gouttelettes de lave qui se solidifient bientôt.

Lapis-lazuli, *lat. lapis, pierre.* Le lapis ou lapis-lazuli ou *outremer* est composé de silice, d'alumine, de soude et de chaux avec chlore. Dens. 2,4. On trouve l'outremer en masses compactes dans des calcaires cristallins au voisinage de granites et de phyllades en Chine et en Sibérie. Il est employé pour les incrustations ; on en fabrique des vases de prix. Broyé, il servait autrefois aux peintres à obtenir la belle couleur bleue dite d'*outremer*, mais la chimie donne actuellement un outremer artificiel aussi beau.

Larmes volcaniques. Petites masses de matière vitreuse qui se rencontrent souvent aux abords des volcans anciens ou modernes. Ce sont les *larmes du Vésuve* des Napolitains. V. Bombes.

Latérite. V. Argile.

Laurentien, *du Saint-Laurent, fleuve.* Étage inférieur du terrain archéen ou primitif de l'Amérique du N, constitué surtout par des gneiss. Au dessus, le huronien.

Lavange. V. Avalanche.

Lave, *italien lava.* Matière fondue dont la température dépasse 1000° que rejette un volcan en éruption. Sous l'action de la pesanteur, elle coule sur les flancs du cône ou de la montagne, se partage en bras, comble les dépressions et, comme un véritable fleuve de feu, envahit la plaine. Par suite du refroidissement, il se forme, à la surface, une croûte scoriacée, *cheires* d'Auvergne et *sciarre* de l'Etna, et la lave, dont la masse conserve longtemps sa chaleur, continue de couler dans cette espèce de manchon, pavant ainsi, comme on l'a dit, son propre chemin. A la longue, tout se solidifie ; mais, parfois, le manchon se vide et il en résulte un tunnel ou une grotte. V. Grotte. Le refroidissement produit quelquefois dans la masse des fentes qui tendent à diviser la lave en prismes à peu près réguliers : laves basaltiques des volcans éteints. V. Basalte. On a calculé qu'un volcan d'Islande a émis, en 1783, dans une éruption, 49 millions de m. cul. es de lave. Au point de vue chimique, les laves sont des silicates parmi lesquels domine le labradorite. Les laves de tous les volcans actuels sont des trachytes ou des silicates plus ou moins basiques ; elles contiennent souvent des éléments ferrugineux assez abondants pour exercer une action sur l'aiguille aimantée. Parfois la lave est très chargée de silice, et alors il y a projection de *pierre ponce*, produit que l'on peut regarder, en raison de sa légèreté et de sa porosité, comme de l'écume siliceuse solidifiée.

Les agents atmosphériques n'agissent que lentement sur les laves ; cependant, à la longue, l'action des lichens et les transports par les vents et les pluies de matières meubles finissent par constituer un sol végétal. Ainsi, les coulées de lave de l'Etna sont remplies de figuiers d'Inde et même le cône du volcan est couvert jusqu'à une certaine hauteur de forêts et de moissons.

Certaines laves sont très employées : la ponce ou pumite s'utilise en morceau ou en poudre ; les basaltes, découpés en tranches minces, servent pour le pavage ; la lave de Volvic

(Puy-de-Dôme) est employée pour faire des cuves inattaquables utilisées dans les fabriques de produits chimiques; elle a servi à bâtir la cathédrale de Clermont et on en fait des tombeaux et des statues. Une autre application remarquable consiste à émailler des dalles de lave de plusieurs mètres que l'on peint ensuite, et on a ainsi, pour la décoration des monuments, des produits indestructibles. La *pierre d'Ecosse* sert aux graveurs sur cuivre à polir leurs rouleaux. La cathédrale de Cologne, l'établissement thermal du Mont-Dore sont en trachyte. En Prusse, on fait des meules en lave ; à l'île de la Réunion, des briques. La *pouzzolane* était très employée avant les travaux de Vicat pour faire les mortiers hydrauliques. V. Ciment. Les anciens faisaient des sarcophages avec la domite.

Léberon ou **Luberon** (Mont). Vaucluse. V. Helladotherium.

Lehm, *all. terre glaise*. Limon quaternaire, mélange d'argile avec grains de quartz et oxyde de fer, sans calcaire, ce qui le distingue du lœss. V. Lœss. C'est la *terre à pisé* avec laquelle on fait la plupart des habitations dans les campagnes de la Bresse et de la Dombes.

Lepidodendron, *gr. lepis, écaille ; dendron, arbre*. Cryptogames vasculaires fossiles qui apparaissent au silurien supérieur, augmentent dans le carbonifère où ils atteignent leurs plus grandes dimensions ; dégénèrent dès le houiller moyen. Tige arborescente (jusqu'à 30 m. de haut), cylindrique (1 m. de diam.), dichotome, qui conserve les traces des insertions des feuilles lesquelles sont rangées en spirales séparées par des sillons formant un réseau très régulier. Généralement le centre de la tige est occupé par un cylindre médullaire. Les épis fructifères sont terminaux, tandis que chez les sigillaires ils sont latéraux. Les lépidodendrons sont surtout abondants dans la première phase carbonifèrienne, celle du *culm*. V. Houille.

Leptynite, *gr. leptos, grêle, fin*. Roche formée de petits grains cristallins d'orthose et de quartz grenu qui lui donnent l'apparence d'un grès ; *feldspath grenu*. Structure parfois schisteuse, d'où le nom de *granulite stratiforme*. Est très chargée en silice, 73 à 74 % ; contient des grenats disséminés qui ressortent en rouge sur la teinte claire. Avec les gneiss et les micaschistes, les leptynites forment le sol primitif du Plateau central, (Corrèze, Haute-Vienne) et de l'axe des Vosges.

Lette. V. Dunes.

Lettenkohle, *all. letten, terre à potier ; kohle, charbon de terre*. V. Triasique (Série). La lettenkohle de Tübingue renferme des couches d'une véritable brèche à ossements (*bonebed*) de poissons et de sauriens. Les dents de *ceratodus* y abondent.

Leucite ou **leucolithe**. V. Amphigène.

Leucitophyre, *gr. leucos, blanc ; phûro, je pétris*. Roche composée de leucite et de pyroxène augite qui existe dans certaines laves. Eifel, Capo-di-Bove, etc. Post-pliocène.

Levée. V. Galets. **Lèvres**. V. Faille.

Liais, *armoricain liach, dolmen*. Calcaire à grain très fin, de formation récente ; épaisseur des bancs, 30 cm. seulement. Se débite à la scie sans dents comme le marbre au moyen de l'eau et du grès en poussière. Trois espèces : *liais dur*, Arcueil, Bagneux ; *faux-liais*, à grain plus gros, difficile à travailler ; *liais rose* ou *liais tendre*, Créteil. La chapelle de Versailles est en liais.

Liard. Ancienne monnaie de cuivre ; valait le quart d'un sol ou sou. Le calcaire blanc du Soissonnais, éocène, se nomme *pierre à liards* à cause de la forme des nummulites dont il est pétri.

Liasien. Synonyme de charmouthien. V. Liasique (Série).

Liasique (Série). Le mot *lias* serait une corruption du mot anglais *layers* qui signifie *strate* parce que les carriers anglais appellent *lias* les bancs de calcaire qui sont très régulièrement intercalés au milieu d'argiles. La série liasique est le début de la période jurassique ; c'est une grande formation marine résultant du retour de la mer qui, pendant le trias, s'était cantonnée au sud-est où elle avait établi un régime de lagunes saumâtres. Par suite de ce mouvement de transgression, les dépôts de sel gemme et de gypse cessent et sont remplacés par des dépôts arénacés, grès et poudingues ; puis ce sont des schistes marneux et des calcaires de couleur sombre, lias ou *Jura noir* des Allemands. Cette grande invasion qui ne laissa de la France que trois grandes îles, l'Armorique, le Plateau central et les Ardennes, fut produite ou par un affaissement de notre sol ou par une grande émersion en Orient. La faune est toute différente de celle du trias : *l'avicula contorta* pullule ainsi que les gryphées, *gryphea arcuata* ; les marsupiaux se montrent avec le *microlestes* ; les *ichthyosauriens* sont prépondérants ; le genre *plésiosaure* apparaît ainsi que les *ptérosauriens* ou sauriens ailés. La flore n'offre rien de particulier : des conifères, des cycadées, des fougères ; végétation uniforme.

Le système liasique est divisé actuellement en 5 étages : *rhétien, hettangien, sinémurien, liasien* ou *charmouthien, toarcien*. Ces trois derniers étages forment le *lias* proprement dit.

Le RHÉTIEN, *des Alpes Rhétiques*, est le prélude de l'invasion marine ; c'est l'étage des *bone-bed* ou gisements de dents de poissons et ossements de vertébrés avec *avicula contorta*. Ciment noir de Pouilly (Côte-d'Or), formé avec des calcaires marneux

L'HETTANGIEN, *de Hettange*, Luxembourg, présente un grès à bancs épais mélangés de couches vaseuses, puissance 60^m, avec *cardinies* et au sommet des couches formées de débris de plantes terrestres flottées, surtout des fougères et des cycadées (lits charbonneux), indiquant des dépôts d'estuaire. A cet étage appartient le calcaire cristallin dit *choin-bâtard* du Mont-d'Or lyonnais ; dans le Jura, un calcaire bleu à *amm. planorbis* ; en Bourgogne, le minerai de fer de Thostes, près de Semur, et celui de Mazenay exploité par le Creuzot, la lumachelle de Bourgogne ou *pierre bise* des carriers, le *foie de veau* ou calcaire jaunâtre marneux, exploité pour la fabrication de la chaux hydraulique ; le calcaire gréseux à *cardinies*, d'Osmanville, près de Valognes ; enfin, dans le Berry, le *calcaire pavé* de Saint-Amand. L'hettangien est le *lias blanc* des Anglais et l'*infralias*, de la plupart des géologues.

Le SINÉMURIEN, de *Sinemurium, Semur*, est formé de bancs calcaires noduleux à gryphées arquées, constituant la *pierre noire* des carriers avec assises marneuses qui donnent, par leur décomposition, les terres fortes et fertiles de la Bourgogne (Auxois). Cette région contient aussi des nodules phosphatés exploités, puis un *calcaire à bélemnites, niger, clavatus,* etc. A cet étage se rapportent les marnes à chaux hydrauliques de Charleville, Ardennes. Dans la Normandie, la Bourgogne, le Jura, le bassin du Rhône, le sinémurien est représenté par un calcaire à *gryphées arquées*.

Le LIASIEN de d'Orbigny est appelé actuellement CHARMOUTHIEN, *de Charmouth, Angleterre*, où il constitue un grès tendre, sableux, ferrugineux ; il renferme un lit de fer carbonaté terreux, puissant de 5 à 6 m., activement exploité dans le district de Cleveland (De Lapparent). Dans les Ardennes, c'est un calcaire sableux, puis ferrugineux au-dessus ; en Bourgogne, calcaire marneux qui donne le *ciment gris* de Pouilly, Côte-d'Or, puis des calcaires avec concrétions ferrugineuses ou *calcaires noduleux* ; dans le Jura, des marnes à gryphées et des calcaires à bélemnites. Le charmouthien continue le *Jura noir* des Allemands qui avait commencé au sinémurien. Les calcaires marneux sont exploités en beaucoup de points pour la fabrication du ciment : Côte-d'Or, Cher, Calvados, Bade, Wurtemberg, etc. Les bélemnites sont si abondantes que cet étage charmouthien, anciennement *lias moyen*, est appelé *lias à bélemnites*.

Le TOARCIEN, *de Thouars*, Deux-Sèvres, est le lias supérieur. Il présente là des calcaires et des argiles à ammonites *harpoceras* qui le caractérisent. En Lorraine, des marnes à *posidonies*, puis des oolithes ferrugineuses exploitées à Longwy. Dans les Ardennes, calcaire ferrugineux, marnes à posidonies trèschargées de pyrite et exploitées, après calcination, comme *cendres* pour l'amendement des prairies. En Bourgogne, *pierre à ciment*, exploitée à Vassy près d'Avallon ; c'est un calcaire dont les bancs sont séparés par des schistes bitumineux qui contiennent de 2 à 3 % d'huile minérale avec des vertèbres de sauriens (De Lapparent). Dans le Calvados le toarcien est remarquable par ses *argiles à poissons*. Ces argiles, épaisses de 1 m, 50 à 2 m., contiennent de grands nodules de calcaire marneux ou *miches* dont le centre est occupé par des poissons ou des restes d'ichthyosaures ou de céphalopodes. Parfois ces poissons ont dans leur cavité stomacale les petites ammonites dont ils faisaient leur nourriture et c'est ainsi qu'on a pu voir l'*aptychus* encore en place. V. Aptychus. Dans le bassin du

Rhône le toarcien est représenté par l'assise de minerai de fer oolithique exploité à la Verpillière, Isère.

Lignite, *lat. lignum, bois*. Combustible fossile qui a subi une carbonisation moins avancée que la houille ; possède encore parfois le tissu ligneux ; contient 70 % de carbone, 19 d'oxygène et d'azote, 6 d'hydrogène et 5 de cendres ; brûle avec une longue flamme et fumée, odeur piquante et désagréable due à l'acide pyroligneux , donne à la distillation plus d'alcool que les bois ordinaires. Quand sa texture est compacte c'est le PECHKOHLE, *all. pech, poix ; kohle, charbon* ; fibreuse et ligneuse c'est le *jayet* ou *bois bitumineux*, V. Jais. Cette structure peut encore être feuilletée ou terreuse. Il existe beaucoup de gisements de lignites dans les terrains secondaires et tertiaires ; c'est là qu'on trouve l'ambre. (V.) L'oligocène de l'Allemagne du N. contient d'importants gisements de lignites tantôt lenticulaires, tantôt sous forme de couches de 3 à 6 m. (conifères et cyprès). Dans l'éocène du Soissonnais on exploite sous le nom de *cendres noires* des lignites pyriteux qui servent à la fabrication de l'alun et du sulfate de fer ou couperose verte. C'est le lignite terreux qui fournit la *terre d'ombre* ou *terre de Cologne*, employée dans la peinture grossière. La dysodile (V.) est un lignite argileux. Enfin c'est par la découverte de lignites intercalés dans le glaciaire de la Suisse qu'on a reconnu qu'il y avait eu, pour ce pays, deux époques d'extension des glaciers et par suite une *période interglaciaire*.

Ligurien, *de Ligurie, province d'Italie*. Etage de l'éocène supérieur. Il est remplacé maintenant par le *ludien*. Le nom de ligurien ne peut plus être conservé, depuis qu'il est démontré qu'une bonne partie d s sédiments de la Ligurie n'appartiennent même pas à l'éocène. De Lapparent.

Limnée, *gr. limnê, marais*. Les limnées sont des mollusques gastéropodes pulmonés à coquille dextre (chez les physes la coquille est sénestre ou tournant à gauche) qui vivent en grand nombre dans les eaux dormantes de tous les pays ; nagent la coquille en bas. Ont apparu dans le trias et leur nombre va en augmentant jusqu'à l'époque actuelle. C'est chez la limnée que trouve un refuge l'embryon qui sort de l'œuf pondu par la *douve* (parasite du foie du mouton), lequel œuf est rejeté avec les excréments. L'embryon se transforme, chez la limnée, devient *rédie*, laquelle fournit les *cercaires*, sorte de têtards qui se déplacent dans l'eau, se fixent aux brins d'herbe et sont ainsi absorbés par les moutons pour devenir de nouvelles douves. Ces parasites font parfois mourir les moutons en grand nombre. Les limnées se montrent dans le lias ; le calcaire de Saint-Ouenen présente parfois de véritables bancs.

Limon, *lat. limus*. Dépôt terreux , argileux , sableux ou calcaire, mêlé de débris de végétaux ou d'animaux. Peut provenir des dépôts boueux des eaux de ruissellement ou des dépôts des cours d'eau, fleuves et rivières. Dans le premier cas, les éléments ferrugineux étant constamment exposés à l'air prennent leur maximum d'oxydation et les dépôts ont une teinte jaune brun (*lehm*, terre à briques). Dans le second cas la masse du limon n'est jamais considérable ; ainsi le limon du Nil n'élève pas la vallée de 10 cent. en un siècle (M. Horner a trouvé 2^m85 pour une durée de 3000 ans, à Memphis). Quand le limon est calcaire, c'est le *lœss* (V. ce mot). On doit distinguer aussi le limon des cavernes. V. Grottes.

Limonite, *rad. limon*. La limonite ou *fer limoneux*, ou *minerai des marais*, ou *fer en grains*, contient 80 % de peroxyde de fer hydraté, soit 55 % de métal. Elle forme fréquemment dans les terrains secondaires des couches composées de petites oolithes brunes ou jaunâtres et c'est cette variété (*mine de fer en grains*) qui alimente la plupart de nos mines du Berry, du Bourbonnais, de l'Ariège, des Pyrénées-Orientales, de la Bourgogne, (Wassy, Bailly-aux-Forges). Dans nos marais actuels vit en abondance une espèce de diatomée qui possède la propriété de fixer dans ses filaments de la silice d'abord et en outre une notable quantité d'oxyde de fer hydraté : ce qui explique la formation de la limonite. C'est par hydratation que les minerais de fer se changent en limonite. Une autre variété de limonite est la *limonite géodique* appelée aussi *aétite* (V.). Fréquemment la limonite se présente sous forme de coquilles et de madrépores. A l'état terreux et mélangée d'alumine, c'est l'*ocre jaune*. Sous forme de stalactites mamelonnées à structure fibreuse, c'est l'*hématite brune.*

Lingule. V. Brachiopodes.

Lithoclases, *gr. lithos, pierre ; clasis, fracture*. Les nombreuses fractures ou *joints* que présente la croûte terrestre et qui résultent d'actions mécaniques ou chimiques postérieures ont été appelés *lithoclases* par M. Daubrée qui distingue, suivant les dimensions et l'aspect : 1° les LEPTOCLASES, *gr. leptos, menu*, cassures de faibles dimensions ; se subdivisent en SYNCLASES quand elles offrent une régularité due au retrait provoqué par le refroidissement ou la contraction : prismes basaltiques, polyèdres des argiles et du gypse ; et en PIÉSOCLASES, *gr. pieso, presser, comprimer*, quand il n'y a pas de régularité apparente ; résultent de concassements par suite de pressions et de tassements ; *veines* des roches ; 2° les DIACLASES, *gr. dia, à travers*, beaucoup plus grandes que les leptoclases, résultent de pressions considérables et s'observent dans tous les sens sur des longueurs et hauteurs de 100 mètres et plus, falaises, grès, dolomies des Causses ; 3° les PARACLASES, *gr. para, excessif*, qui sont de très grandes dimensions, comme les failles. V. Failles.

Lithographique (Pierre), *gr. lithos, pierre ; graphein, écrire*. Sorte de calcaire à pâte fine et uniforme, jaunâtre, que l'on trouve à Solenhofen (Bohème) ; à Cerin, commune de Marchamp, près de Belley, Châteauroux, Périgueux, etc. Dans le Barrois (duché de Bar) entre la Lorraine et la Champagne, ces calcaires atteignent 100 mètres d'épaisseur.

La lithographie fut inventée, en 1796, par un Bohème, Aloïs

Senefelder, et introduite en France vers 1802. On produit sur le bloc de pierre une surface bien plane sur laquelle on trace à l'envers le dessin ou l'écriture en se servant d'un crayon composé de suif et de noir de fumée ; ensuite on verse sur la surface un liquide acide ; le calcaire est attaqué et la pierre se creuse excepté aux endroits où a passé le crayon gras. De cette façon le dessin ressort en relief ; on le recouvre avec de l'encre d'imprimerie ; puis, au moyen d'une presse, on appuie une feuille de papier sur la pierre. On peut tirer ainsi un grand nombre d'exemplaires.

Lœss, *all.* Le lœss est constitué par un mélange de boue argileuse, avec calcaire, grain de quartz anguleux, paillettes de mica, peroxyde de fer et sels alcalins. Comme la proportion de calcaire peut atteindre 5 %, il n'est pas très propre à la fabrication des briques, mais excellent pour l'amendement des terres. Au-dessus de lui se trouve le *lehm* ou limon proprement dit, qui constitue la *terre à brique* ou *terre à betterave* du Nord. La grande masse du lœss est immédiatement postérieure aux alluvions à *elephas primigenius*. Dans le lehm l'élément calcaire a disparu et le fer plus oxydé lui donne une couleur brune rougeâtre. En un mot le lehm est du lœss altéré par l'action de l'air et de l'eau, de la chaleur et du froid. C'est le froid qui a fait éclater les galets siliceux disposés en lits dans le lœss et a produit les fragments anguleux.

En Chine, Hoang-ho, le lœss présente des nappes de 500 à 600 mètres d'épaisseur et comme ces nappes se laissent facilement raviner il en résulte de véritables cañons ou gorges très étroites dont les parois verticales ont des centaines de mètres d'élévation. Parfois ce lœss chinois, *terre jaune*, devient assez tenace pour permettre aux habitants de s'y creuser des maisons absolument comme on le fait chez nous dans le tuffeau du Cher ; de plus, la grande profondeur du cañon fait que ces villages chinois d'un genre particulier sont superposés ou étagés. En outre, cette *terre jaune* est très fertile et on voit d'immenses champs de céréales s'élever, de terrasses en terrasses, jusqu'à 2,000 mètres.

Dans nos régions, le lœss est toujours superposé aux alluvions anciennes des rivières, sables et graviers, dans lesquels on trouve les ossements d'*elephas primigenius* et d'autres animaux ce qui indique, à l'époque de sa formation, une faune froide postglaciaire, très riche en herbivores.

En Europe, le lœss est très répandu et recouvre de vastes espaces dans les vallées des grands fleuves ; il en est de même partout. Dans la vallée du Rhin, il s'élève parfois à une centaine de mètres au-dessus du niveau du fleuve et les débris de rhinocéros et de mammouth n'y sont pas rares ; son épaisseur va jusqu'à 20 mètres et il constitue un sol très fertile.

Longrain. V. Schiste. **Lophiodon**, *gr. lophos, crête ; odous, dent.* V. Cheval.

Luberon. V. Léberon. **Ludien.** V. Eocène. **Lumachelle.** V. Marbre.

Lune (pierre de). V. Adulaire. **Lutétien**. V. Eocène.

Lycopodiacées, *gr. lukos, loup ; podes, pied,* à cause de la forme de la racine. Végétaux cryptogames vasculaires qui se rapprochent des mousses par leur forme et leur ressemblance. V. Lepidodendron.

Lydienne. V. Jaspe et Essai.

M

Maare. V. Cratères-lacs; **Machairodus.** V. Chat. **Maccalube.** V. Salse.

Macigno, *nom italien.* Jeannetaz le définit : variété de grès à grains de quartz et de feldspath avec lamelles de mica qui lui donnent une texture schistoïde. La marne siliceuse d'un gris verdâtre, quelquefois noirâtre qui lui sert de ciment, le rend assez solide pour qu'on l'appelle *pietra forte.* Cette roche est caractéristique de l'éocène italien.

Macle, *lat. macula, tache ou maille.* La macle de Bretagne ou *andalousite* parce qu'on la trouve en Andalousie est un silicate d'alumine cristallisé en prismes droits à base rhombe dans la pâte des roches, et qui a entraîné dans sa masse un peu de la matière colorante du schiste ; ce qui fait qu'on voit, au centre des cristaux, un prisme noir relié aux angles par des lames noires ou bien quatre petits prismes noirs aux angles. De là, les noms de CHIASTOLITHE, *gr. chiastos, croisé,* ou de CRUCITE, *lat. crux, croix, pierre de la croix.* Le grenat, la trémolite, le diamant présentent parfois cette disposition. Naturellement on attribuait à la macle des propriétés merveilleuses et on utilise encore pour faire des grains de chapelets les parties où la croix se dessine nettement. La macle entrait dans les armes des Rohan. Ces cristaux abondent dans certains schistes dits *maclifères* (Saint-Brieuc), Bretagne, les Pyrénées et partout où le granite est en contact avec les schistes primaires. Les plus beaux se trouvent près de Pontivy, longueur 0 m. 13. Si l'andalousite se charge de fer, sa forme et son aspect changent : les cristaux, d'un rouge brun foncé, forment une croix rectangulaire ou oblique. C'est la STAUROTIDE (*gr. stauros, croix*), *croix de Saint-André* ou *croisette.*

Macrotherium, *gr. macros, grand ; therion, bête fauve.* Grand mammifère fossile herbivore, plantigrade. Celui de Cuvier était du miocène supérieur d'Eppelsheim, Hesse-Darmstadt, et avait 8 m. de long. A été trouvé aussi dans l'étage falunien de Sansan, colline fouillée par Lartet en 1835 et qui fournit le premier singe fossile.

L'ancylotherium de Gaudry (Pikermi, Grèce) a des points de ressemblance avec le macrotherium. Le m. avait les pattes de devant beaucoup plus longues que les postérieures ; elles lui servaient à fouir et à saisir.

Madréporaires, *italien, madrepora ; de madre, mère,* et du *gr. pora, trou.* Ce nom fut donné par Imperani, naturaliste italien. Les madréporaires sont des hexacoralliaires vivant en grand nombre sur un pied calcaire (polypier). Ils sont perforés ou imperforés. Dans l'Océan pacifique, les madréporaires ont un développement si considérable qu'en peu d'années ils produisent des récifs énormes. L'archipel des Maldives, dans la mer des Indes, comprend 12,000 écueils ou îlots madréporiques. V. Atoll et Polypier.

Maestrichtien (Etage), *de Maestricht, Hollande.* Sous-étage du sénonien de d'Orbigny (actuellement sous-étage supérieur de l'aturien). V. Crétacique (Système). C'est là que prennent fin les ammonites avec les formes droites nommées baculites que l'on retrouve dans les calcaires. Il correspond au *fuvélien* (V.) ou *bégudien*. La montagne de Saint-Pierre, au sud de Maestricht, est une immense carrière de craie jaune, tuffacée, très-facile à travailler, puissance 16 à 30 m., alternant avec des bancs plus durs pétris de bryozoaires, de polypiers ou de rudistes. Les galeries sont innombrables et quelques-unes remontent aux Romains. Ces carrières ont donné, en 1770, le *mosasaure (lat. mosa, Meuse)*, gigantesque saurien aquatique, dont les membres, dépourvus de griffes, sont transformés en palettes natatoires ; se nourrissait de poissons. Sa taille était de 8 m. environ, sa mâchoire seule a plus d'un mètre et sa queue comprend jusqu'à 100 vertèbres. Son spécimen en plâtre est au Muséum de Paris. Une autre espèce a été découverte dans le grès vert de New-Jersey ; même taille à peu près.

Magnésie, Magnésite, *lat. magnès, aimant.* Oxyde de magnésium ; la magnésie combinée avec l'acide carbonique donne un carbonate qui, uni à la craie, constitue la *dolomie* (V. ce mot). L'écume de mer avec laquelle on fait les pipes est une magnésie silicatée, hydratée, *magnésite*. Le magnésium est un métal blanc, densité 1,74, qui donne une lumière fort riche en rayons chimiques et qu'on utilise en photographie.

Magnétite, *lat. magnès, aimant.* Fer oxydulé ; agit toujours sur l'aiguille aimantée. Parfois elle attire la limaille de fer qui s'accumule à ses deux pôles : c'est alors *l'aimant naturel* ou *pierre d'aimant.* Elle contient 72 parties de fer et 28 d'oxygène. Aspect noir de fer, densité 4,9 à 5,2. Cristaux octaèdres. Les gisements de magnétite constituent de véritables montagnes ; est aussi abondamment répandue dans les roches basiques, surtout les basaltes. Suède, Norwège, Oural, île d'Elbe, Etats-Unis. Elle donne du fer d'excellente qualité.

Malachite, *gr. malaké, mauve.* Hydrocarbonate de cuivre d'un beau vert velouté ; jusqu'à 72 % de protoxyde de cuivre et 8 % d'eau, densité 4 : se trouve le plus souvent à l'état concrétionné ; occupe la partie supérieure des gîtes de chalcopyrite ; bon minerai de cuivre et précieuse pierre d'ornement ; placage des coffrets, bijoux. Les plus beaux vases en malachite sont à Munich. M. A. de Schulten a reproduit artificiellement des cristaux de malachite (Ac. des Sciences, 15 juin 1896), avec une solution de carbonate de cuivre dans une eau saturée d'acide carbonique. Les plus belles malachites viennent de Sibérie. Le corps des mines de Saint-Pétersbourg en possède un bloc haut et large de plus d'un mètre estimé 525,000 roubles. On en a trouvé des morceaux de plusieurs quintaux dans l'Oural.

Malm, *all. zermalmen, triturer.* C'est le Jura blanc des Allemands, jurassique sup., opposé à *Jura noir* du lias.

Malthe, *lat. maltha, cire tendre.* Variété noire de pétrole ou poix minérale ; c'est un bitume glutineux, c'est-à-dire toujours mou, gluant et visqueux ; découle des fissures des roches ou imprègne des matières terreuses en certains lieux : Seyssel (Ain), Orthez, etc. Paraît être un mélange d'asphalte et de pétrole et ne diffère de ce dernier que par sa consistance. Sert au goudronnage des bois, des cordages ; pour les trottoirs. V. Asphalte et Pétrole.

Mammifères, *lat. mamma, mamelles ; fero, je porte.* Les premiers mammifères apparaissent dans le trias supérieur où l'on trouve des débris de mâchoires de protothériens. V. Marsupial. Les didelphes ou aplacentaires, comme les marsupiaux actuels, ont précédé et sont devenus par une transformation lente les monodelphes ou placentaires qui ne se montrent qu'au tertiaire. Mais alors les formes mammifères se multiplient avec une telle rapidité qu'on peut appeler l'ère tertiaire *règne des mammifères*, comme on a appelé l'ère secondaire *règne des reptiles*. Dans la période éocène d'Europe la faune des grès de la Fère est caractérisée par l'*arctocyon* ; celle des lignites du Soissonnais par le *coryphodon* : celle des argiles de Londres par l'*hyracotherium* ; celle du calcaire grossier de Paris par le *lophiodon* et le *paleotherium* ; celle des sables de Beauchamp, Oise, par l'*amphicyon* ; celle du gypse de Paris par l'*anoplotherium* et le *xiphodon* ; celle des phosphorites du Quercy par l'*anthracotherium*. En Amérique l'éocène donne encore le coryphodon, puis des marsupiaux carnivores, des rongeurs, le gigantesque *dinoceras*, des tapirs, des ancêtres du cheval et un genre voisin des rhinocéros. Le développement des mammifères se continue pendant l'oligocène, *rhinocéros, tapir, viverra* (ancêtre des porcs). S'accentue au miocène par les proboscidiens, *mastodon, dinotherium*, singes, *dryopithecus*, carnivores, ruminants, hipparion, etc. ; le genre *felis* apparaît. Au pliocène arrivent en Europe les éléphants venus d'Asie, les vrais chevaux remplacent les hipparions ; hippopotames, cerfs, chiens, etc. Les formes actuelles sont déjà représentées. Au quaternaire par suite de l'extension des glaciers, beaucoup d'espèces meurent : *elephas antiquus* et vers la fin de cette ère l'*elephas primigenius* caractérise l'époque du mammouth ; le *rangifer tarandus*, l'époque du renne. C'est à ce moment qu'apparaît la *race humaine* de Canstadt. V. Quaternaire.

En résumé les mammifères descendent vraisemblablement des reptiles et on doit remarquer, dans l'évolution, la tendance des types aplacentaires à devenir placentaires, des plantigrades à devenir digitigrades par soudure ou suppression de doigts ;

l'accroissement du cerveau, le raccourcissement des mâchoires et la modification des dents. Au point de vue de la distribution on constate une séparation bien nette entre les faunes des deux hémisphères boréal et austral et on doit conclure en outre que l'Amérique du N., l'Asie et l'Europe ont constitué pendant la plus grande partie des temps tertiaires un vaste continent, mais qu'il y eut entre ces pays des interruptions de communication qui expliquent pourquoi les hippopotames, les gazelles, les girafes ne purent arriver en Amérique.

Mammouth. V. Éléphants.

Marais salants. La France possède 82 marais salants : 45 sur la Méditerranée, 36 sur l'Océan et 1 sur la Manche. Ils donnent le *sel gris* lequel par épuration fournit le sel blanc. Un m. c. d'eau de mer renferme près de 27 kil. de sel.

Marbres, *lat. marmor ; gr. marmoros*. On appelle marbres les variétés de calcaires qui présentent des couleurs vives uniformes ou mélangées et peuvent prendre un beau poli ; sont ordinairement opaques mais quelques-uns sont cristallins et translucides. Densité 2,6 environ. Le nombre des variétés est immense. Les m. *saccharoïdes*, *lat. saccharum*, *sucre* ou statuaires sont blancs sans nuances ni veines et leur cassure ressemble à celle du sucre. Carrare, Paros. Pyrénées, Isère, Algérie ; les autres sont dits *sublamellaires* et servent pour la décoration des édifices et l'ameublement. On divise les m. en 4 groupes : 1° m. *simples* qui ne contiennent que du carbonate de chaux : Paros, Carrare, m. noir de Namur et de Dinant ; griotte de l'Aude ; jaune de Sienne ; m. de Sainte-Anne, gris mélangé de blanc ; le bleu turquin ; le vert de Gênes ; l'incarnat du Languedoc (Aude) qui a fourni les colonnes du Carrousel à Paris ; 2° Les m. *brèches* formés de fragments anguleux de marbres de diverses couleurs, réunis par un ciment calcaire ; *grand deuil, petit deuil* (Aude, Ariège, Pyrénées): *brèche violette* ou fleur de pêcher ; *brocatelle d'Espagne*, pâte lie de vin ; 3° les m. *composés*, calcaire avec serpentine ou mica : *vert antique, vert de Suse, cipolin, campan* ; 4° les m. lumachelles, *italien lumachella*, *petit limaçon*, formés d'un grand nombre de coquilles que l'on distingue facilement et qui sont réunies par un ciment calcaire à nuances ou teintes différentes. Ces mollusques sont surtout des ostracées. Les l. sont fréquentes au jurassique avec gryphées et exogyres. *Dalle nacrée*. La l. de Bourgogne, *pierre bise* des carriers, appartient à l'hettangien ; elle présente sur un fond noir des lignes courbes blanches formées par des coquilles de *cardinies*. La lum. d'Astrakan est un calcaire ferrifère à fond brun avec coquilles d'un jaune vif. Le marbre de Purbeck, qui a été beaucoup employé dans les monuments gothiques, est formé de débris de paludines.

Marcasite, *arabe marcazat, pyrite*. V. Pyrite.

Mare. V. Caverne.

Marées, *lat. mare, mer*. On appelle *marée atmosphérique* une petite oscillation qui se produit deux fois par jour en pleine

mer et qui résulte des variations de la pression atmosphérique.
Les *marées lunaires*, c'est-à-dire résultant de l'attraction de la
lune, sont bien plus importantes ; il ne s'agit plus d'un déplace-
ment de quelques millim., mais de variations énormes dans le
niveau des eaux de la mer. Pendant 6 h. 12'37" le *flot* ou *flux*
monte, puis pendant le même temps, le *jusant* ou *reflux* descend et ainsi de suite. La durée totale des deux mouvements est
12 h. 25'14", soit pour deux marées, 24 h. 50'28" ; par suite il y
a à peu près 2 mers hautes et 2 mers basses par jour et la marée
haute retarde de 50'28" par jour. L'attraction solaire produit
aussi des marées mais de moindre importance. On sait qu'à l'é-
poque de la pleine lune, la lune, la terre et le soleil sont en ligne droite, Les deux actions s'ajoutant on a de fortes marées.
Le contraire se produit au premier et au dernier quartier, où les
marées sont faibles. A Saint-Malo, les grandes marées atteignent 20 m. Les marées sont presque nulles dans la Méditerranée, la Baltique, à cause de leur peu d'étendue relative.

Margarite, *lat. margarita, perle*. Sorte de mica calcaire
ainsi nommé à cause de son éclat qui rappelle celui des perles.
La margarite est blanche ou grise ; est fréquente dans les
schistes métamorphiques.

Marmites des géants. V. Chaudières. **Marne**. V. Argile.

Marnes irisées. V. Triasique (Série).

Marsupial, *lat. marsupium, bourse*. Mammifère aplacen-
taire, sarigue. V. Bone-bed. Le marsupium renferme les mamelles. Les petits, mis aux monde de très bonne heure et incomplètement formés puisqu'ils sont gros parfois comme un
haricot, sont placés dans le marsupium par la mère ; ils pincent
entre leurs lèvres un mamelon et ne le quittent qu'à la fin de
cette seconde gestation. Au genre marsupial ou au genre monotrème (qui pond des œufs et abrite ses petits dans le marsupium)
se rapporte le dromatherium (*gr. droma, qui court*) du trias de
la Caroline du Nord : l'*amphitherium*, du bathonien de Stonesfield, qui se rapproche du myrmécobie (*gr. murmex, fourmi ;
bios, vie*) ; le *plagiaulax*, *gr, plagios, oblique ; aulax, sillon*, du
purbeckien anglais ; le *microlestes*. (V. ce mot). Il existait peut
être des marsupiaux à l'époque crétacée mais il est encore impossible de l'affirmer.

Mascaret. V. Barre. **Mastodon**. V. Eléphants.

Mastodonsaurus. Le plus grand des amphibiens connus ;
son crâne parabolique et déprimé atteint 1 m. Son squelette est
mieux ossifié que chez les autres stégocéphales. Ses dents sont
excessivement ornementées comme chez le labyrinthodon.

Méduse. V. Anthozoaires. **Megaceras**. V. Cerf.

Megalichthys, *gr. megas, grand ; ichthus, poisson*. Poisson
de grande taille, ganoïde, du dévonien et du carbonifère. La
tête seule a plus d'un pied. Elle est cuirassée de fortes plaques
osseuses : dents énormes comme les sauriens. Avait probablement, comme le *ceratodus*, des branchies et des poumons.

Megalonyx, *gr. megas grand ; onux. ongle*. Mammifère fossile qui avait des ongles très grands et recourbés en dessous, comme le paresseux. On le prit d'abord pour un carnassier gigantesque, mais Cuvier montra que c'était un édenté, c'est-à-dire à dentition incomplète. A été trouvé dans une caverne de Virginie. D'autres espèces proviennent des cavernes du Brésil et des pampas. Taille d'un grand bœuf.

Mégalosaure, *gr. megas, grand ; saurus, lézard*. Dinosaurien de l'époque jurassique et crétacée. Avait les dents tranchantes, dentelées, recourbées, en forme de lame de sabre. « Chaque mouvement des mâchoires, dit Buckland qui l'a trouvé, produit l'effet d'un couteau et d'une scie, en même temps que le sommet opère une première incision comme le ferait la pointe d'un sabre ». Wealdien d'Angleterre ; tuffeau de Maestricht. Taille de 6 à 7 m., E. Aubert.

Megatherium, *gr. megas ; grand ; therion, bête féroce*. Gigantesque mammifère fossile ; taille de 13 m., pattes de derrière plus longues que celles de devant. Ses pieds, longs d'un mètre, étaient armés d'ongles énormes. Il se nourrissait de racines et de branchages. Ses restes ont été trouvés dans les dépôts quaternaires de l'Amérique du Sud, argile des Pampas. Paraguay. V. Glyptodon.

Mélanite, *gr. melas, noir*. V. Grenat.

Mélaphyres, *gr. melas ; noir, et phuro, je pétris*. Roches porphyriques à base d'augite ; d'une coloration très foncée; ne se présentent jamais sous forme de coulée parce qu'elles sont venues du bas à l'état pâteux et n'ont pu, par suite, traverser les couches de sédiments ou les roches de cristallisation. V. Feldspath.

Menhir, *celtique men, pierre ; hir, long ; pierre longue*. Sorte d'obélisque grossier constitué par une pierre de grande longueur plantée verticalement dans le sol. Les menhirs ont été dressés par les néolithiques; on en connaît plus de 2,000 en France. Il en existe un dans le Yorkshire, en Angleterre, qui est haut de 7 m. et pèse 40 tonnes. Dans l'Ain, au hameau de Thiole, commune de Simandre, on voit dans un champ un menhir qui a près de 4 m. de haut ; il y en avait trois anciennement.

Beaucoup d'auteurs regardent les menhirs comme des monuments commémoratifs. A notre modeste avis, beaucoup ont dû être des *jalons* que plantaient les tribus nomades, car on sait que les néolithiques étaient des envahisseurs ; ils venaient de l'Asie-Mineure, de l'Arménie et du Caucase. Ne sachant où ils allaient, ils ont dû planter ces grandes pierres de distance en distance, et d'une façon particulière, afin de pouvoir retrouver leur route s'ils avaient à revenir sur leurs pas. Si beaucoup de menhirs existent encore, il est certain que le plus grand nombre sont détruits. Dans les Alpes, on se sert encore actuellement de pierres plantées pour indiquer les routes au moment des neiges.

Ménilite. V. Silex, **Mer des Sargasses** V. Courants marins.

Mercure, *lat. Mercurius, dieu des marchands ; de merx, marchandise*. Hydrargyrum, argent liquide, d'où le symbole, Hg. Métal nommé vulgairement vif-argent ; il est liquide et émet des vapeurs à la température ordinaire, se solidifie à — 40°. Densité 13,59. Est abondant dans la nature, rarement à l'état natif, mais à l'état de bisulfure (cinabre) dans les grès et les schistes argileux, les calcaires compacts superposés au terrain houiller. Idria, Almaden, Bavière, Amérique du Sud. Almaden signifie en arabe *la mine* : ces mines sont exploitées depuis des siècles ; elles occupent 4,000 mineurs et produisent 15,000 quintaux de mercure. Travail extrêmement insalubre.

Mérostomates, *gr. meros, cuisse ; stoma, bouche*. Genre de crustacés fossiles qui avaient la bouche entourée de pattes dont la base servait à la mastication. L'unique représentant actuel est la *limule* ou crabe des Moluques. On divise les mérostomates en trois groupes : 1° Les xiphosures *gr. xiphos, épée ; oura, queue*, comme la limule, fossile depuis le jurassique. Les schistes de Solenhofen en ont fourni des restes parfaitement conservés. 2° Les euryptérides, *gr. eurus, large : pteron, aile*. Ont le céphalothorax court, l'abdomen allongé, 12 à 13 segments, des pattes développées en pinces, d'autres pour la natation. Grande taille : le pterygotus anglicus, *gr. pterygotus, qui a des ailes*, d'où son nom de *séraphin*, du vieux grès rouge, dévonien inférieur de l'Angleterre, avait 1ᵐ,50 de long et la grosseur d'un homme. Ce genre s'éteint au carbonifère. 3° Les trilobites, *tri-lobos*. Corps divisé en trois lobes par deux dépressions longitudinales et présentant, en outre, trois parties : une sorte de bouclier céphalique, un thorax formé de segments (de 2 à 26) et un pygidium ou extrémité abdominale. Leurs deux yeux ont une importance particulière : le nombre des cristallins ou facettes de chaque œil est de 200, 6 0, 1,000, 4,000 et arrive même à 15,000 chez certaines espèces. Par contre, certains genres sont privés d'yeux, *agnotus* ; chez les *conocéphalites*, on trouve des formes avec yeux et des formes aveugles. Le pygidium est diversement conformé : nul chez l'agnotus, petit chez les *paradoxides*, de dimension considérable chez les formes du silurien supérieur. Les paradoxides appartiennent à la faune primordiale : genres *hydrocéphalus, olenus, olonellus*. Les conocéphalites appartiennent aussi à cette faune ; ils pouvaient s'enrouler comme les calymènes et plusieurs autres groupes. Le *trinucleus*, ainsi nommé parce qu'il a trois saillies en forme de noyaux sur la tête, est aveugle, a le pygidum triangulaire, appartient à l'étage primordial et au silurien inférieur. Bohême, étage D. Le genre *ogygie* est un des fossiles caractéristiques des ardoisières d'Angers. Les trilobites atteignent leur apogée dans le silurien inférieur, vont en diminuant et s'éteignent dans le carbonifère. Les formes aveugles devaient vivre dans les grandes profondeurs des mers siluriennes. Un genre remarquable de trilobites, ce sont les *acidaspis ; acies,* *pointe* ; *aspis, bouclier* ; ainsi nommés à cause des épines nombreuses qui garnissent tout le pourtour de la carapace. On les trouve en France, en Angleterre, dans l'Amérique du N., en Bohême, où Barrande en a décrit plus de 40 espèces.

Mésopithèque, *gr. mesos, moyen* ; *pitekos, singe.* Singe fossile trouvé par Gaudry à Pikermi (Grèce). Il offre un intérêt tout particulier, parce qu'il a la tête d'un semnopithèque et les membres courts et robustes d'un macaque et qu'il établit ainsi un passage entre deux genres actuellement vivants. Les semnopithèques (*gr. semnos, vénérable*) vivent en troupes nombreuses dans les forêts de l'Asie méridionale. Les macaques habitent aussi l'Asie, mais une espèce, le *magot*, vit à Gibraltar et en Afrique. Le singe fossile *oreopithecus, oreos, de montagne*, établit la transition des semnopithèques aux singes anthropoïdes.

Mésozoïque, *gr. mesos, moyen* ; *zôon, animal.* L'ère secondaire ou mésozoïque est comprise entre l'ère paléozoïque ou vie ancienne et l'ère néozoïque ou vie nouvelle. Elle comprend les périodes triasique, jurassique et crétacique ou crétacée. V. ces mots.

Métamorphisme, *meta, changement* ; *morphé, forme.* Modification survenue dans une roche quelconque, postérieurement à son dépôt, par une cause variable : chaleur, dissolvants, principes minéralisateurs, pression. Ainsi, sous l'action du basalte, le calcaire terreux s'est transformé en calcaire compact, parfois en dolomie (Lodève), ou en jaspe ; V. Jaspe ; la houille en coke, la craie en marbre. (Antrim). (Expérience de James Hall). Des filons de trachyte ont vitrifié des gneiss (Eifel). Par pression, les argiles sont devenues les schistes ardoisiers.

Métazoïque, *meta, au-delà* ; *zoôn, animal.* Qui est postérieur à l'apparition des animaux sur la terre.

Météorite. V. Aérolithe.

Meulière, *lat. mola, meule.* Variété de quartz dont on fait les meules pour broyer les grains et obtenir la farine. *Silex molaire, pierre meulière.* La texture de cette roche est celluleuse, c'est pourquoi on l'appelle *silex carié.* La Ferté-sous-Jouarre, Seine-et-Marne, fournit d'excellentes meulières. V. Gaize et Carbonifèrien (système).

Mica, *lat. micare, briller.* Les micas sont des silicates d'alumine, de potasse, de fer et de magnésie. Ils constituent un groupe de minéraux à clivage extrêmement facile, donnant des paillettes minces et élastiques. Densité 2,78 à 3,1. Dureté faible, 2,5 ; se laissent couper au couteau. Couleurs diverses : blanc, brun, vert ou jaune d'or. On distingue : les micas *ferro-magnésiens* ou BIOTITES (dédiés à Biot) ; qui sont les plus lourds de tous les micas et qui s'altèrent le plus facilement à l'air ; ils sont de couleur noire et on les trouve dans les granites, gneiss, micaschistes, syénites, minettes et trachytes ; les micas *potassiques* ou MUSCOVITES ou *verre de Moscovie* qui sont blancs ordinairement et se présentent en grandes plaques qu'on utilise pour le vitrage de certains poêles (phares) ou pour le vitrage des navires ; les plus larges plaques viennent de Sibérie, du Canada, du Brésil et des Indes Orientales ; on les trouve dans les granulites et les pegmatites (granites à mica blanc), mais pas dans les roches volcaniques ; les micas riches en fluor ou LÉPIDOLITHES, avec lithine ; enfin les micas qui contiennent de la soude ou de la chaux, les MARGARITES, ainsi nommés à cause de leur éclat de perles blanches ou grises ; on les rencontre dans les schistes métamorphiques.

Tous les micas contiennent 40 % de silice et 15 à 17 % d'alumine, plus les minéraux accessoires. Les micas sont très répandus dans la nature. La poudre à sécher l'écriture est du mica pulvérulent. Le mica se clive suivant une seule *direction* ; il donne des lames parallèles aussi minces qu'on le veut. Plus un mica est ferrugineux, plus il est coloré.

Micaschiste. Le micaschiste est essentiellement composé de quartz et de mica disposés en zones alternantes. Quand il est feldspathisé, ce qui arrive au voisinage des granites, il passe au gneiss. Les gneiss et les micaschistes constituent le terrain primitif. Le micaschiste est la *roche-mère* d'un grand nombre de minéraux : grenat, émeraude, tourmaline, talc, graphite. V. Cristallophylliens.

Miche ou artolithe, *gr. artos, pain*. V. Liasique (Système), toarcien.

Micraster, *gr. micron, petit ; aster, étoile*. Genre d'oursins ou spatangoïdes fossiles de l'époque jurassique. Le *m. cor anguinum* ou micraster cœur de serpent, caractérise la craie blanche, ainsi que le *m. cor testudinarium* ou cœur de tortue.

Microgranulite. V. Granite.

Microlestes antiquus. V. Bone-bed.

Microlithes, *gr. micron, petit ; lithos, pierre*. Cristaux microscopiques que l'on observe dans la pâte vitreuse des roches d'origine interne ou volcanique. Ils montrent les divers degrés dans le passage de l'état amorphe à l'état cristallin. Ces cristaux sont étirés en aiguilles et ce sont eux qui donnent aux trachytes, par exemple, leur texture rude au toucher. Le microscope a en outre révélé dans la masse vitreuse l'existence de toute une série de formes élémentaires auxquelles on donne le nom de *cristallites*. Ce sont de fines aiguilles ou *longulites*, de très petits globules ou *globulites*, des *trichites* ou files de globulites qui donnent à l'ensemble l'apparence d'un paquet de cheveux *(gr. thrix, trichos, cheveu)*. L'obsidienne, la silice, les silicates, le soufre, etc., montrent des cristallites. En résumé les cristallites ne sont que des essais de cristaux, tandis que les microlithes sont des cristaux microscopiques mais déjà spécifiés. Outre ces formes élémentaires le microscope a encore montré les *inclusions* vitreuses, gazeuses ou liquides. V. Inclusions et Roches.

Miliolithes, *lat. milium, millet; lithos, pierre*; à cause de la ressemblance avec des grains de millet. Protozoaires de l'époque tertiaire qui ont formé, comme les nummulites, des bancs entiers de calcaires. Les explorations sous-marines ont montré que dans toutes les profondeurs comprises entre 500 m. et 5.300 m., une vase calcaire, *vase à globigérines*, renfermant jusqu'à 95 % de carbonate de chaux, formée par l'accumulation des enveloppes calcaires minces et fragiles de miliolithes jointes à de petits granules calcaires ou *coccolithes* ayant appartenu à des algues flottantes, venait tapisser le fond des océans. De Lapparent.

Mimétisme. Faculté que possèdent les animaux d'acquérir une couleur identique à celle du milieu ou d'autres particularités avantageuses pour eux. Ainsi les animaux qui vivent dans les neiges ont une robe blanche : ours blanc, lièvre blanc, perdrix blanches des Alpes ; d'autres prennent la couleur de la terre où ils se gîtent ou se posent ; les insectes prennent la couleur des plantes sur lesquelles ils vivent ; la crevette grise a la teinte du sable ; des poissons, comme le *phyllopteryx*, ressemblent à une algue déchiquetée ; certaines orchidées, comme les *ophrys*, ont la forme et la couleur des mouches, des abeilles ou des araignées et attirent ainsi ces insectes qui leur apportent le pollen fécondant.

Minéralisables, minéralisateurs, Les corps minéralisateurs sont l'oxygène, le soufre, le phosphore, le chlore, le fluor le carbone, le silicium, le bore, l'azote, l'hydrogène, etc.

Les minéralisables sont le potassium, le sodium, le lithium, le calcium, le magnésium, l'aluminium, l'arsenic, l'antimoine, l'étain, le manganèse, le zinc, le fer, le cobalt, le nickel, le cuivre, le plomb, le bismuth, le mercure, l'argent, le platine, l'or, etc.

Minette, *petite mine*. Ce nom vient de ce que cette roche est associée à la *mine de fer*, V. Limonite, comme à Framont, Vosges. Nom d'une roche éruptive des Vosges, du Morvan, du Beaujolais ; donne des filons dans le granite et la syénite ; est formée principalement de mica brun enveloppé dans une masse d'orthose. Le service de la carte géologique de France a adopté récemment le mot d'*ortholite* pour la combinaison d'orthose et de mica par la raison que le mot minette désigne des roches de compositions diverses suivant les pays.

Miocène. *gr. meion, moins ; kainos, récent*. Lyell, 1830, c'est-à-dire moins d'espèces modernes qu'au pliocène, 17 à 20 % Voici la succession des événements principaux de cette période et par suite ses subdivisions en étages, d'après les dépôts correspondants : 1° un mouvement du sol, prélude du grand soulèvement des Alpes, fait que les grands lacs de l'époque aquitanienne (oligocène) se vident ; les cours d'eau qui en résultent amènent des dépôts de graviers qui se superposent au calcaire lacustre. Ce sont les *sables de l'Orléanais* qui, plus bas, recouvrent la Sologne où mélangés à de l'argile, ils forment un sous-sol imperméable. Ce régime fluvial prépare l'invasion de la mer mollassique qui se manifeste déjà vers Bordeaux et dans la vallée du Rhône. De là l'étage *burdigalien*. Les proboscidiens apparaissent avec mastodon et dinotherium, les rhinocéros prospèrent, les singes se montrent, les marsupiaux européens disparaissent. 2° L'invasion de la mer mollassique se produit ; les eaux recouvrent la vallée du Rhône, le Jura, la Suisse (d'où le nom de mer *helvétienne*); à l'ouest elles arrivent jusqu'à Blois et Châteauroux et font une île de l'Armorique ; elles dépassent Bordeaux et Mont-de-Marsan. Ces dépôts de *mollasses* et de *faluns* constituent l'étage *helvétien*, auquel correspond la faune de Sansan (Gers) caractérisée par *mastodon angustidens*, antilope, castor et peut-être le terrible machairodus. Dans les mers, des siréniens et des cétacés, *halitherium* et *squalodon*. 3° Le soulèvement des Alpes est effectué ; des courants marins s'établissent qui amènent une faune du Nord jusque dans le bassin de Vienne. Les dépôts constituent l'étage *tortonien*. 4° Un soulèvement qui se produit vers le sud de l'Espagne interrompt momentanément la communication entre l'Océan et la Méditerranée ; il en résulte la mer *sarmatique*, ainsi nommée de l'ancienne Sarmatie. Les eaux de cette mer ou plutôt de cet ensemble de mers plus ou moins fermées ont un degré de salure variable et il en résulte des dépôts particuliers qui constituent l'étage *sarmatien* que l'on observe en Provence mais surtout en Autriche. 5° Enfin la période miocène se termine par l'étage *pontien* ainsi nommé du Pont-Euxin. Ce sont des dépôts d'origine saumâtre comme les précédents mais caractérisés par une faune nouvelle, la faune à *hipparion* (Pikermi, Mont Léberon). C'est le règne des herbivores qui vivent en troupeaux immenses autour de ces mers fermées dont il vient d'être parlé. Les hippopotames vivent dans les rivières, les éléphants en Asie et les vrais chevaux vont apparaître. A cette époque vit le grand singe *dryopithèque*.

Milne-Edwards a retiré des terrains miocènes de l'Allier 70 espèces d'oiseaux appartenant à divers groupes ; plusieurs genres ont disparu, notamment le *paleolodus* qui avait 1 m. de haut des pattes palmées et un bec dentelé comme l'odontopteryx.

Flore. La flore miocène est d'une remarquable richesse ; elle résulte d'une température égale, pluvieuse en été mais à hivers doux. Les graminées se multiplient et forment la pâture des nombreux herbivores. « L'Europe, dit M. Heer, possédait encore le climat de ces zones bénies, telles que Madère, Malaga, la Géorgie où de nos jours la végétation ne perd jamais son activité ».

Activité interne Après la longue tranquillité dont a joui la période secondaire l'activité interne se réveille. A l'éocène, ce sont des émissions d'*ophites*, de *serpentines* et *d'euphotides* : pendant l'oligocène ce sont des basaltes en Provence, puis au miocène ce sont les basaltes et les trachytes d'Auvergne, les andésites de Hongrie et d'Amérique. En même temps se produisent des émanations métallifères, entre autres de l'or et de l'argent. Les grandes éruptions des volcans d'Auvergne se produiront à la période pliocène suivante.

Soulèvements. On observe, dans les Alpes, que les dernières couches relevées appartiennent à la mollasse : les couches plus récentes sont restées horizontales ; donc c'est à la suite des dépôts mollassiques que la chaîne alpine a pris son relief définitif.

Mirabilite. V. Glaubérite. **Mofettes.** V. Fumerolles.

Mollasse. Grès marneux ou calcaire, le plus souvent tendre au moment de l'extraction mais qui durcit à l'air ; est beaucoup employée dans les constructions comme pierre d'appareil, se débite facilement à la scie et se taille une fois en place. Les plus anciennes mollasses ont été observées dans le Midi de la France (origine lacustre). Les falaises de Dax et de Bordeaux reposent sur un calcaire coquillier qu'on a nommé *mollasse coquillière*. On trouve des mollasses dans toutes les parties de l'Europe et en France, aux environs de Paris ; en Bretagne, Normandie, Languedoc, Provence, sur tout le pourtour des Alpes. Dans la vallée du Rhône elles sont exploitées notamment à la montagne de Saint-Paul-Trois-Châteaux (Drôme).

La mollasse de la Suisse, qui était à cette époque miocène recouverte entièrement par la mer, a un caractère détritique prononcé indiquant des eaux mouvementées. La mollasse grise de Lausanne (miocène inférieur), fournit une flore dans laquelle on trouve des lauriers, des figuiers, des acacias et des érables. Aux points de contact de cette mer avec les Alpes émergées, la mollasse suisse s'est chargée de galets et de cailloux et on a ainsi un conglomérat particulier ou poudingue, la NAGELFLUHE (*all. nagel, tête de clou ; fluhe, roche nue*) ou roche nue à têtes de clous : ainsi nommée parce que ces grès à ciment calcaire présentent des galets arrondis qui font saillie à leur surface comme des têtes de clous. Ce conglomérat se trouve fréquemment dans les Alpes, il compose le Righi, se désagrège facilement : de là des éboulements parfois désastreux (V. Eboulement). Les matériaux de ces conglomérats sont parfois exotiques, c'est-à-dire étrangers aux Alpes. On pense qu'ils proviennent de la destruction de massifs granitiques antérieurs ou, peut-être que des courants les ont amenés des Vosges ou de la Forêt-Noire. La mollasse marine s'élève, près de Berne, à une assez grande hauteur. Au niveau supérieur s'élèvent les mollasses d'eau douce d'Œningen, sur les bords du lac de Constance, qui ont fourni une flore très riche en formes européennes et asiatiques lesquelles indiquent un climat analogue à celui de Madère ou du Japon méridional. La mollasse marine, à dents de squales, a été reconnue près de Coligny (Ain) où elle affleure sur les flancs de la chaîne jurassique et elle se poursuit dans le Jura. Le retrait de cette mer mollassique a été provoqué par le soulèvement des Alpes et c'est alors que s'ouvre la période pliocène.

Mollon. V. Pliocène. **Montagnes.** V. Orographie.

Mollusques, *de mou,* qui ont le corps mou. On sait (V. Animal, règne) que les mollusques se divisent en trois classes : les lamellibranches, les gastéropodes et les céphalopodes. On doit, en outre, distinguer les mollusques d'eau douce, comme les planorbes, les paludines, les limnées, les mollusques marins comme les cérithes, les pectens, les rostellaires et les mollusques terrestres. Le nombre des lamellibranches ou des acéphales, comme les huîtres, est toujours allé en progressant jusqu'à nos jours à l'inverse des brachiopodes que l'on rangeait autrefois avec les mollusques. A eux seuls les mollusques sont trois fois plus nombreux que tous les animaux fossiles réunis.

Les lamellibranches n'ont pas de tête distincte ni d'appareil masticatoire; la coquille est formée de deux valves réunies par un ligament dorsal. Cette coquille est secrétée par les deux lobes qui constituent le manteau. Chez les ostrea, les pecten, la coquille est ordinairement constituée d'aragonite ; chez les pinna, la couche extérieure est formée de calcite et l'intérieur d'aragonite. Et comme l'eau chargée de gaz carbonique dissout beaucoup plus facilement l'aragonite que la calcite, la coquille se comporte très différemment au point de vue de la fossilisation : on trouve souvent des coquilles d'huîtres et de peignes bien conservées dans des couches ou les autres coquilles ont été détruites et ne sont représentées que par des moules ou des empreintes. Les lamellibranches se montrent avec une grande richesse de formes à partir du silurien supérieur.

Les gastéropodes ont une tête plus ou moins distincte, sont pourvus d'une radula (sorte de râpe garnie de plusieurs rangées de dents microscopiques, excessivement nombreuses, organes de mastication) une coquille, le plus souvent d'une pièce, un pied (organe locomoteur.) Les gastéropodes se trouvent, quoiqu'en petit nombre, dans les plus anciennes couches fossilifères.

Les céphalopodes ont une tête bien distincte portant deux gros yeux latéraux et présentant, autour de la bouche, 8 ou 10 bras disposés en cercle ou de nombreux tentacules. On ne possède que des connaissances lacunaires sur l'existence des céphalopodes pendant les anciennes époques de la terre parce qu'une grande partie de ces animaux ne se prêtent guère à la fossilisation. « Hoernes ».

Montpellier-le-Vieux. V. Lapiez. **Moraine**. V. Glacier. **Morte**. V. Caverne.

Mosasaure. V. Maestrichtien. **Moscovien**. V. Carboniférien.

Mouches. Lentilles d'argile, arrondies ou anguleuses, qui sont fréquemment enclavées dans les grès bigarrés.

Moulins, Moutonnées (Roches). V. Glacier.

Moya. V. Volcans de boue.

Mouvements du sol. V. Ecorce terrestre et Soulèvements lents.

Muschelkalk. V. Triasique (Serie). **Muscovite**. V. Mica.

Mylodon. *gr. myle, meule ; odous, odontos, dent*. Mammifère fossile de l'Amérique qui a des analogies avec le megatherium, mais de plus petite taille.

Myriapodes, *gr. myria, dix mille ; podes, pieds ;* grand nombre de pieds. Les myriapodes sont des arthropodes terrestres. Dans le carbonifère de l'Illinois, Etats-Unis, on a trouvé des traces de myriapodes assez bien accusées ; de même dans le houiller de Bohême. On en trouve aussi dans les schistes de Solenhofen mais mal conservés.

N

Nagelfluhe. V. Mollasse.

Nant, *du verbe lat. no, couler ; nans, coulant.* Nom donné dans les Alpes à des torrents boueux qui entraînent des fragments de roche et même des blocs. Bon-nant, Saint-Gervais.

Naphte. V. Pétrole.

Natica. Genre de mollusques gastéropodes qui a traversé tous les étages depuis le silurien supérieur ; coquille sphérique ou ovoïde. La *n. castanea* ou natice-châtaigne, 4 cm, vit sur les côtes normandes. La grosse *natica crassatina* se trouve dans les sables de l'éocène inférieur.

Nautilides, *gr. nautilos ; de naus, navire.* Genre de mollusques céphalopodes marins encore vivants et qui comprend un grand nombre d'espèces fossiles. Les cloisons sont perpendiculaires à l'axe de la coquille ; syphon. Ces mollusques avaient quatre branchies, des yeux pédonculés et de nombreux tentacules rétractiles occupant la place des bras. En outre, dit Hoernes, ils se séparent nettement des ammonitidés par ce fait qu'ils atteignent déjà dans le silurien supérieur le plus haut point de leur développement.

On distingue : 1º Les ORTHOCERAS, *gr. orthos, droit; keras,* corne (Barrande), qui ont la coquille droite, silurien supérieur de Bohême. Ce genre s'étend depuis le silurien inférieur jusqu'au trias alpin. 2º Les CYRTOCERAS, *gr. kurtos, courbé ;* coquille arquée ; du silurien au carbonifère ; maximum dans le silurien supérieur. 3º Les GYROCERAS, *gr. guros, cercle ;* coquille enroulée dans un seul plan sans que les tours de spire se touchent ; du silurien au carbonifère. Si les tours de spire sont contigus c'est le *nautilus* actuel et fossile depuis le silurien ; très abondant dans le calcaire carbonifère et les formations de l'ère secondaire. 4º Les LITUITES, *lat. lituus, trompette ;* la coquille, après s'être enroulée régulièrement pendant quelques tours, se projette en avant pour former une crosse. Silurien supérieur. 5º Les TROCHOCERAS, *gr. troché, roue ;* qui ont la coquille hélicoïde ; du silurien inférieur au dévonien.

Nectiques, V. Silex.

Neige, *lat. nix, nivis.* La neige est de la pluie gelée ; quand cette condensation s'effectue tranquillement la neige est cristallisée. Flocons constitués par des étoiles à six branches très délicates et très élégantes avec toutes sortes de modifications. La neige conduit mal la chaleur ; par suite quand elle recouvre la terre elle la préserve du froid extérieur. C'est pourquoi les hivers rigoureux sans neige sont désastreux pour la végétation.

Dans les grandes altitudes on a les neiges *persistantes* ou improprement *éternelles*. En réalité cette neige n'est pas éternelle, mais se renouvelle constamment. V. Glacier.

Néocomien, *gr. neos, nouveau ; kome, village*. Mot créé par le géologue suisse Thurmann, 1835, pour désigner Neuchâtel. C'est le 17ᵉ étage de d'Orbigny et maintenant le premier étage de la série infracrétacée, entre le *portlandien* au-dessous et le *barrémien* en dessus. Il comprend les deux sous-étages *valenginien* et *hauterivien*. Ces dépôts débutent par des calcaires et des marnes à ammonites ferrugineuses d'origine marine, très riches en fossiles : gros gastéropodes (*st ombus* ou *natica léviathan* ainsi nommée à cause de sa grande taille); ammonites, huitres (*ostrea Couloni*) et surtout un oursin cordiforme, le *toxaster complanatus*, *gr. toxon, axe ; aster, étoile* ou anciennement *echinospatagus cordiformis*, qui a fait donner à ce calcaire le nom de *calcaire à spatangues ;* puis viennent les marnes d'Hauterive et le *calcaire jaune* de Neuchâtel (Jura), exploité pour les constructions, et au-dessus un calcaire blanc (barrémien) qui ne contient plus d'ammonites ni de spatangue mais des *requiénies ;* calcaire à *requiénies*.

Le néocomien a dans le Jura une épaisseur moyenne de 2(0 à 300 mètres. Les argiles du weald, Angleterre, correspondent aux marnes d'Hauterive, Jura.

On retrouve le néocomien sur la bordure du bassin de Paris (Hte-Marne, Aube, Yonne, Picardie, Boulonnais); en Provence, dans le Dauphiné, où les dépôts sont exclusivement marins, et donnent des calcaires compacts, souvent lithographiques où apparaissent pour la première fois les térébratules *perforées*. Dans la Haute-Marne, il contient une couche d'argile ferrugineuse, des grès et des sables ferrugineux exploités (limonite oolithique de Wassy, Bailly-les-Forges. V. Limonite.

Néogène, *gr. neos, nouveau ; génos, origine*. La période néogène comprend actuellement les deux séries miocène et pliocène.

Néozoïque, *gr. neos, nouveau ; zôon, animal*. L'ère tertiaire ou néozoïque comprend actuellement les deux périodes *éogène* et *néogène* qui se divisent la première en *éocène* et *oligocène* et la deuxième en *miocène* et *pliocène*. V. Etages.

Néphéline, *gr. nephélé, nuage*. Silicate d'alumine, de soude et de potasse qui se dissout dans l'acide azotique en formant une sorte de nuage. Dureté 6, comme le feldspath. Accompagne les épanchements basaltiques de la Bohème et du Plateau central qui se sont produits à l'époque pliocène.

Néphrite. V. Jade.

Neptunien, *de Neptune, dieu des mers, frère de Jupiter et de Pluton*. Se dit des terrains qui doivent leur origine à l'eau.

Néréides. V. Arénicolithes.

Nérinée, *gr. Nérée, déesse de la mer.* Genre disparu de moll. gastéropodes fossiles voisins des cérithes ; coquille turriculée ; oolithe inférieure et grande oolithe. On en trouve qui ont jusqu'à 15 centimètres. V. Corallien.

Névé. V. Glacier.

Nid. Petit amas de matières dures ou friables ou de substances métalliques qui est isolé hors des filons. Le cuivre se présente assez souvent en nids. V. Huronien. La pegmatite se présente en filons ou en nids dans le gneiss ou le granite.

Nodule, *lat. nodulus ; de nodus, nœud.* Noyau formé par la concentration de substances minérales autour d'un corps étranger : feuille ou brindille pour le minerai de fer des marais ; dent de squale pour l'oxyde de fer et de manganèse. Ces derniers nodules, de 3 à 4 centimètres, se trouvent dans l'argile rouge ou grise qui tapisse le fond de l'Océan. (Expédition du Challenger). Le fond des mers fournit aussi des nodules de phosphates de chaux (M. Renard). V. Liasique et Phosphates.

Nœggerathie. V. Cycadées. **Nonne**. V. Cheminée des fées.

Norien, *des Alpes noriques,* Mojsisovics, 1869. Sous-étage inférieur du tyrolien de la série triasique. Comprend les calcaires de Hallstadt du pays de Saltzbourg ; correspond au muschelkalk supérieur à cératites de Franconie et des Vosges, avec gypse, sel et anhydrite à la base ; aux calcaires du Briançonnais.

Nothosauriens. V. Enaliosauriens et Reptiles.

Novaculite. *All. rasirmesserstein,* la meilleur pierre à rasoir. (V. Huile pierre à.)

Nullipores. V. Amendements.

Nummulites, *lat. nummulus, petite monnaie.* Protozoaires, foraminifères ; coquille enroulée sur un plan, a de 2 à 60 millimètres de diamètre avec un très grand nombre de compartiments ; finement perforée. Un genre de nummulites, les *fusulines,* forment déjà des calcaires à l'époque carbonifère ; mais c'est surtout à l'époque éocène que les nummulites prennent une importance considérable ; elles pétrissent de puissantes assises calcaires que l'on trouve dans les Alpes, les Pyrénées, les Carpathes, les Balkans, en Egypte, en Perse. Les pyramides d'Egypte sont en calcaire nummulitique. Sables de Cuise, calcaire grossier de Paris et du Soissonnais, *pierre à liards.* V. Foraminifères.

O

Obsidienne, *lat. obsidianus, de Obsidius qui la rapporta d'Ethiopie.* Variété d'orthose ; sorte de verre volcanique abondant dans les coulées trachytiques et basaltiques. Silice (jus qu'à 80 %) alumine, oxyde de fer. C'est un verre naturel comme le *pechstein*, mais qui n'est pas hydraté comme lui. Cette roche a, au plus haut degré, l'éclat, la cassure et la fragilité du verre. Se brise en éclats tranchants. V. Orthose.

Ocre ou **Ochre**, *lat. ochra, terre jaune*. Les ocres ou argiles ocreuses sont des argiles maigres, siliceuses, friables, à grain très fin, colorées en jaune, en rouge ou en brun par de l'oxyde de fer. L'o. jaune, *terre de montagne, terre d'Italie*, est la plus commune ; exploitation : Tarn-et-Garonne, Vaucluse, Nièvre, surtout dans l'Yonne, à Toucy. Les ocres rouges sont assez rares : *sanguine* ou *craie rouge* de Bohême, *rouge d'Almagra, bol d'Arménie* ; mais on en obtient en calcinant les ocres jaunes. Emplois : peinture, badigeon, papiers peints, crayons rouges, polissage des glaces. V. Oligiste.

Odontolithe, *gr. odous, odontos, de dent ; lithos, pierre*. Fausse turquoise ou *t. occidentale* constituée par des fragments de dents ou d'ossements fossiles imprégnés de phosphate de fer. Couleur bleu-verdâtre. Dents de *mastodon angustidens*, à Simorre, Gascogne.

Odontopteris. V. Fougères.

Odontopteryx, *gr. odous, odontos, de dent ; pterux, aile, oiseau*. C'est l'oiseau à dents des argiles de Londres qui rappelle les oiseaux dentés du crétacé de l'Amérique du Nord comme *Hesperornis*. V. Miocène.

Odontornithes, *gr. odous, odontos, de dent ; ornithos, oiseau*. Oiseaux à dents. Les oiseaux proviennent des dinosauriens ; un premier pas est fait par les saurures, comme l'archeopteryx, et un pas plus en avant par les odontornithes du crétacé qui sont de véritables bipèdes pourvus d'ailes. V. Hesperornis, Ichthyornis.

Œil de chat ; œil du monde. V. Opale, Quartz.

Œningen. localité près du lac de Constance qui a fourni au géologue suisse Heer de nombreux et importants fossiles ; il a trouvé là plus de 50) espèces végétales appartenant à des formes européennes, asiatiques, africaines et même australiennes. V. Miocène.

Œsar. « Pendant que les glaciers alpins s'étendaient comme un immense linceul au-dessus des plateaux des Dombes et du Bas-Dauphiné, le Rhône, la rivière d'Ain et l'Isère, au lieu de couler à ciel ouvert et de charrier des matériaux qui exhaussaient leurs lits, devinrent d'énormes fleuves sous-glaciaires, chargés de limon et ravinèrent profondément, en dessous de la glace, leurs anciens cônes de déjection pour s'y creuser de nouveaux lits. Par suite de divers accidents, ces lits durent se ramifier en plusieurs branches et, entre ces divers cours d'eau, il resta probablement de longs bourrelets d'alluvion qui devaient offrir quelque ressemblance avec les *œsars* de la Suède et les *kames* ou *eskers* de l'Ecosse. Plus tard, ces longs bourrelets furent démentelés et enlevés en partie par les fleuves

qui affouillaient leur pied et il n'en resta que quelques buttes
de gravier et d'alluvion qui apparaissent en quelques points
dans les plaines dauphinoises. » Falsan.

Ainsi, les *kames* ou *eskers* de l'Ecosse sont des traînées de
cailloux roulés du terrain glaciaire qui ont parfois 200 à 300
kilom. de longueur avec une direction nord-sud.

Oiseaux, *lat. aucellus, de avicellus ; avis, oiseau* Les premiers oiseaux apparaissent à l'époque jurassique. Les oiseaux
fossiles se trouvent en petit nombre, parce que le plumage, en
faisant flotter les cadavres, augmentait les chances de destruction. Les oiseaux actuels ont les mâchoires édentées et revêtues
d'une gaîne cornée, mais deux des groupes éteints, les *saurures* et les *odontornithes*, avaient des dents En outre, les saurures (*de saurus, reptile*), avaient d'autres caractères communs
avec les reptiles, par exemple une longue queue constituée par
des vertèbres distinctes portant les plumes : tel est l'*archeopteryx*, qui établit le passage des reptiles dinosauriens aux
oiseaux. Les odontornithes ont un squelette qui concorde avec
celui des oiseaux actuels : tels sont l'*hesperornis*, l'*ichthyornis*,
l'*odontopteryx*. Le nombre des oiseaux augmente à l'éocène
supérieur et devient considérable au miocène. Pendant le pliocène, la répartition des espèces suivant les régions commence
et s'achève pendant la période quaternaire. V. Dinosauriens.
Beaucoup d'espèces se sont perdues : epiornis, dinornis,
dodos, etc.

Oldhamia, *dédié à Oldham ?* Traces laissées sur les roches
cambriennes par des organismes encore mal connus. Ces traces sont dues, peut-être, à des annelés ou à des polypiers hy-
draires, précurseurs des graptolithes.

Olénidien. V. Cambrien.

Olenus. Olenus était, d'après la mythologie, l'époux de Le-
thea, changée en pierre. Léthé, enfer. V. Mérostomates.

Oligiste, *gr. oligos, peu*, parce que l'espèce contient moins
de fer que la magnétite. L'oligiste ou fer oligiste contient 70 %
de fer et 30 d'oxygène ; c'est un minerai des plus riches. Sa
poussière rouge le distingue de la magnétite dont la poussière
est noire et de la limonite dont la poussière est jaune-brun.
Densité 4,9 à 5,3. Les cristaux d'oligiste sont d'un gris foncé,
éclatants et présentent, en plaques minces, une couleur rouge-
sang. D'où le nom d'HÉMATITE (*gr. haima, haimatos, sang*)
donné à une variété compacte. Une autre variété d'oligiste se
présente en écailles fines qui adhèrent aux doigts comme les
paillettes de mica : d'où le nom d'*oligiste écailleux* ou *micacé*,
qui existe dans certains grès du Brésil. C'est l'oligiste micacé
qui forme la matière colorante de l'aventurine, de la topaze et
des phyllades rouges. L'*ocre rouge* et la *sanguine* sont de l'oligiste terreux. Dans les fissures de certaines roches volcaniques,
on trouve de l'oligiste en lames très minces, éclatantes, parfaitement planes : c'est alors le *fer spéculaire*. *lat. speculum,
miroir*. Suède, Norwège, Framont (Vosges), La Voulte (Ardè-

che). Les néolithiques connaissaient l'oligiste et l'utilisaient probablement pour se teindre le corps. V. Quaternaire, Aétite, Limonite, Magnétite.

Oligocène, *gr. oligos, peu nombreux ; kainos, récent*, peu d'espèces nouvelles ou actuelles. La période oligocène, entre l'éocène et le miocène. est caractérisée par des dépôts alternativement marins et lacustres : ce qui indique des oscillations du sol laissant arriver la mer, puis la faisant reculer. A un autre point de vue, elle est caractérisée par les genres *palœotherium* et *anthracotherium*, c'est le règne des pachydermes et des ruminants ; ces derniers n'ont pas encore de cornes. Les proboscidiens n'ont pas encore fait leur apparition. Dans la mer, les céphalopodes sont en décadence, mais le nombre des gastéropodes augmente et les couches sédimentaires fournissent la grosse natice, *natica crassatina*, et des cérithes. La flore est plus importante qu'à la période éocène et devient d'une incomparable richesse ; elle fournit des chênes, des acacias, des érables associés à des lauriers, des camphriers, des cannéliers qui sont des espèces tropicales. Mentionnons encore que la période oligocène se place entre le principal soulèvement des Pyrénées et le début de formation de la chaîne alpine.

Le système oligocène est, comme l'éocène, bien représenté dans le bassin anglo-parisien ; il commence par des marnes ou glaises vertes à *cyrènes* superposées au gypse de l'éocène et exploitées pour la fabrication des tuiles ; elles indiquent un régime de lagunes, précurseur de l'invasion franchement marine. Au-dessus, à l'est de Paris, vient le *calcaire d; Brie*, formation d'eau douce qui occupe le département de Seine-et-Marne et qui fournit la pierre de Château-Landon avec laquelle on a construit l'arc de triomphe de l'Etoile et la basilique de Montmartre. En certains points, ce calcaire est imprégné de silex et se transforme en *meulière*, exploitée à la Ferté-sous-Jouarre, pour la fabrication des meules de moulin. Au calcaire de Brie est superposé un sable jaune ou gris avec galets exploités pour pavage. Ce sont les *sables de Fontainebleau* et *d'Etampes* qui sont de formation marine comme le montrent les fossiles *natica crassatina*, *cerithium plicatum* et l'étendue de ces dépôts prouve qu'un grand golfe couvrait une partie de la Belgique et de l'Allemagne occidentale. V. Beauchamp. Après ces dépôts de sables vient une formation d'eau douce, le *calcaire de Beauce* qui contient des restes d'anthracotherium : la mer a donc quitté le bassin de Paris et un grand lac couvrait la région actuelle de la Beauce, s'étendait au sud de l'Orléanais et à l'est jusqu'en Champagne. C'est d'abord un calcaire à limnées de 15 m. de puissance, puis un grès calcaire ou *molasse* du Gâtinais, 15 m., et enfin le *calcaire à helix* de l'Orléanais.

Dans le bassin d'Aquitaine, aux sables de Fontainebleau à *natica crassatina* correspond un calcaire marin qui contient en outre des étoiles de mer, d'où son nom de *calcaire à asté-*

ries. Au calcaire de Beauce correspondent les faluns de Bazas et les calcaires blancs ou gris de l'Agenais. En Provence, l'oligocène est représenté par les gypses d'Aix qui indiquent une riche flore ; dans le Quercy, ce sont les *phosphorites*, et enfin, dans le Jura, les *dépôts sidérolithiques*.

L'oligocène comprend deux étages : le *tongrien* et l'*aquitanien*.

Oligoclase. V. Feldspath. **Olivine.** V. Péridot.

Ollaire (pierre), *lat. olla, marmite*. Sorte de serpentine tendre, facile à travailler et à tourner avec laquelle on fait des pots et des marmites. Elle est douce au toucher, de couleurs diverses et durcit au feu. Le gisement le plus connu est celui de Côme : d'où son nom de *pierre de Côme*. V. Serpentine.

Onyx, *gr. onux, ongle*. Variété de calcédoine. Vases, camées. V. Agate.

Oolithe, *gr. òon, œuf; lithos, pierre ; all. rogenstein : rogen, œufs de poisson; stein, pierre*. Variété de calcaire ou carbonate de chaux ainsi nommé, parce qu'il est formé d'une multitude de petits grains sphériques qui ressemblent à des œufs de poisson. Cette formation se produit quand des récifs coralligènes sont battus par les vagues : le carbonate de chaux dissout se concrétionne autour de grains de sable que leur poids, à un moment donné, fait descendre au fond où un ciment calcaire consolide le tout. Ce phénomène se produit de nos jours, par exemple sur les côtes de la Floride. L'oolithe inférieure est le *bajocien* et la grande oolithe le *bathonien*

Opale, *lat. opalus; sanscrit, upalá, pierre précieuse*. L'opale est composée de silice hydratée ou gélatineuse et d'une certaine quantité d'eau, 3 à 13 % ; possède un éclat gras ou vitreux ; est fragile et cassante ; ne fait pas feu au briquet ; sa structure est gommeuse, autrement dit *colloïde*. L'opale est réfractaire à la cristallisation. On distingue : l'*o. noble* ou *o. irisée* ou *arlequine* ou *œil du monde*, incolore, mais présente de beaux reflets irisés ; est très recherchée en joaillerie ; la *hyalite* qui est transparente avec une structure globulaire formée de couches concentriques ; 3 % d'eau ; l'*o. chatoyante* ou *girasol*, transparence laiteuse, reflets chatoyants ; l'*o. miellée* ou *o. de feu*, du Mexique ; fond orangé avec reflets rouges ou jaunes ; l'*o. hydrophane*, blanche, poreuse qui devient transparente en s'imbibant d'eau ; prend facilement la couleur de la fuchsine et ne la perd que par un long séjour dans l'alcool bouillant ; l'*o. commune* ou *semi-opale* qui comprend les variétés ne donnant pas de jeux de lumière : *cacholong, ménilite, silex nectique, geysérite, tripoli* ou *farine fossile siliceuse*.

Ophite. V. Serpentine.

Or. L'or est disséminé sur un grand nombre de points ; il forme des veines étroites et très irrégulières au travers des filons de quartz ; le plus souvent, il se rencontre en lamelles ou en grains arrondis, *pépites*, dont le poids est très variable ;

on en a trouvé de 50 kilog. De tout temps, on a cherché de l'or dans le lit des cours d'eau qui descendent des Alpes et des Pyrénées. Oural, Sibérie. En Californie, l'or se trouve sur les pentes de la Sierra-Nevada dans des sables tertiaires recouverts par des basaltes. Gisements très riches en Australie.

Or des ânes. V. Pyrite.

Ordovicien (Étage) d'*Ordovicia*, *ancien nom du pays de Galles*. Étage moyen du silurien. Grès et schistes. Grès armoricain ; schistes à calymènes avec minerai de fer.

Oréopithèque. V. Mésopithèque. **Organisans.** V. Hippurites. **Orgue des géants.** V. Basalte.

Ornitichnite, *gr. ornis, oiseau ; ichnite, trace.* V. Ichnite.

Ornithocheirus, *gr. ornis, oiseau ; cheir, main.* V. Rhamphorhynchus.

Ornitholithe, *gr. ornis, oiseau ; lithos, pierre.* Sédiment contenant des ossements et des débris fossiles d'oiseaux. Terrains secondaires et tertiaires. Les terrains diluviens de la Nouvelle-Zélande sont remplis de débris d'oiseaux gigantesques du genre autruche. V. Miocène.

Orographie, *gr. oros, montagne ; grapho, j'écris.* L'orographie se rattache à la géologie parce qu'elle s'occupe non seulement de l'état actuel des montagnes mais des causes qui les ont formées et distribuées. V. Éboulements, Pli, Soulèvements.

Orthis. V. Brachiopodes. **Orthocères.** V. Nautilides. **Ortholite.** V. Minette. **Orthose.** V. Feldspath. **Ostrea** V. Huîtres. **Oule.** V. Cirque. **Ouralien.** V. Carbonifèrien. **Outremer.** V. Lapis-Lazuli.

Oxfordien, de *l'argile d'Oxford* ; *oxford-clay* ; d'Orbigny, 1849. 13ᵉ étage de d'Orbigny ; entre le *callovien* et le *rauracien* de la série suprajurassique. Se compose d'argiles brunes, tenaces, souvent ferrugineuses et de calcaire marneux. A la base, argiles avec *amm. macrocephalus*, puis *amm. cordatus* ; au sommet, calcaires marneux à bancs compacts avec amm. de grande taille : *amm. Martelli.* Dans les Ardennes les argiles de la base renferment un minerai de fer activement exploité à Poix, Neuvisy, Launoix et Vieil-Saint-Remy ; il est constitué par de petites oolithes (limonite oolithique). Ces argiles oxfordiennes se retrouvent en Normandie : argiles de Dives (Calvados), lesquelles contiennent par bancs l'*ostrea dilatata*; dans la Meuse, en Provence et dans les Alpes méridionales. A l'Est, les calcaires marneux qui les recouvrent renferment des nodules siliceux (*calcaire à chailles*). V. Jurassique. Avec ces calcaires marneux on fabrique de la *chaux hydraulique* et du ciment. Les faïences de Meillonnas, qui ont eu un certain renom, étaient en argiles oxfordiennes. Les combes oxfordiennes sont souvent recouvertes par des prairies et même par des vignes.

P

Packwerbauten. V. Habitations lacustres.

Pagodite, *persan, poul, idole ; gheta, temple*. V. Agalmatolithe.

Palafitte. V. Habitations lacustres. **Palagonitique**. V. Tuf.

Palassou, de *Palassou*, minéralogiste et géologue français distingué, né à Oloron, 1745—1830, qui étudia les Pyrénées. Le poudingue de Palassou est constitué par une masse énorme de cailloux calcaires crétacés, de débris de schistes siluriens, de granite et de porphyre, et ce mélange a été produit par des mouvements du sol, premier travail du soulèvement des Pyrénées, qui se produisait. Ce poudingue constitue, comme le dit Leymerie, une véritable cuirasse à l'extérieur des Pyrénées. Il correspond au gypse de l'étage ludien, éocène du bassin de Paris, parce qu'il renferme des ossements de paleotherium. V. Pyrénées.

Paléolithique, *gr. palaios, ancien ; lithos, pierre*. Qui concerne la première époque de l'âge de la pierre. V. Quaternaire.

Paleoniscus, *gr. paleo, de palaios, ancien ; oniskos, cloporte*. Genre de crustacés que l'on trouve à l'état fossile dans les marnes des environs de Paris.

Ce mot désigne aussi un poisson ganoïde hétérocerque, qui abonde avec l'*amblypterus* et le *platysomus* dans le *kupfer-schiefer* ou schiste cuivreux, du terrain pénéen. Aussi dans le carbonifère.

Paléontologie, *gr. palaios, ancien ; ontos, être ; logos, science*. Science qui traite des corps organisés dont on ne connaît que les débris fossiles. V. Fossiles.

« En résumé, dit Gaudry, les végétaux ont eu leur maximum de fécondité avant les animaux ; les plantes sans fleur ont précédé les plantes à fleur, les êtres inférieurs se sont multipliés plus tôt que les poissons ; les poissons plus tôt que les mammifères, ceux-ci eux-mêmes semblent s'être perfectionnés peu à peu. A l'époque secondaire et même au commencement de l'époque tertiaire ils ne forment une faune ni aussi variée ni aussi compliquée que dans des époques plus récentes. Ils ont constamment progressé et je ne sais pas, pour ma part, de plus admirable spectacle que la contemplation de cette longue chaîne depuis l'*Eozoon canadense*, ce spongiaire récemment découvert qui paraît le plus ancien des organismes, jusqu'à l'homme qui en forme le dernier et le plus merveilleux chaînon. »

Paleotherium, *gr. palaios, ancien ; therion, bête fauve*. Mammifère pachyderme fossile de l'éocène supérieur, gypse de Paris, que l'on a cru longtemps voisin des tapirs, à cause de son crâne, mais qui se rapproche du lama ; avait trois doigts à chaque pied, le corps trapu, une courte trompe, l'œil petit comme le cochon, la taille du cheval dont il est un des ancêtres. Des espèces descendent jusqu'à la taille du lièvre. Ces animaux vivaient au bord des eaux et se nourrissaient de plantes aquatiques, de racines et d'herbes.

Paléotriton, *gr. palaios, ancien; triton, salamandre*. Nom donné à la grande salamandre fossile d'Œningen. V. Andrias.

Paléozoïque. L'ère primaire ou paléozoïque comprend les périodes *précambrienne*, *silurienne*, *dévonienne*, *carboniférienne et permienne*. V. Étages et Primaire.

Paludines, *lat. palus, paludis, marais*. Mollusques gastéropodes d'eau douce. L'argile wealdienne contient des paludines, de même le calcaire wealdien exploité autrefois sous le nom de *marbre de Sussex*. V. Marbres.

Panchina. V. Calcaire. **Paradoxides**. V. Mérostomates.

Paradoxidien. V. Cambrien.

Pechstein ou **Rétinite**, *all. pech, poix; stein, pierre*. Verre naturel hydraté composé ordinairement de 61 à 73 0/0 de silice, 9 à 13 0/0 d'alumine, 2 à 8 0/0 d'alcalis et 4 à 9 0/0 d'eau. Cassure généralement très conchoïdale; couleurs dominantes: brun, vert-noirâtre, vert-olive foncé; éclat résineux qui justifie son nom. Esterel, Saxe, Lac sup. (Amérique). Les éruptions se sont produites du permien au trias. V. Éruption.

Pecten, *lat. peigne*. Genre de mollusques lamellibranches à coquille équivalve presque équilatérale, à contour circulaire, ornée de côtes ou de stries rayonnantes. On les nomme aussi *pèlerines* ou *coquilles de pèlerins*. Ils existent dans toutes les époques géologiques depuis le silurien et ont fourni un grand nombre d'espèces pendant la période secondaire. Abondants aussi au miocène: mollasse marno-calcaire de la Provence et du Dauphiné. V. Burdigalien.

Pegmatite. V. Granite. **Pelagosaurus**. V. Crocodiliens.

Pen, *celtique pen, sommet rocheux; de là vient Apennin*.

Pénéen, **Penjabien**. V. Permien (Système). **Pentacrine**. V. Crinoïde. **Pentagonal** (Système). V. Soulèvements.

Pépérite, *gr. pépéri, poivre*. On donne le nom de *pépérite, pépérine, pépérin*, à une roche formée de matières basaltiques passées à l'état de wacke ou argile et réunies par un ciment de trass ou tuf volcanique. Habituellement friable mais parfois assez dure pour servir à la construction. La pouzzolane en est une variété ferrugineuse. V. Puys. Les pépérites de la Limagne sont imprégnées de bitume et le plus célèbre gisement de bitume dans la pépérite est le tuf bitumineux du Puy-de-la-Poix.

Péridot. *Vieux mot, origine inconnue. Littré*. Genre de silicates de magnésie, fer et manganèse, vitreux, vert-jaune; rayant le verre. On les trouve dans les roches des terrains basaltiques en cristaux prismatiques, en grains ou en rognons et aussi dans les fers météoriques, les aérolithes et les bombes des volcans, d'où la variété *Chrysolithe des volcans. L'olivine* est le péridot granulaire des basaltes ; couleur de l'huile d'olive. On trouve en Auvergne, dans les conglomérats volcaniques, des boules d'olivine de la grosseur du poing. Parfois, en joaillerie, on taille en facettes les péridots transparents, mais ces pierres ont peu de valeur. Dureté, 7. Densité, 3,4.

Période. V. Série sédimentaire et Ère.

Permien (Système). De *la province de Perm* où ces terrains sont très développés. On dit aussi *pénéen*, gr. *pénès*, *pauvre* (en fossiles) et *dyas* (V. ce mot). Le système permien comprend les trois étages suivants : 1° AUTUNIEN (de *Autun*, Roche, 1881, dont l'équivalent marin est l'ARTINSKIEN, des *grès et calcaires d'Artinsk*, Oural, Karpinsky, 1874). C'est le *nouveau grès rouge*, par opposition au vieux grès rouge du dévonien. Les argilolithes de cet étage alternent avec des schistes et des calcaires dolomitiques. Grès à walchia de Brive. Schistes à poissons de Lodève et de Decazeville. Bassin houiller du Creusot, de Blanzy. Les schistes d'Autun sont bitumineux et présentent, ainsi que les ardoises de Lodève de l'étage au-dessus (saxonien), un genre de fougères caractéristiques : les *callipteris*.

2° Le SAXONIEN ou PENJABIEN, de *Penjab*, Indes orientales, Munier-Chalmas et de Lapparent 1892. Grès rouges de Saxe, de formation continentale ou d'eau douce comme l'autunien ; *rothliegende* des Allemands. Le penjabien est de formation marine : calcaire à *productus*, arkoses de Cosne, grès rouge du Creusot et de Blanzy, ardoises à walchia de Lodève (Hérault) ; en Angleterre, grès bariolés.

3° Le THURINGIEN. Renevier 1874. Schiste cuivreux, calcaire du *zechstein* ou *kupferschiefer* de formation marine ; calcaire et anhydrite, cargnieule, *magnesian limestone* des Anglais, dolomie (*calcaire alpin*), sel gemme (mines de Stassfurt, Prusse rhénane, près de Magdebourg). L'ensemble du saxonien et du thuringien est le *dyas*. L'ancienne division du permien était, *nouveau grès rouge, calcaire pénéen, grès vosgien*. Ce dernier est reporté au trias dans la nouvelle classification. Le calcaire pénéen ou zechstein est un calcaire caverneux, dolomitique (cargnieule) qui contient souvent de la magnésie en quantité.

A la période permienne correspond la formation de la chaîne hercynienne (Forêt Noire).

Pétrification. V. Eaux incrustantes.

Pétrole, *lat. petra, pierre ; oleum, huile*. Bitume visqueux qui résulte du mélange de plusieurs carbures d'hydrogène et qui abandonne par la distillation du naphte ou huile légère et de l'asphalte. Il suinte des parois des roches autour de la mer Caspienne et ce sont là peut-être les gisements les plus importants. A Bakou, Caucase, il y a des sources jaillissantes de pétrole. En Pensylvanie, Ohio, Michigan (Etats-Unis), il découle des roches du silurien inférieur et se rassemble dans des cavités souterraines ; au Canada, il paraît provenir du dévonien. On le trouve aussi dans des terrains plus récents.

En sortant de terre, il se présente sous la forme d'un liquide huileux, brun, ayant la consistance d'une mélasse claire. Ce pétrole brut brûle avec une flamme fumeuse et puante. Par distillation on a, à 70°, *l'éther de pétrole*, liquide très volatil et d'un maniement dangereux ; entre 70° et 120°, *l'essence de pétrole* ou *luciline*, *essence minérale*, *naphte*, liquide qui est encore dangereux à employer (lampes à éponge) ; entre 120° et 280° on obtient *l'huile de pétrole* ou *huile minérale* si employée pour l'éclairage (lampe sans éponge) ; entre 280° et 400° on obtient les *huiles lourdes* qui donnent par refroidissement une partie solide, la *paraffine* et une partie liquide qui sert au graissage des machines. A 400° on arrête la distillation et il reste dans les cornues un goudron propre au chauffage.

En Birmanie, Indo-Chine, gisement de Rangoon.

Pétunzé, mot chinois. Sorte de feldspath orthose employé avec le kaolin par les Chinois pour fabriquer leur porcelaine. Cette porcelaine a joui en Europe d'une très grande réputation jusqu'à ce que l'on eût découvert des gisements de kaolin. C'est un chimiste allemand qui découvrit par hasard, en 1709, le kaolin de la vallée d'Aue. Une fabrique fut aussitôt établie à Meissen, Saxe. (Porcelaine de Saxe). Ce n'est qu'en 1768 que le gisement de kaolin de Saint-Yrieix fut connu. Le pétunzé sert à faire la *couverte*.

Pfahlbauten. V. Habitations lacustres. **Pharmacite**. V. Ampélite. **Phascolotherium**. V. Jurassique.

Phénicoptères, *gr. phenix, rouge* ; *pteron, aile*. Espèce de flamants de l'époque tertiaire qui fréquentaient les lacs d'Auvergne ; contemporains des gastornis. Calcaires d'eau douce de l'Auvergne.

Pholadomye, *gr, phoias, trou ; domos, maison*. Mollusques lamellibranches qui se tenaient dans les fonds vaseux (d'où leur nom). Jurassique et crétacé. Coquille mince, équivalve, inéquilatérale, bombée. Une espèce vit encore.

Phonolithe. V. Trachyte.

Phosphates. Les phosphates de chaux sont abondants dans la nature : à l'état de filons, *apatite* ; à l'état de petites concrétions sur le fond des mers ; V. Nodules ; à l'état de moules internes dans les phosphorites du Quercy et enfin à l'état de *nodules* dans divers étages. Tels sont les nodules phosphatés des calcaires liasiques de l'Auxois ; de l'oolithe ferrugineuse de Bayeux, Normandie ; des sables verts du gault ou albien des Ardennes, du Boulonnais, de la Perte du Rhône, de l'Ardèche, de la Drôme, du Gard. A Tebessa, département de Constantine, Algérie, il existe, sous le calcaire nummulitique, d'énormes dépôts de phosphates de chaux. Les nodules sont gris ou verdâtres et résultent ou d'une concentration autour d'un corps étranger, foraminifère ou autre, c'est le cas des *coquins*, ou de moulages de fossiles, comme à la Perte du Rhône.

Les phosphates de chaux, qui contiennent aussi du calcaire,

de la silice, du silicate de fer, constituent un produit d'une grande importance par l'acide phosphorique qu'ils fournissent aux végétaux. On réduit ce phosphate en poudre que l'on arrose d'acide sulfurique, ce qui rend le phosphate plus soluble, par suite plus absorbable et c'est alors le *superphosphate*.

Phosphorite. V. Apatite.

Phtanite, de *Phta, dieu des Egyptiens qui caractérisait le feu, la chaleur et la vie*. Les phtanites sont des silex impurs ; la concentration de la silice s'est effectuée autour d'un corps étranger, par exemple un foraminifère. Tels sont les phtanites noirs du calcaire carbonifère qui se présentent en cordons. V. Gothlandien, Silex.

Phyllade, Phyllite. V. Schiste.

Pied d'alouette. V. Gypse.

Pierre carrée. Tuf gris-verdâtre, d'origine porphyrique, ainsi nommé à cause de la forme régulière que prennent ses fragments quand on la casse. Se trouve dans une longue et étroite traînée de dépôts carbonifériens qui part du S. O. de Semur, franchit la Loire et s'étale jusqu'à Ancenis (Basse-Loire). Ne doit pas être confondue avec le quadersandstein du crétacique.

Pierres (noms vulgaires des). P. *adulaire* ou p. *de lune*, V. Adulaire ; p. *d'aigle*, V. Aétite ; p. *d'aimant*, V. Magnétite ; p. *à aiguiser*, V. Grès ; *amazonite*, V. Feldspath : p. *d'Arménie*, V. Azurite ; p. *d'arquebuse*, V. Pyrite : p. *d'asperge*, V. Apatite ; p. *bise*, V. Hettangien ; *bille de Bourré* V. Tuffeau ; p. *de Bologne* ou p. *de tripes*, V. Barytine ; p. *à briquet* ou *à fusil*, V. Silex ; p. *calaminaire*, V. Calamine ; p. *carrée*, (V.) ; p. *chantante* V. Phonolithe ; p. *de charpentier* ou p. *à vigne* ou p. *noire*, V. Ampélite ; p. *à chaux*, V. Calcaire ; p. *de Côme* ou p. *ollaire*, V. Ollaire ; p. *de croix*, V. Macle ; p. *à détacher*, V. Argile, smectique ; p. *électrique*, V. Tourmaline ; p. *d'évêque*, V. Améthyste ; p. *à lard*, V. Talc ; p. *à liards*, V. Liard ; p. *lithographique*, (V.) ; p. *meulière*, V. Meulière ; p. *morte*, V. Gaize ; p. *néphrétique*, V. Jade ; p. *noire des carriers*, V. Liasique ; p. *à plâtre*, V. Gypse : p. *à rasoir* ou *novaculite*, V. Huile (pierre à) p. *du soleil*, V. Orthose ; p. *de touche*, V. Essai, *tuffeau*, (V.) ; p. *verte*, V. Primitif, p. *de Volvic*, V. Lave.

Pisolithe. V. Calcaire. **Pissasphalte**. V. Malthe.

Placer. En Californie et ailleurs on appelle ainsi les gisements de l'or. Ces alluvions de sables et de graviers ont été produites à l'époque pliocène et une nappe de basalte, parfois épaisse de 50 m., les a conservées. Elles résultent de la désagrégation d'anciens filons de quartz aurifère qui traversent en grand nombre les schistes jurassiques. L'or s'y trouve en pépites ou en paillettes que l'on obtient par lavage.

Placodermes, gr. *placos, plaque ; derma, peau*. Poissons primaires dont l'ossification était incomplète et qui avaient le corps protégé par de grandes plaques osseuses. V. Cephalaspis Pterichthys, Coccosteus.

Placoïdes. V. Poissons. **Plagiaulax**. V. Marsupial. **Plagioclase**. V. Feldspath.

Plaisancien, de *Plaisance, en Italie*, Mayer, 1857. Premier étage inférieur du pliocène, formé par des marnes bleues subapennines. V. Engobe. Au-dessus les sables d'Asti, étage *astien* et au sommet du pliocène l'étage *sicilien*.

Planorbes. Mollusques gastéropodes pulmonés ; coquille à tours nombreux dans un plan, d'où leur nom. Actuels et fossiles depuis le Jurassique. Eaux douces.

Plâtre, *gr. plaster, qui sert à modeler*. On obtient le plâtre en chauffant dans des fours le gypse ou sulfate de chaux. On le débarrasse ainsi de son eau qu'il reprend ensuite quand on le gâche et cette hydratation augmente son volume. C'est pourquoi on emploie le plâtre pour le moulage. Quand l'anhydrite s'hydrate et passe au gypse elle augmente aussi de volume. V. Anhydrite. Rappelons que l'argile, déshydratée par la cuisson, donne la brique qui ne peut plus reprendre cette eau.

Platysomus, *gr. platu, large ; soma, corps*, Poisson fossile hétérocerque qui avait le corps comprimé. Carbonifère et permien. V. Paleoniscus.

Pleistocène, *gr. pleistos, encore plus ; kainos, récent.* Lyell, 1839. D'après la dernière classification adoptée c'est le commencement de l'ère quaternaire ou moderne.

Plésiosaure, *gr. plesios, voisin ; saurus, reptile*, Reptile fossile de l'époque jurassique qui offre, dit Cuvier, l'ensemble des caractères les plus monstrueux que l'on ait rencontrés. Il avait une tête de serpent armée de dents puissantes et crochues, un cou extrêmement long, 24 à 31 vertèbres, le corps court, cylindrique, probablement couvert d'écailles ; deux paires de nageoires longues et élancées qui devaient lui permettre de nager vigoureusement. Avec sa taille de 5 à 6 m. ce devait être un redoutable animal. Le lias inférieur de l'Angleterre et de l'Allemagne fournit la plus grande partie des animaux de ce groupe.

Pleurodictyum, *gr. pleuro, flanc ; dictyon, treillis.* Polypier de forme elliptique qui constitue un curieux fossile ; il présente des loges communiquant entre elles par de très petits canaux et disposées par rayons autour du centre qui est généralement occupé par une empreinte de serpule. Caractérise le dévonien inférieur.

Pleurotoma, Pleurotomaria, *gr. pleuro, côte ; tomê, section.* Gastéropodes qui vivent actuellement ; les premiers ont le corps fusiforme dans le genre des cérithes, sont encore appelés *turris* et sont fossiles depuis le crétacé. Les seconds ont la coquille en forme de cône plus large et moins long ; sont fossiles depuis le silurien, ont eu leur maximum au jurassique et au crétacé et quelques genres présentent alors sur leur coquille des ornements ou dessins élégants.

Pli. Les plissements ou plis de l'écorce terrestre sont une conséquence de la contraction, par refroidissement, du noyau liquide central et ils sont produits par les *poussées latérales* et les *effondrements*. V. Soulèvements. Suivant sa forme, un pli est *droit* quand les deux versants ont même inclinaison à peu près sur la verticale ; *déjeté*, quand l'un des versants est plus incliné que l'autre ; *renversé* quand l'un des versants est vertical ; *inverse*, quand ce dernier versant s'incline dans le même sens que l'autre, de sorte que la pointe du pli surplombe. Un pli peut se résoudre en *cassure*. Les rides saillantes ou plis *anticlinaux* constituent les montagnes ; les rides rentrantes ou plis *synclinaux* forment les vallées. Les plis *isoclinaux* se rapportent aux plis inverses ; les plis *monoclinaux* sont ceux qui présentent des couches inclinées parallèles dont les deux extrémités se raccordent à des couches horizontales situées à des niveaux différents. Les Montagnes Rocheuses offrent souvent cette disposition. Les plis sont dits en *éventail* quand ils offrent la disposition d'une gerbe serrée en son milieu. (La boucle formée par compression latérale a disparu ensuite par érosion) Enfin, le contraire des plis en éventail ce sont les plis *en coin*. On observe cette disposition par exemple à la Jungfrau pour des calcaires ainsi enfoncés dans les gneiss où ils se sont transformés en marbres.

Plicatules, *lat. plicatus, plié*. Mollusques lamellibranches à coquille inéquivalve, un peu irrégulière, à surface hérissée ou rude avec crochets inégaux. Remontent probablement au trias; quelques espèces vivent actuellement dans les mers chaudes. Abondent aux époques secondaire et crétacée. Argile à plicatules du néocomien supérieur, *plicatula placunea*.

Pliocène, *gr. pleion, plus ; kainos, récent* ; c'est-à-dire plus d'espèces modernes qu'au miocène. Succède au miocène et forme avec lui la période *néogène* par laquelle se termine l'ère tertiaire ou néozoïque. Comprend les étages *plaisancien, astien sicilien*. Ces noms indiquent déjà que le pliocène est peu re présenté en France. C'est le règne des éléphants, *elephas meridionalis*, des rhinocéros et des hippopotames ; les *mastodon* vont disparaître ; les singes quittent l'Europe ; le *cheval* remplace l'hipparion ; les bovidés, les cervidés sont très nombreux.

La flore est encore d'une grande richesse mais prouve que la température élevée de l'éocène continue à s'abaisser comme elle l'a déjà fait au miocène. Les tufs pliocènes de Meximieux, Ain, montrent que la température était encore de 17 à 18° en moyenne. Des manifestations volcaniques ont lieu en Auvergne. V. Puy. A ce moment l'Atlantide s'effondre et le détroit de Gibraltar se crée rétablissant ainsi la communication, un moment interrompue, entre l'Océan et la Méditerranée. Cet effondrement a dû être une conséquence du soulèvement des Alpes.

Plaisancien, de *Plaisance, Italie*. Marnes bleues à potamides ou marnes subapennines. Ce sont elles qui constituent les sept collines de Rome. On les retrouve dans le bassin du Rhône, le Languedoc, le Roussillon. En Angleterre, c'est le crag blanc ou corallin. V. Crag.

Astien, des *sables jaunes de l'Astésan, Asti, Italie*. Ces sables sont surmontés de marnes à *mastodon arvernensis*. Dans le bassin du Rhône, ce sont les marnes d'Hauterive (Drôme). les tufs de Meximieux (Ain), les sables de Trévoux et de Mollon (Ain). Ce tuf calcaire, parfois esquilleux, est exploité comme pierre de taille et pierre à chaux hydraulique (Dumortier). Les coquilles qu'il renferme sont les mêmes que celles des sables. La flore a montré à M. de Saporta, des types canariens, mongoliens et caucasiens. Les sables et graviers de Trévoux ont une épaisseur de 100 m. ; sont constitués par des débris de mollasse et de quartzites des Alpes avec cailloux de granite et de porphyre du Beaujolais et de la Bourgogne. On recueille dans les couches, toutes horizontales et mélangées de marnes avec concrétions ferrugineuses, des ossements de mastodon. Jusqu'à Bourg les graviers pliocènes de la Dombes sont essentiellement composés de matériaux alpins. Par suite, on peut conclure qu'une première extension glaciaire s'est produite à l'époque du pliocène supérieur.

En Angleterre, à l'astien correspond le crag rouge et le crag fluvio-marin. V. Crag.

Sicilien, *de Sicile*. Le pliocène est très développé en Sicile (puissance de 600 à 900 m.) ; encore plus en Calabre où cette puissance atteint 1200 m. Il est encore formé de marnes sableuses renfermant de nombreux fossiles parmi lesquels se trouvent des espèces ne vivant que dans les mers froides.

Le soulèvement des Alpes a produit des cours d'eau violents qui ont recouvert la Bresse de dépôts de marnes ou d'argile avec couches de sables et de cailloux roulés provenant des Alpes ; ce sont les *alluvions anciennes* à *elephas meridionalis* : gravier à *mastodon arvernensis* ou d'Auvergne dans la vallée de la Saône jusqu'à Auxonne. Dans le nord de la France le dépôt pliocène le plus important est le gravier ossifère de St-Prest, près de Chartres, formation d'eau douce à *elephas meridionalis rhinoceros* et *hippopotamus*.

Plomb, *lat. plumbum*. Métal gris-bleuâtre, ductile, malléable, mou ; densité 11,5 ; fond aisément, 350°. Abondant, mais rarement à l'état natif : combiné avec l'oxygène c'est la *litharge* ou le *minium* qui servent à la fabrication du cristal ; avec le soufre, c'est la *galène* ; la *céruse* est du carbonate de plomb. Fondu avec la moitié de son poids d'étain, il donne la *soudure* des plombiers ; avec l'antimoine il donne l'alliage des caractères d'imprimerie.

Les composés du plomb sont généralement vénéneux : on doit donc se garder de placer les matières alimentaires dans des vases de plomb Les ouvriers qui le travaillent sont souvent atteints d'une sorte d'empoisonnement chronique : maladie *saturnine*. Les alchimistes appelaient le plomb *saturne* parce qu'il masque les propriétés de l'or ou de l'argent avec lesquels on l'allie ; il semble donc les *dévorer* comme Saturne, d'après la mythologie, dévorait ses enfants.

Plombagine. V. Graphite.

Plutonien, plutonique, *de Pluton*, dieu des enfers. Roches ignées ou plutoniennes.

Poche. V. Glacier; Caverne, Éocène.

Poches d'encre. On sait que la seiche, pour se soustraire à la vue d'un ennemi, lance un liquide noirâtre qu'elle tire d'une *poche*. On trouve des poches d'encre fossiles dans le jurassique ; elles ont appartenu à des bélemnites et la sépia qu'on en extrait est aussi bonne que celle qu'on prépare avec la seiche commune.

Pœcilien. V. Triasique (série).

Poissons, *lat. pisces*. Classe de vertébrés aquatiques qui se subdivise en cinq ordres : 1° les CYCLOSTOMES, *gr. kuklos, cercle ; stoma, bouche*, bouche circulaire, squelette cartilagineux, comme la lamproie; 2° les SÉLACIENS, *gr. selakos*, squelette en partie ossifié, spirale dans l'intestin, V. Coprolithes, bouche ventrale, comme le requin et la raie; 3° les GANOÏDES, *gr. ganos, éclat*, à cause des plaques osseuses en forme de dents, comme l'esturgeon ; squelette en partie ossifié, valvule spirale ; 4° les DIPNÉS; *gr. dis, deux ; pnein, respirer*, parce qu'ils respirent par des branchies et par un poumon, comme le ceratodus ; squelette en partie ossifié, valvule spirale ; 5° les TÉLÉOSTÉENS, *gr. teleios, parfait ; osteon, os*, parce qu'ils ont le squelette osseux ; leurs écailles sont cycloïdes ou cténoïdes, *gr. ctenos, peigne ;* pas de valvule spirale ; branchies recouvertes par un opercule. Sont actuellement les plus nombreux.

Chez les cyclostomes et les dipnés, la queue est *homocerque ; gr. omos, égal ; kerkos, queue*, parce que la nageoire caudale entoure symétriquement l'extrémité de la corde dorsale ; chez les autres classes, la queue est *hétérocerque, gr. eteros, autre*, parce que la colonne vertébrale se prolonge, soit visiblement ou non, dans la partie supérieure de la nageoire caudale. (Chez le brochet, par exemple, cette disposition est masquée.)

Le silurien moyen ou ordovicien a fourni des plaques osseuses des premiers poissons apparus sur la terre ; le silurien supérieur a fourni de nombreuses dents, des piquants, des empreintes de peau chagrinée. Tous ces restes ont appartenu aux ganoïdes cuirassés et aux sélaciens pourvus d'un squelette interne exclusivement cartilagineux et qui ne s'est pas conservé. Les ganoïdes cuirassés atteignent leur apogée à l'époque dévovienne, puis disparaissent ; à cette époque apparaissent les *acanthodes* et les dipnés. Les dépôts marins du carbonifère présentent de nombreux sélaciens, tandis que les dépôts d'eau douce et saumâtre fournissent des ganoïdes. A l'époque permienne, ce sont les ganoïdes avec bouclier osseux protégeant la tête qui dominent. Dans le trias apparaissent les premiers téléostéens avec des ganoïdes dont l'ossification est plus accen-

tuée ; ces poissons prédominent aux époques jurassique et crétacée. Enfin, à l'époque tertiaire, les genres de téléostéens
vont se multiplier à tel point qu'ils deviendront presque aussi
nombreux qu'à l'époque actuelle et beaucoup de ces genres se
conserveront.

Poissons fossiles de Puteaux. Banc de calcaire de 3 m.
de long que l'on a trouvé dans les carrières de craie de Puteaux
(éocène moyen) et qui est maintenant au Jardin des Plantes
à Paris. Stanislas Meunier dit à ce sujet : « Je me rendis
à Puteaux et je pus admirer encore en place la merveilleuse
trouvaille. Les poissons conservés jusque dans les moindres
détails de leur squelette et de leurs téguments étaient accumulés les uns sur les autres et semblaient avoir succombé à la
suite d'une action violente. On aurait dit qu'un cataclysme lo-
cal avait subitement desséché la mer qu'ils habitaient ou que
l'arrivée d'émanations empoisonnées en avait tout à coup rendu
les eaux mortelles. Du moins n'expliquerait-on pas aisément
d'une autre manière les contorsions que présentent souvent ces
animaux. Leurs mâchoires sont inégales. »

Polypes et polypier, *gr. poly, plusieurs ; podes, pieds.* On
sait que les phytozoaires ou animaux-plantes se subdivisent en
échinodermes, *polypes* et *éponges*. Les polypes ou cœlentérés
se subdivisent à leur tour en *hydroméduses, anthozoaires* et
cténophores (ktenos, peigne ; phoros, porteur). Les hydroméduses n'ont pas de palettes ciliées ; le corps, formé d'individus libres ou associés en colonies, est toujours dépourvu de
squelette minéral. Les cténophores sont des polypes nageurs,
transparents, ne bourgeonnent jamais et se meuvent à l'aide
de palettes disposées sur 8 rangées. Les anthozoaires (*anthos,
fleur*) ont le corps isolé ou formé de colonies d'individus secré-
tant un squelette calcaire ou corné qui est le *polypier*. Ils se
subdivisent en *hydrocoralliaires* et *coralliaires*. Les coralliaires comprennent : 1° les *tétracoralliaires*, ainsi nommés parce
qu'ils ont 4 systèmes de lames ; sont tous fossiles : *cyatophyllum, calceola ;* 2° les *hexacoralliaires* (6 systèmes de lames)
comprenant les *madréporaires*, perforés ou imperforés, qui ont
un polypier calcaire ; les *actiniaires* qui n'ont pas de squelette
et *antipathaires* dont le squelette est formé d'un axe corné ;
3° les *octocoralliaires* ou *alcyonaires* (semblables à un nid
d'alcyon) qui présentent 8 loges surmontées de 8 tentacules
bipennées. A ce groupe appartient le corail rouge employé en
bijouterie (polypier entièrement calcaire) ; mais chez quelques
genres il est formé d'articles alternativement calcaires et
cornés. Les alcyonaires ont existé dans toutes les mers, depuis
l'époque paléozoïque jusqu'à nos jours ; ont moins d'importance
que les madréporaires ; leur squelette corné ou formé de spicules calcaires se conserve mal à l'état fossile. Exception pour le
genre corail dont l'axe calcaire est continu. V. Coralliaires.

Ponce ou **Pumite**, *lat. pumex.* Roche feldspathique, vitreuse, blanche ou grise, sorte d'orthose, qui diffère de l'obsidienne par les trous dont elle est criblée ; on peut la regarder

comme une écume d'obsidienne. Elle est rude au toucher et raye le verre. Dans les explosions volcaniques, il y a projection de pierre ponce quand la lave est très chargée de silice.

Pont de neige. V. Glacier.

Pontien, *de Pont-Euxin, Mer Noire.* 5e et dernier étage du miocène au-dessus du *sarmatien;* est constitué par un calcaire à congéries, calcaire des steppes d'Odessa et de Crimée. Les gypses et soufres de Toscane lui correspondent. A cette époque, le plissement des Alpes achève de se prononcer.

Porcelanite. V. Argile.

Porphyre, *gr. porphuros, pourpre.* Ce mot indique une matière rouge de feu; le porphyre rouge antique était un marbre que les Égyptiens ont employé pour leurs statues et leurs sépultures. Les Romains l'ont aussi utilisé. Actuellement, on donne le nom de porphyres à des roches qui peuvent bien servir de marbres durs, mais qui sont d'une couleur quelconque. Leur caractère est de présenter une pâte feldspathique à éléments indiscernables ou pâte amorphe englobant des cristaux plus ou moins réguliers de feldspath ou de quartz.

Portland et portlandien. Presqu'île sur la côte méridionale de l'Angleterre. A donné son nom à un étage, le *portlandien,* Brongniart, 1829, le dernier de la série suprajurassique avec le *bononien* et le *purbeckien* pour sous-étages. A la base, c'est un sable quartzeux avec grains verts et marne, puis un calcaire oolithique, exploité comme pierre de taille à cause de la finesse de son grain; a servi à la construction de Saint-Paul de Londres; est aussi employé pour la fabrication du ciment. *Amm. gigas,* huîtres, trigonies. La puissance de l'ensemble est de 50 m. environ. On retrouve ces grès, sables et argiles dans le boulonnais (Bononien). En Bourgogne, ce sont des calcaires lithographiques. V. Purbeckien. Portland est une ancienne île reliée maintenant au continent. V. Galets.

Posidonie, *gr. poseidon, Neptune, dieu de la mer;* genre voisin des avicules; s'étend du silurien au jurassique. La *posidonia Bronni* est le fossile caractéristique du lias dans le Jura.

Pot. V. Caverne.

Potassium, Potasse, *all. pott, pot; asches, cendre (cendre de pot).* Le potassium est un corps simple, métallique, qui a, fraîchement coupé, l'aspect et le brillant de l'argent; mais il se ternit rapidement à l'air à cause de sa grande affinité pour l'oxygène; il décompose l'eau à froid. On le conserve dans l'huile de naphte. La potasse ou oxyde de potassium existe en grande abondance dans la nature, mais seulement à l'état de combinaison. La potasse et l'alumine combinées avec la silice, qui jouent à leur égard le rôle d'acide, constituent certaines roches.

Potsdamien, *des grès de Potsdam,* dans la vallée supérieure du Mississipi. V. Cambrien.

Poudingue. V. Conglomérat et Palassou.

Pouzzolane, de *Pouzzoles, Italie, près de Naples.* Roche provenant de la décomposition du basalte avec ciment ferrugineux rougeâtre. Existe en grande quantité dans l'Auvergne et le Vivarais. Donne un mortier hydraulique très solide. C'est une variété de *pépérite*. Les pouzzolanes des environs de Clermont sont renommées (lapilli et cendres). V. Lave.

Priabonien-Ludien, *de Priabona, près Vicenze et de Ludes, près de Reims.* Étage qui forme l'éocène supérieur ; correspond à un régime de lagunes où se font les dépôts de gypse. Dans le Vicentin, ce sont des calcaires marneux à *serpula spirulea* et nummulites et au-dessus des marnes à bryozoaires. V. Éocène.

Primaire (Ère). L'ère primaire ou paléozoïque comprend la longue durée pendant laquelle se sont déposés au-dessus du terrain primitif ou archéen les sédiments fossilifères qui s'étendent jusqu'à l'ère secondaire. Le caractère distinctif de cette période est une végétation luxuriante qui purifia l'atmosphère en emmagasinant l'acide carbonique et prépara la venue des animaux respirant à l'air libre. Ces terrains primaires ou *paléozoïques* forment un ensemble de roches dont l'épaisseur moyenne est de 15.000 mètres : ce sont des schistes qui donnent les ardoises, des quartzites ou schistes silicifiés, des grès durs qui donnent les pierres à aiguiser, des calcaires compacts et cristallins qui donnent les beaux marbres blancs des statuaires ou les marbres colorés employés pour la décoration des édifices, et enfin de puissants amas de houille, matière si précieuse pour nos foyers et source d'énergie pour toutes nos industries.

En outre les terrains primaires présentent de nombreux gîtes minéraux de fer, de cuivre, d'étain et sont fréquemment traversés par des roches éruptives granitoïdes ou porphyroïques dont la venue a disloqué la croûte terrestre, soulevant, redressant, contournant les dépôts qui, sans cela, ne nous seraient pas connus attendu qu'ils seraient recouverts par les dépôts des ères suivantes. C'est à l'action exercée sur elles par ces roches éruptives que les roches primaires doivent leur compacité et leur texture cristalline, caractères que ne présentent pas ordinairement les couches sédimentaires. (V. Métamorphisme). Pour cette raison, les terrains primaires ont été appelés terrains *intermédiaires* ou terrains de *transition*.

L'ère primaire comprend actuellement les cinq grandes périodes *précambrienne, silurienne, dévonienne, carboniférienne* et *permienne.*

Primitif (terrain), ou *étage archéen*. A la base des couches sédimentaires contenant des fossiles, se trouvent de puissantes assises de *schistes cristallins* ou *cristallo phylliens*, dont tous les éléments sont *orientés* en rangées parallèles, ce qui leur donne une *structure rubannée*. Comme ces couches ne présentent aucune trace d'être organisé, elles sont dites *azoïques* et leur ensemble constitue l'étage *archéen* ou *assise fondamentale.* Partout elles présentent la même composition, *gneiss et micaschistes*, et la même structure; et comme leur origine reste encore mystérieuse, on les a bien nommées en les appelant *hiéroglyphes pétrographiques*. Suivant M. de Lapparent, on doit les regarder comme une scorie universelle ou écume siliceuse venant flotter sur la sphère métallique en fusion, comme les scories nagent à la surface de la fonte, et constituée par les substances les plus réfractaires, silice et alumine, unies au produit de l'oxydation des métaux, potasse, soude, chaux, magnésie, que leur plus grande légèreté obligeait à monter à la surface. Mais d'autres savants se fondant d'une part sur la structure rubannée, et d'autre part sur la perfection des êtres qui vivaient dans les couches superposées (trilobites), perfection qui n'a pas dû être atteinte du premier coup, veulent que l'on considère ces gneiss et micaschistes comme des *sédiments* résultant de la destruction par les eaux d'une partie de la couche fondamentale. Les actions métamorphiques exercées par cette couche fondamentale sur ces sédiments les auraient transformés en schistes cristallins et auraient détruit toute trace d'organisme. Contre cette théorie s'élève la forme *non détritique* que présentent ces gneiss : la roche préexistante n'aurait donc pas été triturée. Encore une fois ce sont des hiéroglyphes.

En France, l'archéen est bien représenté en Bretagne, Plateau central, Cévennes, Vosges, Pyrénées, les Alpes occidentales et centrales (serpentines et calcaires saccharoïdes). Dans cette dernière région, le couleur dominante a fait donner à cette puissante série de 7.000 à 8.000 mètres le nom de *pierres vertes*.

Cette croûte primitive s'accrut successivement de l'intérieur à l'extérieur par la consolidation de nouvelles couches internes et l'on comprend que pendant longtemps son peu d'épaisseur dut facilement livrer passage aux vapeurs et aux émanations minérales qui produisirent des transformations minérales et des plissements, première ébauche des continents.

La formation de la croûte terrestre a eu pour conséquence la condensation des vapeurs, par suite, les pluies et la création des océans. Alors les eaux commencèrent leur travail incessant de dégradation et de dissolution et les dépôts de sédiment prirent naissance. V. Terre et Cristallophylliens.

Productus. V. Brachiopodes. **Protéolithe.** V. Gneiss. **Protogyne.** V. Granite.

Protriton petrolei. Stégocéphale salamandriforme sans écailles; ancêtre des tritons; voisin du *branchiosaurus*. Se trouve dans les schistes pétrolifères permiens d'Autun.

Pteranodon, *gr. pteron, aile ; a, priv , odous, dent.* Ptérosaurien édenté gigantesque du crétacé de l'Amérique du N. L'envergure des ailes atteignait 8 à 9^m ; mais il y avait des formes moindres.

Pteraspis, *gr. pteron, aile ; aspis, bouclier.* Poisson du silurien d'Angleterre et du vieux grès rouge ; il avait la tête recouverte d'un bouclier, queue hétérocerque, écailles rhomboïdales. V. Cephalaspis.

Pterichthys, *gr. pteron, aile ; ichthus, poisson*. Poisson qui a des ailes, à cause des deux nageoires qui ressemblent à des bras, de chaque côté de la tête. Dévonien. V. Placodermes.

Pteroceras. *gr. pteron ; keras, corne*. Gastéropode actuel et fossile depuis le Jurassique. Il caractérise un sous-étage du kimeridgien en Normandie, le *ptérocéranien*, marnes, au-dessous du *virgulien* et est ainsi nommé parce que sa coquille porte plusieurs longs prolongements digitiformes en forme de cornes. Appartient à la famille des Strombidés.

Pterocéranien. Thurmann 1852. V. Pteroceras.

Ptérodactyle, *gr. pteron, aile, daktulos, doigt*. (Cuvier). Reptile ptérosaurien fossile de l'époque jurassique ; avait un bec garni d'une soixantaine de dents aiguës, des ailes analogues à celles des chauves-souris, un crâne étroit, des yeux très grands. C'est le doigt extérieur des membres antérieurs qui, prolongé démesurément, portait la membrane servant d'aile ; les autres doigts étaient libres et armés d'ongles crochus. Forme un des types de passage des reptiles aux oiseaux. Il y en avait depuis la taille du vautour jusqu'à celle de la grive. Schistes lithographiques.

Ptérophylle, *gr. pteron, aile ; phullon, feuille*. Empreintes de feuilles de cycadées que l'on observe dans les grès du trias. Ont un peu la disposition des barbes d'une plume.

Ptérosauriens. V. Reptiles. **Pterygotus.** V. Mérostomates.

Puissance. Épaisseur d'un étage, d'une assise.

Pupa, *lat. poupée, maillot*. Gastéropodes pulmonés comme les limaces et les helix. Vivent dans les gazons et sous les pierres. On en a trouvé sous l'écorce et dans le tronc des sigillaires.

Purbeckien, de *l'île de Purbeck*. Sous-étage du portlandien ; est constitué par des dépôts lacustres qui atteignent une puissance de 125ᵐ. : calcaires d'eau douce à paludines avec intercalations de calcaires marins à *pecten ;* couche de lignite qui présente encore debout les troncs de conifères et de cycadées. Iguanodon, marsupiaux. On retrouve ces calcaires dans le Jura avec amas de gypse.

Puy, *celtique puech*. Les puys d'Auvergne sont d'anciens appareils volcaniques en forme de cône tronqué vers le sommet. On compte, dit M. Michel Lévy, 50 cônes de projection avec cratère et cinq dômes dont trois en forme de chaudron renversé. Tous ces cônes s'alignent sur la partie culminante d'un anticlinal à grand rayon de courbure et les éruptions comprennent : le basalte miocène de Chanturgue, des trachytes ou domite (60 à 70 % de silice) qui constitue le noyau du Puy-de-Dôme ; les basaltes inférieurs (Laves de Royat) ; des andésites (laves de Volvic) ; des labradorites (laves de la Sioule) ; les basaltes supérieurs. (Le Tartaret et Gravenoire). Ces derniers se rapportent à l'âge du renne et ont même fourni un squelette humain. V. Quaternaire. Le Cantal a 1858ᵐ.; le Mont-Dore 1886ᵐ.; le Puy-de-Dôme 1463ᵐ. La coupe d'un de ces puys présente, d'après M. Rames, les couches suivantes : à la base, gneiss, puis argile et poudingue, marnes à potamides, calcaire à hélix, basalte miocène, gravier à hipparions, brèches andésites avec amas de cinérite et de blocs glaciaires. Ces manifestations éruptives en Auvergne ont eu lieu du miocène au milieu de l'époque quaternaire et c'est en dernier lieu que les volcans à cratère apparaissent inondant de leurs laves le fond des vallées. V. Bitume. Ces anciens cratères sont parfois maintenant des lacs : lac Pavin.

Pyrénées. Le soulèvement des Pyrénées s'est effectué à l'époque éocène, mais seulement après la grande extension de la mer nummulitique, attendu que les terrains secondaires et tertiaires s'observent très haut, aussi bien en Espagne qu'en France, tout autour des grands axes gneissiques et granitiques et présentent, dans leurs calcaires, les nummulites qui pétrissent le calcaire grossier de Paris. V. Palassou.

Pyrite. *gr. purites*, nom donné par les anciens à la fois au silex pyromaque, à la pyrite de fer et à la pyrite de cuivre ; nom vulgaire des sulfures métalliques, surtout des sulfures de fer. On distingue : 1º LA PYRITE proprement dite ou *pyrite jaune*, sulfure de fer d'un beau jaune de laiton qui lui a valu le nom vulgaire *d'or des ânes*, parce qu'elle a peu de valeur sous de riches apparences. Cristaux, dodécaèdre pentagonal ou autres, généralement fort beaux, avec un vif éclat métallique. Densité 4,83 à 5,2 ; inattaquable par l'acide chlorhydrique. Extrêmement répandue : filons, roches éruptives, terrains sédimentaires. Dans ces derniers, elle résulte de la réduction des sulfates alcalins par l'oxyde de fer ; 2º LA PYRITE BLANCHE OU *marcasite*, autre sulfure de fer ; densité 4,6 à 4,8, par conséquent plus faible que la précédente ; elle est, en outre, moins stable et se transforme facilement à l'air en sulfate ferreux ; propriété que l'on utilise pour fabriquer le vitriol vert et l'alun. Ces variétés ont pour dureté 6 à 6,5 ; font feu au briquet ; c'est pourquoi on s'en servait comme pierre à fusil ; d'où le nom de *pierre d'arquebuse ou de carabine* ; 3º la PYRITE DE CUIVRE OU *chalcopyrite*. V. ce mot ; 4º la PYRITE MAGNÉTIQUE OU PYRRHOTINE *(gr. purrotès, rougeâtre)* ; est encore un composé de soufre et de fer ; est assez fréquente dans les filons ; on l'a trouvée aussi dans les météorites ; en divers points des Pyrénées et dans les roches primitives de la Bavière avec la cordiérite.

C'est en frappant l'un contre l'autre deux morceaux de pyrite ou un morceau de pyrite contre un morceau de silex et en faisant tomber les étincelles sur des herbes sèches ou de l'amadou que les hommes primitifs se procuraient du feu. Cette méthode est encore employée par les Fuégiens, les Esquimaux, les Aléoutes ; mais une autre méthode beaucoup plus employée par les tribus sauvages consiste à frotter de diverses manières un morceau de bois dur contre un morceau de bois tendre.

Pyrolusite. V. Manganèse. **Pyromaque.** V. Silex. **Pyrosphère.** V. Chaleur de la Terre.

Pyroxène, *gr. pur, feu; xenos, hôte*, parce que Hauy regardait à tort ce minéral comme un étranger dans le domaine des roches ignées. De Lapparent. Les pyroxènes sont des silicates doubles de chaux, de magnésie, de protoxyde de fer (plus de chaux que de magnésie'. Densité 3,1 à 3,15 ; moins de silice que les amphiboles, un éclat moins vif, un aspect plus vitreux. A peu près inattaquables par les acides ; cristallisent dans des formes prisme-oblique. On distingue : le DIOPSIDE, la DIALLAGE, l'HÉDENBERGITE, l'AUGITE. Le diopside. *gr. dia, à travers; opsis, vue*, à cause de sa transparence, est un silicate de chaux et de magnésie avec fer, incolore ou vert pâle, vert olive, vert grisâtre qui se rencontre dans un assez grand nombre de roches. La diallage, *gr. diallage, différence*, à cause d'un clivage facile et d'un autre difficile, est une variété du précédent ; elle est jaune ou gris-jaunâtre, contient plus de fer que le précédent et fond difficilement au chalumeau. L'hédenbergite, dédiée à Hedenberg, est un silicate de chaux et de protoxyde de fer, noir ou vert sombre ; contient très peu de magnésie. L'augite, *gr. augê, éclat*, contient, outre la chaux et la magnésie, de l'alumine (jusqu'à 8 %). Noir parfait ou noir de poix qui tourne au vert foncé ou au brun ; cassure écailleuse ; 50 % de silice. Constitue l'élément caractéristique des roches basiques. Se transforme facilement en amphibole.

Au genre pyroxène se rattache la jadéite. V. Jade.

Q

Quadersandstein, *all. quader, carré ; sand, sable ; stein, pierre*. Pierre de sable carrée ou grès carré. V. Crétacé.

Quartz, *all.* Le quartz est de la silice ou acide silicique cristallisé ; 46,67 de silicium, 55,33 d'oxygène ; il est insoluble dans tous les acides, excepté l'acide fluorhydrique, sa forme cristalline dominante est le prisme hexagonal terminé par des pyramides ; dens. 2,65 ; dureté 7 ; il est plus dur que le feldspath, mais il est rayé par la topaze ; en plaques minces, sous le microscope, il montre d'abondantes inclusions liquides. Variétés nombreuses : d'abord le *cristal de roche* qui tapisse les druses de certains filons ; les gîtes les plus remarquables sont ceux du Saint-Gothard. de l'Oisans, du Tyrol, de Madagascar où un seul individu atteint parfois 1 à 2 m. de tour et un poids de 300 à 400 kil. (de Lapparent). Incolore et limpide, c'est le q. *hyalin*, *gr. hualus, verre* ; violet par la présence du manganèse, c'est l'*améthyste* ; jaune, c'est la *fausse topaze* : brun, c'est le q. *enfumé* ; coloré en vert par des lamelles de chlorite, c'est le q. *chloriteux* ; en rose, par du peroxyde de fer, c'est le q. *hématoïde* ; à teintes irisées, c'est le q. *irisé* ou *pierre d'iris* ; à reflets nacrés et chatoyants provoqués par des filets d'amiante, c'est le q. *chatoyant* ou *œil de chat* ; à points brillants dus parfois à du mica, c'est l'*aventurine* ; laiteux et opalescent, c'est le *girasol*.

Le q. *massif* se présente en masses plus ou moins fissurées ou en filons qui traversent les terrains sédimentaires ou en veines qui sillonnent dans tous les sens les terrains de transition ; couleur blanc laiteux ou grisâtre.

Deux autres variétés de q. hyalin sont le *quartzite* ou *grès quartzeux* ou q. *grenu* avec mica (pierres de taille, pavés, meules et le q. *arénacé* ou *sable*. V. Sable.

Quaternaire (Ère). Le fait caractéristique de l'ère quaternaire ou moderne est l'apparition de l'homme sur la terre et cette apparition n'est suivie d'aucune autre forme nouvelle. L'homme serait-il donc le dernier échelon de cette évolution continue jusque-là?

On donne, d'après Lyell, le nom de *pleistocène* aux premières phases de cette ère moderne, c'est-à-dire à l'aurore de l'époque actuelle. Remarquons d'abord qu'à la fin du pliocène, les continents et les massifs montagneux que nous voyons possédaient leur configuration et leur relief et que les uns et les autres n'ont subi que des modifications. Les événements considérables du pleistocène sont, en premier lieu, l'effondrement définitif des restes de l'Atlandide ; en second lieu, un changement de climat provoqué par un abaissement de température résultant du rôle d'immenses condenseurs joué par les chaines de montagnes. De là des pluies abondantes donnant naissance à de violents et grands cours d'eau qui ont creusé nos vallées actuelles : c'est la *phase pluviaire*. D'autre part, les précipitations aqueuses se sont produites sur les hauts sommets, sous la forme de neige : de là, la création et l'extension des glaciers, *phase glaciaire*, et la disparition de certaines espèces animales.

Aussi tous les dépôts quaternaires n'offrent plus, comme les formations précédentes, les caractères de sédiments tranquilles : ce sont des dépôts meubles, sableux, limoneux, caillouteux, sur un sous-sol fortement raviné ; ils ont été charriés par des eaux violentes et indiquent un transport rapide. En outre, ils se montrent disposés sous forme de terrasses successives qui descendent jusqu'au fond des vallées actuelles. Ces alluvions de sables, de cailloux et de graviers renferment de nombreux débris d'ossements qui se rapportent ou à des espèces éteintes : *elephas primigenius, rhinoceros tichorhynus* ou à narines cloisonnées et épaisse toison ; *ursus spelæus* ou ours des cavernes, *cervus megaceros* ; ou à des espèces émigrées telles que le renne, le glouton, le chamois, la marmotte, l'auroch. Les régions que les glaciers ont occupées dans leur extension présentent une autre sorte de dépôt : c'est le *terrain erratique* ou simplement l'*erratique*. V. Argile, Till et Glacier. L'homme a été témoin de la phase glaciaire.

M. Marcelin Boule considère comme quaternaire inférieur, les dépôts à *elephas meridionalis* ; comme quaternaire moyen, les dépôts d'alluvions interglaciaires caractérisés par une faune mixte : *elephas antiquus* et *elephas primigenius, rhinoceros Mercki* et *rhinoceros tichorhynus, hippopotamus* (*chelléen* de M. de Mortillet) et comme quaternaire supérieur, les dépôts postérieurs à la grande extension glaciaire. Il distingue là deux niveaux: l'inférieur à *elephas primigenius* et *rhinocenos tichorhynus* (*moustérien* et *solutréen* de Mortillet); le supérieur *à cervus tarandus* (renne), (*magdalénien* de Mortillet).

Le quaternaire, moyen et supérieur, de M. Boule correspond à la période *paléolithique*, puis viennent l'époque *néolithique*, l'époque *des métaux* et enfin l'époque actuelle.

AGE DE LA PIERRE TAILLÉE OU PALÉOLITHIQUE. — L'examen des silex taillés a conduit M. de Mortillet aux quatre subdivisions suivantes :

1° ÉPOQUE CHELLÉENNE, *de Chelles (Seine-et-Marne)*, *près de Paris*, ou ÉPOQUE DE L'OURS DES CAVERNES (Lartet); a d'abord été désignée sous le nom d'*Acheuléenne*, de Saint-Acheul, près d'Amiens (Somme), où le docteur Rigollot a recueilli beaucoup de silex. Boucher de Perthes en a aussi recueilli beaucoup près d'Abbeville. Ces silex ou *coups de poing* ont la forme d'une amande et sont grossièrement taillés sur les deux faces ; ils se maniaient à la main. La balastière de Chelles est mieux caractérisée que celle de Saint-Acheul. Du reste, on a recueilli de ces coups de poing dans toute l'Europe, en Afrique et en Amérique. Quelques-uns mesuraient 30 cm. de long.

M. Marcelin Boule, parlant de la hache chelléenne trouvée à Hautecour (Ain) dit : « Dans la vallée de l'Ain, comme partout ailleurs, les débris de l'homme de Saint-Acheul reposent sur des formations glaciaires quand ils se trouvent en connexion avec elles et si, comme je le crois, l'erratique des environs de Lyon correspond à l'erratique ancien des Alpes suisses et allemandes, nous devons conclure que l'homme qui a taillé les hachettes de la vallée de l'Ain date probablement d'une époque interglaciaire. »

« L'homme chelléen ou interglaciaire ne s'abritait pas dans les grottes, dit M. Fraipont ; et, ce qui le prouve, c'est qu'on trouve les *coup de poing* un peu partout dans les alluvions et pas seulement dans les cavernes; il vivait très vraisemblablement à ciel ouvert au voisinage des fleuves, parce que le climat était doux. Il était le contemporain de l'*elephas antiquus*, du rhinocéros et du grand ours, qui était, lui, le véritable habitant des cavernes d'alors, et des derniers machairodus aux puissantes canines. On ne connaît aucun reste authentique de l'homme chelléen.

2° ÉPOQUE MOUSTÉRIENNE OU ÉPOQUE DU MAMMOUTH. De *la grotte et station de Moustier*, Dordogne. Cette époque correspond à un climat froid; le cheval, le mammouth sont très abondants ainsi que *bos primigenius, cervus megaceros*; des loups, des félins, des rongeurs, des oiseaux, canard, grand coq, etc. Les silex sont minces, retouchés d'un seul côté ; racloirs, poinçons en pierre et en os. Il y avait un atelier de fabrication à Charbonnières, près Mâcon. L'homme moustérien était de petite taille, 1^m,60; trapu et robuste; il avait la tête allongée, déprimée et étroite; le front bas et fuyant ; les orbites presque circulaires ; les bras courts ainsi que les jambes qui étaient fortement recourbées en arrière. (Grotte de Spy, Namur.) Ces hommes habitaient les cavernes d'une façon sédentaire, comme le prouvent les amoncellements de débris qu'ils y ont laissés. D'où leur nom de *Troglodytes*. Leur mâchoire inférieure saillante offre un caractère particulier qui rappelle le singe anthropomorphe et ne se retrouve chez aucune forme humaine actuelle.

Ces hommes constituent la race humaine fossile dite *Race de Canstadt* (près de Stuttgard) ou de *Neanderthal* (à cause des ossements trouvés à Feldhofen, près de Düsseldorf), race qui présente avec certitude les caractères ethniques les plus inférieurs que nous connaissions. (Fraipont.) A cette race, la plus ancienne, se rapportent les crânes de Brux (Bohême), de la Denise (Haute-Loire) ; les mâchoires d'Arcy-sur-Cure (Yonne), de la Naulette (Belgique), les squelettes de Spy (Belgique) ; le crâne des docks de Tilbury (Tamise), de Brünn (Autriche), etc.

3° Epoque solutréenne, de *Solutré*, près de Mâcon. C'est là qu'on trouve pour la première fois des silex taillés en forme de feuilles de laurier, finement des deux côtés ; des bouts de flèche à pédoncule et à cran latéral. Les chevaux étaient toujours très abondants. On estime à cent mille le nombre des chevaux dont on a remué les restes à Solutré. (Cros du charnier). Grottes de la Dordogne, de Baoussé-Roussé, Trou Magrite, près Namur. On ne connaît pas de restes de l'homme solutréen. Etait-ce un descendant du moustérien ou un nouveau venu? On l'ignore.

4° Epoque magdalénienne ou époque du renne ; *grotte de la Madeleine*, vallée de la Vézère, Dordogne. C'est la grande époque des cavernes et du renne parce que le climat est sec et froid ; on l'a comparé à celui de la Mandchourie où le froid descend à — 45° en hiver et la chaleur peut atteindre + 36° en été. Les silex ne sont plus aussi habilement taillés que ceux de Solutré ; mais on trouve une foule d'objets en os (dents), en corne, en coquilles, en pierre, en ivoire ; des objets de parure finement travaillés, sculptés et même peints ; des aiguilles en os avec chas, des harpons, des hameçons, des *bâtons de commandement* en bois de renne ou en ivoire. Ces derniers objets ont été ainsi nommés par analogie avec des objets semblables en bois de renne que possèdent les Indiens modernes du fleuve Mackensie.

Les Magdaléniens étaient des chasseurs et des pêcheurs intrépides ; leur gibier de prédilection étaient le renne et le cheval. La bête morte, ils n'emportaient que la tête, les membres et la queue ; cette dernière, probablement pour avoir les crins qui leur servaient à assembler les peaux dont ils devaient se couvrir. Ils étaient friands aussi du campagnol et c'est par kilogrammes qu'on pouvait recueillir les ossements de ce petit rongeur dans la grotte de Chaleux, près de Dinant, vallée de la Lesse (Belgique). Ed. Dupont. Ils pêchaient le brochet, la truite, le saumon, la carpe, le chevenne. Ces hommes étaient de grande taille, jusqu'à 1m85 ; les femmes, 1m70 ; ils étaient robustes et vigoureux. Ce sont eux qui constituent cette belle race de Cro-

Magnon, Dordogne, laquelle se rapproche des formes actuelles. Ils avaient la passion du travail de l'os, de la gravure, de la sculpture en ronde-bosse et même de la peinture : mammouth en bois de renne, renne en ivoire de Bruniquel (Tarn-et-Garonne), qui est maintenant au British-Museum, renne en os de Laugerie-Basse (Dordogne). La grotte de Spy a fourni leurs boîtes à couleur : c'étaient des fémurs et des humérus d'oiseaux de grande taille, remplis de poussière d'oligiste ; et il est probable que ces hommes se teignaient le corps en mêlant des couleurs rouges et noires avec de la graisse. Dans leurs gravures ce sont surtout les animaux qu'ils représentent, cheval, renne, mammouth, cerf, sanglier, rarement des oiseaux, rarement l'homme. Ce dernier, du reste, est toujours représenté nu. Ils n'avaient pas d'animaux domestiques et ne connaissaient pas l'agriculture. « Cette belle race du Cro-Magnon, dit M. Verneau, a joué un rôle important dans l'histoire de l'humanité. A l'époque de la Madeleine, elle paraît avoir eu son centre principal dans le Périgord, mais elle rayonnait au nord jusqu'en Belgique et même en Hollande ; à l'est jusqu'à la Meuse et peut-être au-delà ; au sud jusqu'à la terre de Labour en Italie ».

Les cavernes habitées à l'époque du renne ont fourni des squelettes humains et, de leur examen, M. Cartailhac a conclu que les cadavres étaient préalablement décharnés. Cette opinion est maintenant confirmée. Ainsi la Grotte des Hoteaux, près de Rossillon (Ain), fouillée par MM Guillon et l'abbé Tournier en 1895, a fourni un squelette d'homme chez lequel le fémur de droite était à gauche et réciproquement. Pourquoi cette opération ? Question bien délicate, d'autant plus que quelques-uns ont voulu voir là une preuve de cannibalisme. Jusque là rien ne confirme cette hypothèse et on s'accorde plutôt pour croire à un rite funéraire.

A côté des squelettes, on trouve des instruments, des outils en silex, des objets de parure, colliers, bracelets en coquilles ou en dents, le tout saupoudré d'oligiste ou d'ocre rouge. Le bâton de commandement qui était placé à côté du squelette des Hoteaux est une pièce remarquable : il est en bois de renne, 24 centimètres de long, plus d'un centimètre de diamètre, et porte un dessin de cerf bramant d'une merveilleuse perfection.

« Les armes en silex taillés se trouvent dans tous les pays du monde (Mis de Nadaillac. *Les premiers hommes*). En Russie on en ferait une ample récolte si l'idée superstitieuse qu'y attachent les gens du peuple leur permettait de s'en dessaisir. On trouve des silex en grand nombre au pied de l'Acropole d'Athènes ; sur le plateau et dans les anciennes mines de cuivre du Sinaï. » L'exploitation de ces mines a commencé il y a au moins 7.000 ans ; elles sont abandonnées depuis 2.000 ans. Le minerai était pauvre : hydrosilicate, mêlé de carbonate ; pas de pyrite.

Vers la fin de l'époque magdalénienne, le climat sec et froid s'adoucit peu à peu et devint plus humide ; les glaciers se retirèrent sur les hauts sommets et c'est alors que l'accumulation des végétaux dans les dépressions donna naissance aux tourbières. Ce fut l'époque qu'on a nommée *robenhausienne*, du hameau de Robenhausen, canton de Zurich où l'on a trouvé, dans un marais, une station très riche en pierres taillées et polies, en pointes de flèche, haches, marteaux en diorite que l'on emmanchait et débris de poteries grossières.

Ce changement de climat modifia la flore : le renne ne trouva plus sa nourriture habituelle, la *cladonia rangiferina*, sorte de lichen, et il se retira vers le nord comme l'avait déjà fait le mammouth ; les chevaux devinrent aussi moins nombreux. Il est très vraisemblable qu'une partie des habitants primitifs de l'Europe abandonnèrent nos régions à ce moment soit pour suivre leur gibier préféré, soit pour céder la place aux envahisseurs. Car ils arrivaient en effet les hommes à *tête ronde ;* ils venaient de l'Asie-Mineure, de l'Arménie et du Caucase, amenant avec eux des animaux domestiques, chien, cheval, bœuf, chèvre, mouton ; apportant la culture des céréales, l'art du tisserand et du potier. Leurs outils sont encore en pierre, mais en pierre polie (période néolithique). Alliés aux autochtones, ils habitent aussi les cavernes, mais bientôt ils se construisent des habitations en bois sur pilotis. (Habitations lacustres). Ils aiment les bords des fleuves et de la mer (Kjœkkenmoddings, Terramare). Ils ont le culte des morts encore plus développé que les magdaléniens (grottes sépulcrales). Ce sont eux qui ont élevé les *menhirs*, les *alignements*, les *cromlecks*, les *dolmens*, les *tumulus*.

Une singulière coutume existait chez ces hommes : c'est la *trépanation crânienne* qui consistait à percer deux ouvertures dans la boîte du crâne, soit sur le vivant, soit le plus souvent sur le mort. On a retrouvé beaucoup de rondelles provenant de cette opération : les uns veulent y voir une opération chirurgicale et superstitieuse ; d'autres une conséquence du décharnement des cadavres avant l'inhumation, d'autres enfin une preuve de cannibalisme. Ces rondelles crâniennes étaient portées comme amulettes et cette coutume a été retrouvée chez les Gaulois de la Champagne.

Nous empruntons à une notice de M. Piette, l'*époque éburnéenne* (*lat. ebur, eburnea,* ivoire), les détails suivants : La période glyptique (*gr. gluptos,* sculpté) comprend deux grandes époques : l'époque *éburnéenne* ou âge de l'éléphant et l'époque *tarandienne, lat. tarandus, renne,* ou âge du renne. La première commença au temps où les grands glaciers moustériens se fondaient ; la température s'était adoucie, l'homme porta sa demeure hors des grottes et la plaça à l'abri des escarpements rocheux : il apprivoisa et domestiqua le cheval pour se nourrir de sa chair. Avec ses outils en silex, il façonna de nombreux ustensiles en os et sculpta l'ivoire du mammouth. Il y eut de véritables artistes.

Vers la fin de l'époque éburnéenne, l'atmosphère devint moins humide, les nuits furent plus claires, le rayonnement vers les espaces éthérés plus intenses ; les cours d'eau amoindris coulèrent dans des lits plus étroits ; les mares se desséchèrent, le climat fut sec et froid et l'époque tarandienne commença. L'homme cherche de nouveau l'abri des cavernes et se rapproche des Pyrénées où elles étaient très nombreuses ; les éléphants devinrent moins nombreux ; l'emploi de l'ivoire cessa et fut remplacé par la ramure du renne. Comme conséquence, la sculpture en ronde-bosse disparut par suite de la nature spongieuse de ce bois et la sculpture en demi-relief prit naissance. »

Nous ajoutons que l'homme se rapprocha aussi des Alpes, car les cavernes dans le Bugey par exemple sont nombreuses, bien orientées, situées sur des lieux de passage, à proximité de l'eau et un certain nombre, encore inexplorées, fourniraient sans doute, comme celle des Hoteaux, des restes intéressants.

R

Races humaines. L'existence de l'homme à l'époque tertiaire n'est pas encore démontrée d'une façon certaine. (V. Homme fossile.) Mais son existence à l'époque quaternaire est maintenant indiscutable et incontestée, et on distingue : 1º la *race de Canstadt* (près de Stuttgard), la plus ancienne que l'on connaisse à laquelle se rapportent le squelette de Neanderthal, les crânes de Grenelle, de la Denise (Haute-Loire), de Clichy, les mâchoires de Larzac, d'Arcy-sur-Cure (Yonne), etc. Beaucoup de caractères de cette race se rapportent aux singes anthropoïdes. V. Quaternaire et Anthropoïdes. 2º la *race de Cro-Magnon* (Dordogne), que ses caractères rapprochent davantage des formes actuelles ; ainsi les saillies des insertions musculaires, qui indiquent la dureté dans l'expression du visage, sont très atténuées, surtout chez la femme. A cette race se rattachent les crânes de la Madeleine (vallée de la Vézère), de Solutré, de Grenelle (quaternaire supérieur, époque du mammouth). A ce moment apparaît la race de Furfooz (Belgique), dont les types actuels sont peut-être les représentants. Quant aux races actuelles, elles comprennent : la race *blanche* ou *caucasique* ; la race *jaune, mongolique* et *malaise* ; la race *noire* ou *éthiopique* ; la race *rouge* ou *américaine*.

Radiolaires, *lat. radius*, rayon. Rhizopodes marins fossiles et actuels à capsule centrale, à pseudopodes rayonnants sur toute la périphérie du corps. Le plus souvent un squelette *siliceux*, calcaire chez les foraminifères. Formes extraordinairement petites. On ne connaît pas de radiolaires des couches paléozoïques ; quelques formes dans le trias et le jurassique ; mais des couches tertiaires ont fourni des squelettes en bon état, nombreux et variés. Telles sont les couches des Barbades et des îles de Nicobar. Le tripoli de Grotte, province de Girgenti, Sicile, de l'étage tortonien, est riche en radiolaires. V. Tripoli.

Les noctiluques, les globigérines, les radiolaires font partie de la faune dite *pélagique*, parce que ces animaux microscopiques voyagent par grandes bandes ; leur nombre s'élève à des milliards d'individus et ils peuvent ainsi recouvrir de grandes étendues en mer. En outre, les noctiluques sont photogènes, c'est-à-dire phosphorescents. Ils dégagent une gerbe d'étincelles quand ils viennent à s'entrechoquer.

Radiolites. V. Rudistes. **Ragagé**. V. Caverne. **Raisin des tropiques**. V. Courants marins. **Rapilli**. V. Lapilli. **Rauchwacke**. V. Dolomie. **Rauracien**. V. Corallien. **Regard**. V. Faille.

Renne, *anglo-saxon, hran ; César, rheno ou reno ; lat. tarandus.* Les rennes, les cervidés, les équidés, les pachydermes, les carnassiers étaient très nombreux dans notre pays à l'époque quaternaire. M. Piette estime à plus de 3,000 le nombre des rennes que ses fouilles ont ramenés au jour dans les cavernes du midi de la France. Ne vivent plus actuellement que dans le Nord de l'Europe. V. Quaternaire.

Reptiles, *de repere, ramper.* Vertébrés écailleux ou cuirassés, pourvus ou non de quatre membres (marche, saut, vol, natation). Crâne incomplètement ossifié ; respiration pulmonaire, température variable ; ovipares en général. Forment actuellement 5 classes, savoir : les RHYNCHOCÉPHALES, marcheurs ; organisation primitive ; mâchoire supérieure formant bec. Un seul genre vivant dans la Nouvelle-Zélande. Genre fossile, *rhynchosaurus*, trias d'Angleterre ; 2° les CHÉLONIENS, marcheurs ou nageurs ; carapace osseuse ; gaîne cornée recouvrant les mâchoires ; 3° et 4° les LÉPIDOSAURIENS, *gr. lepis, écaille*, qui sont couverts d'écailles. Avec membres, ce sont les SAURIENS ; sans membres, les OPHIDIENS ou serpents ; 5° les CROCODILIENS, marcheurs ou nageurs ; plaques osseuses sur le dos ; dents logées dans des alvéoles.

Les reptiles fossiles se répartissent aussi en 5 classes, savoir : 1° les ANOMODONTES, *gr. a. priv. ; omos, semblable* ; qui ont des dents dissemblables ; marcheurs. Tel était le *dicynodon* ; 2° et 3° les ÉNALIOSAURIENS, *gr. énalios, marin* ; marins avec pattes transformées en palettes natatoires et qui comprennent : les ICHTHYOPTÉRIGIENS qui ont 1 ou 2 vertèbres cervicales, une queue longue et les dents logées dans des rigoles ; tel était l'*ichthyosaure* ; les SAUROPTÉRYGIENS, *gr. pterux, oiseau* ou *oiseaux reptiles*, comme le plésiosaure. Le *nothosaure, gr. nothos, mésallié*, du trias d'Allemagne, avait les pattes pourvues de griffes ; 4° les PTÉROSAURIENS, *gr. pteron. aile* ou *sauriens ailés*, volants. L'aile allait du 5° doig antérieur très allongé au membre postérieur et à la queue. Tels étaient le *pterodactyle*, le *rhamphorhynchus*, le *pteranodon* ; 5° les DINOSAURIENS, (V.), marcheurs ou sauteurs ; marche quadrupède ou bipède.

Les reptiles dérivent des stégocéphales ; apparaissent à l'époque permienne et ont leur apogée au jurassique. Les ophidiens n'arrivent qu'au crétacé. A l'ère tertiaire, les énaliosauriens, les ptérosauriens et les dinosauriens ont disparu.

La science qui s'occupe des reptiles est l'ERPÉTOLOGIE, *gr. erpeton, reptile*.

Requiénies, de *Requien*, naturaliste français, né à Avignon, 1788-1851. Ce sont les caprotines ou caprines des anciens auteurs. Mollusques lamellibranches, famille des chamacés (diceras, chama, caprines et caprotines). La valve inférieure est contournée en spirale, tandis que la valve supérieure est presque operculiforme. Il y en a deux espèces dans le néocomien. *Calc. à requiénies.* V. Néocomien.

Rétinite. V. Pechstein.

Révinien, de *Revin,* dans les Ardennes. Dumont A. 1847. Etage du cambrien des Ardennes.

Rhamphorhynchus, *gr. rhamphos, crochu; rynchos, bec.* Genre de reptiles fossiles des schistes lithographiques. Avaient le bec garni de dents, comme le ptérodactyle, une longue queue vertébrée et des ailes dont l'envergure mesurait 6 mètres chez l'ornithocheirus.

Rhénan, du *nom propre Rhin.* Dumont A. Série inférieure du système dévonien dans le bassin du Rhin et de la Meuse. Gosselet dit : Etant donné que le rhénan du Condros et du Brabant contient les fossiles du silurien d'Angleterre, tandis que le rhénan de l'Ardenne appartient par ses fossiles au dévonien supérieur, le nom de rhénan devrait être abandonné comme s'appliquant à deux terrains différents et faisant double emploi avec les dénominations anglaises acceptées par tous les géologues.

Rhétien. V. Liasique (système).

Rhinocéros, *gr. rhinos, nez; keras, corne.* Pachyderme lourd, de grande taille, forte cuirasse cutanée, 1 ou 2 cornes épidermiques portées par les os nasaux. Ceux de Java et des Indes n'ont qu'une corne; ceux d'Afrique en ont deux. Le *r. tichorhynus* fossile avait la peau recouverte de pores. Une autre espèce, l'*acerotherium,* du miocène, n'avait pas de corne.

Rhodanien, de *Rhodanus, Rhône.* Renevier, 1854. Pour des couches superposées à l'*urgonien* ou *barrémien* maintenant, et caractérisées par l'*heteraster oblongus* (oursin). Ces couches arrivent à l'aptien. A la perte du Rhône, l'urgonien a plus de 300 m. d'épaisseur visible : calcaires blancs, friables, alternant avec des calcaires gris compacts.

Rhynchonelle, *gr. rhyncos, bec; petit bec,* Fischer. Brachiopode fossile, depuis le silurien, et actuel; coquille fibreuse bombée, à plis rayonnants. V. Brachiopodes.

Rias. V. Fjord.

Roches. En géologie on donne le nom de roches à tous les matériaux simples ou composés, qui constituent la croûte terrestre : terre végétale, sables, argile, craie, calcaire, houille, granite, etc. On laisse donc de côté la question de dureté que comporte le langage ordinaire. Toutes les roches se rangent en deux grandes séries : 1° celles qui se présentent en couches ou strates parallèles, plus ou moins horizontales, et qui contiennent des fossiles; 2° celles qui se montrent en forme massive, traversant les précédentes ou les recouvrant en certains points et dans lesquelles on n'a jamais trouvé de fossiles. Les premières proviennent du travail des eaux : ce sont les roches STRATIFIÉES ou SÉDIMENTAIRES ou NEPTUNIENNES, ou *d'origine externe*. Les autres sont *d'origine interne* et proviennent d'épanchements et d'éruptions de bas en haut ; ce sont les roches ÉRUPTIVES ou CRISTALLINES, ou PLUTONIENNES: Elles sont appelées cristallines parce qu'elles contiennent des *cristaux*, c'est à-dire de petits corps à formes géométriques limitées par des faces planes et dont la cassure se fait suivant de nouvelles faces planes. Le type de ces roches est le *granite* qui est entièrement formé de cristaux visibles à l'œil nu ; et par suite toutes les roches qui présentent cette structure sont dites *granitoïdes* ou *holocristallines*, autrement dit entièrement cristallines. Mais il peut arriver que certaines roches présentent des cristaux bien limités et bien formés, englobés dans une pâte dont les éléments sont aussi des cristaux tellement petits qu'ils ne deviennent plus visibles à l'œil nu : ce type est réalisé dans le *porphyre*; et c'est pourquoi les roches qui ont cette texture sont dites *porphyroïdes* Enfin, quand la roche ne présente pas de cristaux bien limités mais seulement dans la pâte amorphe des *cristallites* ou même quelques microlithes, on a le type *vitreux*, comme le *pechstein* ou *rétinite*, l'*obsidienne* et les *ponces*.

M. Michel Lévy a montré que les roches d'origine interne forment deux grandes séries, la première se rapportant à l'ère primaire et la seconde à l'ère tertiaire. Pendant toute l'ère secondaire l'activité interne a sommeillé. La série ancienne est constituée par des roches *granitoïdes*, c'est-à-dire offrant la structure du granite : elles sont entièrement formées de cristaux visibles à l'œil nu. En outre, elle sont *acides* ou *légères* c'est-à-dire riches en silice. Au contraire les roches de la série moderne ne présentent à l'œil nu que quelques cristaux semés dans une pâte qui paraît non cristallisée, autrement dit, amorphe. Mais en examinant au microscope une lamelle de ces roches, préalablement usée et polie à la meule de façon à n'avoir que quelques centièmes de millimètre d'épaisseur, on constate qu'en réalité la pâte englobante renferme une multitude de cristaux bacillaires infiniment petits. En un mot, ce sont des roches *microlithiques*. De plus, elles se montrent souvent criblées de vacuoles comme s'il y avait eu des dégagements de gaz dans la masse en fusion. A ce caractère volcanique se joint en outre une teneur en silice moindre : ce sont donc des roches *lourdes*, basiques ou neutres.

Beaucoup de roches de ces deux séries ayant subi, après leur formation, des modifications considérables par action réciproque, il en résulte un groupe de roches particulières que l'on appelle *métamorphiques*.

Enfin il est des roches qui sont cristallisées et dépourvues de fossiles comme les roches cristallines mais dont les éléments sont stratifiés comme les roches sédimentaires. Par suite de cette nature mixte on leur a donné le nom de *cristallophyllien-*

nes (*cristallum*, cristal ; *phullon*, feuille). Tels sont les *gneiss*, les *micaschistes* et les *schistes cristallins*.

ROCHES SÉDIMENTAIRES. Leurs éléments principaux étant la silice, l'argile et le calcaire, on a les 4 groupes suivants :

1° R. SILICEUSES qui sont ou *d'origine détritique* comme le sable, les conglomérats, les grès ; ou *d'origine chimique* comme les silex, les meulières ; ou *d'origine organique* comme le tripoli ;

2° R. ARGILEUSES, comme les argiles, le kaolin, l'ocre et les ardoises :

3° R. CALCAIRES, qui sont ou *d'origine organique*, comme la craie, le calcaire grossier, etc.; ou *d'origine chimique* comme les travertins et les tufs.

4° R. DIVERSES, qui sont ou *d'origine organique*, comme les récifs coralligènes, l'anthracite, la houille, le lignite, la tourbe, les résines fossiles ; ou *d'origine chimique*, comme le sel gemme, le gypse, les phosphates.

ROCHES ÉRUPTIVES. On peut les grouper de la manière suivante :

1° *granitiques* : granite, granulite, pegmatite, syénite, protogyne, quartz éruptif.

2° *porphyriques*, qui sont feldspathiques ou magnésiennes : porphyres, amphibolites, euphotides, serpentines, etc.

3° *volcaniques*, qui sont ou *trachytiques* comme les trachytes et les phonolithes, ou *basaltiques*, comme les basaltes, ou *laviques*, comme les laves et le soufre.

Au point de vue de la teneur en silice, les roches éruptives se rangent en :

1° R. ACIDES OU LÉGÈRES, silice 66 à 68 °/₀ ; sont de couleur claire en général. Et ou distingue, parmi les roches anciennes, le granite, la granulite, la pegmatite, la protogyne, l'elvan, etc.; et parmi les roches modernes, les liparites, les rétinites, les pegmatites modernes.

2° R. NEUTRES, 55 à 65 °/₀ de silice. Elles comprennent, dans les roches anciennes, la kersantite, la syénite, la minette, etc., et dans les roches modernes, les trachytes, la domite, les phonolithes, les andésites, les leucitophyres.

3° R. BASIQUES OU LOURDES, 40 à 55 °/₀ de silice ; couleur foncée, noire ou verte, tournant au rouge par oxydation à l'air. Parmi les roches anciennes : gabbros, diorites, mélaphyres, trapp, euphotide, ophite. Parmi les roches modernes : euphotide et serpentine modernes, dolérite, basalte et laves.

Les éléments constituants principaux des roches éruptives sont le quartz, le feldspath, le mica, l'amphibole, le pyroxène, le péridot.

Rogenstein, *all, rogen, œufs de poisson ; stein, pierre*. V. Grès bigarrés.

Rognon, *lat. renio ; de ren, rein*. Masse minérale plus ou moins arrondie qu'on trouve incluse dans une roche de nature différente. V. Chailles.

Rostellaires. V. Strombidés.

Rubis. *lat. rubeus, rouge*. Les rubis sont des pierres précieuses de couleur rouge. Le r. *oriental* est le corindon rouge cramoisi, c'est-à-dire une variété d'alumine cristallisée. Quand il y a alumine et magnésie, c'est le genre *spinelle*, de couleur variable ; rouge foncé, c'est le r. *spinelle* ; rose, le r. *balais* ; jaune d'or, le *rubicelle*, etc. Les rubis sont infusibles et ne sont pas attaqués par l'acide fluorhydrique.

Rudistes, *lat. rudis, brut, non poli*. Mollusques lamellibranches à coquille épaisse, fixés par le sommet de la valve droite qui est conique ; la valve gauche est peu élevée, souvent operculiforme, engrenée par de fortes dents dans l'autre valve et ne peut, par suite, se mouvoir que verticalement. L'époque crétacée est caractérisée par ces lamellibranches avec les familles *sphérulite*, *radiolite* et *hippurite*. Il ont succédé aux *chamacés* comprenant les genres *requiénie*, *cuprine* et *caprotine*. Tous ces mollusques ont joué un grand rôle dans les formations calcaires de la période secondaire. V. Hippurites.

Ruissellement. Ecoulement superficiel des eaux pluviales qui se rendent aux thalwegs directement en suivant la ligne de plus grande pente quand le sol est imperméable ou la pente assez forte. Si une région présente beaucoup de petits cours d'eau sinueux, peu importants, c'est une preuve que le sol de cette région est peu perméable. Par suite du ruissellement il se produit des érosions et les matériaux charriés diminuent la pente du versant. C'est pourquoi l'on peut dire que les pluies aplatissent tous les versants par le travail des eaux boueuses, les dépôts et le limon qui en résultent. C'est à des ruissellements qu'est due la création des *blocs perchés*, des *pyramides de fées* ou *cheminées des fées*. (*Saint-Gervais (Savoie)*, *Colorado*). Parfois le même phénomène se produit dans des roches et on a ainsi des *piliers* d'une hauteur plus ou moins grandes ou des roches à aspect *ruiniforme*.

Ruz, *dialecte suisse ; de l'all. risz, déchirure*. Dans le Jura suisse, on donne le nom de *ruz* aux vallons ou gorges qui descendent des lignes de faîte dans les grandes vallées longitudinales ou *combes*. Ils sont encombrés des débris écroulés du haut des murailles rocheuses. Les ruz sont des cluses incomplètes, c'est-à-dire que la fracture en travers ne s'est produite que d'un côté de l'axe de la montagne.

S

Sable, *lat. sabulum*. Les sables résultent de la désagrégation des roches quartzeuses et siliceuses; sont très répandus soit à la surface, soit à l'intérieur des terres. Les mers et les fleuves en charrient : *bancs, barres, dunes, landes*. On en trouve d'immenses quantités en certaines contrées, *déserts, steppes*. La décomposition des herbes a parfois modifié, sur de grandes étendues, la composition du sol des steppes en produisant une *terre noire* ou *tchernozem* de Russie (95 millions d'hectares, entre les Carpathes et l'Oural, très fertiles et très faciles à travailler). Les *grès* sont des agrégats de grains de sable. Les carrières de sable sont fréquentes dans les terrains d'alluvion. Ce sable est toujours mélangé à de l'argile : sable *gras* ou *terreux*. Le sable entre dans la composition du mortier, sert à la fabrication des verres noirs, des verres de bouteilles et des moules dans les fonderies. Le *sablon* est le sable quartzeux le plus pur : fabrication du verre blanc. *Sables verts*. V. Albien.

Salière. V. Druse. **Saliférien** (Étage), *lat. sal, sel*; et *fero, je contiens* (d'Orbigny, 1849). V. Triasique (Série).

Salse ou **Salze**, *lat. salsus, salé*. Petites collines d'argile donnant des épanchements, plus ou moins continus, de boue un peu salée, d'où le nom de *volcans de boue*. Cette boue est amenée par des gaz, acide carbonique, hydrogène protocarboné, formant à la surface des ampoules qui crèvent : d'où encore les noms de *volcans d'air* ou *maccalube* qu'ils reçoivent en Sicile, (Girgenti). Ces volcans forment des cônes peu élevés, de quelques mètres au plus. Leur eau est froide et comme elle est légèrement salée on les nomme encore *salinelle* ; cette eau contient parfois du pétrole. Il existe des salses près de Modène ; sur les bords de la mer Caspienne ; à Java, etc. Les plus remarquables sont ceux du Caucase où la hauteur des cônes atteint parfois près de 400 m. : Bakou, Taman, etc. Ils donnent des gaz combustibles que l'on utilise pour le chauffage, l'éclairage, la récolte du pétrole. V. Pétrole. Les salses sont fréquents dans les Apennins. Près de la route de Bologne à Florence, les gaz combustibles arrivent au jour dans un sol sec et pierreux et donnent lieu aux *terrains ardents* quand on y met le feu. Parfois le dégagement se fait dans l'eau comme à Poretta et on a ainsi des *fontaines ardentes* avec forte odeur de pétrole.

Sanguine. V. Ocre. **Sanidine.** V. Feldspath. **Sannoisien.** V. Tongrien.

Sansan. Les couches d'eau douce (miocène) de Sansan près d'Auch, Gers, ont été fouillées par Lartet en 1837.

Saphir, *lat. saphirus*, Pierre précieuse de couleur bleue ; variété de corindon. Les saphirs de Ceylan et de l'Inde sont les plus beaux.

Sardoine. V. Agate.

Sarmatien, de *l'antique Sarmatie*, Barbot de Marny, 1869. 4ᵉ étage de la série miocène étudié spécialement dans le bassin de Vienne (Autriche) où il est caractérisé par des couches saumâtres, sables et marnes, à *cérithes* ; est recouvert par les couches à *congéries* de l'étage *pontien*.

Saussurite. V. Jade. **Savon des montagnes.** V. Argile.

Saxonien. V. Permien. **Scaphite.** V. Ammonites.

Schiste, *gr. schistein, fendre*. Roches argileuses ainsi nommées parce qu'elles se divisent en feuillets minces ; en outre ne se délaient pas dans l'eau. Ont subi des pressions considérables. Le type est l'*ardoise*. Les fentes visibles se nomment *joints* et la fissilité a une direction toujours la même. Ce mouvement d'étirage s'est étendu aux fossiles inclus ; coquilles et trilobites.

On a remarqué dans les ardoises violettes de Fumay, en dehors des joints apparents, une seconde direction plane offrant une séparation facile, non visible, mais que les ouvriers connaissent et utilisent pour la division des blocs : c'est le *longrain*. En général, les schistes sont durs et fissiles ; quand ils peuvent fournir de minces plaquettes, ce sont les *phyllades, gr. phullon, feuille*, de couleur gris-foncé ordinairement. Leur dureté tient à ce que les éléments cristallins se sont joints aux éléments détritiques et sédimentaires. Les schistes qui passent aux phyllades sont les *phyllites* (M. Gümbel). On doit distinguer les sch. *satinés* ou *lustrés* de l'étage archéen ; le sch. *ardoisier* ou *tégulaire, lat. tegula, tuile* ; la *novaculite; l'ampélite* ; les sch. *bitumineux* (Autun); les sch. *alunifères* qui peuvent donner de l'alun (silurien inférieur de Scandinavie).

Sciarre. V. Cheire, Lave.

Scolithes. *gr. skolios, oblong, sinueux; lithos, pierre.* Tubes ou cylindres que l'on observe dans les grès des terrains primaires, par exemple dans les schistes rouge-amarante, près de Rennes. (Ces schistes ont là une puissance de 25 0 m. ; ils supportent le grès armoricain et reposent sur des poudingues pourprés de 500 m. qui s'appuient eux-mêmes sur les phyllades précambriens.) De Lapparent. Ces tubes sont encore appelés *tigillites*. Quelques-uns admettent qu'ils résultent de traces laissées par des vers marins semblables aux arénicoles. « Outre ces traces, on observe encore des cannelures très problématiques ». De Lapparent.

Secondaire (Ère). L'ère secondaire ou mésozoïque comprend la longue durée qui s'écoule depuis la purification complète de l'atmosphère et la fin de la première activité interne jusqu'au réveil de cette activité en Europe. Elle se rapporte donc à une grande période de repos pendant laquelle se sont effectués, au sein des océans tranquilles, de puissants dépôts de roches calcaires et argileuses. La végétation perd la puissance extraordinaire qu'elle avait à l'époque houillère et la prédominance appartient aux végétaux cycadées et conifères (*Règne des cycadées*). A la fin de l'ère secondaire apparaîtront les monocotylédones et les dicotylédones angiospermes qui auront la prépondérance dans l'ère tertiaire. Les reptiles vont régner en maîtres (*Règne des reptiles*), ayant pour descendants les oiseaux qui vont faire leur apparition ainsi que les mammifères imparfaits, les *didelphes* ou *marsupiaux*.

Dans les mers les brachiopodes diminuent, les mollusques lamellibranches prédominent, ainsi que les céphalopodes avec la famille considérable des *ammonitidés*, lesquels, par leurs transformations, caractériseront les diverses phases de cette ère secondaire et ne lui survivront pas Les poissons vont s'enrichir d'un nouveau type, les *téléostéens*, ou poissons à squelette osseux.

L'ère secondaire comporte les trois grands systèmes *triasique, jurassique, crétacique* ou *crétacé*.

Sédiments. V. Dépôts. **Ségalas.** V. Causses. **Séismographe.** V. Sismographe. **Sélénite.** V. Gypse.

Sel gemme, *lat. gemma, pierre* ou sel *marin*, parce qu'on le retire de l'eau de mer. V. Marais salants. C'est le chlorure de sodium, 40 % de sodium, 60 de chlore ; cristallise en cubes ; densité 2,2 ; dureté 2 ; soluble (ans quatre parties d'eau. Le sel gemme se présente en masses incolores ou colorées en bleu ou en vert par des sels de cuivre, en rouge par du fer oligiste. Il constitue des amas considérables enfermés dans des marnes et des argiles qui le protègent contre l'action dissolvante des eaux souterraines, mais jamais complètement ; par suite, ces amas donnent des sources salées plus ou moins importantes. Ces amas de sel gemme (Jeannetaz, les *Roches*) existent dans le silurien en Amérique ; dans le permien en Allemagne (mine de Stassfurt, près de Magdebourg), et au Mansfeld, dans le gouvernement de Perm ; dans le zechstein de Thuringe ; dans le trias inférieur du Tyrol et le muschelkalk du Wurtemberg. Il forme des amas étendus et puissants dans les marnes irisées en Angleterre et à Bex, en Suisse ; en France, dans le Jura et la Lorraine ; en Algérie, dans le crétacé ; à Vieliczka (Pologne) ; en Catalogne, dans le miocène (époque des mollasses). Il se rencontre aussi parmi les masses rejetées par les volcans actuels ; enfin, en amas énormes en Asie et dans les déserts de l'Afrique. C'est lui qui donne leur salure aux mers et à beaucoup de lacs.

Si l'on veut avoir, dit M. Debray (Chimie), une idée de la profusion avec laquelle le sodium est répandu dans la nature, il faut se figurer que les gisements de sel gemme connus soient rassemblés en un seul point du globe. Ils couvriraient une étendue de 30 lieues de long, 20 de large, sur une épaisseur de 100 m. Cette masse de sel qui contiendrait environ 900 milliards de m. cubes ne représente pas la 200° partie de la quantité de sel contenue dans l'eau de mer (27 kg. environ par m. c.). V. Gypse.

Selle, *lat. sella pour sedla.* V. Anticlinal.

Sénonien , *de Senones, Sens,* d'Orbigny, 1843. C'est le 22° étage de d'Orbigny entre le *turonien* au-dessous et le *danien* au-dessus ; est devenu le 3° étage du supracrétacé, puis a été remplacé (de Lapparent, 1894) par les deux étages *emschérien* et *aturien* (V. Crétacique, système). Régime marin extrêmement calme, propice aux globigérines. Craie blanche, tendre, parfois traçante. On l'emploie au marnage des terres, à la fabrication de la chaux et de l'acide carbonique pour les sucreries. Cet étage affleure en Champagne, avec le turonien, en vastes plaines ondulées qui constituent la Champagne pouilleuse. Craie à *micraster*. Craie d'Epernay, de Reims, de Meudon. Tuffeau de Maestricht. Craie de Chaumont et de Blois. Craie à silex et spongiaires de la Touraine. En Provence, calcaire à rudistes et lignites de Fuveau.

Sépia. V. Poche d'encre.

Septaria, *lat. sepio, enclos*. Concrétions calcaires des argiles dans lesquelles le retrait a fait naître postérieurement à la consolidation des fentes rayonnantes ou concentriques tapissées de matières cristallines (De Lapparent).

Séquanien, de *Sequana, Seine*. Marcou, 1818. Etage entre l'*oxfordien* au-dessous et le *kimeridgien* au-dessus; correspond au corallien de d'Orbigny. Il comprend les deux sous-étages: *rauracien et astartien*. Dans le Jura, calcaire à astartes (astartien); dans le bassin du Rhône, calcaire de la Porte de France (Grenoble) qui est exploité pour chaux hydraulique et ciment. C'est un calcaire argileux noir en bancs minces avec feuillets marneux. On donne aussi ce nom à des calcaires compacts en gros bancs exploités autrefois comme pierre de taille et dont la puissance est de 120 m.; ils sont riches en matières bitumineuses et pauvres en fossiles (amm., bélemnites, aptychus).

Séraphin. C'est le pterygotus. V. Eurypterides. On le trouve dans le vieux grès rouge d'Ecosse, dévonien; il est remarquable par sa taille de 4 pieds de long et les ouvriers l'appellent séraphin à cause de ses paires de pattes, les premières munies de pinces, qu'ils comparent à des ailes d'ange.

Séricite, *lat. sericum, soie*, à cause de son éclat soyeux; est un mica potassique ferro-magnésien verdâtre ou vert-jaunâtre que l'on a pris longtemps pour du talc à cause de son toucher onctueux, mais elle s'en distingue par sa teneur en potasse, plus de 11 %. La séricite constitue les schistes qu'on appelait autrefois talcschistes, talcites ou stéaschistes. Ces schistes sont luisants, satinés, très fissiles.

Série sédimentaire. Voici les divisions adoptées par le congrès géologique de Bologne, 1881.

La stratigraphie distingue en dernière analyse les *lits, couches* ou *strates*, caractérisés par la constance de leurs caractères minéralogiques et leurs fossiles. Ces couches forment des *horizons* qu'on désigne par le nom de l'espèce fossile la plus typique.

Plusieurs couches possédant des caractères communs se groupent en une *assise* dont la faune est caractéristique d'un *âge* déterminé. Les subdivisions homogènes des assises se succédant les unes aux autres à la manière des zones d'une agate ou d'un jaspe, on les désigne souvent, au point de vue paléontologique, sous le nom de *zones* qu'on définit par l'adjonction du nom du fossile dominant.

Les assises, à leur tour, peuvent être réunies en *étages*, correspondant à des *époques*, sauf à y introduire des subdivisions qui sont les *sous-étages*.

Une réunion de plusieurs étages constitue un *système* ou *terrain*, embrassant, dans le temps, toute une *période*. Ainsi, le système des terrains siluriens correspond à la période silurienne, etc.

Enfin, les systèmes eux-mêmes peuvent former par leur réunion de grands *groupes* dont chacun représente l'ensemble des sédiments qui se sont déposés pendant une *ère* déterminée.

Serpentine ou **Ophite**, gr. *ophis, serpent*, parce que les anciens la regardaient comme le meilleur antidote contre la morsure venimeuse des serpents (Jeannetaz). Roche qui se compose de silicate de magnésie, d'un peu d'oxyde de fer, d'alumine et d'eau; texture compacte, schisteuse, cassure écailleuse; tendre et douce au toucher et prenant un poli gras. Couleurs diverses, du vert au noir, produisant des taches ou bandes vertes comme la peau des serpents. Elle forme des amas dans les schistes cristallisés et a donné des filons et des dykes qui ont traversé les couches sédimentaires pour venir se fondre avec les gabbros. Elle résiste à l'action des agents atmosphériques et ne donne aucune végétation. Nouvelle-Calédonie. Dans les Alpes, les habitants appellent *monts morts* les massifs qui en sont composés. Bretagne, Limousin, Alpes, etc.

En modifiant les calcaires, les serpentines ont donné les marbres serpentineux, si remarquables, et les dolomies. Dans leur voisinage, on trouve fréquemment le gypse et elles accompagnent souvent les dépôts de minerais de fer, surtout le fer magnétique ou leur servent de gisement. Avec les serpentines pures et de couleurs vives, on fait des tables, des plaques, des colonnes, des vases, etc., d'un assez bel effet. V. Ollaire, Talc.

Serpula, *lat. serpula, serpent*. Annélides marines dont on trouve les tubes en abondance dans les marnes du terrain éocène des falaises de Biarritz. Ces tubes calcaires, de formes très variables, sont libres ou fixés, isolés ou groupés; on en connaît depuis le silurien, dans le carbonifère, le trias, le lias; leur nombre augmente dans le jurassique et le crétacé. Les espèces tertiaires deviennent nombreuses et, dans la formation nummulitique, la *serpula spirulea* caractérise un horizon.

Sicilien, de *Sicile*, Doderlein, 1870. 3° étage (le dernier, du pliocène) établi pour des couches argileuses de Sicile, et les calcaires de Palerme, remarquables en ce qu'ils contiennent des mollusques ne vivant aujourd'hui que dans les mers froides du nord. La puissance du pliocène en Sicile est de 600 m. Les sables du Val d'Arno appartiennent au sicilien ainsi que les couches de Chagny, argilo-sableuses à *elephas meridionalis* et *elephas antiquus*, et les dépôts de la Bresse. Ces derniers consistent en marnes et sables avec couches de cailloux roulés (*alluvions anciennes*).

Sidérolithique. V. Eocène.

Sigillaire, *lat. sigillaria, de sigillum, sceau*, à cause des cicatrices régulièrement espacées sur le tronc et qui étaient la base des feuilles. Ces végétaux avaient des racines puissantes avec de nombreuses radicules (stigmaria), se dressaient à de grandes hauteurs en forme de colonnes; les bases de ces tiges, élargies, implantées dans les couches de houille perpendiculairement à leur surface, constituent les *cloches* des mineurs, sorte de bornes coniques dont la chute produit parfois des accidents. C'est sous l'écorce épaisse des sigillaires qu'on a trouvé des pupas fossiles.

Silex, *lat, silex, pierre dure*. Les silex, variété de calcédoine très compacte, sont essentiellement composés de silice, laquelle s'est concentrée autour d'un corps organisé et a produit des rognons plus ou moins volumineux. Densité 2,59 à 2,61 ; couleur : gris, jaune, brun, noir. Les chailles du jurassique ont souvent pour noyau un crustacé. Rognons et chailles sont alignés en cordons suivant les plans de stratification. Les cordons de silex des falaises crayeuses donnent les galets. (V). Le silex *pyromaque*, gr. ¡ur, feu ; *make, combat*, ou *pierre à fusil* donne des étincelles au briquet, parce que des parcelles de fer sont détachées par le choc et rendues incandescentes par le frottement. V. Pyrite. Les silex du Cher donnaient les meilleures pierres à fusil. Les hommes primitifs ont fait en silex des haches, des couteaux, des râcloirs, etc. Un bloc volumineux de roche granitique, par exemple, servait d'enclume sur laquelle l'ouvrier appuyait verticalement le nodule siliceux qu'il frappait avec un caillou dur; il détachait ainsi de longs éclats de formes diverses diminuant d'autant le *nucleus* ou *noyau*. Les éclats étaient ensuite triés et parachevés suivant la destination à laquelle ils se rapportaient le mieux par leur forme. C'est encore ainsi que procèdent les Fuégiens ou habitants de la Terre de Feu, à l'extrémité méridionale de l'Amérique du S. Les paléolithiques savaient trouver les gisements de silex dans les couches du jurassique ou dans la craie. Les néolithiques creusaient des tranchées ou des puits dans les couches de craie et se servaient pour cela de pics en bois de renne. On a trouvé à Obourg (Belgique) un de ces mineurs préhistoriques enseveli sous un éboûli dans une galerie.

On doit distinguer encore : le *silex corné* ou *hornstein* dont la cassure est surtout plate et ainsi nommé parce qu'il a l'aspect de la corne ; on le rencontre dans les dolomies du trias ; le *silex noir* ou *phtanite* qui abonde dans le calcaire carbonifère ; le *silex xyloïde*, gr. *xulon, bois*, ou bois silicifié ; le *silex molaire* ou pierre meulière (V.); les *ménilites*, couleur bleuâtre, abondants dans les marnes d'eau douce qui forment les collines de Ménilmontant, d'où leur nom; les *nectiques*, gr. *nêktês, qui nage*, que l'on trouve dans ces mêmes couches et qui peuvent, étant très poreux, flotter sur l'eau pendant un moment.

Silice. La silice ou acide silicique est composée de silicium 46 % et d'oxygène 53 % environ.

Elle se présente sous deux états différents : 1° insoluble dans les acides et les dissolutions alcalines, sauf l'acide fluorhydrique, *ne contient pas d'eau*, a une structure cristalline, den sité 2,6. C'est cette silice qui compose le quartz hyalin, les agates et les jaspes ; 2° amorphe, soluble non seulement dans l'acide fluorhydrique et la potasse en fusion, mais encore dans les dissolutions alcalines bouillantes, rarement transparente, *contient de l'eau*, densité 2,2 au plus. C'est elle qui constitue les *opales*. V. Opale.

Une nouvelle espèce de silice cristallisée est la *tridymite* qui a pour densité 2,2 ; ne se rencontre que dans les roches volcaniques. V. Diatomées, Tripoli, Geysérite.

La silice entre dans la composition de beaucoup de roches, roches *silicatées*, qui se divisent en deux groupes : dans le premier, les roches sont riches en oxydes métalliques : ce sont les roches *lourdes* ou *basiques*; dans le deuxième, la silice domine ; elles sont plus légères ; ce sont les roches *acides*. V. Acides.

La silice étant inaltérable a été l'instrument par excellence de la consolidation de l'écorce terrestre.

Silicicoles. On nomme plantes silicicoles celles qui se plaisent dans les terrains siliceux. Ex. Châtaigniers, Digitale, etc.

Silurien (Système), des *Silures, anciens habitants du Pays de Galles* (époque gallo-romaine), Murchison, 1835. Le terrain silurien est remarquable par la faune très uniforme qu'il offre dans tous les pays où il a été étudié et que Barrande, en 1846, a divisée en trois groupes : la *faune primordiale*, riche en trilobites et en lingules, la *faune seconde* où dominent encore les trilobites avec quelques céphalopodes, et la *faune troisième* très riche en céphalopodes et en trilobites particuliers (calymènes, trinucleus, acidaspis).

D'après cela, on divise le système silurien en trois étages: le *cambrien* ou étage inférieur, l'*ordovicien* ou étage moyen et le *gothlandien* ou étage supérieur. V. Cambrien. C'est à l'ordovicien qu'apparaissent les poissons; ce sont des *ganoïdes*. La faune de l'ordovicien et du gothlandien comprend : des trilobites : *calymènes* et *ogygies*; des crustacés, *pterigotus* ; des céphalopodes abondants , *nautilus, orthoceras, cyrthoceras, trochoceras* ; des gastéropodes : *pleurotomaria* ; des brachiopodes *orthis, spirifer, rhynchonelles* ; des lamellibranches mais en moins grand nombre, *avicula* ; des crinoïdes, *cystidées* ; des hydrozoaires, *graptolithes* (qui ne dépassent pas le gothlandien) ; des polypiers, *halysite* et enfin les curieux *scolithus* et *bilobites*. On doit être frappé de la richesse de cette faune et de sa perfection relative rapide; et on peut conclure qu'une très longue durée a dû s'écouler depuis l'époque archéenne et que beaucoup de types primitifs ne sont probablement pas connus. La flore est pauvre, quelques lycopodiacées, et cela tient sans doute à la petitesse des continents. Les mers siluriennes sont, en effet, très étendues et comme les dépôts qu'elles ont donnés présentent toutes les espèces de roches sédimentaires, c'est-à-dire grès, conglomérats, schistes, argiles et calcaires, on peut admettre qu'elles possédaient déjà la composition qu'elles présentent actuellement : ce qui, en outre, ressort de la faune ci-dessus. Les dépôts siluriens sont donc très répandus ; on les observe dans les points où ils ont émergé plus tard : Angleterre, Écosse, Bohême (où ils ont été très bien étudiés par le français Barrande), Bretagne, Normandie (grès armoricain), Ardennes, Pyrénées, Meuse, Hérault, Terre-Neuve, Amérique.

C'est au silurien qu'appartiennent les ardoises d'Angers, de Fumay (violettes) ; les grès blancs des crêtes de la Bretagne, les porphyres de Lessines (Hainaut, Belgique), exploités à ciel ouvert : les quartzites des Ardennes ; les filons de cuivre et d'argent du lac Supérieur (Amériq. du N.); les filons d'argent du Hartz ; le cinabre (minerai de mercure) d'Almaden. C'est pendant la période silurienne que se sont formées les chaînes calédoniennes, en Écosse.

Barrande désignait les étages du silurien de Bohême de la manière suivante : A, B, fondation azoïque fondamentale ; C, étage primordial; D, silurien inférieur; E, F, G, H, silurien supérieur. En E, les céphalopodes jouent le rôle principal et se sont encore déposés dans une eau assez profonde, tandis que les couches de F sont de véritables formations littorales, à cause de leurs nombreux coraux et brachiopodes.

Simosaurus, *gr. simos, camard* ; *saurus, reptile*. Reptile voisin du plésiosaure ; on le trouve dans les lettenkohle c'est-à-dire les bancs de charbon du keuper inférieur.

Sinémurien. V. Liasique (Système).

Singes. V. Anthropoïdes.

Sismographe, *gr. sismos, choc, tremblement ; grapho, j'écris*. Le sismographe ou séismographe est un instrument enregistreur à l'aide duquel on mesure l'intensité des oscillations produites par les secousses ou les tremblements de terre. On dit aussi séismomètre. Un des plus anciens est celui de Cacciatore ; c'est une cuve à mercure qui, au moindre choc, déverse ce liquide dans des godets. Un autre consiste en un pendule qui peut osciller dans toutes les directions et dont la pointe trace un sillon dans une couche de sable. Robert Budge, de Valparaiso, a imaginé un pendule vertical renversé dont la tige flexible porte, vers sa base, une crémaillère dans les dents de laquelle vient s'implanter un arrêt. Si une secousse se produit, le pendule bascule et l'arrêt descend de quelques dents. En plaçant dans deux plans verticaux perpendiculaires l'un à l'autre deux pendules de ce genre on peut, par une construction géométrique, obtenir la direction dans laquelle la secousse s'est propagée.

Des instruments spéciaux, *microséismographes* ou *tromomètres, gr. tromos, tremblement,* montrent que l'écorce terrestre éprouve constamment des vibrations ou frémissements plus ou moins forts.

Sivatherium, *siva, idole* ; *therion, bête sauvage*. Le plus grand de tous les cerfs dont les ossements ont été trouvés aux monts Siwalik dans les Indes. Blainville rapportait ce fossile aux antilopes et Geoffroy-Saint-Hilaire aux girafes. V. Pliocène et Cerfs.

Smectique. V. Argile.

Sodium, *rat. soda, soude*. Métal isolé pour la première fois par Davy, en 1807, en décomposant son oxyde, la soude, par la pile. Le sodium a pour densité 0,97 ; il est mou, très malléable, s'oxyde au contact de l'air et par suite doit être conservé dans l'huile de naphte.

La soude est la base des savons durs.

Solfatare, *italien solfatara, soufrière*. Une solfatare ou *soufrière*, est un volcan qui n'émet plus de lave, mais laisse dégager, par des fissures et des crevasses, des vapeurs et des gaz, parmi lesquels se distingue surtout l'acide sulfureux. Par suite, il produit des dépôts de soufre sur les parois. « Le Vulcano, dans les îles Lipari, dit M. Vélain, est réduit à l'état de solfatare depuis son éruption de 1786 : les vapeurs qu'il produit par torrents s'échappent avec des sifflements aigus et consistent en eau mélangée d'hydrogène sulfuré. A son arrivée à l'air, ce dernier se décompose : son hydrogène forme de l'eau avec l'oxygène de l'air et une partie du soufre se dépose. Les produits sulfureux de cette décomposition s'oxydent et se transforment en acide sulfurique qui attaque vivement les parois du cratère en donnant des sulfates (gypse et alun). Le Vulcano ne produit guère qu'une dizaine de tonnes de soufre par an, mais les solfatares de Sicile, que l'on exploite depuis des siècles, en fournissent au moins 200,000 tonnes chaque année au commerce.

La solfatare de Pouzzoles, ancien cône volcanique de 1 kil. de hauteur, près de Naples, semble en relation avec le Vésuve, attendu que son activité alterne avec celle de ce dernier. Le Chili possède de nombreuses solfatares ; de même l'Islande, le Mexique.

A Java, on appelle *vallée empoisonnée* la région que la solfatare occupe, et la quantité d'acide sulfureux dégagé est si grande qu'aucun animal ne peut en approcher. La plus grande solfatare connue est en Chine.

Sombrérite, *île de Sombrero, Indes*. Matière formée en grande partie de phosphate de chaux hydraté ; c'est une variété de guano.

Souci. V. Caverne. **Soufflard**. V. Lagoni.

Soulèvements. Les dépôts sédimentaires se produisent horizontalement par suite de la pesanteur ; par conséquent si des couches sédimentaires se présentent plus ou moins redressées c'est qu'elles ont subi, après leur formation, une action violente résultant ou de forces intérieures, gaz et vapeurs, ou de forces extérieures, pressions ; car, par suite du refroidissement du noyau central, l'écorce solide est obligée, pour rester constamment appuyée sur ce support qui diminue de volume, de racheter son excès d'ampleur par des plissements : elle s'abaisse en des points et s'élève en d'autres et il peut y avoir dislocation et fracture. Quelques savants pensent qu'au moment de la formation de la croûte de gneiss le rayon terrestre était double de ce qu'il est actuellement. M. Heim indique une diminution de 20 kilomètres pour la période tertiaire seule. Donc le relief actuel des massifs de roches primitives provient des plissements du gneiss pour continuer à s'appliquer sur le noyau intérieur qui se condensait. Plus tard, après la formation d'un certain nombre de couches sédimentaires, les énormes pressions variables résultant du poids de ces couches ont dû agir et on s'explique ainsi les *affaissements* ou *effondrements* qui se produisirent en quelques points occasionnant des *soulèvements* et des *plissements* en d'autres points par refoulement. La théorie des soulèvements seuls, soutenue par L. de Buch, est maintenant abandonnée parce qu'on ne peut citer un seul exemple d'une roche d'origine interne ayant provoqué un soulèvement. M. Daubrée a reproduit expérimentalement les diverses sortes de plissements en opérant sur une lame flexible d'épaisseur uniforme puis d'épaisseur inégale, chargée également en ses différents points puis inégalement et pressée à ses deux extrémités.

La vallée du Rhin résulte d'un effondrement qui a produit en outre les deux massifs de la Forêt-Noire et des Vosges, lesquels ne faisaient d'abord qu'un tout. Ces môles ou butoirs restés ainsi en place sont les *horst* de M. Suess.

Il est bien évident qu'une chaîne s'est formée avant une autre s'il lui manque des couches sédimentaires que possède cette autre. Ainsi les Pyrénées se sont formées avant les Alpes parce qu'elles n'ont pas tous les sédiments que possèdent les Alpes.

Elie de Beaumont a constaté en outre que tous les dépôts sédimentaires redressés à la même époque ont fourni des chaînes de montagnes à *direction parallèle* et pour expliquer ce résultat il disait : les dislocations de la surface de la terre étant dues à la rupture par écrasement de la croûte solide, les alignements sont les *lignes de moindre résistance* que présentait cette croûte à chaque époque de dislocation ; et par suite on peut présumer que les lignes de rupture, s'appliquant à une matière sensiblement homogène, devaient se coordonner en un *réseau géométrique*. Or, on peut regarder la terre comme sphérique et tout alignement sur une sphère est la trace d'un grand cercle. Donc il s'agit de déterminer les systèmes de grands cercles permettant de diviser la surface d'une sphère en figures égales et régulières.

Parmi ces systèmes, Elie de Beaumont a choisi le *système pentagonal* c'est-à-dire qui réunit autour d'un même point cinq grands cercles, parce que, de tous les systèmes réalisables, c'est celui qui est le plus riche en éléments de *symétrie*. Et de là il a déduit un dodécaèdre pentagonal pour la figure de la croûte terrestre.

Or, les résultats fournis par ce système ne concordent pas avec la réalité ; la *symétrie* en question ne se vérifie pas ; c'est plutôt le contraire, car si l'une des extrémités d'un diamètre est un continent, l'autre extrémité est une mer en général. On a donc cherché d'autres systèmes ; et, en 1873, M. Green a exposé le système *tétraédrique* d'après lequel la masse solide terrestre aurait la forme d'un tétraèdre régulier tournant autour d'un de ses axes principaux (une hauteur prolongée), la masse des océans étant représentée par une sphère qui aurait pour centre le centre de gravité du tétraèdre. D'après cela, on a, dans l'hémisphère boréal, trois saillies continentales correspondant aux trois sommets de la base du tétraèdre ; une autre saillie continentale au quatrième sommet qui serait le pôle Sud et une mer libre au pôle Nord. Entre ces quatre saillies continentales on a, dans l'hémisphère austral, des océans largement représentés.

On doit reconnaître que cette ingénieuse conception qui, à la limite, fait ressembler à une toupie l'écorce solide terrestre, se rapproche assez de la configuration actuelle des continents et des mers.

Une autre remarque à faire, c'est que la hauteur des ondulations est d'autant plus forte que leur formation est plus récente. Ainsi au début ce sont de simples collines, puis viennent les Cévennes, les Pyrénées, les Alpes (Mont-Blanc, Mont-Rose) ; puis l'Etna ; plus tard l'Himalaya, la plus puissante chaîne du monde.

Voici, parmi les 85 systèmes de dislocation établis en dernier lieu par Élie de Beaumont, 1867, la liste chronologique de ceux qui nous intéressent plus particulièrement :

Système de la *Vendée*, dans les schistes, micaschistes et gneiss de la Bretagne ; S. du *Finistère*, perpendiculaire au précédent ; gneiss et micaschistes des environs de Brest ; S. du *Morbihan*, micaschistes et gneiss de la Loire-Inférieure ; S. du *Hunsrück*, Rhin, Moselle, Éifel, entre le silurien et le dévonien ; S. des *Ballons* et collines du *Bocage*, entre le dévonien et le carbonifère ; S. du *Rhin*, entre Bâle et Mayence , entre le grès vosgien et le trias ; S. de la *Côte-d'Or*, montagnes de la Côte-d'Or, Morvan entre Dijon et Nevers ; entre le jurassique et le crétacé inférieur ; S. des *Pyrénées*, entre l'éocène et le miocène ; S. des *Alpes occidentales*, chaînes de Savoie et du Dauphiné ; Mont-Blanc, Mont-Rose ; entre la mollasse et le terrain subapennin ; S. des *Alpes principales*, entre le Valais et l'Autriche.

Massif du Jura. Ce système a été bien analysé par Thurmann, géologue suisse, qui a compté plus de 160 chaînons parallèles et 90 cluses. D'après M. Marcel Bertrand, le massif jurassien comporte trois zones : 1º la *région du vignoble* à l'ouest où affleurent les couches marneuses du lias et du trias ; 2º la *région des plateaux*, 600 m. d'abord, bajocien et bathonien ; puis 750 m., jurassique moyen (Champagnole) ; enfin, 800 à 900 m. jurassique supérieur et infracrétacé (Nozeroy) ; 3º la *région des hautes chaînes* et des *plissements réguliers* qui contient les cimes culminantes et se termine par une arête bien dessinée, à partir de laquelle le sol s'abaisse en pente rapide et d'un seul jet jusqu'aux lacs de Neuchâtel et de Genève.

La première direction N.-S. des chaînes jurassiennes est due, sans doute (de Lapparent), à l'influence d'un massif de terrain primitif masqué par la plaine bressane et dont le bord court probablement, comme celui du Plateau central, du N. au

S. La partie orientale du Jura était déjà émergée à l'époque de Purbeck, puisque les couches crétacées manquent ; les parties occidentales ont émergé ensuite successivement, mais lentement, jusqu'au dernier soulèvement des Alpes miocène).

Soulèvements lents. En prenant le niveau fixe de la mer pour point de repère on observe que certaines parties de la Terre s'élèvent lentement en même temps que d'autres parties s'affaissent. Ainsi le nord de la péninsule scandinave s'élève de 1^m30 par siècle (Celsius et son élève Linné ont trouvé 0^m18 pour 13 ans) ; par contre la partie méridionale, la Scanie, s'enfonce ; une zone de 300^m est maintenant sous les eaux depuis les observations de Celsius et de Linné. Plus au nord il en est de même et on a calculé que l'archipel du Spitzberg serait relié à la Scandinavie dans 3.000 ans. Même observation pour les falaises d'Écosse, pour les côtes du N. de la France (la mer remontait autrefois jusqu'à Abbeville), pour les côtes de l'Océan (La Rochelle) ; pour le littoral ouest de l'Amérique du S. où des terres baignées autrefois par la mer sont maintenant à 400^m d'altitude. Le littoral méditerranéen du Maroc et de la Tunisie paraît se soulever, mais en Algérie et de Tripoli au delta du Nil il s'abaisse. Le soulèvement le plus considérable a été constaté sur la côte du Chili.

Au contraire les côtes de la Bretagne s'affaissent : la mer entoure maintenant le Mont-Saint-Michel, construit en 709, à 40 km. du rivage, et recouvre l'emplacement occupé autrefois par une vaste forêt ; même remarque à Morlaix et pour le sol de la Hollande.

En certains points il se produit des mouvements alternatifs d'exhaussement et d'affaissement. Ainsi, en examinant les trois colonnes encore debout du temple de Sérapis, près de Pouzzoles, on voit qu'à partir de 4^m au-dessus du pavé elles sont toutes criblées de trous sur une zone de 3^m de haut et ces trous sont occupés par les coquillages qui les ont produits : *les lithodomes (lithos, pierre ; domos, demeure)* à coquille bivalve de la forme d'une datte qui *vivent à fleur d'eau.* Comme on avait évidemment bâti ce temple sur un terrain sec, on doit conclure qu'il est descendu au moins de 7^m dans la Méditerranée ; actuellement, la hauteur de l'eau au-dessus du pavé, n'est que de 0^m30 ; donc il est remonté. Et ces oscillations se sont produites sans secousse puisqu'il y a encore des colonnes debout.

Il est bon de faire remarquer que le recul de la mer est dû parfois à la sédimentation ; de même que son empiètement peut provenir d'érosion. V. Delta et Falaise.

Sources, *lat. surgere, sourdre.* Une partie de l'eau qui tombe à la surface de la terre pénètre dans le sol et s'y enfonce jusqu'à ce qu'elle rencontre une couche imperméable sur laquelle elle coule, c'est elle qui alimente les puits et donne les *sources* quand la couche aquifère arrive au jour ; ou bien cette eau s'infiltre dans une couche perméable surmontée d'une couche imperméable qui l'empêche de remonter. V. Artésien. Une source peut être *intermittente* et on explique ce phénomène par le jeu d'un siphon naturel qui s'amorce de temps à autre.

Les sources *sulfureuses* dégagent de l'hydrogène sulfuré; température élevée, en général. Bagnères-de-Luchon 58°; Barèges 48°; Cauterets 55°. Les sources *ferrugineuses* sont chargées de sels de fer, sulfates ou carbonates; dépôts bruns, ocreux, couleur de rouille. Auvergne, Charbonnières (près de Lyon). Les sources *alcalines* sont chargées de carbonate de soude. Vichy, Pougues, Spa. Les sources *salines* contiennent du chlorure de sodium, du sulfate de soude ou de magnésie. Epsom, Sedlitz.

Les sources *calcaires* sont chargées de carbonate de chaux. V. Eaux incrustantes. Ces eaux sont souvent à une haute température et contiennent une forte proportion de gaz carbonique qui se dégage à leur arrivée à l'air. D'où les dépôts calcaires abondants qui affectent les formes les plus diverses : coupes, vasques, colonnades, stalactites. Telles sont les sources célèbres de Hammam-Meskoutin (les *bains maudits*) du département de Constantine et la source d'Hiéropolis, en Asie Mineure qui donne une immense cataracte haute de 100^m sur 4 kilomètres de long.

Les sources *siliceuses* contiennent de la silice. V. Geyser.

Sparagmite. V. Conglomérat. **Sparnacien**. V. Eocène.

Spatangue, *gr. spatos, cuir; aggos, vase*. Sorte d'oursins des terrains secondaires. *Calcaire à spatangues*. V. Néocomien.

Spath, *all.* Les minéraux appelés spaths par les anciens minéralogistes devaient être lamelleux, chatoyants et surtout offrir un clivage facile. Le *s. adamantin* est le corindon lamelleux; le *s. calcaire* est le carbonate de chaux; le *s. fluor* ou *s. vitreux* est le fluorure de calcium; le *s. d'Islande* est le carbonate de chaux transparent et incolore; le *s. magnésien* est la dolomie; le *s. pesant* est le sulfate de baryte.

Spéléologie. V. Grotte. **Spessartine**. V. Grenat. **Sphaigne**. V. Tourbe.

Sphérosidérites, *de sphère et sideros, fer*. Nodules de fer carbonaté. Dans le terrain houiller, ces concentrations se sont fréquemment faites autour d'une feuille de fougère.

Sphérulite. V. Rudistes. **Spicule**, *lat. spiculum, pointu*. V. Éponge. **Spinelle**. V. Rubis. **Spirifer**. V. Brachiopodes. **Sporadosidère**. V. Aérolithes.

Stalactite, stalagmite, *gr. stalassein, qui tombe goutte à goutte*. V. Grotte.

Stampien, d'*Etampes* (Seine-et-Oise). Sous-étage supérieur du *tongrien*, représenté par les sables de Fontainebleau et d'Etampes. Les arkoses de la Limagne lui correspondent ainsi que la mollasse marine inférieure de la Suisse et de l'Agénais.

Stéatite. V. Talc.

Stégocéphales, *gr. siege, toit; kephalé, tête*. Amphibiens fossiles ainsi nommés parce que la boîte crânienne forme une capsule fermée en haut mais largement ouverte en dessous

Leur colonne vertébrale était incomplètement ossifiée et la face ventrale porte souvent de fortes écailles. S'étendent du carbonifère au trias; sont très nombreux à l'époque permienne. Le *branchiosaurus* avait une forme rappelant celle de la salamandre ; le *protriton petrolei* est du permien d'Autun. Les *labyrinthodontes* sont ainsi nommés à cause de leurs dents partagées en secteurs plissés (*labyrinthe*) par des lames rayonnantes de la pulpe. A ce groupe appartiennent l'*archegosaurus*, le *mastodonsaurus*, le *cheirotherium* (V. ces mots) et l'*actinodon*, *gr. aktin, rayon,* ainsi nommé parce que son plastron ventral est formé d'écailles ganoïdes pointues. V. Batraciens et Amphibiens.

Steinberg. V. Habitations lacustres.

Steneosaurus burgensis, *gr. steneos, étroit; saurus, reptile; burgensis, de Bourg.* Saurien fossile trouvé dans une carrière de pierres du kimeridgien, à Montmerle, hameau de Treffort (Ain), en 1868, et qu'on peut voir au musée de Bourg. Pièce admirable, unique, paraît-il. « Tous les géologues qui l'ont vu ont été stupéfaits de ses énormes dimensions et de sa perfection. M. Gervais assure qu'il n'a jamais vu de pièce qui puisse être comparée, comme importance et comme beauté, à cette merveille. » (Lettre de M. Delongchamp, professeur à la Faculté de Caen qui l'a restauré). Epoque jurassique. On a eu tort, assurément, de lui donner ce nom de *burgensis;* les terrains de Bourg sont bien différents des couches où il a été trouvé.

Stéphanien (Etage), de *St-Etienne.* V. Carbonifèrien.

Stigmaria, *gr. stigma, marque.* Racines de sigillaire qui avaient d'abord été prises pour des végétaux spéciaux.

Stipites, *lat. stipes, souche.* Nom donné par Brongniart à des lignites à cause des tiges de cycadées qui prédominent en général dans les combustibles de l'ère secondaire. C'est une houille sèche, ligniteuse, en couches minces mais exploitables qu'on trouve aux environs de Millau (Aveyron et Gard). De Lapparent.

Stratification, *lat. stratus, couché.* Disposition des dépôts en strates ou couches horizontales et parallèles par suite de la pesanteur, laquelle, toujours et partout, exerce son action. Mais souvent cette horizontalité est détruite par les soulèvements postérieurs.

Si dans plusieurs systèmes de couches ayant *chacun sa stratification particulière,* les dépôts conservent leur parallélisme, on dit que ces dépôts sont en *stratification concordante.* Et, bien entendu, cela se produit indépendamment de la position des dépôts, *horizontale* ou *inclinée,* et de leur forme qui peut être plane, ondulée, convexe ou en forme de *manteau,* ou concave ou *en fond de bateau* (terrain houiller).

Quand deux terrains stratifiés se succèdent sous des inclinaisons différentes, il y a *discordance* de stratification : les couches de l'un sont horizontales et viennent buter contre les couches inclinées de l'autre ; ou bien ce sont deux systèmes inclinés en sens inverse.

La stratification est *transgressive* quand le système supérieur dépasse les limites du système inférieur et vient, par suite, s'appuyer sur plus d'un système. Cela avec concordance ou discordance. Ce résultat a été produit par des retours de la mer. V. Faille, Crétacique (Système).

Stringocéphales. V. Brachiopodes.

Stromatopora, *gr.* *stróma, tapis ; pore*, Polype hydrozoaire constitué par des masses irrégulières souvent incrustantes, formées de lamelles calcaires parallèles qui sont reliées par des piliers verticaux. Polypiers nus. Silurien et dévonien.

Strombidés, *gr.* *strombos, toupie.* Mollusques gastéropodes, coq. ovoïde, turriculée et fusiforme, opercule corné. Genres : *strombus,* actuel et fossile depuis le crétacé, caractérise les marnes bleues de la base du néocomien ; *pteroceras* (V.) : *rostellaires, lat. rostellum, petit bec,* coq. fusiforme, lisse ; actuel et fossile depuis le miocène.

Subapennin. 28ᵉ étage de d'Orbigny, comprenait tout le miocène.

Succin. V. Ambre.

Suessonien, *lat. Suessiones,* Soissons, d'Orbigny, 1852. 24ᵉ étage de d'Orbigny, série éocène inférieur. Comprend les sables de Soissons, l'argile plastique de Paris et de Londres. Correspond actuellement aux trois étages : thanétien, sparnacien et yprésien. D'Orbigny ne distinguait dans l'éocène que les deux étages *suessonien* à la base et *parisien* au-dessus. V. Éocène.

Suffioni. V. Lagoni.

Syénite. V. Granite. **Synclinal.** V. Anticlinal et Pli.

Synchronisme, *gr.* *sun, de même ; chronos, temps ;* de la même époque.

Syssidère. V. Aérolithes.

T

Tables des glaciers. Une table de glacier est constituée par un bloc de pierre d'assez grande surface, parfois plus de 20 mq., posé sur un fût de glace. La pierre a protégé son support contre l'action du soleil et comme la fusion est plus forte du coté méridional, cette pierre est toujours placée obliquement. A la longue elle bascule et, dans la nouvelle position, le même phénomène se reproduit.

Les petites pierres de couleur foncée exercent une action toute différente : elles creusent des trous plus ou moins profonds parce qu'elles s'échauffent en absorbant les rayons solaires et liquéfient la glace autour d'elles.

Taconic, de *Taghkanic, chaîne de montagnes, Amérique du Nord*. Emmons E., 1842. Le système taconic comprendrait suivant l'auteur, non seulement un terrain fossilifère se rapportant au cambrien et peut-être au silurien, mais aussi une grande série cristalline plus ancienne de calcaires, quartz et schistes qui serait, toujours d'après Emmons, le plus récent des terrains précambriens. Les géologues américains ne sont pas d'accord sur l'entité du taconic que quelques-uns voudraient substituer au cambrien et d'autres exclure tout à fait de la nomenclature géologique.

Ce dernier parti serait le plus sage maintenant surtout que les géologues américains se sont mis d'accord pour fixer avec précision la base du cambrien par la faune à *olenellus* et pour créer un groupe agnotozoïque intermédiaire entre le paléozoïque et l'archaïque. Botti, Dei piani, 1895.

Talc, *all. talg, suif*. Le talc est composé de silice, de magnésie et d'eau. On distingue le *talc proprement dit* et la *stéatite* (*gr. stear, suif*). Le talc proprement dit est feuilleté et peut se diviser en lames minces plus ou moins transparentes comme les micas blancs, mais ces lames sont molles, non élastiques, et ne contiennent pas d'alumine, ce qui permet la distinction. Doux et onctueux au toucher, le talc est le plus tendre de tous les minéraux ; trois variétés, *laminaire, écailleux, pulvérulent*. Fabrication des pastels et des fards ; *craie de Briançon* des tailleurs ; dégraissage des soies ; *poudre de savon* des gantiers et des bottiers. La *pierre ollaire* est un mélange de talc, de chlorite, de mica et d'asbeste. Elle forme des couches puissantes dans les terrains anciens.

La stéatite ou *pierre de lard* ou *lardite* diffère du talc par sa structure compacte ; accompagne la serpentine. Une variété ressemble à l'asbeste, c'est la *stéatite fibreuse* ; une autre variété terreuse est la *craie d'Espagne*. Une autre variété de stéatite est la *pagodite*.

Tangue. V. Amendement.

Taunusien. (S. étage), *du mont Taunus (Allemagne du N.)*. Dumont, 1848. Etage moyen du rhénan de Dumont.

Taxite, *lat. taxus, if*. Conifère fossile dont les feuilles ressemblaient à celle des ifs. Terrains jurassiques et tertiaires.

Tchernoïzem. V. Sable.

Téléosaures, *gr. teleïos, parfait; saurus, reptile*. Crocodiles fossiles trouvés dans le kimeridgien de Honfleur, étaient plus élancés que les gavials actuels de l'Inde et surtout plus longs. Depuis le lias jusqu'au jurassique supérieur. V. Crocodiliens.

Telerpeton elginense, *gr. telé, de loin ; erpeton, reptile ; reptile du lointain*. Petit reptile d'un décim. et demi de long, voisin du lézard. Il était considéré autrefois comme le plus ancien reptile, parce qu'il provient du grès d'Elgin (au nord de l'Ecosse), qu'on croyait être du vieux grès rouge mais qui appartient au nouveau grès rouge du trias.

Térébratule. V. Brachiopodes. **Terra rossa**. V. Karst.

Terrains. On distingue : 1° les terrains *ignés anciens* ou *modernes* ; ils résultent du refroidissement de la matière ignée autour de la masse fluide en fusion et d'éruptions ou d'épanchements ; 2° les terrains de formation aqueuse, *sédimentaires* ou *stratifiés* ; 3° les terrains *métamorphiques* ; 4° les terrains de *transport* ou *d'alluvion* ; 5° les terrains *erratiques* ou *glaciaires anciens* ; 6° le terrain *glaciaire moderne*.

Terramare, *lat. terra, terre*; *amara, amère*. Amas de débris de toutes sortes des stations humaines préhistoriques en Italie. V. Kjœkkenmoddings.

Terrasse. Les terrasses sont des sortes de plages constituées par des dépôts horizontaux de graviers, sables et cailloux, résultant des niveaux successifs occupés par les eaux de la mer, d'un lac ou d'un cours d'eau. Les dépôts pleistocènes s'échelonnent depuis le fond de la vallée par terrasses successives constituées chacune par une couche de sable et de gravier d'alluvion recouverte d'une couche de terre limoneuse (lehm).

Terre, *lat. terra*; *du sanscrit tars, être sec*. Planète habitée par l'homme ; est un des satellites du Soleil (Mercure, Vénus, la Terre, Mars, Jupiter, Saturne, Uranus, Neptune); a elle même un satellite, la Lune. L'ensemble des roches, des eaux et de l'atmosphère donne à la Terre une forme à peu près sphérique et les plus hautes chaînes de montagnes ne produisent pas, relativement, des aspérités aussi importantes que les rugosités de la peau d'une orange. La Terre tourne sans cesse d'occident en orient autour d'un axe passant par son centre et de direction fixe, et la durée de cette révolution complète est de 24 heures; c'est le *jour sidéral*. De ce mouvement résulte la succession des *jours* et des *nuits* et l'avance de l'heure à mesure qu'on va à l'est. Pour un tour complet, l'avance est de 24 h. (360 fois 4 min.). En faisant le tour en sens inverse, de l'est à l'ouest, ce serait le contraire : voilà pourquoi Magellan, à son retour en Espagne, était en retard d'un jour, et cette question préoccupa beaucoup à l'époque. En même temps qu'elle tourne sur elle même, la Terre tourne autour du Soleil et parcourt une ellipse, *écliptique*, dont le Soleil occupe l'un des foyers. Cette ellipse est très voisine d'un cercle. La durée de cette révolution est l'*année*. On établit que l'axe de la Terre n'est pas perpendiculaire au plan de l'écliptique : de là résultent l'inégalité des jours et des nuits et les *saisons*. (C'est l'hiver qui est la saison la plus courte, puis viennent l'automne, le printemps et l'été). En outre, relativement à la chaleur qu'elle reçoit du Soleil, la surface de la Terre se divise en 5 zones : la zone *torride*, traversée en son milieu par l'équateur, les deux zones *tempérées*, situées de part et d'autre de la zone torride et les deux zones *glaciales*, vers les pôles.

Képler (1571-1630) a établi les trois lois suivantes : 1° *Les planètes décrivent autour du Soleil des ellipses dont cet astre occupe l'un des foyers* ;

   2° *Le rayon vecteur qui joint le centre de la planète au centre du Soleil décrit des aires égales dans des temps égaux;*

   3° *Les carrés des temps des révolutions sidérales des planètes sont proportionnels aux cubes des grands axes de leurs orbites.*

   On sait que le *mètre* est la quarante millionième partie de la ligne qui fait le tour de la Terre en passant par les pôles; autrement dit le tour de la Terre est de 40,000 km. ou 10,000 lieues. Le rayon de la Terre, à l'équateur, est de 6,377,398 m. et, aux pôles, par suite de l'aplatissement, de 6,356,080 m., soit 21 km. de différence en chiffre rond. La superficie de la Terre est de 510 millions de km. carrés dont 365 pour les mers et 145 pour les continents; ce qui fait une superficie 2 fois et demie plus grande pour les mers. V. Erosion. L'altitude moyenne des continents est actuellement de 688 m.; par suite, le volume des terres émergées est de 100 millions de km. cubes environ. La profondeur moyenne des mers étant de 4,000 m. le volume des eaux est de 1,500 millions de km. cubes.

   La distance moyenne de la Terre au Soleil est de 150 millions de km. La lumière met un peu plus de 8 minutes à parcourir cette distance.

   De ces nombres, il résulte qu'en raison du mouvement diurne, un point de l'équateur parcourt un peu plus de 460 m. par seconde en même temps que le mouvement de translation autour du Soleil lui fait parcourir 31 km. également par seconde. On calcule, en mécanique, que si la Terre tournait 17 fois plus vite autour de son axe, les corps ne *pèseraient* plus à l'équateur, parce que la force centrifuge ferait équilibre à l'action de la pesanteur.

   Cavendish d'abord et d'autres savants ont déterminé la densité moyenne de la Terre et ont trouvé qu'elle est un peu supérieure à 5,5. Or, la densité des matériaux qui composent l'écorce terrestre étant moindre que 3, on en conclut que les matières qui composent le noyau interne ont une grande densité et doivent être des métaux, comme le fer, par exemple.

   On établit que le volume du Soleil vaut 1,300,000 fois celui de la Terre, sa surface 12,000 fois celle de la Terre et que sa densité est les 3/13 de celle de cette dernière, c'est-à-dire 3/13 de 5,5 ou un peu plus de 1. Donc la densité du Soleil dépasse à peine celle de l'eau.

   Le rayon de la Lune est un peu supérieur au quart de celui de la Terre; son volume est 50 fois moindre. La distance de la Terre à la Lune est de 60 rayons terrestres environ, soit 382,000 km. en chiffre rond. La Lune n'a plus ni air, ni eau. Elle tourne sur elle-même en même temps qu'elle tourne autour de la Terre et comme ces deux rotations ont exactement la même durée, il en résulte que la Lune nous montre toujours la même face.

   D'après Laplace (*Exposition du système du monde*) le Soleil n'est que le centre d'une ancienne nébuleuse qui s'est toujours condensée sur elle-même en abandonnant à de longs intervalles les planètes qui circulent autour de ce noyau : Neptune, Uranus, Saturne, Jupiter, Mars, la Terre, Vénus, Mercure. La

16

plus âgée est donc Neptune et la plus jeune Mercure ; et il a dû s'écouler des milliers et des milliers de siècles entre la naissance successive de tous ces enfants du Soleil.

Quand les couches extérieures de la nébuleuse terrestre se furent assez refroidies par suite du rayonnement les atomes purent se combiner et donner naissance à des particules solides qui projetèrent une vive lumière attendu qu'à température égale les solides sont beaucoup plus éclairants que les gaz. A ce moment la terre était un *soleil*, autrement dit une *étoile*.

Cette enveloppe de vapeurs était moins épaisse aux pôles qu'à l'équateur où les accumulait la force centrifuge ; par suite c'est vers les pôles que les premières rides de la couche solide apparurent, constituées par des blocs ardents qui finirent par se souder à la longue produisant ainsi deux calottes qui se réunirent à la fin elles-mêmes vers l'équateur. Au-dessous de cette première enveloppe se trouvait la masse en fusion qui dut souvent, par l'action des vapeurs emprisonnées, produire d'immenses pustules, sorte de cratères, servant au dégagement de ces vapeurs et des matières en fusion qu'elles entraînaient. Peu à peu l'épaisseur de cette croûte augmentait, et ses couches extérieures n'étant plus en communication avec la masse bouillante finirent par perdre leur incandescence et un jour vint où la terre jeta ses dernières lueurs : ce n'était plus qu'un *soleil éteint*. Le refroidissement se continuant, la vapeur d'eau put se condenser et tomber sur la croûte où elle finit par rester à l'état liquide : ce furent les *mers*. « Et alors, dit d'Archiac, la vie se manifesta, principe mystérieux dont les actions suivies à travers les modifications les plus étranges, présentent, pendant une série incalculable de siècles des types innombrables, une variété et une richesse qui défient tout ce que notre imagination pourrait concevoir et donnent l'idée la plus grandiose de cette nature infinie dans le temps, infinie dans l'espace, infinie dans la forme. »

Les premiers matériaux des roches furent les corps durs, réfractaires, peu fusibles : ce sont les *silicates* ou composés divers du silicium. Les premières roches légères qui ont flotté comme une écume à la surface du bain fondu furent la silice et l'alumine. Les oxydes solidifièrent les *mousses* de silice et d'alumine (potasse, soude, lithine, chaux, baryte, magnésie). Souvent la silice s'isolait et cristallisait en *quartz*. La potasse, la soude, la silice et l'alumine s'unirent en une sorte de verre alcalin ; c'est le *feldspath*. Avec le fer et la magnésie, la silice et l'alumine composèrent le *mica*. Le mélange du quartz, du feldspath et du mica produisit le *gneiss* ; la plus ancienne roche connue.

Le fluor, le carbone, le chlore, le phosphore, le soufre, l'oxygène et les autres gaz créèrent le reste des minéraux constitutifs de divers mélanges rocheux : les oxydes, les chlorures, etc ; les sels, carbonates, sulfates, phosphates, etc.

« Tels sont les éléments fondamentaux et peu nombreux de la croûte du globe. Le principal est l'oxygène qui constitue à lui seul la moitié en poids de la croûte terrestre ; après lui vient le silicium qui forme 28 0/0 de toutes les masses cristallines d'origine éruptive. Le groupe de l'oxygène, du silicium, de l'aluminium, du magnésium, du calcium, du potassium, du sodium, du fer et du carbone constitue les 977 millièmes de l'écorce. Dans ce qui reste la prédominance appartient à l'ensemble du soufre, de l'hydrogène, du chlore et de l'azote.

« M. Dana a fait observer que la silice, saturée comme elle est d'oxygène et rebelle à toute altération, est, par excellence, l'instrument de la consolidation de l'écorce terrestre. Au contraire, l'élément fondamental du *monde organique* est le carbone caractérisé par l'instabilité de ses composés, instabilité particulièrement favorable aux perpétuelles variations que comportent les phénomènes physiologiques. » De Lapparent.

D'après M. Dana une période de plusieurs millions d'années s'écoula pour la Terre entre la formation d'une croûte solide (la température dépassant 1400° c. et l'époque (la température étant de 300° c. et la pression atmosphérique de 50 atmosphères) où la condensation des vapeurs eut fait de tels progrès qu'un océan, agité par des marées et des courants vint remplacer cette lourde atmosphère. Il fallut encore d'autres millions d'années pour que la température descendît à 80°, époque où l'existence de plantes aquatiques devint possible ; puis d'autres millions d'années pour qu'elle arrivât à 50°, époque où la vie animale marine prit son premier essor. Une nouvelle suite de siècles fut nécessaire pour que le refroidissement amenât la température de l'Océan à 30° et alors la vie paléozoïque commença.

(Helmholtz estime qu'il a fallu 3 millions et demi de siècles pour que la température de la surface de la Terre s'abaissât de 2,000 à 200 degrés).

« La formation de la Terre a donc précédé celle du Soleil, dit M. Faye, et cette théorie nous offre le seul moyen de mettre d'accord les données de l'astronomie avec les exigences de la géologie et de la science des êtres vivants. »

Variation des climats. — Par suite de sa petitesse, la Terre ne resta pas relativement longtemps à l'état stellaire ; elle s'éteignit bientôt pour devenir une planète. Il n'en est pas de même de l'immense nébuleuse, sa mère, qui est devenue, en se condensant toujours de plus en plus, le Soleil que nous voyons maintenant. Les rayons qu'il nous envoie aujourd'hui sont à peu près parallèles et la partie éclairée est une demi-sphère. Mais on comprend sans peine que, quand le volume du soleil était bien plus grand, la partie de la Terre éclairée et chauffée était plus grande aussi et cela explique qu'à une certaine époque la différence des saisons n'existait pas ; le climat était le même pour toute la Terre ; la végétation aussi riche aux pôles qu'ailleurs (époque carbonifère). Ce n'était pas une chaleur torride parce que ce Soleil dilaté et nébuleux envoyait des rayons moins intenses. Il est probable aussi que la chaleur propre de la Terre doit entrer en ligne de compte dans cette question. Peut-être aussi que Jupiter, ce géant du monde solaire, n'était pas encore éteint et qu'ainsi la Terre recevait les actions de plusieurs soleils ? A la longue, et par suite de la concentration, la chaleur diminua de plus en plus vers les pôles ; les glaces arrivèrent amenant la mort des plantes. On comprend ainsi les phénomènes variés qu'a produits le Soleil sur la Terre et qui sont proportionnés à la grandeur de ses diamètres successifs. En outre, c'est grâce à cette concentration que le Soleil doit la conservation de son énergie.

D'après de savants calculs, la Terre perd un degré thermo-métrique tous les quatre millions d'années. De là, les consé-quences suivantes : 1° concentration sur le noyau central ; 2° compressions, dislocations et crevasses ; 3° cristallisation et hydratation des roches et absorption par elles de l'eau et des éléments gazeux de l'atmosphère ; car les roches, même les plus compactes contiennent de l'eau, *eau de carrière*. Par suite, avec le temps, la masse des océans va diminuer et les surfaces continentales augmenter d'étendue, en même temps que l'é-paisseur de l'atmosphère s'amincira. Et ces déductions ne sont pas de pures hypothèses ; elles sont prouvées par l'étude des planètes voisines. Chez Mars, plus âgé que la Terre, l'étendue des mers n'est plus que la moitié de la surface totale ; chez Vénus, qui est plus jeune, l'atmosphère a une épaisseur plus grande que la nôtre. D'autre part, malgré leur grande étendue, les océans ne pourront suffire à cette hydratation ; il en est de même pour l'atmosphère, et par conséquent, bien avant que la Terre ait perdu toute sa chaleur d'origine il n'y aura plus à sa surface ni eau ni air : tout aura été bu et les êtres actuels au-ront évidemment disparu. Notre satellite, la Lune, vient justi-fier cette conclusion. Son volume, 49 à 50 fois moindre, lui a fait parcourir assez vite les différentes phases dont nous avons parlé et actuellement elle n'a plus ni air, ni eau. Elle se présente aux yeux des astronomes avec d'immenses crevasses qui sillonnent sa surface ; ce n'est plus un tout cohérent mais un ensemble de gros blocs juxtaposés qui continuent à graviter, d'après les lois de la mécanique céleste, comme quand ils constituaient un tout.

Terre à pisé, V. Lœss. **Terre noire**. V. Sable.

Tertiaire (Ere). L'ère tertiaire ou *néozoïque* embrasse la longue durée pendant laquelle s'établit, par suite de la concen-tration progressive du soleil, la répartition de plus en plus iné-gale de la lumière et de la chaleur, lesquelles avaient été, jus-que-là, à peu près uniformes pour toute la Terre. Par suite, la faune et la flore vont subir de grands changements : les mammi-fères vont se développer avec une telle variété de formes que l'ère tertiaire peut être considérée comme le *règne des mam-mifères* au même titre que l'ère secondaire est dite le *règne des reptiles* ; les gymnospermes vont perdre leur importance et ce sont les arbres à feuillage caduc qui prédomineront. Dans les mers, les brachiopodes deviennent peu nombreux, les am-monitidés (céphalopodes) qui ont caractérisé les phases de l'ère secondaire, disparaissent. Par contre, les lamellibranches abondent et avec eux les gastéropodes. Dans la région méditerranéenne, les foraminifères vont édifier des assises calcaires comme avaient fait les rudistes à l'époque secondaire.

En même temps l'activité interne, en repos pendant toute l'ère précédente se réveille et le soulèvement de hautes chaines de montagnes depuis l'Espagne jusqu'aux Indes, va se produire, occasionnant, par contre-coup, l'effondrement de vastes continents (Atlantide). Les Alpes et les Pyrénées vont prendre leur principal relief ; par suite, une nouvelle répartition des océans et des mers s'établit, préparant la configuration actuelle des continents. Ces plis gigantesques de l'écorce terrestre ne s'effectueront pas sans rouvrir les anciennes crevasses ou en produire de nouvelles assez profondes pour permettre les émanations internes et des venues métallifères parmi lesquelles domineront l'or et l'argent.

L'ère tertiaire a été divisée par Lyell, géologue anglais, en trois périodes, *éocène, miocène, pliocène*, basées sur la proportion des formes actuelles de coquilles que renferme leur faune et qui était, pour lui de 3 à 4 °/₀ dans l'éocène, de 17 à 20 °/₀ dans le miocène et de 40 à 50 °/₀ au moins dans le pliocène. Plus tard, on a créé la période *oligocène* entre l'éocène et le miocène.

D'après la dernière classification adoptée, l'ère tertiaire comprend deux grands systèmes : l'*éogène* et le *néogène*. L'éogène est partagé en deux séries : l'*éocène* et l'*oligocène*, qui correspondent aux formations nummulitiques, à une configuration et à une faune très différentes de l'état actuel. Le système néogène se subdivise aussi en deux séries : *miocène* et *pliocène*. Il débute, dit M. de Lapparent, par un grand mouvement de transgression, inaugurant, avec les plissements alpins, la transformation organique d'où résulteront la faune et la flore du temps présent. »

Dépôts. Les dépôts de l'ère tertiaire sont tantôt marins, tantôt lacustres ; ce qui indique que le sol a été soumis à des oscillations fréquentes avant de prendre finalement la configuration que représentent les continents actuels. Ces dépôts sont constitués par des argiles, des sables ou à l'état pulvérulent ou à l'état de grès ou de meulières ; des calcaires terreux tendres et faciles à tailler, des calcaires grossiers, des travertins résultant de sources calcaires ; des amas de gypse et de sel gemme, des dépôts de lignite indiquant de nombreuses dépressions, lagunes ou marécages, et un climat chaud et humide. Les lignites contiennent fréquemment de l'ambre. Enfin citons les dépôts de phosphate de chaux ou *phosphorites*, les faluns et les dépôts sidérolithiques.

A l'éocène il ne se produit pas de phénomènes éruptifs importants ; mais pendant le miocène et le pliocène des éruptions considérables ont lieu : dans le Plateau central ce sont des basaltes et des trachytes. Ces dernières roches forment les montagnes d'Auvergne comme le Puy-de-Dôme et le Mont-Dore et les émissions de basalte constituent des nappes épaisses qui recouvrent de grandes étendues. Cette activité éruptive se terminera, à l'époque quaternaire, par l'apparition des volcans à cratère qui vomiront des quantités énormes de lave. L'homme sera le témoin et la victime de ces imposants phénomènes. V. Quaternaire.

Têtes de chat. V. Calcaire. **Thalweg.** V. Vallée. **Thané tien.** V. Eocène. **Thuringien.** V. Permien.

Tigillite. V. Scolithus et Bilobites. **Till.** V. Argile.

Tirasse. V. Trass. **Tire-cendres** V. Tourmaline.

Tirolites. V. Triasique.

Tithonique (Etage), de *Tithonos, fils de Laomédon,* à qui Zeus avait accordé de prolonger sa vieillesse. Oppel, 1865, a donné ce nom à un ensemble de terrains situés sur le versant méridional des Alpes et qui vont de l'oxfordien au néocomien ; les fossiles qu'ils renferment différant très peu, on croyait qu'il y avait là une lacune correspondant aux étages corallien, kimeridgien et portlandien. Oppel a montré qu'il n'en est rien, mais que ces terrains ont seulement un faciès uniforme. Par suite, ce terme de tithonique ne se rapporte à rien de nouveau et alors, dit M. de Lapparent, « il n'est pas nécessaire de maintenir la dénomination de tithonique ». « Les dépôts tithoniques se sont formés dans une mer chaude et ils forment une transition insensible entre les terrains jurassiques et les terrains crétacés. D'où leur nom tiré de la mythologie grecque : « Tithon, image du jour, vieux et usé le soir après avoir été jeune et beau le matin ». Daguillon.

Toarcien. V. Liasique (Série).

Tombarette. V. Abîme et Caverne.

Tongrien, de *Tongres, en Limbourg.* Dumont A. 1839. L'étage tongrien correspond à l'invasion marine qui s'est produite sur toute l'Europe du N. à l'époque oligocène et a versé la mer vers le sud plus loin qu'elle n'avait pénétré depuis la fin de l'époque sénonienne. Mais bientôt cette mer se retire vers le nord et toute l'Europe à peu près devient terre ferme. L'étage tongrien comprend les deux sous-étages *sannoisien* et *stampien.* Le sannoisien, de *Sannois,* près Paris, se rapporte à une couche marine de marnes à cérithes qui couronne les glaises vertes ; il correspond au *calcaire lacustre de Brie* ou *travertin moyen* qui donne la *meulière* de la Ferté-sous-Jouarre et une autre meulière encore plus caverneuse exploitée pour les constructions. (Limnées, planorbes, grains de chara). V. Oligocène et Stampien.

Topaze, de *Topazos,* île de la mer Rouge, d'où Pline a fait Topazius. Fluosilicate d'alumine. Dens. 3.5. Les topazes du Brésil sont les plus estimées surtout lorsqu'elles ont une couleur foncée soit jaune, soit violette. On les trouve aux environs de Villarica dans des veines talqueuses avec le cristal de roche et le fer oligiste. Egalement en Saxe.

Tortonien (étage), de *Tortona, Italie.* Mayer 1857. Sous-étage du falunien d'Orbigny ou 3º étage du miocène entre l'helvétien et le sarmatien. Est constitué par des marnes bleues. V. Tripoli. Mollasse d'Anjou et de l'Armagnac ; mollasse de Cucuron, du bassin du Rhône ; faluns en Aquitaine ; mollasse d'eau douce et couches d'Œningen. A la fin de cette époque, la mer quitte la Suisse pour toujours.

Tortue à dents. V. Dicynodon. **Touche** (Pierre de). V. Essai.

Tourbe, *all. torf ; angl. turf, terre combustible.* Combustible noirâtre, léger, spongieux, mélangé de terre, qui se forme, dans les eaux stagnantes, par l'accumulation et la décomposition partielle de végétaux, surtout la sphaigne (*gr. sphagnos, mousse*). La tourbe renferme plus de carbone que le bois, environ 55 %. Elle brûle lentement avec une fumée piquante et désagréable ; donne par distillation du goudron, 25 %, et de l'acide pyroligneux, 15 %. Pour l'employer, on la découpe en pains qu'on laisse sécher. Vallées de la Loire-Inférieure, de la Seine, de la Somme, Suisse, etc. On la trouve dans quarante-huit départements en France. Les tourbières appartiennent au propriétaire du sol, tandis que les houilles et les lignites appartiennent à l'Etat qui les concède. L'Irlande doit à son atmosphère humide de posséder beaucoup de tourbières (plus d'un million d'hectares).

Tourmaline, de *Turamali, dans l'île de Ceylan.* La tourmaline ou *schorl* (*all.*) ou *pierre électrique* est un silicate alumineux borifère qui peut contenir, en outre, de la potasse, de la soude, de la magnésie, de l'oxyde de fer. Densité 3,25 ; est plus dure que le quartz. S'électrise par la chaleur et le frottement : d'où son nom vulgaire de *tire-cendres.* Est utilisée en physique (polarisation) ; est opaque ou transparente et de couleurs diverses. On l'emploie, en bijouterie, pour imiter les pierres précieuses. La tourmaline ferrifère est noire et abonde dans les pegmatites et les granulites ; la variété magnésienne est brune ou jaune et se trouve dans les pegmatites, les micaschistes et quelquefois la dolomie. Brésil, Indes, Ceylan. V. Axinite.

Tourtia. Nom donné par les mineurs du Nord à un poudingue glauconieux de cailloux et de fragments de coquillages marins réunis dans une pâte argilo-calcaire. Il représente le cénomanien dans la Flandre et le Hainaut et repose immédiatement sur les couches primaires. Il résulte de là que ces couches étaient émergées précédemment et qu'elles n'ont été recouvertes par les eaux que lors de la transgression cénomanienne. Les courants ont même remanié les dépôts du carbonifère puisque le tourtia de Tournay contient des fossiles carbonifères.

Pour décrire le tourtia de Montignies-sur-Roc, Dumont a créé l'étage HEERSIEN, de *Heers, Limbourg*, mais la carte géologique officielle de Belgique ne mentionne **pas** cet étage, et considère le tourtia comme une assise inférieure du cénomanien.

Toxaster. V. Néocomien.

Trachyte, *gr. trachus, rude.* Le trachyte se présente sous la forme d'une pâte de couleur grise englobant de gros cristaux brillants de sanidine et des cristaux plus petits de pyroxène et de mica noir. A l'œil nu cette pâte paraît amorphe mais, examinée au microscope, elle se montre constituée par une multitude de cristaux infiniment petits, allongés en forme de baguettes : ce sont des *microlithes*. On y distingue en outre de la silice, de la magnétite et de l'apatite. La teneur en silice est de 62 à 64 %. La constitution des trachytes offre donc de l'analogie avec celle des porphyres, mais ces derniers sont des roches anciennes tandis que les trachytes sont des roches récentes.

La DOMITE, ainsi nommée parce qu'elle contribue à former les puys d'Auvergne (Puy-de-Dôme), est un trachyte peu agrégé. La PHONOLITHE, *gr. phônê, son ; lithos, pierre*, est un trachyte qui a une grande tendance à se diviser en lamelles : d'où son emploi pour couvrir les maisons en Auvergne. Elle sonne quand on la frappe avec un marteau, ce qui lui a valu son nom. Elle est apparue, dans le Plateau central, aux époques miocène et pliocène et les pics qu'elle a donnés sont plus isolés et plus hardis que ceux des trachytes qu'elle traverse souvent. Elle contient aussi de la néphéline ou de la leucite.

Les ANDÉSITES, de la chaîne des Andes, en Amérique, sont des trachytes porphyroïdes ; leur feldspath résulte de l'altération de l'oligoclase. Quand elles sont quartzifères, elles prennent le nom de DACITES et leur teneur en silice atteint parfois 66 %.

Les trachytes sont arrivés à l'état pâteux et ont formé des dômes au lieu de coulées comme la lave. Une variété poreuse sert à faire des meules à moudre. On emploie aussi les trachytes comme matériaux de construction.

Transition (terrains de). V. Primaire (Ère).

Trapp, *suédois, trapp, escalier*. Roche volcanique de composition analogue à celle du basalte mais ne présentant pas la forme prismatique de ce dernier. Couleur vert-foncé ou noir-verdâtre. Son nom lui vient de ce que les nappes d'émission ont constitué des masses en retrait les unes sur les autres et figurant par suite de gigantesques escaliers. Les trapps ont agi sur les roches qu'ils ont traversées : les calcaires sont devenus cristallins, les argiles des jaspes, les grès du quartz compact. Sont abondants en Suède.

Trass, *hollandais, tiras, ciment*. Sorte de tuf rude au toucher, d'un gris jaunâtre clair, formé d'une poussière de ponce englobant des fragments de roches volcaniques et du bois carbonisé. Forme, dans la région de l'Eifel, des traînées que l'on exploite, comme on le fait pour la pouzzolane, pour fabriquer des mortiers hydrauliques. Parfois, comme à Menat, Puy-de-Dôme, le trass est inflammable parce qu'il est chargé de matières bitumineuses. V. Argile.

Travertin, *italien, travertino*. V. Tuf.

Tremblement de terre, *rad. trembler*. Un tremblement de terre consiste en secousses subites qu'éprouve la croûte terrestre sur une étendue plus ou moins grande. Elles sont ordinairement précédées de bruits sourds et souterrains, et sont tantôt verticales, tantôt horizontales, et souvent verticales et horizontales en même temps. Alors elles impriment au sol un mouvement de tournoiement, auquel rien ne résiste. En général, ce terrible phénomène ne dure que quelques secondes, mais ces agitations se sont parfois répétées, à des intervalles plus ou moins rapprochés, pendant des semaines, des mois et des années. V. Sismographe.

On a reconnu que les points frappés aux mêmes instants sont distribués autour d'un foyer ou *épicentre* sur des séries de lignes courbes à peu près concentriques. Les vibrations se transmettent donc à la façon des ondes et le véritable centre d'ébranlement est situé sur la verticale de l'épicentre à une profondeur qui varie de 5 à 20 kilomètres. La direction des crevasses à la surface du sol est toujours perpendiculaire à la droite qui joint le point du sol considéré au centre d'ébranlement.

Destruction de Lima, 29 octobre 1746; tremblement de terre de Lisbonne, 1er novembre 1755 (30,000 victimes); des Calabres et de la Sicile, 5 février 1783; des Etats-Unis, 1812; du Chili, 1822 (la côte fut élevée sur une longueur de 180 kilomètres).

Le tremblement de terre de 526 fut la catastrophe la plus épouvantable : près de 200,000 victimes sur le littoral de la Méditerranée.

On explique certains tremblements de terre par l'excès de pression intérieure des gaz et des vapeurs ; c'est pourquoi ils sont presque toujours suivis d'éruptions volcaniques ou émission de matières en fusion. D'où vient cet excès de pression ? Les uns l'attribuent à des éruptions volcaniques sous-marines à la suite desquelles l'eau pénètre par les fissures jusqu'à la masse ignée ; d'autres pensent que ce sont les masses minérales profondes qui reçoivent tout à coup un surcroît de chaleur du foyer central. Mais il existe d'autres ébranlements à grande amplitude qui s'éloignent des centres volcaniques ou qui diminuent l'intensité éruptive quand ils se rapprochent des volcans actifs. La cause de ces derniers tremblements de terre doit être cherchée dans l'instabilité d'équilibre de la croûte terrestre, laquelle se traduirait, en certains points, par des ruptures occasionnant ces mouvements du sol.

Enfin, certains tremblements de terre s'expliquent par des effondrements, visibles ou non, résultant de dissolutions intérieures. V. Gypse. Et à cette cause se rattache sans doute la remarque qui a été faite, que les tremblements de terre sont plus fréquents pendant la saison froide que pendant la saison chaude, la quantité d'eau dissolvante et délayante étant plus grande dans le premier cas que le second.

Un des principaux effets des tremblements de terre est la production de fractures dans la croûte terrestre (V. Faille).

Trémolite. V. Amphibole. **Trévoux.** V. Pliocène.

Triasique (Série), *gr. treis, tris, trois*; d'Alberti, 1834, parce que les sédiments qui se rapportent à cette période peuvent être divisés en trois étages dans les régions de la Lorraine, de la Franconie et de la Souabe. Il y a là une formation marine intercalée entre deux formations d'eau douce, d'où les noms de *grès bigarrés* (à cause de leurs couleurs bariolées), *calcaire coquillier* et *marnes irisées* qui correspondent aux noms allemands, *buntersandstein*, all. *bunt*, bariolé ; *sandstein*, grès ; *muschelkalk*, all. *muschel*, coquillage ; *kalk*, calcaire et *keuper* all. *kupfer*, cuivre ? Pour d'Orbigny, le trias ne comportait que les deux étages *conchylien* (grès bigarré et calcaire coquillier) et *saliférien* qui correspondait au keuper. Enfin, actuellement, la faune des ammonites sert de base à la classification suivante : 1° le WERFÉNIEN, de Werfen, près de Saltzbourg, facies pélagique à *tirolites* avec le VOSGIEN, pour le grès des Vosges, qui est le facies continental ; 2° le VIRGLORIEN, du calcaire de Virgloria, Alpes tyroliennes, caractérisé par les amm. *cératites* ; 3° le TYROLIEN, à cause des marnes bariolées et dolomies du Tyrol et qui comporte les 2 sous-étages *norien* et *carnien* (V.).

La série triasique est bien développée en France. En partant de la chaîne des Vosges, on observe, en traversant la Lorraine, les affleurements successifs des couches qui plongent toutes vers l'ouest. Près de la crête granitique c'est le *grès rouge* ou *grès vosgien*, grossier et pauvre en fossiles ; puis les *grès bigarrés*, plus fins, de couleur rouge et blanche, avec traces de conifères et de grandes prêles et les curieuses empreintes de *cheirotherium*. Le grès vosgien constitue les montagnes aplaties qui entourent l'axe central de la chaîne et c'est en grès vosgien que sont construites beaucoup de villes d'Alsace et du duché de Bade. Ensuite viennent les affleurements du calcaire coquillier, couleur gris de fumée, riche en cératites (Sarrebourg) ; puis les marnes irisées, rouges, vertes, etc. (Lunéville). La mer se retirait, laissant des lagunes: d'où les lentilles de sel gemme et de gypse, que l'on exploite dans ces marnes en bien des points : Dieuze (puissance 60 m.), Varangeville, Vic, Salins, Lons-le-Saulnier.

En Allemagne, le keuper comporte deux assises : la *lettenkohle*, ainsi nommée à cause des lits charbonneux, sorte de lignite ou houille argileuse rarement exploitable ; V. Lettenkohle ; et l'assise supérieure qui est le keuper gypseux ou *bariolé* présentant parfois à la base, au-dessus du gypse, une dolomie à galène et pyrite cuivreuse.

L'époque triasique établit la transition entre l'ère primaire et l'ère secondaire ; elle montre, par sa faune, qu'il ne s'est pas produit entre ces deux grandes périodes de *révolution brusque*. Et c'est pourquoi quelques auteurs ont employé les noms de *pœcilien* (Conybeare), *poïkilitic* (Brongniart), gr. *poïkilos*, varié pour désigner l'ensemble des couches bariolées du permien et du trias. C'est encore le règne des labyrinthodontes ; c'est aussi celui des amm. *cératites*, qui succèdent aux *goniatites* et qui présentent des lignes de soudure déjà plus sinueuses que chez ces dernières, mais pas encore persillées comme elles le seront plus tard.

A cette époque se produisent des éruptions d'ophites, de filons de quartz et des émissions cuivreuses. V. Epanchements.

Trigonie, *gr. trigónos, triangulaire*. Mollusques lamellibranches à coquille triangulaire souvent ornée de côtes ou de tubercules. Apparaissent au trias et sont abondants au jurassique et au crétacé. *Trigonia costata* de l'oolithe inf.,etc. « Une seule espèce vivante qui a été recueillie sur les côtes de la Nouvelle-Hollande ». Pictet.

Trilobites. V. Mérostomates.

Tripoli, *de la ville de Tripoli (Afrique) d'où on le tirait autrefois*. Le tripoli ou *farine fossile* ou *terre à infusoires* ou *tripoléenne*,est une poussière composée de carapaces siliceuses de diatomées, sortes d'algues ; la couleur varie du jaune pâle au rougeâtre. On la trouve en Bohême et à Menat (Auvergne). Cette silice hydratée est donc une variété d'opale. Le tripoli de Poligné, près de Rennes, offre des troncs d'arbres fossiles ; ses couches paraissent dues à l'action d'une houillère embrasée et sont recouvertes de couches de grès inclinées. Le tripoli de Menat (Auvergne), présente des couches qui paraissent avoir été des schistes modifiés par l'action du feu ; pliocène. Le tripoli de Montélimar plus dur et plus rude que les autres, se trouve épars au milieu de cailloux roulés et de fragments de basalte. Le tripoli de Venise vient de l'ile de Corfou ; il est criblé de pores cylindriques comme le précédent ; il est très estimé comme celui d'Angleterre (*rottenstone, terre pourrie*). Le tripoli de Grotte, province de Girgenti, Sicile, est particulièrement riche en radiolaires. Il appartient à l'étage tortonien (miocène).

Le tripoli sert à nettoyer, à polir les métaux, les pierres, les marbres, les glaces, soit avec de l'eau. soit avec de l'huile.

Trochus, *gr. troché, roue*. Gastéropodes actuels et fossiles. Coquille conique formée de tours plans ou un peu bombés : ouverture quadrangulaire. Lias, jurassique, etc.

Troglodytes, *gr. troglé, caverne ; duein, entrer*. Les anciens désignaient ainsi un peuple qui habitait dans les cavernes en S.-E. de l'Egypte,le long du golfe arabique. Actuellement on appelle ainsi les peuplades qui ont habité la terre pendant une longue période de l'époque quaternaire et dont on a trouvé des traces dans les cavernes : armes en silex, ossements, débris de cuisine ; grottes du Périgord, de Baoussé-Roussé, près de Menton ; en Suisse, etc. V. Quaternaire.

Tromomètre. V. Sismographe.

Tuf, *lat. tofus*. Roches plus ou moins poreuses ou caverneuses de nature diverse ; 1° *Tufs calcaires*,plus ou moins compacts et tendres ; le carbonate de chaux qui les constitue, emprisonne souvent des débris de plantes et des coquillages. Le *travertin*, exploité à Tivoli, est employé dans les constructions à Rome. Les montagnes du Bugey en fournissent beaucoup aussi.

2° *Tufs calcaires siliceux*. Proviennent d'eaux thermales qui déposent de la silice en même temps que du carbonate de chaux.

3º *Tufs siliceux*. Tels sont ceux des geysers d'Islande et des Montagnes Rocheuses des Etats-Unis.

4º *Tufs éruptifs*. Sont formés de projections volcaniques à grain fin qui se sont consolidées soit à l'air libre, soit sous l'eau. Dans ce dernier cas, ils présentent une stratification et peuvent contenir des fossiles. Parmi ces tufs volcaniques, on distingue : les *tufs felsitiques*, formés de cendres feldspathiques ; les *tufs basaltiques*, formés de fragments de basalte cimentés par du carbonate, de la silice, de la limonite ; les *tufs ponceux*, les *cinérites*, les *tufs porphyritiques*, formés de fragments de quartz, d'orthose, d'oligoclase, de mica noir avec pâte de calcédoine ; époque carboniférienne ; sont bien développés dans le Morvan ; les *tufs palagonitiques*, gr. *palaios*, ancien ; *genos*, *origine*, formés de fragments de verres basaltiques avec péridot ; renferment de nombreuses bulles d'air et de l'eau ; Sicile, Islande, Ecosse, le Puy ; les *pépérites*. V. ce mot et Trass.

Tuffeau. Masse calcaire crayeuse, étage turonien, que l'on observe en Touraine, au-dessus de la craie marneuse. Elle renferme l'*ostrea columba* et de grandes ammonites dont le diamètre atteint près de 2 m. : *ammonites peramplus*. Cette craie est micacée, un peu jaunâtre, parsemée de mica. Près de Bourré, sur les bords du Cher, ce tuffeau forme une colline ou falaise qui, de distance en distance, le long de la route, est creusée de caves ; il y a même des hameaux dont les habitations sont taillées dans cette roche. V. Lœss. On exploite ce tuffeau sous le nom de *bille de Bourré* ; il forme une excellente pierre de construction, tendre et durcissant à l'air. Donne en outre de la très bonne chaux. Contient peu de silex. Tours est en tuffeau.

Tumulus, *mot lat. signifiant tertre*. Masse conique de terre dont les peuples anciens recouvraient une sépulture. On en trouve dans toutes les parties du monde et les pyramides d'Egypte ne sont que de gigantesques tumulus. C'est dans le nord de l'Europe qu'ils sont le plus nombreux.

Le grand tumulus de Dekan, Indoustan, a plus de 100 m. de hauteur et 80 m. de diamètre ; il est entouré de 56 grands blocs de granite encore debout et bien plus volumineux que les pierres de Carnac. C'était un lieu de sacrifices et les fouilles ont montré que le nombre des victimes a été considérable.

Tuniciers, *lat. tunica, tunique*. Animaux fixés ou libres, en forme d'outre ou de tonneau, avec une enveloppe percée de deux ouvertures et entourant le corps comme un manteau. Vivent enfouis dans le sable ou fixés aux rochers. Leur corps mou ne renferme aucune partie dure qui puisse se conserver ; donc pas de fossile.

Turbo, *lat. turbo, cône*. Gastéropode à coquille conique ou turbinée, ouverture presque circulaire. Actuel et fossile depuis le silurien. Abondant dans le trias.

Turonien (Étage), de *Turones, nom latin de la ville de Tours*. C'est le 21° étage de d'Orbigny, 1843. Succède au cénomanien ou craie glauconieuse de Rouen. C'est *la craie marneuse* ou *tuffeau* de Brongniart et actuellement le 2° étage du supracrétacé entre le cénomanien et le sénonien inférieur. Cet étage est caractérisé par l'abondance de *l'inoceramus labiatus* et des ammonites géantes. C'est cette craie qui devient fortement argileuse dans les Ardennes où les mineurs l'appellent *diève*. V. Tuffeau, Diève.

Turquoise, parce qu'elle a été introduite en Europe par la Turquie. En italien, *turchine* signifie *couleur bleue*. Pierre précieuse ; phosphate d'alumine contenant presque toujours un peu de chaux, de magnésie et d'oxyde de cuivre. Couleur bleu-céleste qu'elle doit au cuivre. Densité 2,9, non cristallisée ; sa couleur se modifie à l'air, surtout quand on la fait passer d'un lieu sec dans un lieu humide, mais où la température est plus élevée. Vient de Perse où on la trouve en rognons dans des couches argileuses. Ne pas la confondre avec l'odontolithe. (V. ce mot).

Turrilites, *lat. turris, tour*. Mollusques céphalopodes à coquille turriculée (genre d'ammonites); toutes les espèces sont fossiles. Terrains jurassiques. *Turrilites catenatus* du gault (Escragnolle, Var).

Turritella, *lat. turris*. Mollusques gastéropodes à coquille pointue, turriculée, formée de tours nombreux, opercule corné. Actuels et fossiles depuis le trias, abondants surtout dans le crétacé et le tertiaire.

Tyrolien (étage). V. Triasique (série)

U

Ullmannia. Conifères qui semblent avoir fait leur apparition en Amérique à l'époque stéphanienne. V. Carboniférien. Ils caractérisent, avec les *walchia*, la flore permienne.

Unio, *mot lat. signifiant union, par allusion à la charnière*. Nom scientifique du genre mulette. Moules des peintres, qui ressemblent beaucoup aux anodontes, vivent, comme elles, dans les eaux douces, préfèrent les eaux courantes (Rhin, Loire). Les plus anciens unios fossiles proviennent des couches de Purbeck, et ce genre atteint son plus grand développement à partir du tertiaire. Les anodontes, ainsi nommées parce que la coquille n'a pas de dents, habitent nos rivières et sont fossiles depuis l'éocène.

Urgonien. V. Crétacique (Système).

Ursus spelœus, *lat. ursus, ours ; spelœum, caverne*. L'ours des cavernes, abondant au quaternaire, avait une taille bien plus grande que celle de nos grands ours ; 2 m. de haut et 2 m. de long. On trouve partout ses débris : en France, en Angleterre, en Belgique, aux Indes (collines de Siwalik); dans un grand nombre de cavernes. Etait carnivore. Le musée de Toulouse en possède un magnifique squelette. A été le véritable habitant des cavernes à l'époque chelléenne. V. Quaternaire.

V

Valdonnien, de *Valdonne*, Bouches-du-R. (Matheron, 1862). Sous-étage du danien (crétacé supérieur), dans le bassin du Rhône: calcaire marneux lacustre.

Valenginien, du *château de Valengin, près Neuchâtel* Desor, 1853. Sous-étage inférieur du néocomien. Dans le Jura, calcaire à *natica leviathan*, calcaire roux ; limonite de Métabief ; en Provence, marnes et calcaires marneux ; dans la Haute-Marne et l'Argonne, marne noire à ossements de tortues.

Vallée. Extension du mot val. La vallée longitudinale comprend l'espace entre deux montagnes ou deux chaînes de montagnes dans le sens de leur longueur ; le val, moins étendu, est compris entre deux coteaux ; le vallon est encore plus étroit. Une vallée est *transversale* quand elle est formée par des rameaux ou contreforts parallèles d'une chaîne. Le *thalweg, all. thal, vallée ; weg, chemin,* est la ligne qui dessine le fond de la vallée. Il est ainsi appelé parce que c'est la ligne de plus grande pente que les eaux suivent toujours.

Une vallée peut être anticlinale, synclinale, isoclinale, suivant les cas. V. Plis.

Vallée empoisonnée. V. Solfatare. **Vaugnérite**. V. Granite.

Végétal (Règne). Le règne végétal comprend tous les êtres doués de vie, mais paraissant *immobiles* et *insensibles*.

Tous les végétaux se partagent d'abord en deux grands groupes : 1° ceux qui ont des fleurs : PHANÉROGAMES, *gr. phaneros, apparent; gamos, mariage ;* 2° ceux qui n'ont pas de fleurs : CRYPTOGAMES, *gr. kruptos, caché.*

Les phanérogames se subdivisent en ANGIOSPERMES et GYMNOSPERMES, *gr. aggeion, vase ; sperma, semence ; gumnos, nu.* C'est à-dire que chez les premiers les graines sont enfermées dans un ovaire, tandis que chez les autres elles ne le sont pas. Les angiospermes sont ou *dicotylédones,* comme le haricot; ou *monocotylédones,* comme le blé. Les gymnospermes comprennent les CONIFÈRES, les CYCADÉES, les CORDAÏTES.

Si les cryptogames ont des racines, ce sont les cryptogames VASCULAIRES, *lat. vasculum, vaisseau* comme les *fougères,* les *prêles,* les *lycopodinées.* S'ils n'ont pas de racines, ils ont ou une tige et des feuilles comme les MOUSSES ou un THALLE, *gr. thallos, rameau,* comme les *algues,* les *champignons,* les *lichens.*

Veine, *lat. vena, pour vesna; du sanscrit vasna, fibre, tendon.* Filon de peu d'importance.

Verrucano, *du mont Verruca, près de Pise.* Conglomérat rouge formé de cailloux de quartz alternant avec des schistes rouges, jaunes, violets ou verts. On l'observe dans les Alpes au-dessus des schistes anthracifères et on le retrouve en Toscane, également au-dessus des schistes houillers Ce conglomérat se rapporte au permien. « Récemment, de Boniaski, en étudiant le verrucano du mont Verruca, près de Pise, trouva là une riche flore fossile exclusivement permienne, ce qui le porta à synchroniser le verrucano avec l'étage *autunien* ». Botti, dei Piani, 1895.

Vers, *lat. vermes*. Les vers sont des animaux à symétrie bilatérale, sans squelette osseux interne, ayant le corps partagé en anneaux, la peau molle et pas de pattes. Ils sont ou libres, *annélides*, ou parasites, *helminthes*, *gr. helmins, helminthos, ver*. Ces derniers n'ont donné que très peu de restes fossiles, seulement des anguillules dans l'ambre de Samland. Aux annélides on rapporte les tubes de *serpules* qui sont calcaires, de formes très variées, libres ou fixés sur des corps étrangers (lias, trias, jurassique, crétacé). La *serpula spirulea* est abondante dans la formation nummulitique.

Vésulien, de *Vesulum, Vesoul,* Marcou, 1848, Sous-étage inférieur du bathonien de d'Orbigny.

Vieux grès rouge. V. Dévonien.

Vif-argent. Nom vulgaire du mercure, à cause de sa couleur et de sa mobilité.

Virglorien. V. Triasique (série).

Virgulien, *à cause de l'huître en virgule* ou *exogyra virgula*. Thurmann, 1852. Sous-étage supérieur du kimeridgien. Dans le Jura, aux environs de Gray et de Besançon, le virgulien se superpose au *calcaire à astartes* et il est formé de calcaires marneux avec lumachelles à *ostrea virgula* intercalées. Dans le Bugey, le virgulien, épais de 50 m. environ, se présente sous la forme soit de plaquettes lithographiques comme à Cérin, soit de schistes calcaires très minces souvent imprégnés de bitume, très riches en poissons, en reptiles et en empreintes de cycadées. (Beaux exemplaires au musée de Lyon).

Visé, Belgique. A donné son nom à un calcaire particulier contenant le *productus giganteus* et des stromatopores. V. Carbonifèrien.

Volcan, *lat. vulcanus, Vulcain ; dieu du feu chez les Romains*. Un volcan est un appareil naturel qui met en communication permanente ou temporaire la surface de la Terre avec le noyau central en fusion. Cette communication est établie par une sorte de cheminée située au fond d'un immense entonnoir qui est le *cratère ; lat. crater, coupe, vase à boire*. La partie supérieure de la cheminée est généralement formée par un *cône de débris* constitué par l'accumulation des matières rejetées dans les éruptions successives Si la cheminée s'ouvre sous les eaux de la mer, le volcan est dit *sous-marin*. Quelques volcans sont en *activité permanente*, tel est le Stromboli, des îles Lipari ; d'autres ont une *activité discontinue*, Vésuve, Etna, et ont des périodes de repos pendant lesquelles ils rejettent seulement de la vapeur et des gaz, mais point de laves ; enfin, il en est d'autres chez lesquels toute sorte d'activité a disparu depuis longtemps: ce sont les *volcans éteints* comme ceux de l'Auvergne. V.Eruption,Lave. On connait 350 volcans actifs et plus de 1,000 éteints. On a remarqué que tous les volcans actifs sont dans des îles ou situés à peu de distance de la mer et qu'ils occupent toujours le flanc le plus incliné de la dislocation. Par suite, les volcans jalonnent les grandes dépressions auxquelles ils forment une ceinture.

Si on jette les yeux sur une mappemonde, on voit,le long de l'océan Atlantique, les volcans de l'Islande (Hécla), des Canaries, du Cap-Vert, de l'Ascension et de Sainte-Hélène. Dans l'océan Indien on trouve des îlots à volcans éteints, comme la Réunion et Saint-Paul. Dans l'océan Pacifique, c'est un véritable *cercle de feu* qu'on observe : Alaska, Montagnes-Rocheuses Amérique centrale (25 volcans), chaîne des Andes (40 volcans), Terre de Feu, la Terreur, Erèbe, Nouvelle-Zélande, îles de la Sonde, Philippines, Kouriles (20 volcans), le Kamtchatka (38 volcans), îles Aléoutiennes (48 volcans). Enfin,autour de la Méditerranée, on trouve les volcans Etna, Stromboli, Vésuve et ceux de l'Archipel. La colonne de fumée lumineuse du Stromboli sert de phare aux marins.

On remarque habituellement dans une éruption les trois phases suivantes : 1° projection,avec explosion,d'un cône de fumée et d'une colonne de vapeur d'eau avec *scories, bombes, lapilli, cendres* ; 2° émission de lave , 3° *fumerolles,mofettes* et retour à l'état de repos, lequel peut donner lieu aux *solfatares*, aux *suffioni*, aux *geysers*, aux *sources thermales* et *minérales (filons métallifères)*.

Causes des éruptions. Nous avons vu plus haut que les volcans occupent toujours le flanc le plus incliné d'un soulèvement, autrement dit,ils sont situés aux points où se sont produites les plus fortes dislocations : c'est donc là qu'existent les fractures de la croûte terrestre par lesquelles peuvent arriver les matières fluides du noyau central en fusion et cela par suite des compressions provenant des pressions considérables qui résultent de la contraction progressive du globe terrestre.

Les cônes volcaniques les plus importants sont : Etna, 3,200 m. ; Ténériffe,3,700 m.; Mauna-Loa, d'Havaï, 4,250 m. ; le Sangay et le Sahama,dans les Cordillières, 5,600 m.et 7,300 m.

Volcans d'air. Grotte du chien, près de Naples. Le gaz acide carbonique dégagé s'accumule sur le sol en raison de sa densité plus grande que celle de l'air et forme une couche d'une certaine épaisseur où un animal de petite taille ne tarderait à être asphyxié.(C'est l'expérience que l'on fait,pour les visiteurs, sur un pauvre chien).Des dégagements analogues se produisent dans les terrains volcaniques : Auvergne, Eifel, vallée de la mort à Java. En Chine, province de Tse-Schuan, on obtient par des trous de sonde, des dégagements d'hydrogène carboné propre au chauffage et à l'éclairage et que les habitants utilisent pour l'évaporation des eaux salines qui sont abondantes. Ils nomment ces trous *puits de feu.*

Volcans de boue. Les volcans des Andes de Quito donnent le plus souvent d'immenses coulées d'une boue demi-liquide assez riche en charbon pour être utilisée comme combustible et que les habitants nomment *moya*. Elle est parfois sulfureuse et s'échappe rarement par le cratère mais par des crevasses latérales.

Volcans d'eau. V, Geysers.

Voltzia, de *Voltz, ingénieur français?* Genre de conifères renfermant plusieurs espèces, toutes fossiles, que l'on trouve dans le grès bigarré, lequel est appelé, pour cette raison, *grès à voltzia*, trias. Feuilles alternes, sessiles en spirale sur cinq ou huit rangs. Les fruits sont des cônes oblongs à écailles cunéiformes.

Volvic. V. Lave.

Vosgien (étage). V. Triasique (série). **Voûte**. V. Pli.

Vulcanisme, de *Vulcain*. Le vulcanisme se rapporte aux actions exercées par la masse centrale en fusion comme le *neptunisme* se rapporte aux actions exercées par les eaux.

Vulcanite. V. Augite.

Wacke, *vieux mot allemand, pierre*. Sorte d'argile provenant de la décomposition des basaltes ; ne forme pas pâte avec l'eau, est assez compacte et garde souvent la texture celluleuse des laves dont elle provient. Densité 2,7. V. Pépérin.

Walchia *piniformis, de Walch, archéologue et minéralogiste allemand*. Conifère fossile de l'époque primaire, permien. Grandes dimensions ; feuilles en faux spiralées.

Waldheimia. Sorte de térébratule (brachiopode) ovale, bombée, lisse ou faiblement plissée, avec grande ouverture au crochet. Jurassique actuelle.

Wealdien, *ang. weald, forêt, district du comté de Kent et de Sussex*, où se trouve le type le mieux caractérisé de cette formation, laquelle correspond au néocomien. Ces dépôts sont d'origine fluviatile ; ils couvrent une surface de 300 km. de l'est à l'ouest et de 160 km. du nord au sud et s'étendent jusque sur les îles de Wight et de Purbeck. Ce sont d'abord des sables et des grès (Hastings), puis une argile bleue ou brune qui contient parfois des couches de sable ou des bancs d'un calcaire coquillier à paludines, cyclades et anodontes, exploité autrefois sous le nom de *marbre de Sussex*. L'épaisseur du weald-clay est de 300 m. Le terrain wealdien a pour fossile caractéristique le reptile *iguanodon*. On retrouve le wealdien en France dans les argiles de Boulogne, en Normandie ; dans le Jura, à la base du néocomien ; au Hanovre. V. Aachénien.

Werfénien (Étage). V. Triasique (Série). **Westphalien**. V. Carbonifèrien (Syst.).

X

Xiphodon, *gr. xiphos , épée, glaive ; odous, dent.* Sorte d'anoplotherium qui avaient les prémolaires tranchantes, d'où leur nom. Ces mammifères, légers et sveltes comme les gazelles, n'avaient que deux doigts aux pieds, comme le chameau. Gypse parisien.

Xiphosure, *gr. xiphos, épée ; oura, queue.* V. Mérostomates.

Y

Yprésien. V. Eocène. **Yellowstone**. V. Geyser

Z

Zamie, **Zamite**. V. Cycadées et Virgulien.

Zechstein, *all. zehe, la mine ; stein, pierre ;* à cause de l'exploitation du schiste cuivreux de Mansfeld, Saxe. Le zechstein est l'étage marin du permien de Saxe ; il est superposé au grès rouge ou *rothliegende*, qui est de formation d'eau douce et se subdivise en trois assises : l'inférieure comporte un conglomérat de 1 à 2 m., puis un schiste bitumineux cuivreux de 0^m,60 (chalcopyrite et poissons, *palœoniscus*, sur lesquels s'est accumulé le minérai) et au dessus le *zechstein* proprement dit qui est un calcaire finement stratifié à *productus horridus* et *spirifer*. L'assise moyenne se compose de cargnieule ou dolomie caverneuse et d'asche ou *cendre*, dolomie meuble et bitumineuse, puis dépôt d'anhydrite, gypse et sel gemme, et enfin, dolomie calcaire fétide. L'assise supérieure comporte des glaises brunes ou bleues avec gypse. C'est cette dernière qui contient le célèbre gisement de sel de Stassfurt dont la puissance est de 170 m.

Le *grès rouge* et le *zechstein* constituent le *dyas* des Allemands.

Zéolithe ou **Zéolite**, *gr. zéo, je bous ; lithos, pierre.* Les zéolithes sont des silicates hydratés d'alumine, de chaux et d'alcalis (potasse, soude). Prennent une consistance gélatineuse sous l'action des acides. Se rencontrent dans les roches amygdaloïdes d'origine volcanique, dans l'argile rouge des grandes profondeurs de l'Océan (M. Renard) et constituent la gangue des filons métallifères. Les eaux siliceuses de Plombières, en traversant les travaux des Romains, aujourd'hui abandonnés, ont déposé dans les cavités des briques des zéolithes accompagnées de calcite et d'aragonite.

Zeuglodon, *gr. zeuglè, échancrure du joug ; odous, dent.* Cétacé fossile et éteint, ainsi nommé à cause de la forme particulière de ses dents. Avait 20 m. de long. Eocène de l'Europe, de l'Egypte et de l'Amérique.

Zinc, *du germ. zinn, étain.* Métal blanc-bleuâtre ; un peu moins mou que le plomb et l'étain ; fond à 410° et cristallise, par refroidissement lent, en pyramides à 4 ou 6 faces. Densité 6,8 à 7,2. Emplois : toitures, gouttières, baignoires, alliages (laiton, bronze, maillechort), objets d'art, piles électriques. Minerais exploités : *blende* (sulfure de zinc) et *calamine* (carbonate de zinc). Silésie, Belgique ; peu en France.

Zone, *lat. zona, ceinture.* Les zones sont les subdivisions d'une *assise ;* elles correspondent aux diverses phases de sa formation et ont été ainsi nommées parce qu'elles se superposent à la manière des zones d'une agate. La faune de l'assise caractérise un *âge* déterminé et chaque zone est définie par le nom du fossile qui domine chez elle. V. Série sédimentaire.

Par *zone abyssale* on entend les grandes profondeurs de l'Océan. Entre 500 et 2,000 m. les mollusques sont encore abondants, mais dans les eaux plus profondes, le nombre des espèces paraît très restreint. V. Faune.

Zoocarbonit. V. Houille.